Der Einsatz militärischer Kräfte durch die
Vereinten Nationen und das Kriegsvölkerrecht

Europäische Hochschulschriften

Publications Universitaires Européennes
European University Studies

Reihe II

Rechtswissenschaft

Série II Series II

Droit
Law

Bd./Vol. 702

PETER LANG
Frankfurt am Main · Bern · New York · Paris

Horst Risse

Der Einsatz militärischer Kräfte durch die Vereinten Nationen und das Kriegsvölkerrecht

PETER LANG
Frankfurt am Main · Bern · New York · Paris

CIP-Kurztitelaufnahme der Deutschen Bibliothek

Risse, Horst:

Der Einsatz militärischer Kräfte durch die Vereinten Nationen und das Kriegsvölkerrecht / Horst Risse. - Frankfurt am Main ; Bern ; New York ; Paris : Lang, 1988
(Europäische Hochschulschriften : Reihe 2, Rechtswissenschaft ; Bd. 702)
Zugl.: Bonn, Univ., Diss., 1987
ISBN 3-8204-1044-9

NE: Europäische Hochschulschriften / 02

D 5

ISSN 0531-7312
ISBN 3-8204-1044-9

Printed in Germany

Meiner Mutter

VORWORT

Die vorliegende Untersuchung hat der Rechts- und Staatswissenschaftlichen Fakultät der Universität Bonn im Sommersemester 1987 als Dissertation vorgelegen.

Das Thema habe ich selbst gewählt. Meinem verehrten Lehrer, Herrn Professor Dr. Karl Josef Partsch, bin ich für die eingehende Betreuung der Arbeit und für wichtige Anregungen zu besonderem Dank verpflichtet. Ich habe mehrfach Gelegenheit gehabt, meine Thesen (auch im Kreis seiner Schüler) vorzutragen und von den anschließenden Diskussionen sehr profitiert. Danken möchte ich auch Herrn Professor Dr. Christian Tomuschat, als dessen Mitarbeiter ich Einblick in eine Vielzahl aktueller Probleme des Völkerrechts bekommen habe.

Meiner Frau danke ich für ihr geduldige Unterstützung und ihren Rat.

Bonn, im Juli 1987

Inhaltsverzeichnis

Literaturverzeichnis:

Abi-Saab, Georges: The Implementation of Humanitarian Law, in: Cassese (Hrsg.), The New Humanitarian Law of Armed Conflict, Vol. I, S. 310.

ders.: Wars of National Liberation and the Laws of War, Annales d'études internationales 3 (1972), S. 93.

ders.: Wars of National Liberation in the Geneva Conventions and Protocols, RdC 165 (1979 IV), S. 353.

ders.: The United Nations Operation in the Congo 1960 - 1964, Oxford 1978.

Ago, Roberto: Diskussionsbeitrag zu Art. 9 Draft Articles on State Reponsibility, ILC, 1263rd mtg., 23.5.1974, YbILC 1974, Vol. I, S.59.

ders.: Diskussionsbeitrag zum Tagesordnungspunkt "Les conditions d'application des lois de la guerre aux opérations militaires des Nations Unies", in: AnnIDI 54 II (1971), S. 176 ff.

ders.: Third Report on State Responsibility. The internationally wrongful act of the State - source of international responsibility, YbILC 1971, Vol. II, part 1, S. 199.

ders.: Fourth Report on State Responsibility, YbILC 1972, Vol. II, S. 71.

Akehurst, Michael: A Modern Introduction to International Law, 5. Aufl., London 1984.

Akkermann, R.; Krieken, P.; Pannenborg, C. (Hrsg.): Declaration on Principles - A Quest for Universal Peace, Alphen an den Rijn 1977.

Albrecht, A.R.: War Reprisals in the War-Crimes Trials and in the Geneva Conventions of 1949, AJIL 47 (1953), S. 590.

Amerasinghe, C.F.: The United Nations Expenses Case - A Contribution to the Law of International Organization, IndJIL 4 (1964), S. 177.

American Society of International Law: Committee on Study of Legal Problems of the United Nations; Should the Laws of War Apply to United Nations Enforcement Action? ASIL-Proceedings 46 (1952), S. 216.

Amrallah, Borhan: The International Responsibility of the United Nations for Activities Carried out by U.N. Peace-Keeping Forces, RevEgyptDI 32 (1976), S. 57.

Anzilotti, Dionisio: Corso di diritto internazionale Bd. 1, 4. Aufl. (Nachdruck), Padua 1955.

ders.: La responsabilité internationale des Etats à raison des dommages soufferts par des étrangers, RGDIP 13 (1906), S. 5.

Arangio-Ruiz, Gaetano: Diritto internazionale e personalità guiridica, Turin 1971.

ders.: The United Nations Declaration on Friendly Relations and the System of the Sources of International Law, Alphen an den Rijn 1979.

Arbeitsgemeinschaft für Völkerrecht beim Institut für Internationale Beziehungen an der Akademie für Staats- und Rechtswissenschaft der DDR: Völkerrecht, Lehrbuch, Bd. I und II, 2. Aufl., Berlin (Ost) 1982.

Attia, Gammal el Din: Les Forces Armées des Nation Unies en Corée et au Moyen-Orient, Genf 1963.

Balladore Pallieri, Giorgio: Diritto Bellico, 2. Aufl., Mailand 1954.

ders.: Diritto internazionale pubblico, 8. Aufl.,Mailand 1962.

ders.: La personalità delle organizzazioni internazionali, Diritto Internazionale 14 (1960), S. 230.

Ballaloud, Jaques: La force multinationale de sécurité au Liban, RevJurPol 38 (1984), S. 12.

ders.: L'Opération des Nations Unies au Sud Liban, RevJurPol 33 (1979), S. 235.

Barberis, Julio: Nouvelles Questions concernant la Personalité juridique internationale, RdC 179 (1983 I), S. 145.

Baxter, Richard R.: Constitutional Forms and some Legal Problems of International Military

Command, BYIL 29 (1952), S. 325.

ders.: The Duty of Obedience to the Belligerent Occupant, BYIL 27 (1950), S. 235.

ders.: Ius in Bello Interno: The Present and Future Law, in: Moore, John Norten (Hrsg.), Law and Civil War in the Modern World, Balitmore/London 1974, S. 518.

ders.: The Rôle of Law in Modern War, ASIL-Proceedings 47 (1953), S. 90.

Bedjaoui, Mohammed: Diskussionsbeitrag zu Art. 9 Draft Articles on State Responsibility, ILC, 1261st mtg., 21.5.1974, YbILC 1974, Vol. I , S. 52.

Bennet, LeRoy: International Organizations, 3. Aufl., Eaglewood Cliffs 1984.

Berber, Friedrich: Lehrbuch des Völkerrechts, Zweiter Band - Kriegsrecht, München, Berlin 1962.

Berg, Axel: Völkerrechtliche Praxis der Bundesrepublik Deutschland im Jahre 1979, ZaöRV 41 (1981), S. 589.

Bernhardt, Rudolf (Hrsg.): Encyclopedia of Public International Law, Amsterdam, New York, Oxford, 1981 ff.

Bernhardt, Rudolf; Geck, Wilhelm Karl; Jaenicke, Günther; Steinberger, Helmut (Hrsg.): Völkerrecht als Rechtsordnung, Internationale Gerichtsbarkeit, Menschenrechte - Festschrift für Hermann Mosler, Berlin usw. 1983.

Beyerlin, Ulrich: Die humanitäre Aktion zur Gewährleistung des Mindeststandards in nicht - internationalen Konflikten, Berlin 1975.

Bierzanek, Remigiusz: The Responsibility of States in Armed Conflicts, Polish Yearbook of International Law 11 (1981 - 1982), S. 93.

Bindschedler, Rudolf: Die Anerkennung im Völkerrecht, ArchVR 9 (1961/62), S. 377.

ders.: Die Vereinten Nationen und das Kriegsrecht, in: Mélanges offerts à Juraj Andrassy, Den Haag 1968, S. 78.

ders.: Diskussionsbeitrag zu "Les conditions d'application des lois de la guerre aux opérations militaires des Nations Unies", in: AnnIDI 54 II (1971), S. 171.

ders.: Frieden, Krieg und Neutralität im Völkerrecht der Gegenwart, in: Multitudo Legum - Ius Unum, Festschrift für Wilhelm Wengler, Bd. I , Berlin 1973.

ders.: Stichwort: "International Organizations", General Questions, in: Bernhardt (Hrsg.): Encyclopedia of Public International Law, Inst. 5, S. 119.

Bivens, William J.: Restatement of the Laws of War as Applied to the Armed Forces of Collective Security Arrangements, AJIL 48 (1954), S. 140.

Bleckmann, Albert: Die Bindung der Europäischen Gemeinschaft an die Europäische Menschenrechtskonvention, Köln usw. 1986.

Blitschenko, Igor P.: Die Definierung des humanitären Völkerrechts, in: Festschrift für Friedrich Berber zum 75. Geburtstag, München 1973, S. 75.

Blumenwitz, Dieter: Die Hess-Entscheidung der Europäischen Menschenrechtskommission, EuGRZ 2 (1975), S. 497.

Bond, James E.: The Rules of Riot, Princeton 1974.

Börner, Bodo; Jahrreiß, Herrmann; Sten, Klaus (Hrsg.): Einigkeit und Recht und Freiheit, Festschrift für Karl Carstens, Bd. I, Europarecht, Völkerrecht, Köln usw. 1984.

Bothe, Michael: Conflits Armés Internes et Droit International Humanitaire, RGDIP 82 (1978), S. 82.

ders.: Das völkerrechtliche Verbot des Einsatzes chemischer und bakteriologischer Waffen, Köln, Bonn 1973.

ders.; Ipsen, Knut; Partsch, Karl Josef: Die Genfer Konferenz über humanitäres Völkerrecht. Verlauf und Ergebnisse, ZaöRV 38 (1978), S. 1.

ders.: Le Droit de la Guerre et les Nations Unies. A propos des incidents armés au Congo, in: Etudes et Travaux de L'Institut Universitaire des Hautes Etudes Internationales, No. 5, Genève 1967, S. 135.

ders.; Partsch, Karl Josef; Solf, Waldemar A.: New Rules for Victims of Armed Conflicts, Den Haag usw. 1982.

ders.: Stichwort: "Occupation, Belligerent", in: Bernhardt (Hrsg.): Encyclopedia of Public International Law, Inst. 4, S. 64.

ders.: Streitkräfte internationaler Organisationen, Köln, Berlin 1968.

ders.: Völkerrechtliche Aspekte des Angola-Konflikts, ZaöRV 37 (1977), S. 574.

Bowett, Derek: Stichwort "International Military Force", in: Bernhardt (Hrsg.): Encyclopedia of Public International Law, Inst. 3 (1982), S. 221.

ders.: The Law of International Institutions, 4. Aufl., London 1982.

ders.: United Nations Forces, London 1964.

Boyle, Francis A.: Diskussionsbeitrag zu: "Humanitarian Law", ASIL-Proceedings 77 (1983), S. 223.

Boyd, James: United Nations Peace-Keeping Operations: A Military and Political Apprisal, New York usw, 1971.

Brandweiner, Heinrich: Sind die Vereinten Nationen den Kriegsgesetzen unterworfen?, Neue Justiz 8 (1954), S. 225.

Broms, Bengt: Subjects: Entitlement in the International Legal System, in: Macdonald/Johnston (Hrsg.), The Structure and Process of International Law: Essay in Legal Philosophy, Doctrine and Theorie, S. 383.

Brouillet, A.: La Force Multinationale d'Interposition à Beyrouth, AFDI 28 (1982), S. 289.

Brownlie, Ian: International Law and the Use of Force by States, Oxford 1963.

ders.: Principles of Public International Law, 3. Aufl., Oxford 1979.

ders.: System of the Law of Nations - State Responsibility, Part I, Oxford 1983.

Brückner, Jens A.; Prill, Norbert; Wolfrum, Rüdiger (Hrsg.): Handbuch der Vereinten Nationen, München 1977.

Bülow, Christoph von: Der Einsatz der Streitkräfte zur Verteidigung, Frankfurt usw. 1984.

Butkiewicz, Ewa: The Premises of International Responsibility of Interngovernmental Organizations, Polish Yearbook of International Law 11 (1981-1982), S. 117.

Caflisch, Lucius: La pratique suisse en matière de droit international public, SchwJiR 27 (1971), 153.

Cassese, Antonio (Hrsg.): Current Problems of International Law, Mailand 1975.

ders.: The New Humanitarian Law of Armed Conflicts, Vol. I, II, Neapel 1979, 1980.

Castrén, Erik: Stellungnahme zu P. de Visscher "Rapport préliminaire sur les Conditions d'application des lois de la guerre aux opérations militaires des Nations Unies, AnnIDI 54 I (1971), S. 168

Ciobanu, Dan: The Concept and the Determination of the Existence of Armed Conflicts not of an International Character, RivDI 58 (1975), S. 43.

Colin, Jean-Pierre: Liban 1980. Les Paradoxes de la FINUL, RevJurPol 34 (1980), S. 771.

Comité international de la Croix-Rouge: Le Comité international de la Croix-Rouge et le Conflit de Corée, Vol. I, II, Genf 1952.

dass.: Protection des Victimes de Conflits Non Internationaux, RevICR 51 (1969), S. 405.

Condorelli, Luigi: Les Pays Afro-Asiatiques, in: Cassese, Antonio (Hrsg.): The New Humanitarian Law of Armed Conflict, Vol. I, Neapel 1979, S. 386.

ders.; Boisson de Chazournes, Laurence: Quelques remarques à propos de l'obligation des Etats de "respecter et faire respecter" le droit international humanitaire "en toutes circonstances", in: Etudes et essais sur le droit international humanitaire et sur les principes de la Croix Rouge en l'honneur de Jean Pictet, Genf, Den Haag 1984, S. 17.

La Convention de Genève relative à la protection des personnes civiles en temps de guerre du 12 Août 1949. Commentaire publié sous la direction de Jean S. Pictet, Genf 1956 (zitiert: Pictet, Commentaire IV).

La Convention de Genève relative au traitement des prisonniers de guerre, Commentaire publié sous la direction de Jean S. Pictet, Genf 1958 (zitiert: Pictet, Commentaire III).

La Convention de Genève pour l'amélioration du sort des blessés et des malades dans les forces armées en campagne du 12 Août 1949. Commentaire publié sous la direction de Jean S. Pictet, Genf 1952 (zitiert: Pictet, Commentaire I)

Coridaß, Alexander: Der Auslandseinsatz von Bundeswehr und Nationaler Volksarmee, Frankfurt a.M. usw. 1985.

Cot, Jean Pierre; Pellet, Alain (Hrsg.): La Charte des Nations Unies, Paris, Brüssel 1985.

Crosswell, Carol McCornick: Protection of International Personnel Abroad, New York 1952.

Dahm, Georg: Völkerrecht, Bd. I, Stuttgart 1958.

ders.: Völkerrecht, Bd. III, Stuttgart 1961.

Dauses, Manfred A.: The Protection of Fundamental Rights in the Community Legal Order, ELRev 10 (1985), S. 398.

Debbasch, Odile: L'occupation militaire, Paris 1962.

Debroux, François: Le Statut jurisdictionnel et disciplinaire de la Force d'Urgence des Nations Unies, Revue de droit pénal militaire et de droit de la guerre 1 (1962), S. 269.

Delbez, Louis: Les principes généraux du droit international public, 3. Aufl., Paris 1964.

Delbrück, Jost: Peacekeeping by the United Nations and the Rule of Law, in: Akkermann, R; Krieken, P.; Pannenborg, C. (Hrsg.): Declaration on Principles - A Quest for Universal Peace, S. 73.

Dewast, Philippe: Quelques Aspects du Statut des "Casques Bleus", RGDIP 81 (1977), S. 1007.

Documents of the United Nations Conference on International Organization, San Francisco 1945, London, New York 1945, Vol. 1 - 22 (zitiert: UNCIO, Vol. ...).

Dominicé, Christian: The Implementation of Humanitarian Law, in: Vasak, Karel (General Ed.), The Universal Dimension of Human Rights, Vol. II, Westport, Paris 1982, S. 427.

Donati, D.: I trattati internazionali nel diritto costituzionale. Vol. I , Turin 1906.

Draper, G.I.A.D.: The Geneva Conventions of 1949, RdC 114 (1965 I), S. 59.

ders.: The Legal Limitation upon the Employment of Weapons by the United Nations Force in the Congo, ICLQ 12 (1963), S. 387.

ders.: The Red Cross Conventions, London 1958.

ders.: The United Nations Forces in Cyprus, Revue de droit pénal militaire et de droit de la guerre 6 (1967), S. 51.

Duculesco, Victor: Effet de la reconnaissance de l'état de belligerance par les tiers y compris les organisations internationales, sur le statut juridique des conflits armés à caractère non international, RGDIP 79 (1975), S. 125.

Duncan-Jones, Anne: The Civil War in Cyprus, in: Luard, Evan (Hrsg.): The International Regulation of Civil Wars, S. 148 .

Dupuy, René; Leonetti, Antoine: La notion de conflit armé à caractère non international, in: Cassese, Antonio (Hrsg.): The New Humanitarian Law of Armed Conflict, Vol. I, S. 258.

Eagleton, Clyde: International Organization and the Law of Responsibility, RdC 76 (1950 I), S. 319.

El-Adawy, Adel: The Future Prospects of Peace-keeping Operations and the Growing Role of the Super-Powers, Rev EgyptDI 34 (1978), S. 163.

Elaraby, Nabil A.: UN Peacekeeping: The Egyptian Experience, in: Wiseman, Peacekeeping-Apprisals and Proposals, S. 65.

El-Erian, Abdullah: Diskussionbeitrag zu Art. 9 Draft Articles on State Reponsibility, ILC, 1262nd mtg., 22.5.1974, YbILC 1974, Vol. I, S. 57.

Emanuelli, Claude C.: L'application du droit international humanitaire durant l'intervention de la Force multinationale à Grenade, in: International Institute of Humanitarian Law, Yearbook 1985,

S. 76.

Eustathiades, Constantin: Stellungnahme zu: François, "Rapport provisoire sur l'égalité d'application des règles du droit de la guerre aux parties à un conflict armé", AnnIDI 50 I (1963), S. 27.

Evensen, Jens: Problems of International Law Relating to the Establishment of U.N. Security Forces, in: Frydenberg (Hrsg.): Peacekeeping, Oslo 1964, S. 213.

Fabian, Larry L.: Soldiers without Enemies, Washington D.C. 1971.

Fabritzek, Uwe: Stichwort "Korea", in: Brückner, Jens A.; Prill, Norbert; Wolfrum, Rüdiger (Hrsg.): Handbuch Vereinte Nationen, München 1977, S.256.

Fahl, Gundolf: Humanitäres Völkerrecht, Berlin 1983.

Falk, Richard A.: Janus Tormented: The International Law of Internal War, in: Rosenau, James N. (Hrsg.): International Aspects of Civil Strife, Princeton 1964.

ders. (Hrsg.): The International Law of Civil War, Baltimore 1971.

Farer, Tom J.: The Humanitarian Laws of Civil Strife: Towards a Definition of "International Armed Conflict", RevBelge 7 (1971), S. 20.

Faßbender, Bardo: Die Völkerrechtssubjektivität internationaler Organisationen, ÖZöR 37 (1986), S. 17.

Fastenrath, Ulrich: Passivlegitimation der EG und ihrer Mitgliedstaaten in Verfahren vor der Europäischen Kommission für Menschenrechte, EuGRZ 6 (1979), S. 534.

Finke-Osiander, Renate: Die VN-Politik der Bundesrepublik Deutschland, Außenpolitik 36 (1985), S. 212.

Fitzmaurice, Gerald: The General Principles of International Law, RdC 92 (1957 II), S. 1.

Fleck, Dieter: UN-Friedenstruppen: Erfolgszwang und Bewährung, Vereinte Nationen 1979, S. 99.

Fleiner-Gerster, Thomas; Meyer, Michael A.: New Developments in Humanitarian Law: A Challenge to the Concept of Sovereignty, ICLQ 34 (1985), S. 267.

Forsythe, David: Legal Management of Internal War - The 1977 Protocol on Non-International Armed Conflicts, AJIL 72 (1978), S. 272.

François, J.P.A.: L'égalité d'application des règles du droit de la guerre aux parties à un conflit armé, in: AnnIDI 50 I (1963), S. 5 (Rapport provisoire); S. 111 (Rapport définitif).

Freeman, Alwin V.: Responsibility of States for Unlawfull Acts of Their Armed Forces, RdC 88 (1955 II), S. 266.

Freistetter, Franz: UN-Friedenseinsätze im Nahostkonflikt, Beiträge zur Konfliktforschung 1974, Heft 3, S. 41.

Frowein, Jochen Abr.: Das de facto-Regime im Völkerrecht, Köln usw. 1968.

ders.; Peukert, Wolfgang: Europäische Menschenrechtskonvention, Kehl, Straßburg, Arlington 1985.

ders.: Völkerrechtliche Aspekte des Vietnam-Konflikts, ZaöRV 27 (1967), S. 1.

Frydenberg, Per (Hrsg.): Peacekeeping - Experience and Evaluation - The Oslo Papers -, Oslo 1964.

Garcia Amador, F.V.: Sixth Report on State Responsibility, YbILC 1961, Vol. II, S. 1.

Garvey, Jack Israel: United Nations Peacekeeping and Host State Consent, AJIL 64 (1970), S. 241.

Gasser, Hans-Peter: International Non-International Armed Conflicts: Case Studies of Afghanistan, Kampuchea and Lebanon, American University Law Review 31/4 (1982), S. 911.

Gentili, A.: Le forze multinazionali di pace in Libano, RivDI 67 (1984), S. 767.

Ginther, Konrad: Die völkerrechtliche Verantwortlichkeit internationaler Organisationen gegenüber Drittstaaten, Wien, New York 1969.

ders.: Stichwort: "International Organizations", Responsibility, in: Bernhardt, Rudolf (Hrsg.): Encyclopedia of Public International Law, Inst. 5, S. 162.

Goodrich, Leland; Hambro, Edvard; Simons, Anne Patricia: Charter of the United Nations, 3. Aufl., New York, London 1969.

Görres-Gesellschaft (Hrsg.): Staatslexikon, 6. Aufl., Freiburg 1957.

Graefrath, Bernhard; Oeser, Edith; Steiniger, Alfons: Völkerrechtliche Verantwortlichkeit der Staaten, Berlin (Ost) 1977.

Green, L.C.: Armed Conflict, War, and Self-Defence, ArchVR 6 (1956-57), S. 387.

Grob, Fritz: The Relativity of War and Peace, New Haven 1949.

Gross, Ernest A.: The United Nations: Structure for Peace, New York 1962.

Guggenheim, Paul: Traité de Droit international public, Tome 1, Genf 1953.

Gutzwiller, Max: Die sog. Internationalen Juristischen Personen, Mitteilungen der Deutschen Gesellschaft für Völkerrecht, Heft 12, 1933, S. 116.

Haekkerup, Per: Scandinavia's Peace-Keeping Forces for the U.N., Foreign Affairs 42 (1963-64), S. 675.

Hahn, Hugo J.: Euratom, The Conception of an International Personality, Harvard Law Review 71 (1957/58), S. 1001.

Halderman, John W.: Legal Basis for United Nations Armed Forces, AJIL 56 (1962), S. 97.

Han, Hyong-Kon: Korea und die Vereinten Nationen, Vereinte Nationen 1972, S. 159.

Hangartner, Yvo; Trechsel, Stefan: Völkerrecht im Dienste des Menschen, in: Festschrift für Hans Haug, Bern usw. 1986.

Harttila, Pekka: Participation of Finnland in Peacekeeping Operations - Exeriences gained, in: Reiter, Erich (Hrsg.): Die friedenserhaltenden Operationen im Rahmen der Vereinten Nationen, Wien 1985, S. 26.

Heller, Hermann: Staatslehre, Leiden 1934.

Herndl, Kurt: Die Teilnahme Österreichs an friedenserhaltenden Operationen, in: Die Vereinten Nationen und Österreich 1978, Heft 2/3, S. 14.

Herzog, Roman: Allgemeine Staatslehre, Frankfurt a.M. 1971.

Hess, Martin: Die Anwendbarkeit des humanitären Völkerrechts, insbesondere in gemischten Konflikten, Zürich 1985.

Heydte, Friedrich August v.d.; Seidl-Hohenveldern, Ignaz; Verosta, Stephan; Zemanek, Karl (Hrsg.): Völkerrecht und rechtliches Weltbild - Festschrift für Alfred Verdross, Wien 1960.

Higgins, Rosalyn: The Development of International Law through the Political Organs of the United Nations, London 1963.

dies.: United Nations Peacekeeping 1946-1967, Vol. I, London usw. 1969, Vol. II, London usw. 1970, Vol. III, Oxford usw. 1980, Vol. IV, Oxford usw. 1981.

Hooker, Wade S.; Savasten, David H.: The Geneva Conventions of 1949: Application in the Vietnamese Conflict, VirJIL 5 (1964-65), S. 243.

Hütter, Joachim: Friedenssichernde Operationen der Vereinten Nationen, Außenpolitik 36 (1985), S. 261.

Institut für Internationale Beziehungen an der Akademie für Staats- und Rechtswissenschaft der DDR: Wörterbuch der Außenpolitik und des Völkerrechts, Berlin (Ost) 1980.

Ipsen, Knut: Der Einsatz der Bundeswehr zur Verteidigung im Spannungs- und Verteidigungsfall sowie im internen bewaffneten Konflikt, in: Schwarz, Klaus-Dieter (Hrsg.): Sicherheitspolitik, S. 615.

ders.: Zum Begriff des "internationalen bewaffneten Konflikts", in: Recht im Dienst des Friedens, Festschrift für Eberhard Menzel zum 65. Geburtstag, S. 405.

Jellinek, Georg: Allgemeine Staatslehre, 3. Aufl., Berlin 1914, 3. Nachdruck, Berlin 1921.

Jessup, Philip C.: Editorial Comment: Should International Law Recognize an Intermediate Status Between Peace and War? AJIL 48 (1954), S. 98.

ders.(Berichterstatter): Right and Duties of States in Case of Aggression (Harvard Law School Draft Convention mit o.a. Titel), AJIL 33 (1939), Supplement, S. 819.

Johansson, Ernst: Die nordischen Bereitschaftstruppen für die UNO, JIR 15 (1971), S. 138.

Kalshoven, Frits: Belligerent Reprisals, Leyden 1971.

ders.: Stichwort "War, Laws of", in: Bernhardt, Rudolf (Hrsg.): Encyclopedia of Public International Law, Inst. 4, S. 316.

Karaosmanoglu, Ali L.: Les Actions militaires coercitives et non coercitives des Nations Unies, Genf 1970.

Kaufmann, Erich: Das Wesen des Völkerrechts und die clausula rebus sic stantibus, Tübingen 1911.

Kelsen, Hans: Principles of International Law, New York 1952.

ders.: Recent Trends in the Law of the United Nations, London 1951.

Kende, István: Wars of Ten Years (1967 - 1976), Journal of Peace Research 15 (1978), S. 227.

Kersting, Klaus: Kollektive Sicherheit durch peace-keeping operations. Insbesondere zur Beteiligung der Bundeswehr an UN-Aktionen, Neue Zeitschrift für Wehrrecht 1983, S. 64.

Kimminich, Otto: Einführung in das Völkerrecht, 2. Aufl., München usw. 1984.

ders.: Schutz des Menschen in bewaffneten Konflikten, München 1979.

Klein, Eckart: Rechtsprobleme einer deutschen Beteiligung an der Aufstellung von Streitkräften der Vereinten Nationen, ZaöRV 34 (1974), S. 429.

ders.: Statusverträge im Völkerrecht, Heidelberg usw. 1980.

Klein, Friedrich: Die mittelbare Haftung im Völkerrecht, Frankfurt a.M. 1941.

Klückmann, Harald: Die Entwicklung des Wehrrechts 1978/1979, NJW 1979, S. 2281.

Knorr, Karl Ernst: Die Anwendung des Kriegsrechts auf UNO-Truppen, Diss. Köln 1970, zit. Knorr, Diss.

Kotzsch, Lothar: The Concept of War in Contemporary History and International Law, Genf 1956.

Kraus, Herbert: Das Haager Abkommen zum Schutz von Kulturgütern im Falle bewaffneter Zusammenstöße vom 14. Mai 1954, in: Schätzel, Walter; Schlochauer, Hans-Jürgen (Hrsg.): Rechtsfragen der internationalen Organisationen, Festschrift für Hans Wehberg zu seinem 70. Geburtstag, Frankfurt 1956, S. 211.

Kunz, Josef L.: Privileges and Immunities of International Organizations, AJIL 41 (1947), S. 828.

ders.: Die koreanische Kriegsgefangenenfrage, ArchVR 4 (1953/54), S. 408.

ders.: Kriegsrecht und Neutralitätsrecht, Wien 1935.

ders.: The Laws of War, AJIL 50 (1956), S. 313.

Laitenberger, Birgit: Die Schutzmacht, GYIL 21 (1978), S. 180.

Lange, J.O. de: Peacekeeping Operations of the UN and Public International Law - Some Legal Aspects in the Netherlands, NILR 28 (1981), S. 182.

La Pradelle, Paul de: La Conférence Diplomatique et les Nouvelles Conventions de Genève du 12 Août 1949, Paris 1951.

Lauterpacht, Hersch: Recognition in International Law, Cambridge 1948.

Lehmann, Tyge: Some Legal Aspects of the United Nations Peace-keeping Operations, NordTIR 54 (1985), S. 11.

Leyser, Johannes: Dispute and Agreement on West New Guinea, ArchVR 10 (1962/63), S. 257.

Lillich, Richard B.; Moore, John Norton (Hrsg.): U.S.Naval War College International Law Studies, Readings in International Law from the Naval College Review 1947-1977, Vol. 62 (Vol. II of Readings), Newport, Rh.I. 1980.

Lombardi, Aldo Virgilio: Bürgerkrieg und Völkerrecht, Berlin 1976.

Luard, Evan (Hrsg.): The International Regulation of Civil Wars, London 1972.

Lucchini, L.: La force internationale du Sinaï - le maintien de la paix sans l'O.N.U., AFDI 29 (1983), S. 121.

Macdonald, R.St.J; Johnston, Douglas M.(Hrsg.): The Structure and Process of International Law: Essays in Legal Philosophy Doctrine and Theory, Den Haag usw. 1983.

Manin, Philippe: L'O.N.U. et la Guerre du Moyen-Orient, AFDI 19 (1973), S. 538.

ders.: L'Organisation des Nations Unies et le Maintien de la Paix, Paris 1971.

Manuel de la Croix-Rouge Internationale: 11. Aufl., Genf 1971.

Martinez, Jean Claude: La Force des Nations Unies au Liban, AFDI 24 (1978), S. 479.

ders .: Le Financement des Opérations de Maintien de la Paix de l'Organisation des Nations Unies, RGDIP 81 (1977), S. 102.

Mattern, Karl-Heinz: Die Exilregierung, Tübingen 1953.

McDougal, Myres S.; Feliciano, Florentino P.: Law and Minimum World Public Order, New Haven usw. 1961.

McKinnon Wood, Hugh: Legal Relations between Individuals and a World Organization of States, Transactions of the Grotius Society 30 (1944), S. 141.

McNair, Arnold D.: The Legal Meaning of War and the Relations of War to Reprisals, in: Transactions of the Grotius Society 11 (1925), S.29.

McNemar, Donald W.: The Postindependence War in the Congo, in: Falk, Richard A.: The International Law of Civil War, S. 244.

Meng, Werner: Internationale Organisationen im völkerrechtlichen Deliktsrecht, ZaöRV 45 (1985), S. 324.

ders.: Stichwort: "Stimson Doctrine", in: Bernhardt, Rudolf (Hrsg.): Encyclopedia of Public International Law, Inst. 4, S. 230.

ders.: Stichwort "War", in: Bernhardt, Rudolf (Hrsg.): Encyclopedia of Public International Law, Inst. 4, S. 282.

Menzel, Eberhard: Die militärischen Einsätze der Vereinten Nationen zur Sicherung des Friedens, JIR 15 (1971), S. 11.

ders.; Ipsen, Knut: Völkerrecht, 2. Aufl., München 1979.

Meyrowitz, Henri: Le droit de la guerre dans le conflit vietnamien, AFDI 13 (1967), S. 153.

ders.: Le Principe de l'Egalité des Belligérants devant le Droit de la Guerre, Paris 1970.

Migliazza, Alessandro: L'évolution de la réglementation de la guerre à la lumière de la sauvegarde des droits de l'homme, RdC 137 (1972 III), S. 141.

Miller, E.M.: Legal Aspects of the UN Action in the Congo, AJIL 55 (1961), S. 1.

Miller, Richard: The Law of War, Lexington usw. 1975.

Mössner, Jörg Manfred: Bundeswehr in blauen Helmen, in: v.Münch (Hrsg.): Staatsrecht - Völkerrecht - Europarecht, Festschrift für Hans-Jürgen Schlochauer, S. 97.

Monconduit, François: L'accord du 15 août 1962 entre la République d'Indonesie et le Royaume des Pays-Bas rélatif à la Nouvelle-Guinée occidentale (Irian occidental), AFDI 8 (1962), S. 491.

Moore, John Norton (Hrsg.): Law and Civil War in the Modern World, Baltimore, London 1974.

Morand, Jacqueline: Autodétermination en Irian occidental et à Bahrein, AFDI 17 (1971), S. 513.

Moreno Quintana, Lucio M.: Tratado de Derecho International, Tomo II, Buenos Aires 1963.

Mosler, Hermann: Die Erweiterung des Kreises der Völkerrechtssubjekte, ZaöRV 22 (1962), S.1.

ders., Bernhardt, Rudolf; Hilf, Meinhard (Hsrg.): Grundrechtsschutz in Europa, Berlin usw. 1977.

ders.: Die Kriegshandlung im rechtswidrigen Kriege, JiaöR II/III (1948), S. 335.

ders.: Stichwort: "Kriegsbeginn", in: Strupp-Schlochauer: Wörterbuch des Völkerrechts, 2. Aufl., Bd. 2, Berlin 1961, S. 326.

Münch, Ingo von (Hrsg.): Besonderes Verwaltungsrecht, 6. Auflage, Berlin, New York 1982.

ders.: Das völkerrechtliche Delikt in der modernen Entwicklung der Völkerrechtsgemeinschaft, Frankfurt 1963.

ders.: Staatsrecht-Völkerrecht-Europarecht, Festschrift für Hans-Jürgen Schlochauer zum 75. Geburtstag am 28. März 1981, Berlin, New York 1981.

Nahlik, Stanislaw: Droit dit "de Genève" et droit dit "de La Haye": Unicité ou dualité?, AFDI 24

(1978), S. 9.

Nelson, Richard W.: Multinational Peacekeeping in the Middle East and the United Nations Model, International Affairs (London) 61 (1984/85), S. 67.

Neuhold, Hanspeter; Hummer, Waldemar, Schreuner, Christoph (Hrsg.): Österreichisches Handbuch des Völkerrechts, Bd. 1: Texteil, Bd. 2: Materialteil, Wien 1983.

Nispen tot Sevenaer, C.M.O.: L'occupation allemande pendant la dernière guerre mondiale, La Haye 1946.

Nölle, Bernd: Die Verwendung des deutschen Soldaten im Ausland, Bonn 1973.

O'Connel, D.P.: International Law, Vol. II, 2. Aufl., London 1970.

Oehler, Dietrich: Neuerer Wandel in den Bestimmungen über den strafrechtlichen Geltungsbereich in den völkerrechtlichen Verträgen, in: Börner, jahrreiß, Sten (Hrsg.): Einigkeit und Recht und Freiheit (FS Carstens), Bd. I, Köln usw. 1984, S. 435.

Oppenheim, L.; Lauterpacht, Hersch: International Law, Vol. I - Peace, 8. Aufl. London, New York, Toronto 1955; Vol. II - Disputes, War and Neutrality, 7. Aufl. London, New York, Toronto 1952.

Oppenheimer, F.E.: Governments and Authorities in Exile, AJIL 36 (1942), S. 568.

Osieke, Ebere: The Legal Validity of Ultra Vires Decisions of International Organizations, AJIL 77 (1983), S. 239.

Partsch, Karl Josef: Humanität im Bürgerkrieg, in: v. Münch, Ingo (Hrsg.): Staatsrecht-Völkerrecht-Europarecht, Festschrift für Hans-Jürgen Schlochauer, S. 515.

ders.: Fundamental Principles of Human Rights: Self-Determination, Equality and Non-Discrimination, in: Vasak, Karel (Hrsg.): The International Dimensions of Human Rights, 1982, Vol. 1, S. 61.

ders.: Die Rechte und Freiheiten der europäischen Menschenrechtskonvention, Berlin 1966.

ders.: Stichwort: "Armed Conflict", in: Bernhardt, Rudolf (Hrsg.): Encyclopedia of Public International Law, Inst. 3, Amsterdam usw. 1982, S. 25.

ders.: Stichwort: "Armed Conflict, Fundamental Rules", in: Bernhardt, Rudolf (Hrsg.): Encyclopedia of Public International Law, Inst. 3, S. 28.

ders.: Stichwort: "Humanitarian Law and Armed Conflict", in: Bernhardt, Rudolf (Hrsg.): Encyclopedia of Public International Law, Inst. 3, 1982, S. 215.

ders.: Stichwort: "Nauliae-Arbitration (Portugal v. Germany)", in: Bernhardt, Rudolf (Hrsg.): Encyclopedia of Public International Law, Inst. 2, S. 199 f.

ders.: Stichwort: "Repressalie", in: Strupp-Schlochauer: Wörterbuch des Völkerrechts, 2. Aufl., Bd. 3, S. 103.

ders.: Stichwort: "Vereinbarungstheorie", in: Strupp-Schlochauer: Wörterbuch des Völkerrechts, 2. Aufl., Bd. 3, S. 489.

Pernthaler, Peter; Esterbauer, Fried: Die Entsendung österreichischer Einheiten zu Hilfeleistungen in das Ausland auf Ersuchen internationaler Organisationen, JIR 16 (1973), S. 81.

Pescatore, Pierre: Der Schutz der Grundrechte in den Europäischen Gemeinschaften und seine Lücken, in: Mosler, Herrmann; Bernhardt, Rudolf; Hilf, Meinhard (Hrsg.): Grundrechte heute in Europa, Berlöin usw. 1977, S. 64.

Pictet, Jean: Commentaire ... s.: La Convention des Genève ...

ders.: Le Droit humanitaire et la Protection des Victimes de la Guerre, Leyden, Genf 1973.

ders.: Une Institution unique en son Genre: Le Comité international de la Croix-Rouge, Genf, Paris 1985.

Pijpers, Alfred: Die europäische Beteiligung an der multinationalen Friedenstruppe im Sinai, Europa Archiv 38 (1983), S. 675.

Pinto, C.W.: Diskussionsbeitrag zu Art. 9 Draft Articles on State Responsibility, ILC, 1262nd mtg., 27.5.1974, YbILC 1974, Vol. I, S. 54.

ders.: Les Règles du Droit International Concernant la Guerre Civile, RdC 114 (1965 I), S. 451.

Pomerance, Michla: The Advisory Function of the International Court in the League and U.N. Eras, Baltimore usw. 1973.

Pratt, John: Korea - Die Lüge, die zum Kriege führte, Vereinte Nationen 1972, S. 49.

Preux, J. de: Les Conventions de Genève et la Réciprocité, RevICR 67 (1985), S. 24.

Der Prozeß gegen die Hauptkriegsverbrecher vor dem Internationalen Militärgerichtshof, Nürnberg, 14. November 1945 - 1. Oktober 1946, Nürnberg 1947.

Quadri, Rolando: Stellungnahme zu: François, "Exposé préliminaire sur l'égalité d'application des règles du droit de la guerre aux parties à un conflit armé", in: AnnIDI 50 I (1963), S. 95.

Rama-Montaldo, Manuel: International Legal Personality and Implied Powers of International Organizations, BYIL 44 (1970), S. 111.

Rees, David: Korea: The Limited War, London, New York 1964.

Reiter, Erich (Hrsg.): Die friedenserhaltenden Operationen im Rahmen der Vereinten Nationen, Wien 1985.

Reuter, Paul: Institutions internationales, 8. Aufl., Paris 1975.

ders.; Combacau, Jean: Institutions et Relations Internationales, Paris 1980.

Riad, Fonad A.M.: The United Nations Actions in the Congo and its Legal Basis, RevEgypt 17 (1961), S. 1.

Riedel, Eibe H.: Stichwort "Recognition of Belligerency", in: Bernhardt, Rudolf (Hrsg.): Encyclopedia of Public International Law, Inst. 4, S. 167.

Rikkye, Indarjit: Preparation and Training of UN Peace-keeping Forces, in: Frydenberg, Per (Hrsg.): Peace-keeping, Oslo 1964, S. 179.

ders.; Harbottle, Michael; Egge, Bjørn: The Thin Blue Line, New Haven usw. 1974.

Ritter, Jean-Pierre: La protection diplomatique à l'égard d'une organisation internationale, AFDI 8 (1962), S. 427.

Röling, B.V.A.: The Law of War and the National Jurisdiction since 1945, RdC 100 (1960 II), S. 323.

Rosas, Allan: The Legal Status of Prisoners of War, Helsinki 1976.

Rosenau, James N. (Hrsg.): International Aspects of Civil Strife, Princeton 1964

Rosenblad, Esbjørn: International Humanitarian Law of Armed Conflict, Genf 1979.

Rosner, Gabriella: The United Nations Emergency Force, New York, London 1963.

Rousseau, Charles: Le Droit des Conflits Armés, Paris 1983.

Rouyer-Hamery, Bernard: Les compétences implicites des organisations internationales, Paris 1962.

Salmon, Jean: L'accord ONU-Congo du 27 novembre 1961, RGDIP 68 (1964), S. 60.

ders: Les accords Spaak-U Thant du 20 fevrier 1965, AFDI 11 (1965), S. 468.

Sandoz, Yves: L'application du droit humanitaire par les forces armées de l'Organisation des Nations Unies, RevICR 60 (1978), S. 274.

ders.: Mise en œuvre du droit international, in: UNESCO/Institut H.Dunant (Hrsg.): Les dimensions internationales du droit humanitaire, Paris 1986, S. 299.

Scelle, Georges: Manuel Elémentaire de Droit International Public, Paris 1943.

ders.: Théorie et Pratique de la Fonction exécutive en Droit International, RdC 55 (1936 I), S. 87.

Schaefer, Michael: Die Funktionsfähigkeit des Sicherheitsmechanismus der Vereinten Nationen, Berlin usw. 1981.

Schärli, Josef: Friedenserhaltende Aktionen der Vereinten Nationen - Aspekte der Teilnahme für einen dauernd neutralen Staat, München 1974.

Schätzel, Walter: Aggressionskrieg und Haager Kriegsrecht, Acta scandinavica juris gentium 24 (1954), S. 17.

ders.; Schlochauer, Hans-Jürgen (Hrsg.): Festschrift für Hans Wehberg zu seinem 70. Geburtstag, Frankfurt 1956.

Schermers, Henry G.: International Institutional Law, 2. Aufl., Alphen an den Rijn 1980.

Scheuner, Ulrich: Krieg und Bürgerkrieg in der Staatenwelt der Gegenwart, in: Festschrift für Friedrich Berber zum 75. Geburtstag, München 1973, S. 467.

ders.: Stichwort: "Völkerrechtsgeschichte IV, Neueste Entwicklung (seit 1914)", in: Strupp-Schlochauer: Wörterbuch des Völkerrechts, 2. Aufl., Bd. 3, S. 745.

Schindler, Dietrich: Die Anwendung der Genfer Rotkreuzabkommen seit 1949, SchwJiR 22 (1965), S. 75.

ders.: Aspects Contemporains de la Neutralité, RdC 121 (1967 II), S. 221.

ders.: Le droit international humanitaire et les conflits armés internes internationalisés, RevCR 64 (1982), S. 263.

ders.: State of War, Belligerent, Armed Conflict, in: Cassese, Antonio (Hrsg.): The New Humanitarian Law of Armed Conflict, Vol. I, Neapel 1979, S. 3.

ders.: The Different Types of Armed Conflicts According to the Geneva Conventions and Protocols, RdC 163 (1979 II), S. 117.

ders.: United Nations Forces and International Humanitarian Law, in: Etudes et essais sur le droit international humanitaire et sur les principes de la Croix-Rouge en l'honneur de Jean Pictet, Genf, Den Haag 1984, S. 521.

Schlochauer, Hans-Jürgen (Hrsg.): Wörterbuch des Völkerrechts, begr. von Karl Strupp, 2. Aufl., 3 Bde., Berlin 1960-62.

Schlögel, Anton: La guerre civile, RevICR 52 (1970), S. 137.

Schmidt-Pauli, E. von: Geschichte der Freikorps 1918-1924, Stuttgart 1936.

Schröder, Meinhard: Die Kodifikation des Vertragsrechts internationaler Organisationen, ArchVR 23 (1985), S. 385.

Schwarz, Klaus-Dieter (Hrsg.): Sicherheitspolitik, 3. Aufl., Bad Honnef 1978.

Schwarzenberger, Georg: Legal Effects of Illegal War, in: Völkerrecht und rechtliches Weltbild - Festschrift für Alfred Verdross, Wien 1960, S. 243.

ders.: The Frontiers of International Law, London 1962.

ders.: International Law as Applied by International Courts and Tribunals, Vol. I, 3. Aufl., London 1957; Vol. II, The Law of Armed Conflict, London 1968.

ders., Brown, E.D.: A Manual of International Law, 6. Aufl., Milton 1976.

ders.(Berichterstatter): Report on Self-Defence under the Charter of the United Nations and the Use of Prohibited Weapons, in: International Law Association, Report of the 50th Conference, 1962, S. 192.

Seidl-Hohenveldern, Ignaz: Das Recht der Internationalen Organisationen einschließlich der Supranationalen Gemeinschaften, 4. Aufl., Köln usw. 1984.

ders.: Völkerrecht, 5. Aufl., Köln usw. 1984.

ders.: Die Völkerrechtliche Haftung für Handlungen internationaler Organisationen im Verhältnis zu Nichtmitgliedstaaten, ÖZöR 11 (1961), S. 497.

Sereni, Angelo Piero: Diritto internazionale, 4 Bde., Mailand 1956-1965.

Seyersted, Finn: International Personality of Intergovernmental Organizations. Do their Capacities Really Depend upon their Constitutions? IndJIL 4 (1964), S. 1.

ders.: Is the International Personality of Intergovernmental Organizations valid vis-à-vis Non-Members? IndJIL 4 (1964), S. 233.

ders.: Objective International Personality of Intergovernmental Organizations, NordTIR 34 (1964), S. 3.

ders.: Stellungnahme zu P. de Visscher, "Rapport préliminaire sur les conditions d'application de lois de la guerre aux opérations militaires des Nations Unies", in: AnnIDI 54 I (1971), S. 213.

ders.: Treaty-Making Capacity of Intergovernmental Organizations: Article 6 of the International Law Commisson's Draft Articles on the Law of Treaties Between States and International

Organizations or Between International Organizations, ÖZöR 34 (1983), S. 261.

ders.: United Nations Forces in the Law of Peace and War, Leyden 1966.

ders.: United Nations Forces. Some Legal Problems, BYIL 37 (1961), S. 351.

Siekmann, R.C.R.: The Basis in International Law for the Trial of Members of the Dutch UNIFIL Contingent in the Lebanon, NILR 28 (1981), S. 333.

ders.: The Multinational Peace-keeping Force in the Sinai in the Light of United Nations Pratice of Peace-keeping Forces, IndJIL 24 (1984), S. 504.

Siilasvuo, Ensio: Der unerfüllbare Auftrag. Die UNIFIL als Negativbeispiel friedenssichernder Operationen der Vereinten Nationen, Vereinte Nationen 1982, S. 185.

Simmonds, R.: Legal Problems Arising from the United Nations Military Operations in the Congo, The Hague 1968.

Sinclair, Ian: The Vienna Convention on the Law of Treaties, 2. Aufl., Manchester 1984.

Siotis, Jean: Le Droit de la Guerre et les Conflits Armés d'un Caractère Non-International, Paris 1958.

Skubiszewski, K.: Use of Force by States. Collective Security. Law of War and Neutrality, in: Sørensen, Max: Manual of Public International Law, London 1968, S. 739.

Smend, Rudolf: Verfassung und Verfassungsrecht (1928), Staatsrechtliche Abhandlungen, Berlin 1955, S. 119.

Sommereyns, Raymond: Stichwort "United Nations Forces", in: Bernhardt, Rudolf (Hrsg.): Encyclopedia of Public International Law, Inst. 4, S. 253.

ders.: United Nations Peace-Keeping Forces in the Middle East, BrooklynJIL 6 (1980), S. 1.

Sørensen, Max: Mannual of Public International Law, London usw 1968.

Spatafora, Marcello: L'intervento militare delle Nazioni Unite nel Congo, RivDI 51 (1968), S. 517.

Sperduti, Giuseppe: Comment concevoir dans sa spécificité l'adhésion des Communiautés européennes à la Convention de Rome sur la Sauvegarde des Droits de l'Homme et des libertés fondamentales, in: Bernhardt, Rudolf; Geck, Wilhelm Karl; Jaenicke, Günther; Steinberger, Helmut (Hrsg.): Völkerrecht als Rechtsordnung, Festschrift für Hermann Mosler, S. 903.

Spinnler, Peter: Das Kriegsgefangenenrecht im Koreakonflikt, Diessenhofen 1976.

Starke, J.G.: Introduction to International Law, 9. Aufl., London 1984.

Stegenga, James A.: The United Nations Force in Cyprus, o.O. 1968.

Stein, Ekkehart: Staatsrecht. 8. Aufl. 1982.

Stone, Julius: Legal Controls of International Conflict, London 1954.

Strasser, Wolfgang: Die Beteiligung nationaler Kontingente an Hilfseinsätzen internationaler Organisationen, ZaöRV 34 (1974), S. 689.

Swinarski, Christophe (Hrsg.): Etudes et essais sur le droit international humanitaire et sur les principes de la Croix-Rouge en l'honneur de Jean Pictet, Genf, Den Haag 1984.

Tammes, Arnold J.P.: Diskussionsbeitrag zu Art. 9 Draft Articles on State Responsibility, ILC, 1261st mtg., 21.5.1974, YbILC 1974, Vol. I. S. 51.

Taubenfeld, Howard: International Armed Forces and the Rules of War, AJIL 45 (1951), S. 671.

Thakur, Ramesh: The Olive Branch Brigades: Peace-Keeping in the Middle East. The World Today 40 (1984), S. 93.

Thierry, Hubert; Combacau, Jean; Sur, Serge; Vallée, Charles: Droit international Public, 2. Aufl., Paris 1979.

Tomuschat, Christian: Deutscher Beitrag zu den VN-Friedenstruppen, Außenpolitik 36 (1985), S. 272.

ders.: Kommentierung zu Art. 24 GG (Zweitbearbeitung 1985), in: Kommentar zum Bonner Grundgesetz, Hamburg 1950 ff.

ders.: Repressalie und Retorsion, zu einigen Aspekten ihrer innerstaatlichen Durchführung, ZaöRV

33 (1973), S. 179.

ders. (Hrsg.): Ulrich Scheuner. Schriften zum Völkerrecht, Berlin 1984.

Triepel, Heinrich: Völkerrecht und Landesrecht, Leipzig 1899.

Tunkin, Grigorij: International Law in the International Legal System, RdC 147 (1975 IV), S. 1.

ders.: Völkerrechtstheorie. Dt. Übersetzung des 1970 in Moskau erschienen Werkes, hrsg. v. Th. Schweisfurt, Berlin (West) 1972.

Uhler, Oscar: Der völkerrechtliche Schutz der Bevölkerung eines besetzten Gebietes gegen Maßnahmen der Okkupationsmacht, Zürich 1950.

United Nations Department of Public Information (Hrsg.): Everyone's United Nations, 9. Aufl., New York 1979.

UNESCO/Institut H. Dunant(Hrsg.): Les dimensions internationales du droit humanitaire, Paris 1986.

Unruh, Georg Christoph von: Gemeinderecht, in: v.Münch: Besonderes Verwaltungsrecht, S. 99.

Urquart, Brian: Hammarskjøld, New York 1972.

Ustor, Endre: Diskussionsbeitrag zu Art. 9 Draft Articles on State Responsibility, ILC, 1262nd mtg., 22.5.1974, YbILC 1974, Vol. I, S. 56.

Vasak, Karel (Hrsg.): The International Dimensions of Human Rights, Westport, Paris 1982, Vol. 2.

Verdross, Alfred: Theorie der mittelbaren Staatshaftung, ÖZöR 1 (1948), S. 388.

ders.; Simma, Bruno: Universelles Völkerrecht, 3. Aufl., Berlin 1984.

ders.: Völkerrecht, 5. Aufl., Wien 1964.

Verhoeven, Joe: La reconnaissance internationale dans la pratique contemporaine, Paris 1975.

Verplaeste, Julian G.: The jus in bello and Military Operations in Korea, 1950-1953, ZaöRV 23 (1963), S. 629.

Veur, Paul van der: The United Nations in West Irian: a Critique, IntOrg 18 (1964), S. 58.

Veuthey, Michel: La Collaboration internationale pour l'Application du Droit humanitaire, in: Hangartner, Yvo; Trechsel, Stefan (Hrsg.): Völkerrecht im Dienst des Menschen, Festschrift für Hans Haug, S. 379.

ders.: Les conflits armés de caractère non international et le droit humanitaire, in: Cassese, Antonio (Hrsg.): Current Problems of International Law, Mailand 1975, S. 179.

Virally, Michel: La Notion de Fonction dans la Théorie de l'Organisation Internationale, in: Mélanges offerts à Charles Rousseau, Paris 1974, S. 277.

ders.: L'O.N.U. d'hier à demain, Paris 1961.

Visscher, Paul de: Les conditions d'application des lois de la guerre aux opérations militaires des Nations Unies, in: AnnIDI 54 I (1971), S. 1 (Rapport préliminaire), S. 116 (Rapport définitif).

ders.: Observations sur le fondement et la mise en œuvre du principe de la responsabilité de l'ONU, Rev.droit international et droit comparé 1963, S. 165.

Wainhouse, David: International Peacekeeping at the Crossroad, Baltimore, London 1973.

Walter, Robert: Österreiches Bundesverfassungsrecht, Wien 1972.

Wehberg, Hans: Du Caractère des Mesures coercitives de la S.D.N. et de l'O.N.U., in: Hommage d'une Génération de Juristes au Président Basdevant, Paris 1960, S. 534.

ders.: La Guerre civile et le Droit international, RdC 63 (1938 I), S. 1.

ders.: Stichwort: "Stimson-Doktrin", in: Strupp-Schlochauer: Wörterbuch des Völkerrechts, 2. Aufl., Bd. 3, S. 393.

Weissberg, Guenter: The International Status of the United Nations, New York, London 1961.

Wengler, Wilhelm: Völkerrecht, Bd. II, Berlin usw. 1964.

Wijewardane, D.S.: Criminal Jurisdiction over Visiting Forces with Special Reference to International Forces, BYIL 41 (1965-66), S. 122.

Wilhelm, René-Jean: Problèmes relatifs à la protection de la personne humaine par le droit international dans les conflits armés ne présentant pas un caractère international, RdC 137 (1972 III), S. 311.

Williams, Walter L.: Intergovernmental Military Forces and World Public Order, Leiden, Dobbs Ferry, 1971

Wiseman, Henry (Hrsg.): Peacekeeping - Apprisals and Proposals, New York 1983.

Wortley, B.A.: Observations on the Revision of the 1949 Geneva "Red Cross" Conventions, BYIL 54(1983), S. 143.

Wright, Quincy: Diskussionsbeitrag zu "Réconsideration des Principes des droit de la guerre", in: AnnIDI 48 II (1959), S. 190.

ders.: Stellungnahme zu: François, "Rapport provisoire sur l'égalité d'application des règles du droit de la Guerre aux parties à un conflit armé", in: AnnIDI 50 I (1963), S. 54.

ders.: Stellungnahme zu: François, "Exposé préliminaire sur l'égalité d'application des règles du droit de la guerre aux parties à un conflit armé", in: AnnIDI 50 I (1963), S. 110.

ders.: The Outlawry of War and the Law of War, AJIL 47 (1953), S. 365.

Yepes, J.-M.: Stellungnahme zu: François; "Rapport provisoire sur reconsidération des principes du droit de la guerre aux parties à un conflit armé", in: AnnIDI 47 I (1957), S. 595.

Zemanek, Karl: Internationale Organisationen als Handlungseinheiten in der Völkergemeinschaft, ÖZöR 7 (1956), S. 335.

ders.: Stichwort: "Economic Warfare", in: Bernhardt, Rudolf (Hrsg.): Encyclopedia of Public International Law, Inst. 3, S. 158.

Zoller, E.: Le principe de la répartition géographique équitable dans la composition des forces des Nations Unies, AFDI 21 (1975), S. 503.

Zorgbibe, Charles: La Guerre Civile, Paris 1975.

ders.: Pour une réaffirmation du droit humanitaire des conflits armés internes, Journal du droit international (Clunet) 97 (1970), S. 658.

Abkürzungsverzeichnis:

AdG	Archiv der Gegenwart
AFDI	Annuaire Français de Droit International
AJIL	American Journal of International Law
AmULR	The American University Law Review
Ann.	Annex
AnnIDI	Annuaire de l'Institut de Droit International
ArchVR	Archiv des Völkerrechts
ASIL	American Society of International Law
BKf	Beiträge zur Konfliktforschung
BrooklynJIL	Brooklyn Journal of International Law
BYIL	Bristish Yearbook of International Law
CDDH	Conférence Diplomatique sur la Réaffirmation et le Dévelopement du Droit Humanitaire
CICR	Comité International de la Croix Rouge
COS	Chief of Staff
Dept.	Department
ders.	derselbe
DGVR	Deutsche Gesellschaft für Völkerrecht
dies.	dieselbe
Diss. Op.	Dissenting Opinion
Doc.	Document
DR	Decisions and Reports [European Commission of Human Rights]
EA	Europa Archiv
EG	Europäische Gemeinschaften
EKMR	Europäische Kommission für Menschenrechte
ELRev	European Law Review
EMRK	Europäische Menschenrechtskonvention
Em.Sp.Sess.	siehe ES
EPIL	Enyclopedia of Public International Law
ES	Emergency Special Session [der Generalversammlung]
EuGRZ	Europäische Grundrechte Zeitschrift
Fasc.	Faszikel
ForAff.	Foreign Affairs
FS	Festschrift
GA	General Assembly [United Nations]
GK 1929	Genfer Abkommen [Konventionen] vom 27. Juli 1929 I. Abkommen vom 27.7.1929 zur Verbesserung des Loses der Verwundeten und Kranken der im Felde II. Genfer Abkommen vom 27.7.1929 über die Behandlung der Kriegsgefangenen
GK 1949	Genfer Abkommen [Konventionen] vom 12. August 1949 I. Genfer Abkommen vom 12.8.1949 zur Verbesserung des Loses der Verwundeten und Kran Streitkräfte im Felde II. Genfer Abkommen vom 12.8.1949 zur Verbesserung des Loses der Verwundeten, Kranke Schiffbrüchigen der Streitkräfte zur See III. Genfer Abkommen vom 12.8.1949 über die Behandlung der Kriegsgefangenen IV. Genfer Abkommen vom 12.8.1949 zum Schutz von Zivilpersonen in Kriegszeiten
GYIL	German Yearbook of International Law
HKSÜ	Haager Übereinkommen vom 14. Mai 1954 für den Schutz von Kulturgut bei bewaffneten Konflikten [Haager Kulturgüterschutzübereinkommen]
HKV	Hauptkriegsverbrecher
HLKO	Haager Landkriegsordnung
ICJ	International Court of Justice
ICLQ	International and Comparative Law Quarterly
IDI	Institut de Droit International
IGH	Internationaler Gerichtshof
IKRK	Internationales Komitee vom Roten Kreuz

ILA	International Law Association
ILC	International Law Commission
ILM	International Legal Materials
IMT	International Military Tribunal
IndJIL	Indian Journal of International Law
Inst.	Instalment [der EPIL]I
IntOrg	International Organization [Zeitschrift]
JiaöR	Jahrbuch für internationales und ausländisches öffentliches Recht
JIR	Jahrbuch für Internationales Recht
J.O.	Journal Officiel
JPR	Journal of Peace Research
Kap.	Kapitel
L.J.	Lord Justice
M.R.	Master of the Roles
mtg.	meeting
NILR	Netherlands International Law Review
NJ	Neue Justiz
NJW	Neue Juristische Wochenschrift
NordTIR	Nordisk Tidsskrift for International Ret
NZWehrR	Neue Zeitschrift für Wehrrecht
OR	Official Records
ONU	Organisation des Nations Unies
ONUC	Opération des Nations Unies au Congo
o.O.	ohne Ort
ÖZöR	Österreichische Zeitschrift für öffentliches Recht
para.	paragraph
PCIJ	Permanent Court of International Justice [Ständiger Internationaler Gerichtshof]
Pl. Meet.	Plenary Meeting
PolYbIntL	Polish Yearbook of International Law
Q.B.	Queen's Bench Division
RdC	Recueil des Cours
Res.	Resolution
Rev.	Revue, Revista
RevBelgeDI	Revue Belge de Droit International
Rev. de Droit Pénal Mil. et Droit de la Guerre:	Revue de Droit Pénal Militaire et Droit de la Guerre
RevEgyptDI	Revue Egyptienne de Droit International
RevICR	Revue International de la Croix Rouge
RevJurPol	Revue Juridique et Politique, Indépendance et Coopération
RGBl.	Reichsgesetzblatt
RGDIP	Revue Géneral de Droit International Public
Rh.I.	Rhode Island
RivDI	Rivista di Diritto Internationale
Rn.	Randnummer(n)
SC	Security Council [United Nations]
SchwJiR	Schweizerisches Jahrbuch des internationalen Rechts
SdN	Société des Nations [Völkerbund]
Sec.	Section
Ser.	Series
Slg.	Sammlung
SR	Summary Records
supp.	supplement
SVN	Satzung der Vereinten Nationen [Charta]
UAR	United Arab Republic
UN	United Nations
UNCIO	United Nations Conference on International Organization [Dokumentensammlung]
UNDOF	United Nations Disengagement Observer Force
UNEF	United Nations Emergency Force
UNESCO	Untied Nations Educational, Scientific and Cultural Organization

UNFICYP	United Nations Peace-Keeping Force in Cyprus
UNIFIL	United Nations Interim Force in Lebanon
UNIS	Untied Nations Information Service
UNJYb	United Nations Juridical Yearbook
UNMOGIP	United Nations Military Observer Group in India and Pakistan
UNO	United Nations Organization
UNOGIL	United Nations Observation Group in Lebanon
UNSF	United Nations Security Force in West Irian
UNTEA	United Nations Temporary Executive Authority
UNTSO	United Nations Truce Supervision Organization
UNYOM	Untied Nations Yemen Observation Mission
U.S.	United States of America
VirJIL	Virginia Journal of International Law
VN	Vereinte Nationen
Vol.	Volume
VR	Völkerrecht
vs.	versus
WVR	Wörterbuch des Völkerrechts [Strupp/Schlochauer]
WVRK	Wiener Vertragsrechtskonvention
YbILC	Yearbook of International Law Commission
yr.	year
ZaöRV	Zeitschrift für ausländisches öffentliches Recht und Völkerrecht
ZP	Zusatzprotokoll I. Zusatzprotokoll zu den Genfer Abkommen vom 12.8.1949 über den Schutz der Opfer internationaler bewaffneter Konflikte (Protokoll I) II. Zusatzprotokoll zu den Genfer Abkommen vom 12.8.1949 über den Schutz der Opfer nicl internationaler bewaffneter Konflikte (Protokoll II)

1. TEIL: EINLEITUNG

Die Verwendung militärischer Kräfte war von Anbeginn an als Teil des Instrumentariums der Vereinten Nationen vorgesehen. Kapitel VII der Satzung der Weltorganisation ermöglicht den Einsatz von Luft-, See- und Landstreitkräften zur Wahrung oder Wiederherstellung des Weltfriedens und der internationalen Sicherheit. Die Bekämpfung eines Aggressors durch internationale Verbände war als das Kernstück des Systems kollektiver Sicherheit gedacht, das mit den Vereinten Nationen errichtet werden sollte. Offenbar hat sich 1945 niemand Gedanken darüber gemacht, in welcher Weise kriegsrechtliche Vorschriften auf solche "enforcement actions" im Interesse der Friedenswahrung einwirken würden. In der Praxis konnte diese Frage auch zunächst unbeantwortet bleiben, denn die zur Realisierung des Systems kollektiver Sicherheit notwendigen Einzelverträge über die Zurverfügungstellung nationaler Streitkräfte (Art. 43 SVN) kamen nach dem Auseinanderbrechen der Anti-Hitler-Koalition des II.Weltkrieges nicht zustande. So wurde eine große, mit der Gründung der Weltorganisation verbundene Hoffnung ein Opfer des heraufziehenden Kalten Krieges.

Die erste tatsächliche Verbindung zwischen den Vereinten Nationen und einem militärischen Einsatz ergab sich dann fünf Jahre später unter ganz anderen rechtlich-organisatorischen Bedingungen als die Charta sie vorgesehen hatte. Im Korea-Krieg (1950-1953)[1] war erstmals die Flagge der Vereinten Nationen über einem Schlachtfeld zu sehen. Damit stellte sich gleichzeitig auch die Frage nach der Anwendung des Kriegsvölkerrechts unter ganz praktischen Gesichtspunkten.[2]

Sie tauchte erneut auf, als sich die Vereinten Nationen 1956 im Zuge der Suez-Krise ein in der Satzung nicht vorgesehenes Instrument schufen: die Frie - denstruppen. Heute sind diese "Blauhelme" das, was man sich gemeinhin unter "Streitkräften der Vereinten Nationen" vorstellt. Ihr Einsatz ist seit Jahrzehnten ein fester Bestandteil der Arbeit der Vereinten Nationen. Keine andere Tätigkeit ist so personalintensiv und teuer.[3] Bis 1981 haben an diesen Aktionen über 340.000 Personen teilgenommen. Sie kamen aus 50 verschiedenen Ländern.[4] Die Zahl der geleisteten Dienststunden liegt jenseits des Faßbaren. Es nimmt daher nicht Wunder, daß der Generalsekretär der Weltorganisation in seiner Rede anläßlich des

---

1 Siehe dazu unten S. 59-67.

2 Siehe dazu unten S. 64 ff.

3 Alleine auf dem UNFICYP-Sonderkonto gingen in den ersten 20 Jahren der Existenz dieser Truppe US-$ 319.326.774,00 ein. Das Konto wies aber gleichzeitig ein Defizit von US-$ 111,3 Mio aus; UN Doc. S/16268, Ann., SC OR, 39th yr., supp. Jan.-March 1984, S.17f.

4 Generalsekretär Waldheim in einer Rede anläßlich des 25. Jahrestages der ersten Friedenstruppe am 12.11.1981, UN-Chronicle 19 (1982), Heft 1, S.19.

40. Jahrestages ihrer Gründung ausführlich die Bedeutung dieser Operationen würdigte und deren weiteren Ausbau empfahl.[5]

In der Tat gibt es offenbar in der politischen Wirklichkeit unserer Zeit Situationen, in denen Friedenstruppen der Vereinten Nationen die einzige - natürlich nicht immer realisierbare - Chance zur Wiederherstellung und Aufrechterhaltung des Friedens oder wenigstens eines Minimums an Sicherheit und Ordnung in einer Region bieten. So schwierig und unbefriedigend z.B. die Einsatzbedingungen der Interimstruppe im Libanon (UNIFIL) sind; sie hat sich immerhin seit 1978 halten können und leistet auch im humanitären Bereich wichtige Dienste. Demgegenüber sind die Bemühungen einer multinationalen Truppe in Beirut schon nach relativ kurzer Zeit gescheitert.[6]

In einem anderen Fall hatten die beteiligten Staaten - Israel und Ägypten nach dem Frieden von Camp David - ursprünglich ausdrücklich um die Entsendung einer UNO-Truppe ersucht und sich erst nachdem alle Bemühungen gescheitert waren, den Sicherheitsrat zu den notwendigen Schritten zu bewegen, mit einer VN-unabhängigen gemischt-nationalen Beobachtertruppe als der "zweitbesten Lösung" abgefunden.[7]

Diese beiden Beispiele sollen hier genügen, um die Bedeutung zu illustrieren, die die unter dem UNO-Symbol antretenden Streitkräfte inzwischen erlangt haben. Zu ihrem Einsatz gibt es offenbar oftmals keine Alternative.

Es ist deshalb nicht erstaunlich, daß es in den vergangenen 40 Jahren eine Vielzahl solcher Aktionen gegeben hat.[8] Sind es somit die Friedenstruppen, die das tatsächliche Erscheinungsbild der Streitkräfte der Weltorganisation bestimmen, so mutet es paradox an, die Frage nach dem anzuwendenden Kriegsvölkerrecht zu stellen. Bei näherer Betrachtung der Tätigkeit solcher Verbände zeigt sich aber, daß es auch im Rahmen des Mandats von Friedenstruppen zu ernstzunehmenden Kampfhandlungen kommen kann. Da die VN-Truppen regelmäßig in Spannungsgebieten stationiert sind, muß stets damit gerechnet werden, daß sie - und sei es nur im Rahmen der Selbstverteidigung - in einen bewaffneten Konflikt hereingezogen werden.

Solche Situationen werden unter den gegebenen Umständen gewiß Ausnahmecharakter haben. Dennoch kann das Problem nicht als rein akademische Frage angesehen werden. Denn die Verwicklung von VN-Truppen in Kampfhandlungen wird wohl stets das Ergebnis von Krisenlagen sein, in denen die Lösung rechtlicher Detailprobleme nicht im Mittelpunkt des Interesses stehen kann.

---

5 Rede des Generalsekretärs vom 26.6.1985, UNIS/952 v. 27.6.1985, S. 3, 5, 6.

6 Die Truppe war aus französischen, italienischen und amerikanischen Einheiten zusammengesetzt und bestand von Juli 1982 bis Februar 1984. Siehe dazu Thakur, The World Today 40 (1984), S. 94, 98 ff; Brouillet, AFDI 28 (1982), S. 289 ff. und Gentili, RivDI 67 (1984), S. 767 ff. Ihre Existenz muß allerdings im Kontext der Sicherheitsrats-Resolution 521 (1982) vom 19.9.1982 gesehen werden; vgl. Ballaloud, RevJurPol 34 (1984), S.16, 20 ff.

7 Zu diesen Vorgängen siehe Lucchini, AFDI 29 (1983), S. 122-127.

8 Siehe dazu die Einzeluntersuchungen unten S. 26-54.

Versuche zur Klärung des Kriegsrechtsproblems sollten deshalb unternommen werden, bevor es sich aktuell stellt.

Ein Nestor des modernen Kriegsvölkerrechts, Jean Pictet, hat die Frage nach der Geltung des Rechts des bewaffneten Konflikts bei Einsätzen der Vereinten Nationen als eine der wichtigen, noch offenen Einzelfragen des Kriegsvölkerrechts bezeichnet.[9] Es ist das Ziel dieser Untersuchung, einen Beitrag zu ihrer Lösung zu erbringen.

9 Pictet, Droit humanitaire, S. 54.

I. Gegenstand der Untersuchung

1. Die Verwendung militärischer Kräfte durch die Vereinten Nationen

Zu Beginn der Untersuchung geht es um eine Bestandsaufnahme der Fälle, in denen es in der Vergangenheit zum Einsatz von Militär durch die Vereinten Nationen gekommen ist. Schon ein grober Überblick über die bisher eingesetzten Truppen zeigt, daß Struktur, Funktion und tatsächliches Tätigwerden dieser Einheiten viele verschiedene Erscheinungsformen aufweisen.[10] In manchen Fällen ist es von vorneherein fraglich, ob überhaupt Raum für die Anwendung kriegsvölkerrechtlicher Normen gegeben ist.

a. Beobachtermissionen

Wichtig ist vor allem die Feststellung, daß nicht alle Operationen der Weltorganisation, an der Militärpersonen beteiligt sind, ihrer Anlage nach zu einer Gewaltanwendung führen. Vor allem kleinere Beobachtermissionen bestanden und bestehen zwar aus militärischem Personal, sind aber von Seiten der Vereinten Nationen nicht bewaffnet.[11] In diesen Fällen ist eine Anwendung des die Führung von Kampfhandlungen betreffenden Kriegsvölkerrechts auf die von den Vereinten Nationen eingesetzten Kräfte ohnehin nicht denkbar.[12] Die reinen Beobachtermissionen liegen somit außerhalb des Themenbereiches dieser Arbeit.[13]

b. Friedenstruppen

Anders verhält es sich - wie bereits erwähnt - mit den Friedenstruppen der Vereinten Nationen. Diese immer nur mit der Zustimmung des Aufenthaltslandes tätigen Einheiten[14] haben zwar keinen Kampfauftrag, sie sind aber bewaffnet[15] und zumindest in einem gewissen Umfang berechtigt, von ihren Waffen Gebrauch zu machen. So sind sie ermächtigt, grundsätzlich sich selbst[16] und teilweise auch ihre

---

10 Für einen knappen Überblick vgl. nur Everyone's United Nations, S. 67 ff.

11 Everyone's United Nations, S.68; siehe hierzu auch Bowett, United Nations Forces, S. 71 mit weiteren Nachweisen. Eine Ausnahme bildet UNYOM, deren Angehörige zu Selbstverteidigungszwecken bewaffnet waren, vgl. UN Doc. S/5321 para. 4 c), abgedruckt in Higgins I, S. 614.

12 Von dem Fall eines "auf eigene Faust" in den Kampf eingreifenden VN-Beoabachters sei hier abgesehen. Dieser handelte ohnehin im Zweifel als Privater, weshalb seine rechtliche Einordnung im vorliegenden Zusammenhang keine Rolle spielt.

13 Daher wird im folgenden nicht eingegangen werden auf: UNTSO (Palästina), UNMOGIP (Indien/Pakistan), UNOGIL (Libanon) und UNYOM (Yemen).

14 Sommereyns, EPIL 4, S. 254; Suy, EPIL 4, S. 261.

15 Everyone's United Nations, S. 68.

16 Ebenda.

Stellungen zu verteidigen[17] und ihre Bewegungsfreiheit sicherzustellen.[18] Insgesamt gibt es im Hinblick auf die Einsatzmodalitäten der verschiedenen Missionen Unterschiede, aber die von der Anlage her gegebenen Möglichkeiten des Vorgehens mit Waffengewalt macht Situationen, in denen Raum für die Anwendung des Kriegsvölkerrechts besteht, für Friedenstruppen durchaus wahrscheinlich. Es ist daher zu untersuchen, in welcher Weise Kriegsvölkerrecht auf UNEF I und II (1956-1967 bzw. 1973-1979/Israel-Ägypten), ONUC (1960-1964/Kongo), UNFICYP (seit 1964/Zypern), UNDOF (seit 1974/Israel-Syrien) und UNIFIL (seit 1978/Libanon) anzuwenden war bzw. anzuwenden ist.

Keine Friedenstruppe nach Art der eben aufgeführten, aber dennoch Gegenstand der Untersuchung ist UNSF (1962-1963/Neuguinea). Diese Truppe diente der von den Vereinten Nationen gestellten Übergangsverwaltung für die Dekolonisierung West-Irians (West-Neuguinea) als Polizei- und Ordnungsmacht. Auch sie konnte ihrer Anlage nach in militärische Auseinandersetzungen verwickelt werden, so wie dies jeder normalen staatlichen Streitmacht auch geschehen kann.

Alle diese Truppen bestanden bzw. bestehen aus nationalen Kontingenten. Die meisten sind nicht an nennenswerten gewaltsamen Auseinandersetzungen beteiligt gewesen. Eine Ausnahme macht insofern ONUC, deren Truppen an umfangreichen Kampfhandlungen teilgenommen haben.

Als eine im Zusammenhang mit den Vereinten Nationen stehende Militäraktion ist weiterhin der Korea-Krieg (1950-1953) zu erwähnen, der dem Umfang der Feindseligkeiten nach ein wesentlicher Anwendungsfall des Kriegsvölkerrechts war. Die in Korea kämpfenden Verbände waren international zusammengesetzt. Ihre Entsendung erfolgte auf Empfehlung des Sicherheitsrates[19], und die Truppen standen unter der Flagge der Vereinten Nationen. Ob es sich dabei um eine Aktion "der Vereinten Nationen" handelte, sei an dieser Stelle offengelassen. Die folgenden Darlegungen werden u.a. davon handeln müssen, ob die internationale Streitmacht in Korea unter den engeren Bereich des gestellten Themas zu subsumieren ist.

c. *Streitkräfte im Rahmen von Zwangsmaßnahmen gemäß Kapitel VII SVN*

Militäraktionen der Vereinten Nationen wären schließlich die im Kapitel VII der Satzung vorgesehenen Zwangsmaßnahmen zur Wahrung des Weltfriedens. Wie bereits erwähnt, ist es zu der Aufstellung der in Art. 42 SVN angesprochenen Streitkräfte nie gekommen; die in Art. 43 SVN vorgesehenen Sonderabkommen sind nie abgeschlossen worden. Grundsätzlich eröffnen die Artikel über die militärischen Zwangsmaßnahmen aber die Möglichkeit, daß es in Zukunft einmal zum Einsatz von

---

17 Z.B. UNEF I, s. den 2. UNEF-Bericht vom 6.11.1956, UN Doc. A/3302, para. 12, GA OR, 1st Em. Sp. Sess., Ann. S. 21; deutlicher noch der Generalsekretär in der UNEF-Studie vom 9.10.1958, UN Doc. A/3943, para. 31, abgedruckt bei Higgins I, S.483 ff.

18 Z.B. ONUC, S. 1. ONUC-Bericht des Generalsekretärs vom 18.7.1960, UN Doc. S/4389, para. 15, SC OR, 15th yr., supp. July-Sept. 1960, S.20.

19 SC Res. 83 (1950); 84 (1950).

Streitkräften der Vereinten Nationen zur Wahrung oder Wiederherstellung des Weltfriedens kommt. Ihr Eingreifen würde in einem weit größeren Maße als die bisherigen Einsätze Anlaß zur Stellung der Kriegsrechtsfrage geben.

Wie eine solche Truppe organisiert sein wird, läßt sich heute nicht ohne weiteres absehen. Allerdings deuten die Art. 43 ff. SVN darauf hin, daß diese Streitkräfte der Struktur nach den Friedenstruppen heutiger Prägung nicht unähnlich sein würden. Insofern wird deren Betrachtung auch Erkenntnisse über die Rechtslage bei in Zukunft möglichen militärischen Zwangsmaßnahmen erbringen können.

2. *Kriegsvölkerrecht*

Hauptgegenstand des Kriegsvölkerrechts ist die Regelung der Anwendung der Kriegsmittel. Es geht also beim jus in bello um die Beschränkungen, die den Kriegführenden im Hinblick auf die Wahl der Mittel und die Art ihres Einsatzes zur Niederwerfung des Feindes auferlegt sind.[20] Die wichtigsten dieser Regeln sind die Schranken für die Anwendung von Gewalt (darunter auch die des humanitären Rechts), jedoch läßt sich das Kriegsrecht nicht auf diesen Gesichtspunkt allein reduzieren.[21] Zum Bestand seiner Normen gehören z.B. auch die Regelungen der Kriegslist, der Propaganda, der wirtschaftlichen Kriegführung, das Neutralitätsrecht, sowie Regelungen für politische und polizeiliche Maßnahmen.[22] Fraglich ist allerdings, ob das Kriegsrecht in seinem ganzen Umfang von Bedeutung für die Militäraktionen der Vereinten Nationen sein kann. Dies ist schon deshalb zu verneinen, weil die Vereinten Nationen als internationale Organisation weder ein Staatsgebiet noch ein Staatsvolk haben. Soweit kriegsrechtliche Regeln sich unmittelbar auf die Bevölkerung oder das Gebiet einer kriegführenden Partei beziehen, können sie also nicht auf die Vereinten Nationen angewendet werden.

Auch das Neutralitätsrecht soll nicht Gegenstand dieser Untersuchung werden. Es betrifft im Zusammenhang mit den Vereinten Nationen vornehmlich das Verhältnis zwischen diesen und ihren (dauernd) neutralen Mitgliedstaaten[23], regelt aber nicht das Verhalten der Truppen der Weltorganisation. Aus einem ganz ähnlichen Grund wird auch auf eine Betrachtung des Rechts des Wirtschaftskrieges verzichtet. Diese Regeln betreffen nur in Teilbereichen das Verhalten von Streitkräften.[24] Zudem wären Maßnahmen der wirtschaftlichen Kriegführung durch die Vereinten Nationen kaum von der Verhängung von Wirtschaftsanktionen gemäß Art. 41 SVN zu scheiden. Derartige Straf- und Zwangsmaßnahmen berühren zwar möglicherweise in Einzelfällen das Recht des Wirtschaftskrieges, liegen aber an sich außerhalb dieses Normenkomplexes.[25] Schließlich lassen die bisherigen Militäraktionen der Vereinten Nationen in keiner Weise erkennen, wie ihre Wirtschaftskriegführung einmal praktisch aussehen könnte. Eine Untersuchung der Anwendung des Wirtschaftskriegsrechts auf die Weltorganisation läge deshalb ganz im Bereich der Spekulation.

Von Relevanz für den Einsatz von VN-Streitkräften ist dagegen grundsätzlich das Recht der Kampfführung. Hierzu gehören die Regeln über Wahl und Einsatz der gewaltsamen Kampfmittel sowie das Land-, See- und Luftkriegsrecht, das

---

20 Berber, VR II, S. 61; Kalshoven, EPIL 4, S. 316; Kimmnich, VR, S. 419.

21 So aber Starke, Introduction, S. 525.

22 Z.B. die Anerkennung von Exilregierungen und die Internierung feindlichen Mächten angehörender Ausländer, vgl. Berber, VR II, S. 61 ff.; Kalshoven, EPIL 4, S. 316.

23 S. dazu ausführlich Schärli, Friedenserhaltende Aktionen, S. 400-439

24 Zemanek, EPIL 3, S. 162.

25 Zemanek, a.a.O., S. 158.

Kriegsgefangenenrecht, das Recht zum Schutz der Zivilbevölkerung, der Kulturgüterschutz und das Besatzungsrecht. Damit steht das humanitäre Kriegsvölkerrecht im Zentrum der Betrachtung.[26] Ein großer Teil dieser Normen ist in Verträgen kodifiziert[27], diese sind jedoch in zumindest erheblichem Umfang gleichzeitig auch Ausdruck von Gewohnheitsrecht.[28] Wenn im folgenden von Kriegsrechtskonventionen und Kriegsvölkergewohnheitsrecht die Rede ist, so sind diese Normen gemeint. Der Bestand einschlägigen Vertragsrechts hat gerade in jüngerer Zeit eine wesentliche Veränderung erfahren. Durch die beiden Zusatzprotokolle vom 12. Dezember 1977 zu den Genfer Abkommen von 1949 sind nicht nur alte Regeln bestätigt, sondern auch ganz neue geschaffen worden.[29] Diese neuen Kodifikationen haben zwei wichtige Folgen: zum einen ist die weitgehend bestehende Universalität des kodifizierten Kriegsvölkerrechts nicht mehr gegeben[30], zum anderen fallen Gewohnheitsrecht und Vertragsrecht jetzt viel weiter auseinander, als dies vor 1977 der Fall war.[31] Vor allem ist der Schutz der Kombattanten, Kriegsgefangenen und Zivilisten vor den Schrecken des Krieges in einem Konflikt, dessen Parteien durch die Zusatzprotokolle gebunden sind, weit stärker als bei einem Kampf unter Kontrahenten, die "nur" die Konventionen von 1949 oder Gewohnheitsrecht zu beachten haben. Das Kriegsvölkerrecht ist also wesentlich uneinheitlicher geworden.

II. GANG DER UNTERSUCHUNG

Vor dem Hintergrund der gerade skizzierten Entwicklung gewinnt das Problem des auf Truppen der Vereinten Nationen anzuwendenden Kriegsvölkerrechts neue Akzente. Gegenüber der Zeit vor 1977 hat die Bedeutung der Frage, welchem Völkerrechtssubjekt eine Streitmacht jeweils zuzurechnen ist, erheblich zugenommen. Denn das Kriegsvölkerrecht wendet sich - wie alle völkerrechtlichen Normen - im Grundsatz nur an Völkerrechtssubjekte. Diese Qualität kommt Streitkräften als solchen aber nicht zu. Sie sind vielmehr typischerweise Organe eines Völkerrechtssubjekts, das sie so einzusetzen hat, daß das Kriegsvölkerrecht, an das es gebunden ist, Beachtung findet. Die Antwort auf die Zurechnungsfrage

---

26 Zu diesem Begriff: Partsch, EPIL 3, S. 216.

27 Zu nennen sind vor allem das IV. Haager Abkommen von 1907 mit der HLKO, die vier Genfer Abkommen von 1949 einschließlich ihrer Zusatzprotokolle von 1977 und das Haager Übereinkommen zum Schutz von Kulturgut in bewaffneten Konflikten von 1954.

28 Berber, VR II, S. 73 f.

29 Vgl. nur den Titel der Kodifikationskonferenz: "Conférence diplomatique sur la réaffirmation et le développement du droit international humanitaire applicable dans les conflicts armés".

30 Ende 1986 waren 165 Staaten den Genfer Konventionen von 1949 beigetreten, während das I. Zusatzprotokoll 65, das II. gar nur 58 Vertragspartner hatte, RevICR 68(1986), S. 423.

31 Zu den Neuerungen der Zusatzprotokolle: Bothe/Ipsen, K./Partsch, ZaöRV 38(1978), S. 1-78; Wortley, BYIL 54 (1983), S. 143-166.

entscheidet damit darüber, nach welchem Recht ein Konflikt auszutragen ist; oder anders gewendet, welchen Schutz die Betroffenen genießen.

Mit Blick auf die bisherige Praxis der Aufstellung von Truppen der Vereinten Nationen ist daher zuerst zu untersuchen, wie die eingesetzten Verbände im Verhältnis zum Gastland, zu den kontingentstellenden Staaten und den Vereinten Nationen einzuordnen sind.

Sollte sich erweisen, daß die Vereinten Nationen hier die dominierende Rolle spielen, wird von Bedeutung sein, welches Kriegsrecht die Vereinten Nationen als solche einzuhalten haben. In diesem Zusammenhang wird zu prüfen sein, ob das militärische Eingreifen der Weltorganisation als bewaffneter Konflikt anzusehen ist, auf den das Kriegsrecht ratione materiae angewendet werden kann, und es soll darauf eingegangen werden, ob der besondere Charakter des Einsatzes von Gewalt unter den Auspizien der Vereinten Nationen eine ihren Gegner diskriminierende Anwendung der kriegsrechtlichen Vorschriften rechtfertigen kann.

Auch wenn sich zeigen sollte, daß die Truppen nach außen hin grundsätzlich den Vereinten Nationen zuzurechnen sind, wird der bislang nur am Rande behandelten Frage nachzugehen sein, ob den ein Truppenkontingent stellenden Staat besondere Verpflichtungen im Hinblick auf diesen Überlassungsakt treffen.[32] In diesem Zusammenhang ist zu erörtern, ob die völkervertragsrechtliche Bindung der Staaten an Kriegsrechtskonventionen ohne Einfluß auf das Zurverfügungstellen von Truppenteilen bleibt, oder ob den Konventionen insoweit Beschränkungen entnommen werden müssen.

Diese Frage ist letztlich für jeden an Kriegskonventionen gebundenen Staat von Wichtigkeit. Ihre Bedeutung könnte zunehmen, je weiter die nationalen Kriegsrechtsengagements über das Kriegsvölkergewohnheitsrecht hinausgehen. Sie könnte auch für die Bundesrepublik Deutschland erhebliche Relevanz erlangen. Friedenstruppen werden vornehmlich von Staaten gestellt, die nicht ständige Mitglieder des Sicherheitsrates sind. Unter diesen ist die Bundesrepublik eine der bedeutendsten Militärmächte. Sie hat sich zudem zu einem aktiven Fürsprecher des VN-peace-keeping gemacht. Bundesaußenminister Genscher führte 1978 eine Initiative der damals neun EG-Staaten zur Stärkung des Instituts der peace-keeping operations in die Debatte der Generalversammlung ein.[33] Das Ergebnis dieses Vorstoßes war die Verabschiedung einer Resolution, in der alle Mitgliedstaaten zur aktiven Unterstützung friedenserhaltender Aktionen der Weltorganisation durch finanzielle, logistische und personelle Beiträge aufgefordert wurden.[34] Es ist deshalb zweifelhaft, wie lange sich gerade die Bundesrepublik noch mit dem Hinweis auf das (angebliche) verfassungsrechtliche Verbot des Einsatzes der Bundeswehr im Rahmen von peace-keeping operations einem möglichen

32 Seyersted, United Nations Forces, S. 325 deutet die Möglichkeit einer solchen Konstruktion an, ebenso Bothe, Droit de la guerre, S. 222.

33 Rede vom 26.9.1978, s.dazu Schaefer, Funktionsfähigkeit, S. 418 ff.

34 GA Res. 33/114 vom 18.12.1978.

Drängen der Weltorganisation auf aktive Teilnahme an diesen Einsätzen wird entziehen können.[35] Die Auswirkungen der Kriegsrechtsverträge, denen die Bundesrepublik dann beigetreten ist, könnte dann darüber entscheiden, unter welchen Konditionen eine aktive Teilnahme der Bundeswehr möglich wäre.

Außerdem wird nach den Auswirkungen der Kriegsrechtsbindungen der Aufnahmeländer zu fragen sein. Es ist nicht ausgeschlossen, daß auch die nationalen vertragsrechtlichen Engagements dieser Staaten von Relevanz für den Einsatz der Vereinten Nationen sind.

All diese Untersuchungen sollen ergeben, welche kriegsrechtlichen Vorschriften für die Militäraktionen der Weltorganisation von Bedeutung sind. Abschließend wird zu erörtern sein, wie dieser Normenbestand praktisch angewandt werden kann und welche Möglichkeiten der Verbesserung der kriegsrechtlichen Rechtslage gegeben sind.

---

35 Fleck, Vereinte Nationen 1979, S. 100 deutet etwas derartiges an.

2. TEIL: DAS VERHAELTNIS DER BISHER EINGESETZTEN TRUPPEN ZU DEN VEREINTEN NATIONEN

I. DIE VORAUSSETZUNGEN DER ZUORDNUNG DER VON DEN VEREINTEN NATIONEN EINGESETZTEN TRUPPEN ZU DEN VEREINTEN NATIONEN

Wie einleitend erwähnt, soll die Suche nach dem bei Militäraktionen der Vereinten Nationen anzuwendenden Kriegsvölkerrecht bei der Zuordnung der Truppen zu einem (oder ggf. mehreren) Völkerrechtssubjekten ansetzen.

Das Völkerrecht kennt als Adressaten seiner Rechtssätze grundsätzlich nur Völkerrechtssubjekte. Dies sind zunächst Staaten und (beschränkt) Internationale Organisationen. Ein Truppenverband als solcher ist jedoch gewiß keine Völkerrechtsperson.[1] Wenn es also überhaupt völkerrechtliche Regeln gibt, an die ein Truppenverband sich halten muß, dann sind dies solche, die an sich ein in hinreichend enger Beziehung zu dem Verband stehendes Völkerrechtssubjekt wenden.

Nun wird teilweise vertreten, daß speziell das Kriegsrecht auch den Einzelnen als Völkerrechtsperson ansieht.[2] Ob dem zu folgen ist, kann für den Zweck dieser Untersuchung dahinstehen. Denn auch dann, wenn man davon ausgeht, daß es Kriegsrechtssätze gibt, die für die Einzelperson unmittelbar geltende individuelle Schutzansprüche[3] begründen oder Pflichten[4] auferlegen, beeinflussen diese das Verhalten der Truppe als Einheit nur mittelbar. Darüber hinaus kann der Einzelne nur als zusätzliche, neben dem zuständigen Staat (oder der zuständigen Internationalen Organisation) berechtigte oder verpflichtete Person gedacht werden.[5] Daher bleibt es dabei, daß der völkerrechtliche Verband, der hinter der Streitmacht steht, der maßgebliche Normadressat ist. Er ist es, der für die Einhaltung der auf ihn anwendbaren Kriegsrechtsregeln durch die Truppe zu sorgen hat und bei Verstößen haftet.[6]

Welches ist aber dieses hinter den Streitkräften stehende Völkerrechtssubjekt? Anders formuliert ist dies die Frage nach den Vorraussetzungen, unter denen eine Person oder Personengruppe einem

1 Strasser, ZaöRV 34 (1974), S. 701.

2 So K.Ipsen, in: Menzel/Ipsen, S.529 ff; anders z.B. Oppenheim/Lauterpacht, Vol.II, S. 206.

3 Z.B. Art. 93, 97 GK IV (Schutz religiöser Betätigung und Schutz des Eigentums internierter Personen).

4 Z.B. Art. 17 GK III (Pflichtangaben Kriegsgefangener). Zu erwähnen sind in diesem Kontext auch die Strafvorschriften für Kriegsverbrecher.

5 K.Ipsen, a.a.O.

6 Ausdrücklich stellt dies z.B. die Zurechnungsnorm in Art. 3, Haager Abkommen betr. die Gesetze und Gebräuche des Landkriegs (RGBl. 1910, S. 107 ff.) fest.

Völkerrechtssubjekt zugerechnet werden kann. Grundsätzlich ist diese Zuordnung möglich (und geboten), wenn die Person oder Personengruppe als Organ dieses völkerrechtlichen Verbandes anzusehen ist.[7]

Als erstes Zuordnungssubjekt kommen die Vereinten Nationen in Betracht. Dies setzt voraus, daß sie über völkerrechtliche Rechtspersönlichkeit verfügen, da die Zuordnung der Truppen zu ihnen sonst ohne völkerrechtliche Bedeutung wäre.

1. Völkerrechtsfähigkeit der Vereinten Nationen

Daß die Vereinten Nationen als internationale Organisation völkerrechtsfähig sind, wird heute nicht mehr bestritten.[8] Problematisch ist lediglich die Frage, ob diese Völkerrechtsfähigkeit absolut ist, oder ob sie personale und materielle Grenzen kennt.

a. Personale Grenzen als Hindernis der Zuordnung von Truppen zu den Vereinten Nationen?

Personale Beschränkungen der Rechtsfähigkeit können sich aus dem Umstand ergeben, daß die Vereinten Nationen ihre Existenz auf einen Vertrag, die Charta, zurückführen. Es liegt daher nahe, ihre Rechtspersönlichkeit als von dem Willen der Mitglieder abgeleitet anzusehen.[9] Diese als subjektive Theorie zu bezeichnende Auffassung geht davon aus, daß sich ein Willensakt der Mitglieder nur unter diesen selbst auswirken könne; demzufolge erlange die Organisation aufgrund des Vertragscharakters des Gründungsaktes zunächst nur Rechtspersönlichkeit im Verhältnis zu den Mitgliedstaaten.[10] Hinzu träten die Staaten, die die Organisation ausdrücklich oder stillschweigend anerkennen[11], wobei die Anerkennung von konstitutiver Bedeutung für die Rechtsfähigkeit der Organisation im Verhältnis zu dem die Anerkennung aussprechenden Staat sei.[12] Geht man von dieser Auffassung aus, so sind die Handlungen und Unterlassungen einer Organisation im Verhältnis zu Staaten, die in keinerlei Beziehung zu ihr stehen, als Akte der Gesamtheit der

---

7 Dahm, VR I, S. 70; Verdross/Simma, §§ 873, 874; Brownlie, State Responsibility I, S. 132, 135. Ebenso die ILC in Art. 5 Draft Art. on State Responsibility.

8 Vgl. statt aller Verdross/Simma, § 415 und das Gutachten des IGH vom 11.4.1949, Reparation for Injuries, ICJ-Reports 1949, S. 178 f. Für die sozialistische Doktrin siehe Tunkin, Völkerrechtstheorie, S. 394 ff.; ders., RdC 147 (1975 IV), S. 199; Wörterbuch der Außenpolitik und des Völkerrechts, Stichwort "Völkerrechtssubjekt", S. 648.

9 So z.B. Balladore Pallieri, Diritto Internazionale 14 (1960), S. 230 ff.; Bindschedler, ArchVR 9 (1961/62), S. 387; Mosler, ZaöRV 22 (1962), S. 31 ff.; Seidl-Hohenveldern, Internationale Organisationen, Rn. 310; ders., Völkerrecht, Rn. 607.

10 So u.a. Bindschedler, a.a.O.; Mosler, a.a.O., S. 32; Seidl-Hohenveldern, Völkerrecht, a.a.O.; ders., Internationale Organisationen, Rn. 321. A.A. Balladore Pallieri, a.a.O. und Zemanek, ÖZöR 7 (1956), S. 357, die durch den Gründungsvertrag eine objektive Rechtslage geschaffen sehen.

11 Seidl-Hohenveldern, ÖZöR 11 (1961), S. 505.

12 Bindschedler, a.a.O., S. 388; ders., EPIL 5, S. 130; Mosler, a.a.O.; Schwarzenberger, International Law I, S. 130.

Mitgliedstaaten aufzufassen.[13] Auch Organe der Organisation sind dann allen Mitgliedstaaten gemeinsam zuzurechnen. Demzufolge könnte sich für eine der Organisation zugehörige Streitmacht[14] gegenüber Mitgliedstaaten und Nichtmitgliedern[15] eine gespaltene Rechtslage ergeben: Im Verhältnis zu den erstgenannten kämpfte die Organisation, den anderen gegenüber eine (nicht eigenständig rechtsfähige) Koalition der Mitgliedstaaten.

Dieser an dem Grundsatz orientierten Meinung, daß Verträge nur Wirkung inter partes entfalten, steht eine als objektiv zu charakterisierende Auffassung gegenüber. Ihre Vertreter sehen den Gründungsakt einer Organisation ähnlich wie die Entstehung eines Staates.[16] Damit geben sie ihm unmittelbare Wirkung für und gegen Dritte bei.[17] Die Folge dieser Auffassung ist, daß Streitkräfte einer Organisation auch von Staaten, die in keinerlei Beziehungen zu dieser stehen, als der Organisation und nicht der Gesamtheit der Mitgliedstaaten zugehörig anzusehen sind.

Es scheint, als sei es für den Zusammenhang des zu untersuchenden Themas erforderlich, die Frage zu klären, welche der dargestellten Auffassungen den Vorzug verdient. Daß sich dies letztlich jedoch als entbehrlich erweist, ist lediglich auf den besonderen Charakter der Vereinten Nationen zurückzuführen.

Zu bedenken ist, daß die Zahl der Nichtmitglieder gering ist. Außerdem haben praktisch alle der Weltorganisation fern gebliebenen Mächte diese als Rechtsperson anerkannt.[18] Die Aufgaben der Vereinten Nationen sind auf die ganze Welt bezogen. Sie streben grundsätzlich Universalität an.

Diese Umstände ermöglichen auch vom Standpunkt der subjektiven Theorie aus die Annahme, daß die Vereinten Nationen allen Staaten gegenüber rechtsfähig sind.[19] Sieht man in dieser universellen Akzeptanz der Weltorganisation den Kern der Argumentation des IGH im Bernadotte-Fall, so läßt sich festhalten, daß die Annahme einer objektiven Rechtspersönlichkeit der Vereinten Nationen heute sehr viel berechtigter erscheint als 1949, als der IGH diesen Standpunkt erstmals

13 Bothe, Streitkräfte, S. 11; Ginther, Verantwortlichkeit, S. 179, 185 (mit Einschränkungen); Seidl-Hohenveldern, ÖZöR 11 (1961), S. 502 ff.

14 Hier wird unterstellt, daß die weiteren, im folgenden noch zu untersuchenden Voraussetzungen für die Organschaft von Streitkräften erfüllt sind.

15 Gemeint sind nur Nichtmitglieder, die die Organisation nicht anerkannt haben, vgl. Seidl-Hohenveldern, a.a.O., S. 505, Schwarzenberger, a.a.O., S. 128 ff.

16 Seyersted, IndJIL 4 (1964), S. 40; Arangio-Ruiz, Diritto internazionale e personalità giuridica, S. 186 ff.; ders., Declaration of Principles, S. 246 ff.

17 Seyersted, IndJIL 4 (1964), S. 255, 260. Ebenso Zemanek, ÖZöR 7 (1956), S. 357, der aber im Gegensatz zu Seyersted internationalen Organisationen keine originäre, sondern abgeleitete Rechtspersönlichkeit beigeben will: siehe Zemanek, a.a.O. S. 349.

18 Davon ging Hahn schon 1958 aus. Als Ausnahme sah er lediglich die Volksrepublik China an: vgl. Harvard Law Rev. 71 (1957/58), S. 1049. Darüber hinaus stehen praktisch alle anderen rechtsfähigen internationalen Organisationen in Beziehung zu den Vereinten Nationen.

19 Bothe, Streitkräfte, S. 35; Seidl-Hohenveldern, ÖZöR 11 (1961), S. 501; ders., Internationale Organisationen, Rn. 322.

einnahm.[20] Personale Grenzen der Völkerrechtssubjektivität der Vereinten Nationen sind somit nicht ersichtlich. Für die Zwecke dieser Untersuchung können sie im Ergebnis also als erga omnes rechtsfähig angesehen werden. Eine Zuordnung von Streitkräften zu den Vereinte Nationen könnte dementsprechend für und gegen alle Völkerrechtssubjekte wirken.

b. *Materielle Grenzen der Rechtsfähigkeit als Hindernis für die Zuordnung von Truppen zu den Vereinten Nationen?*

Alleine die Feststellung, daß die Vereinte Nationen allen Völkerrechtssubjekten gegenüber Rechtsfähigkeit besitzen, besagt noch nicht, daß ihnen Truppen ohne weiteres zugeordnet werden können. Dies wäre ohne besondere Überlegung nur möglich, wenn die Rechtsfähigkeit der Vereinten Nationen materiell allumfassend wäre. Es wird sich zeigen, daß diese Auffassung von einem Teil der Literatur vertreten wird. Vielfach wird aber angenommen, daß die Rechtsfähigkeit internationaler Organisationen sachlichen Beschränkungen unterliegt. Sollte diese zweite These zutreffen, wäre es denkbar, daß den Vereinten Nationen gerade die Fähigkeit fehlt, Zuordnungssubjekt für eigene Streitkräfte zu sein. Jedenfalls wäre eine Analyse der Charta erforderlich, um diese Frage zu klären, denn die sachlichen Grenzen der Rechtsfähigkeit sollen sich aus dem Gründungsvertrag ergeben. Sollte dessen Überprüfung zeigen, daß der Weltorganisation die angesprochene Fähigkeit nicht zukommt, fiele diese als Zurechnungssubjekt aus und die zu untersuchenden Streitkräfte wären möglicherweise wiederum den Mitgliedstaaten gemeinschaftlich zuzurechnen.[21] Um die Ausgangsfrage nach der Zuordnung von Streitkräften zu den Vereinten Nationen beantworten zu können, erscheint es angesichts dieser Differenzen erforderlich, die zu dem Problem der sachlichen Beschränkungen der Rechtsfähigkeit internationaler Organisationen vertretenen Auffassungen[22] näher zu betrachten.

---

20 Der IGH hatte - ausgehend von der Annahme, daß die Rechtspersönlichkeit den Vereinten Nationen von den Mitgliedstaaten durch Vertrag verliehen worden sei (ICJ-Reports 1949, S. 179) - erkannt:

> "On this point, the Court's opinion is that fifty states, representing the vast majority of the members of the international community, had the power, in conformity with international law, to bring into being an entity possessing objective international personality, and not merely personality recognized by them alone, together with capacity to bring international claims."

Die Entscheidung hat - besonders im Hinblick auf die Bezugnahme auf die "vast majority" - teilweise heftige Kritik erfahren: vgl. z.B. Schwarzenberger, International Law I, S. 130; Zemanek, a.a.O., S. 357.

21 Bothe, Streitkräfte, S. 28.

22 Ein guter Überblick findet sich bei Rama-Montaldo, BYIL 44 (1970), S. 111 ff.; aus neuester Zeit siehe: Barberis, RdC 179 (1983 I), S. 145 ff., insbes. S. 160 bis 170 und Faßbender, ÖZöR 37 (1986), S. 17.

aa. Die subjektive Theorie von der Rechtsfähigkeit Internationaler Organisationen

Die wohl überwiegend vertretene Meinung geht davon aus, daß die Rechtsfähigkeit als solche nur eine "leere rechtstechnische Hülse"[23], ein "Blankett"[24] darstelle. Daß eine Person Rechtsfähigkeit besitze, besage noch nichts darüber, welche Rechte und Pflichten sie im einzelnen habe.[25] Anders als bei Staaten, die als die typischen originären Völkerrechtssubjekte von vorneherein als Träger aller Rechte und Pflichten anzusehen seien[26], sei die Grundlage der rechtlichen Persönlichkeit einer Internationalen Organisation nicht ein objektives Faktum, sondern eine Willensäußerung der Mitglieder, nämlich der Gründungsvertrag.[27] Aus seinem Inhalt - so wird angenommen - sei die besagte "leere rechtstechnische Hülse" der Rechtsfähigkeit zu füllen.[28] Dies bedeute, daß der Umfang der Rechtspersönlichkeit der Organisation ausschließlich nach dem Willen der Mitglieder zu bestimmen sei. Auszugehen sei davon, daß die Organisation lediglich Mittel zum Zweck der Wahrnehmung gemeinsamer Interessen der Mitgliedstaaten sei.[29] In Ermangelung einer ausdrücklichen Regelung sei bei der Feststellung des "Quantums" an Rechtsfähigkeit, das die Mitglieder der Organisation beigegeben haben, auf deren Funktionen abzustellen.[30] Der Gründungsvertrag verleihe der Organisation die Fähigkeit, Trägerin derjenigen Rechts und Pflichten zu sein, die sie in Anspruch bzw. auf sich nehmen müsse, um ihre Aufgaben (effektiv) erfüllen zu können. Außerdem sei zu beachten, daß jede Berechtigung der Organisation eine potentielle Einschränkung des Handlungsspielraumes der Mitgliedstaaten darstelle.[31] Aus diesen Gründen sei der Organisation eine über ihre Funktion hinausgehende Rechtsfähigkeit nicht zuerkannt worden.[32]

Es fragt sich, welche Bedeutung diese Umfangsbeschränkung gegenüber Nichtmitgliedern, die die Organisation anerkannt haben, haben kann. Zur Lösung dieses Problems bietet es sich für die Vertreter der subjektiven Theorie an, auf allgemeine vertragsrechtliche Grundsätze zurückzugreifen: Dritten gegenüber

---

23 Mosler, ZaöRV 22 (1962), S. 19 im Anschluß an Anzilotti ("un puro procedimento tecnico"), Corso, Bd.1, S. 151.

24 Gutzwiller, Mitteilungen DGVR 12 (1933), S. 127.

25 Mosler, a.a.O.; Barberis, a.a.O., S. 170.

26 IGH, ICJ-Reports 1949, S.180.

27 Brownlie, Principles, S. 681; Mosler, ZaöRV 22 (1962), S. 38, 47; Reuter, Institutions Internationales, S. 253 ff.; Seidl-Hohenveldern, Völkerrecht, Rn. 433; IGH, ICJ-Reports 1949, 180; Bindschedler, EPIL 5, S. 130.

28 Reuter, a.a.O.

29 Virally, Mélanges Reuter, S. 282.

30 Mosler, ZaöRV 22 (1962), S. 37; Virally, a.a.O., S. 281.

31 Rama-Montaldo, BYIL 44 (1970), S. 123.

32 Reuter/Combacau, Institutions et Rélations Internationales, S. 317.

erscheine der Gründungsvertrag als eine res inter alias acta[33], um deren Inhalt sie sich nicht weiter zu kümmern bräuchten. Darin enthaltene Beschränkungen der Rechtsfähigkeit der Organisation entfalteten Nichtmitgliedern gegenüber also keine Wirkungen. Im Verhältnis zwischen diesen und der Organisation gelte zunächst schlicht das allgemeine Völkergewohnheitsrecht.[34]

Welche Konsequenzen ergeben sich aus dieser Lehre für die Zuordnung von Truppen zu den Vereinten Nationen? Sieht man die Frage nach der Rechtsfähigkeit in strengem Sinne als ein Problem des rechtlichen "Könnens" und nicht auch des rechtlichen "Dürfens" der Organisation, so können die Vereinten Nationen im Verhältnis zu ihren Mitgliedern nur dann selber Zuordnungssubjekte für die von ihnen eingesetzten Truppen sein, wenn die Charta ihnen diese Fähigkeit verleiht; ihre Rechtspersönlichkeit müßte also so umfassend sein, daß sie die Fähigkeit einschließt, als Zuordnungssubjekt für Streitkräfte aufzutreten. Ist der Charta nichts in diesem Sinne zu entnehmen, sind die Truppen nur gemeinsames Organ der Mitgliedstaaten.

Den Nichtmitgliedern gegenüber kommt es auf den gegebenenfalls erst durch Auslegung zu ermittelnden Inhalt der Charta hingegen nicht an. Insofern richtet sich die Zurechnung einer Streitmacht nach den üblichen gewohnheitsrechtlichen Kriterien für die Zuordnung von Organen, auf die im einzelnen erst weiter unter eingegangen werden soll.[35]

Diese Schlußfolgerungen sind allerdings nicht unbestritten. So geht Bothe[36], obwohl der subjektiven Theorie folgend, davon aus, daß im Hinblick auf die Zurechnung von Streitkräften zu den Vereinten Nationen Mitgliedern und Nichtmitgliedern gegenüber im Ergebnis die gleiche Situation gegeben sei. Denn beide seien gegenüber der Organisation Dritte, genieße diese doch eigene Rechtspersönlichkeit. Ein Dritter sei jedoch grundsätzlich nicht berechtigt, die Kreation eines Organs durch eine andere Rechtsperson anzugreifen.

Diese Feststellung ist (unter Berücksichtigung der von Bothe angeführten, hier aber bedeutungslosen Ausnahmen) zutreffend, erscheint aber bei konsequenter Fortführung der subjektiven Theorie als für die Lösung unserer Frage ohne Erkenntniswert. Es darf nämlich nicht übersehen werden, daß die Organisation der subjektiven Theorie zufolge gerade dann, wenn sie Funktionen wahrnimmt, die der Gründungsvertrag ihr nicht übertragen hat, den Bereich der ihr zugestandenen Rechtsfähigkeit verläßt. Über ihr rechtliches "Können" kann sie aber nicht hinausgehen. Deshalb ist sie hinsichtlich des betreffenden Aktes eben nicht mehr Dritte im Verhältnis zu den Mitgliedstaaten, denn das Verhältnis zwischen ihr und

33 Scheuner, FS Bilfinger, S. 383; Seidl-Hohenveldern, Internationale Organisationen, Rn. 321; Bindschedler, EPIL 5, S. 130.

34 Bothe, Streitkräfte, S. 14.

35 Siehe unten S. 24-26.

36 Bothe, Streitkräfte, S. 32 f.

diesen wird durch den ihre Rechtsfähigkeit beschränkenden Gründungsvertrag bestimmt.

bb. Die objektive Theorie

Diesen vertragsrechtlichsubjektiven Gedankengängen steht wiederum eine objektiv geprägte Auffassung gegenüber. Ihre Vertreter - vor allen anderen Seyersted - verstehen den Gründungsakt einer Internationalen Organisation als ein objektives Ereignis.[37] Jeder "souveränen" Internationalen Organisation sei eine prinzipiell unbeschränkte Rechtsfähigkeit inhärent.[38] Sie habe als "general subject"[39] die "inherent capacity to perform any act of international law".[40] Allerdings erkennt auch Seyersted gewisse Beschränkungen dieser "inherent capacity" an. Diese sollen umfassen: (1) gegen die Ziele der Organisation verstoßende Akte[41], (2) vom Gründungsvertrag ausdrücklich verbotene Maßnahmen[42], und (3) Handlungen, deren Vornahme nicht in dem verfassungsmäßig vorgeschriebenen Verfahren beschlossen wurde.[43] Da diese Beschränkungen sich auf den Gründungsvertrag beziehen, scheint es, als sei Seyersteds Konzept gar nicht von dem der subjektiven Theorie zu trennen.[44] Man darf jedoch nicht übersehen, daß die genannten Beschränkungen nur insoweit Außenwirkung haben sollen, als dies - entsprechend - für Staaten gelten würde.[45] Demzufolge wären im Verhältnis zu Drittstaaten materielle Regelungen des Gründungsvertrages (wie z.B. Ziele der Organisation, Funktionen) stets unbeachtlich[46] und Verletzungen von Verfahrensregeln ohne Folgen, solange das anscheinend (apparent) kompetente Organ gehandelt hat.[47] Im Verhältnis zwischen Organisation und Mitgliedstaat gelte praktisch das gleiche: Nur im Hinblick auf seine mitgliedschaftlichen Rechte und Pflichten könne der Mitgliedstaat die Vertragswidrigkeit einer Maßnahme geltend machen.[48] Soweit er von einer derartigen Aktion der Organisation in einer Form betroffen sei, in der auch jeder Drittstaat betroffen sein könnte, sei die Organisation ihm gegenüber nichts weiter als eine andere Person des Völkerrechts.

---

37 Seyersted, IndJIL 4 (1964), S. 40; ders., NordTIR 34 (1964), S. 45.

38 Seyersted, IndJIL 4 (1964), S. 38.

39 Seyersted, NordTIR 34 (1964), S. 55.

40 Seyersted, a.a.O. Ganz ähnlich Sereni, Diritto internazionale, Vol. 2, 2.Teil, S. 848 und Balladore Pallieri, Diritto internazionale pubblico, S. 206.

41 Seyersted, United Nations Forces, S. 156.

42 Ders., S. 157 und NordTIR 34 (1964), S. 30.

43 Ders., United Nations Forces, S. 157 und NordTIR 34 (1964), S. 31.

44 So offenbar auch das Verständnis von Bothe, Streitkräfte, S. 16, Fn. 62.

45 Seyersted, NordTIR 34 (1964), S. 35.

46 Ebenda, S. 37.

47 Ebenda.

48 Ders., a.a.O., S. 86, ders., United Nations Forces, S. 175 ff. Ausschließlich dieses Verhältnis war bei dem "Certain Expenses"-Gutachten des IGH angesprochen (Pflicht von Mitgliedstaaten zur Beitragszahlung bzgl. der durch ein angeblich ultra vires geschaffenes Organ verursachten Kosten, ICJ-Reports 1962, S. 151 ff.).

Daraus folgt, daß die Einschränkungen, die die objektive Theorie im Hinblick auf die Rechtsfähigkeit zu machen scheint, in Wahrheit nicht das rechtliche "Können" der Organisation, sondern ihr rechtliches "Dürfen" betreffen.[49] Allein auf das rechtliche "Können" kommt es indessen hier an, denn die fehlende Befugnis, einen Akt vorzunehmen, hat nicht zur Folge, daß dieser nicht mit Außenwirkung vorgenommen werden könnte.[50] Gleich, ob die Organisation intra oder ultra vires handelt: die Fähigkeit, Zurechnungssubjekt eines Handelns oder Unterlassens zu sein, bleibt unberührt.[51]

Dies bedeutet im Ergebnis, daß die Zurechnung von Truppen zu den Vereinten Nationen nicht an einer sachlichen Beschränkung der Rechtsfähigkeit der Organisation scheitern kann. Das rechtliche "Können" der Vereinten Nationen steht nach der objektiven Theorie außer Frage, auf das Problem des "Dürfens" nach der Charta kommt es für die Fähigkeit, Zurechnungssubjekt sein zu können, nicht an.

cc. Die vermittelnde Auffassung

In jüngerer Zeit hat sich neben den beiden oben skizzierten Extrempositionen eine dritte, in etwa als "vermittelnde" zu charakterisierende Auffassung herausbildet. Einer Internationalen Organisation wie den Vereinten Nationen, die gewisse Voraussetzungen erfüllt[52], soll ein Kernbereich originärer Rechtssubjektivität zugestanden werden.[53] Darüber hinausgehende Rechtsfähigkeit soll ihr nur aufgrund ausdrücklicher oder implizierter Zuweisung durch die Mitgliedstaaten zustehen.[54] Demzufolge käme es auf die Auslegung der Charta nur dann an, wenn die Fähigkeit, Zuordnungssubjekt von Truppen zu sein, in die zweite Kategorie fiele. Dies ist zumindest nicht von vorneherein auszuschließen.[55]

dd. Irrelevanz des Meinungsstreits für die zu beurteilende Frage

Es scheint also, daß es jedenfalls für den Gang der weiteren Untersuchung darauf ankommt, welche Vorstellung vom sachlichen Umfang der Rechtspersönlichkeit Internationaler Organisationen zutreffend ist. Denn nur die hier als objektive Theorie bezeichnete Meinung läßt eine Zuordnung von Truppen zu den Vereinten Nationen unmittelbar zu, während nach der subjektiven und der vermittelnden Auffassung zuvor eine Untersuchung der Charta erforderlich ist.

---

49 Dies wird klar bei Seyersted, NordTIR 34 (1964), S. 55 ff.

50 Morelli (Sondervotum), ICJ-Reports 1962, S. 222 f.

51 Bowett, International Institutions, S. 365. Mit Einschränkungen auch IGH, ICJ-Reports 1962, S. 168.

52 Es muß sich um (1) eine Vereinigung von Staaten, die (2) im völkerrechtlichen Bereich (3) eigene Aufgaben (4) durch eigene Organe wahrnimmt, handeln. Vgl. Magiera, in: Menzel/Ipsen, S. 115 f.

53 Rama-Montaldo, BYIL 44 (1970), S. 139: "rights arising from personality".

54 Rama-Montaldo, a.a.O., S. 143 f.: "implied functions or powers".

55 Rama-Montaldo, a.a.O., S. 143 geht offenbar davon aus.

Eine ausführliche Diskussion der Theorien zum sachlichen Umfang der Rechtsfähigkeit Internationaler Organisationen erübrigt sich für die Zwecke dieser Untersuchung jedoch, weil sich - auch von der subjektiven Theorie ausgehend - ohne eine aufwendige Untersuchung der Satzung der Vereinten Nationen darlegen läßt, daß die Zuordnung von Truppen als eigene Organe zu den Vereinten Nationen möglich ist.

Ein Blick in die Literatur läßt allerdings zunächst an der Richtigkeit dieser Aussage Zweifel aufkommen. Zum Teil ist die Frage nach der Möglichkeit des Bestehens organschaftlicher Beziehungen zwischen den Vereinten Nationen und den von ihnen eingesetzten Streitkräften nämlich in Abhängigkeit davon gesehen worden, ob die Weltorganisation nach ihrer Satzung überhaupt berechtigt ist, derartige Friedenstruppen als eigene Organe zu errichten.[56] Da die Charta über das peace-keeping direkt nichts aussagt, ist dieses von der Praxis im Grunde längst in positivem Sinne geklärte Problem theoretisch nur durch eine umfängliche Ermittlung der "implied powers" zu lösen; ein Unternehmen, bei dem es sich letztlich nicht umgehen läßt, zu der Grundfrage der weltpolitischen Funktion der Vereinten Nationen Stellung zu nehmen. Es liegt auf der Hand, daß man dabei den engeren Bereich der juristischen Analyse verlassen und in politische Wertung eintreten muß.[57]

Vor allem ist aber zweifelhaft, ob dieser Ansatz überhaupt zu einem brauchbaren Ergebnis führt. Denn mit ihm wird versucht, von der internen Rechtmäßigkeit eines Aktes auf dessen äußere Wirksamkeit zu schließen. Wie Morelli in seinem Sondervotum zum "Certain Expenses"-Gutachten[58] jedoch ausführlich nachgewiesen hat, müssen (intern) rechtswidrige Akte einer Internationalen Organisation nicht nach außen nichtig sein. Ein anderes Ergebnis wäre unter dem Gesichtspunkt der Rechtssicherheit auch kaum vertretbar.[59] Deshalb ist die Frage, die vom Standpunkt der subjektiven Theorie aus zu stellen ist, nicht die, ob die Vereinten Nationen Friedenstruppen aufstellen *dürfen* (die Aufstellung mit der Charta im Einklang steht), sondern die, ob sie dies, wenn sie tatsächlich solche Truppen errichten, in ihnen zurechenbarer Weise von Rechts wegen *können* (den Akt rechtswirksam mit Außenwirkung vornehmen können).

Allgemeiner formuliert ist dies die Frage, ob die Vereinten Nationen nach der Charta die Fähigkeit haben, Zuordnungssubjekt für von ihnen faktisch gebildete Organe zu sein. Die Antwort hierauf ist unabhängig von der internen Kompetenz, solche Organe zu schaffen, sie ist nicht aus dem inneren Verfassungsrecht der

56 Knorr, Diss., S. 14.

57 So auch Bothe, Streitkräfte, S. 26 f., der sich mit dieser Begründung auch einer abschließenden Stellungnahme enthält.

58 ICJ-Reports, 1962, S. 222 ff. Vgl. dazu auch Amerasinghe, IndJIL 4 (1964), S. 211 ff. und unter prozeduralen Gesichtspunkten Osieke, AJIL 77 (1983), S. 254 f.

59 Bothe, Streitkräfte, S. 31 f.

Organisation[60], sondern aus dem Recht ihrer äußeren Beziehungen zu gewinnen. Während letzteres entscheidend dafür ist, was die Organisation nach außen hin tun kann, regelt ersteres nur die Rechte und Pflichten aus dem Mitgliedschaftsverhältnis, z.B. also die Beitragspflicht, Stimm- und Mitwirkungsrechte, die Kompetenzen der Organisation gegenüber den Mitgliedstaaten etc.

Für die Unterscheidbarkeit dieser beiden Rechtskreise lassen sich auch Anhaltspunkte in den jüngeren Arbeiten der International Law Commission finden. Zwar lautet Art. 6 der Vienna Convention on the Law of Treaties Concluded between States and International Organizations or between International Organizations:

> "The capacity of an international organization to conclude treaties is governed by the rules of that organization."[61]

Damit ist aber eine Bindung der Organisation an über diese "capacity" hinausgehend geschlossene Verträge keineswegs ausgeschlossen, wie Art. 27 Nr. 2 derselben Konvention klarmacht:

> "An international organization party of a treaty may not invoke the rules of the organization as justification for its failure to perform the treaty."[62]

Die Bindung der Organisation trotz entgegenstehender interner Vorschriften setzt aber logisch die Fähigkeit voraus, gebunden zu sein.[63]

Die Vorschriften des Gründungsvertrages über die äußeren Beziehungen der Organisation sind also folglich daraufhin zu untersuchen, ob sie der Organisation die Fähigkeit beigeben wollen, Zurechnungsobjekt für tatsächlich von ihr errichtete Organe zu sein. Um diese Frage zu beantworten, reicht es im Grunde aus zu untersuchen, ob die Vereinten Nationen die Fähigkeit haben sollen, eigenständig am internationalen Rechtsverkehr teilzunehmen. Denn diese Fähigkeit beinhaltet notwendig die Befähigung, Zuordnungssubjekt für tatsächlich geschaffene eigene Organe zu sein. Es erscheint undenkbar, daß eine eigenverantwortlich handelnde Völkerrechtsperson am Völkerrechtsverkehr teilnimmt, ohne daß tatsächlich von ihr gesetzte Akte ihr auch zugerechnet werden. Dies allein, weil Rechte und Pflichten eines Rechtssubjekts einander entsprechen müssen.[64] Schon der Gesichtspunkt der

---

60 Oft auch als "internes Staatengemeinschaftsrecht" bezeichnet, dazu allgemein Seidl-Hohenveldern, Internationale Organisationen, Rn. 1504. Wie hier offenbar auch Bothe, Streitkräfte, S. 31, unklar jedoch S. 28.

61 ILM 25(1986), S. 549.

62 A.a.O. S.561. So auch Bindschedler, EPIL 5, S. 130.

63 Siehe auch Art. 46 Nr. 2 der Konvention:

> "An international organization may not invoke the fact that its consent to be bound by a treaty has been expressed in violation of a provision of the rules of the organization regarding competence to conclude treaties as invalidating its consent unless that violation is manifest and concerned a rule of fundamental importance."

ILM 25 (1986), S. 570. Siehe zum ganzen auch: Seyersted, ÖZöR 34 (1983), S. 261 ff. und Schröder, ArchVR 23 (1985), S.400f.

64 Amrallah, RevEgypt DI 32 (1976), S. 61; Eagleton, RdC 76 (1950 I), S. 386.

effektiven Erledigung der Aufgaben der Organisation[65] und die Prinzipien der Rechtssicherheit und des Vertrauensschutzes[66] erfordern dies: Zur optimalen Erfüllung ihrer Aufgaben ist die Organisation nur in der Lage, wenn sie im Rechtsverkehr sowohl gegenüber ihren Mitgliedern, als auch im Verhältnis zu den Nichtmitgliedern ein zuverlässiger Partner ist. Diese Voraussetzung ist aber nicht erfüllt, wenn bei Aktivitäten jenseits der unmittelbar aus der Satzung folgenden Kompetenzen potentielle Partner der Organisation befürchten müssen, daß diese als Haftungssubjekt wegfällt und eine vielleicht kaum greifbare Vielheit von Mitgliedstaaten an ihre Stelle tritt.[67] Dieser sowohl aus dem Gesichtspunkt der Effektivität als auch dem der Rechtssicherheit begründbare Grundsatz erleidet allenfalls für solche Fälle eine Ausnahme, in denen sich eine Organisation ein Organ geschaffen hat, das ganz offensichtlich ausserhalb des Funktionsbereichs der Organisation liegt.[68]

Angewandt auf die Friedenstruppen der Vereinten Nationen ergibt sich nun folgendes: Ohne Zweifel sollen die Vereinten Nationen die Fähigkeit haben, am internationalen Rechtsverkehr selber teilzunehmen.[69] Damit ist die Grundvoraussetzung für die Möglichkeit der Zurechnung erfüllt. Der Einsatz von Streitkräften liegt des weiteren auch nicht offensichtlich ausserhalb des Bereichs der den Vereinten Nationen zur Verfügung stehenden Handlungsmitteln, denn die Art. 42 ff. SVN sprechen die Verwendung militärischer Kräfte ausdrücklich an, wenn sich aus diesen Vorschriften auch nicht unmittelbar etwas für das peace-keeping entnehmen läßt. Die Zurechnung ist also möglich.

ee. Bestätigung des Ergebnisses in der internationalen Praxis

Diese These - und die ausgeführte Begründung - lassen sich auch aus der internationalen Praxis belegen. Verwiesen sei auf die von den Vereinten Nationen

---

65 IGH, ICJ-Reports 1949, S. 179:
"It must be acknowledged that its members (der Vereinten Nationen, d. Verf.), by entrusting certain functions to it with the attendant duties and responsibilities, have clothed it with the competence required to enable those functions to be effectively discharged."

66 Butkiewicz, PolYbIntL 11, (1981/82), S. 136, 139.

67 Für eine Haftung für ultra vires-Akte auch die der subjektiven Theorie folgenden Autoren Bindschedler, EPIL 5, S. 130; Meng, ZaöRV 45 (1985), S. 342; Butkiewicz, PolYbIntL 11 (1981/82), S. 136, 138 f.; dagegen jedoch Ginther, EPIL 5, S. 162.

68 Ähnlich Butkiewicz, a.a.O., S. 139. Fitzmaurice, ICJ-Pleadings 1949, Reparations for Injuries, S. 117, hat die subjektive Theorie so formuliert:
"International organizations only have such capacities and powers as their constitutive instrument gives them, or must be presumed to have intended them to have if they are to carry out their functions and fulfil their purposes as set out in the instrument concerned; together with such powers and capacities as would, under general and universally recognized prinziples of law, be ascribable to any entity of the class or category created by that instrument."
Die Fähigkeit einer Organisation, Zurechnungssubjekt tatsächlich gebildeter eigener Organe zu sein, muß jedenfalls unter den zweiten Teil dieses Satzes subsumiert werden.

69 Vgl. statt aller: Schermers, Institutional Law, §§ 1385 ff., 1391 f.

Kongo (Zaire) eingesetzten Truppen.[70] Im Zuge der Kampfhandlungen hatten diese u.a. belgischen Staatsangehörigen in völkerrechtswidriger Weise Schäden zugefügt, für deren Regulierung die belgische Regierung die Vereinten Nationen in Anspruch nahmen.[71] Die in diesem Zusammenhang geschlossenen Abmachungen zeigen, daß die haftungsrechtliche Zuordnung der ONUC-Truppen zu den Vereinten Nationen ohne Prüfung der Satzungsmäßigkeit ihrer Aufstellung erfolgte, obwohl eben diese Frage in dem zu dieser Zeit noch andauernden Streit um die Beitragspflicht für die durch UNEF I und ONUC enstandenen Kosten sehr umstritten war.

In dem die Schadensersatzzahlungen anbietenden Schreiben des Generalsekretärs an Belgien vom 20. Februar 1965[72] wurde die Zuordnung ganz selbstverständlich vorgenommen. Noch deutlicher wurde die Praxis der Zuordnung ohne Prüfung der Satzungsmäßigkeit in dem Protest der UdSSR gegen die Zahlungen dieses Ersatzbetrages an Belgien. Der sowjetische Vertreter führte aus, daß Belgien keinen Schadensersatz beanspruchen könne, da es als Aggressorstaat selber völkerrechtswidrig gehandelt habe.[73] Nicht einmal hilfsweise wurde erwogen, daß eine Zahlung auch mangels Organschaft der Truppen auszuscheiden habe. Dies obwohl gerade die UdSSR im Verlauf des "Certain Expenses"-Streits die Satzungsmäßigkeit der Kongoaktion sowohl aus prozeduralen[74] als auch aus materiellen Gründen[75] immer wieder angegriffen hatte. Dennoch zog die Sowjetunion die Organschaft und die Zurechenbarkeit der ONUC-Verbände zu den Vereinten Nationen - soweit ersichtlich - nie in Zweifel.[76] Der sowjetische Verfahrens-

---

70 Siehe zu den Einzelheiten u. S. 34-40.

71 Zu dem Komplex der belgischen Schadensersatzforderungen siehe: Salmon, AFDI 11(1965), S. 468 ff. und Ginther, Verantwortlichkeit Internationaler Organisationen, S. 167-171.

72 UN Doc. S/6597, Annex I, SC OR, 20yr., supp. July-September 1965, S. 158 auch abgedruckt in: UNJYb 1965, S. 39.

73 Schreiben an den Generalsekretär vom 3.8.1965, UN Doc. S/6589, SC OR, 20yr. supp. July-September 1965, S. 151 f., auch abgedruckt in UNJYb 1965, S. 40.

74 Memorandum der UdSSR, ICJ-Pleadings 1962 (Certain Expenses), S. 271 f. (Unzureichende Beteiligung des Sicherheitsrates).

75 Memorandum der UdSSR, a.a.O., S. 272; Plädoyer des sowjetischen Vertreters Tunkin vom 21.5.1962, ICJ-Pleadings 1962 (Certain Expenses), S. 401 f. (Nichtbeachtung der gem. Art. 43 und 48 SVN erforderlichen Voraussetzungen für den Einsatz militärischer Kräfte durch die Vereinten Nationen). Schon in der Debatte der Generalversammlung über die Entsendung von UNEF I führte der sowjetische Vertreter ähnliche Gründe für seine Stimmenthaltung an: siehe GA OR, 1st Em.Spec.Sess., Pl.Meet., S.127 f., para. 291 ff. (567. Sitzung, 7.11.1956).

76 Dem entspricht es auch, daß die UdSSR (wie die anderen in dem "Certain Expenses"-Streit eine negative Haltung einnehmenden Staaten) keine Einwendung gegen die Schadensersatzleistungen der Vereinten Nationen an vier andere Länder erhoben hat, denen auch aus ihrer Sicht kein Agrgressionsvorwurf gemacht werden konnte. Die Ersatzleistungen erfolgten auf der Grundlage folgender Abkommen: UNTS, Vol. 564, S. 193 (Schweiz); UNTS, Vol. 565, S. 3 (Griechenland); UNTS, Vol. 585, S. 147 (Luxemburg); UNTS, Vol. 588, S. 197 (Italien). Das Abkommen mit Belgien findet sich bei UNTS, Vol. 535, S. 197. Siehe auch die Ausführungen in UNJYb 1975, S. 153 ff. zur Haftung der Vereinten Nationen generell.

bevollmächtige im "Certain-Expenses"-Streit, Tunkin, sprach unter Bezugnahme auf diese Truppen sogar ausdrücklich von "organs of the United Nations".[77]

Dem kann entnommen werden, daß sich die Vereinten Nationen ohne Prüfung der Satzungsmäßigkeit des Aufstellungsaktes als umfassend deliktsfähig im Hinblick auf die von ihnen eingesetzten Truppen gesehen haben.[78] Diese Ansicht ist auch von Staaten geteilt worden, die die Aufstellung und den Einsatz jener Streitkräfte als satzungswidrige ultra vires-Akte angegriffen haben. Die deliktsrechtliche Zuordnung der Einheiten zu den Vereinten Nationen ist ohne erkennbare Unterscheidung sowohl im Verhälnis der Organisation zu den Mitgliedstaaten als auch im Verhältnis zu Nichtmitgliedstaaten (Schweiz) erfolgt.

Diese Feststellungen betreffen zunächst nur die Deliktsfähigkeit. Sie sind jedoch für die Rechtsfähigkeit ebenfalls von Bedeutung, da jene notwendige Bedingung der Deliktsfähigkeit ist.[79] Die letztere kann deswegen keinen größeren sachlichen Umfang haben als die erstgenannte. So folgt aus dem geschilderten Fall, daß eine (angebliche) sachliche Beschränkung der Kompetenzen der Organisation durch den Gründungsvertrag nicht bedeutet, daß dieser auch die Fähigkeit fehlt, Zurechnungssubjekt für ein (angeblich) kompetenzwidrig gebildetes Organ zu sein.

ff. Zusammenfassung des Unterabschnittes

Als Ergebnis ist mithin festzuhalten, daß es auch aus der Sicht der subjektiven Theorie nicht darauf ankommt, ob die Vereinten Nationen berechtigt sind, Truppen wie die zu untersuchenden aufzustellen. Maßgeblich ist allein ihre Fähigkeit zur eigenverantwortlichen Teilnahme am völkerrechtlichen Verkehr. Da diese - sei es als "inherent capacity", sei es als durch den Gründungsvertrag verliehene Fähigkeit - gegeben ist, kommt man unter Zugrundelegung aller Vorstellungen vom sachlichen Umfang der Rechtsfähigkeit Internationaler Organisationen zu dem Schluß, daß der Zuordnung der in Rede stehenden Streitkräfte zu den Vereinten Nationen keine etwaige sachliche Beschränkung von deren Rechtsfähigkeit entgegensteht.[80]

2. Organqualität der von den Vereinten Nationen eingesetzten Streitkräfte

Nachdem geklärt ist, daß die Vereinten Nationen grundsätzlich uneingeschränkt als Zuordnungssubjekt für Streitkräfte in Betracht kommen, ist zu untersuchen, ob es tatsächlich Truppen gab und gibt (oder jedenfalls geben könnte), bei denen eine solche Zuordnung vorzunehmen ist.

---

77 ICJ-Pleadings 1962 (Certain Expenses), S. 402.

78 Vgl. hierzu auch IGH (Certain Expenses), ICJ-Reports 1962, S. 168f.

79 V.Münch, Delikt, S. 95, 130 f.

80 Dieses Ergebnis wird trotz ganz erheblicher Unterschiede in der Begründung allgemein vertreten, siehe Seyersted, United Nation Forces, S. 176 f.; Bothe, Streitkräfte, S. 33; Knorr, Diss., S. 48 f.; v.Münch, Delikt, S. 270 f.; Butkiewicz, PolYbIntL 11 (1981/82), S. 135.

In der Terminologie des Völkerrechts wird der typische Fall der Zuordnung das Handelns einer Person oder Personengemeinschaft zu einem Völkerrechtssub - jekt mit dem Begriff der Organschaft bezeichnet.[81] Es ist demnach zunächst fest - zustellen, unter welchen Umständen eine Gesamtheit von Personal- und Sachmit - teln, wie eine Streitmacht sie darstellt, als Organ einer Völkerrechtsperson anzuse - hen ist; oder anders gewendet: Was macht die Organeigenschaft im einzelnen aus?

a. *Voraussetzungen der Organschaft*

Juristische Personen des Völkerrechts sind wie alle juristischen Personen ge - dankliche Gebilde, denen naturgemäß die Fähigkeit fehlt, tatsächlich zu handeln.[82] Zur Erfüllung seiner Aufgaben bedient sich das zu eigener Aktion unfähige Rechtssubjekt einzelner Menschen oder Gruppen von Menschen. Es wird - schon um eine gewisse Koordinierung und Kontinuität des Handelns dieser Personen zu gewährleisten - eine Organisation errichten, in die jene Personen effektiv eingeglie - dert werden.[83] Dem betreffenden Rechtssubjekt das Verhalten der Menschen regel - mäßig zuzurechnen, die Teil des besagten Organisationsgefüges sind, ist schon ein Gebot der Billigkeit.[84] Das erste Kriterium für die Prüfung der Organeigenschaft ist also, ob die fragliche Person oder Personengruppe effektiv Teil des Organisations - gefüges eines Völkerrechtssubjektes geworden ist. Dies ist zunächst an den Gründungs- und Betrauungsakten zu erkennen.[85] Bei Organen, die unterhalb der Ebene der autonomen entscheidungsberechtigten Spitze des jeweiligen Völker - rechtssubjekts stehen, ist der Umfang der von den Spitzenorganen ausgeübten Kontrolle ein wichtiger Maßstab für den Grad der tatsächlichen Eingliederung und damit entscheidend für die Frage, ob wirklich ein organschaftliches Verhältnis besteht.[86] Geht man zunächst vom Staat als dem typischen Völkerrechtssubjekt aus, so kommt es für die Stellung der zu untersuchenden Person bzw. Personen - gruppe in dessen Apparat maßgeblich auf das innerstaatliche Recht an.[87] Dieses bestimmt über die Legitimation, Staatsgewalt auszuüben. Es kommt dabei aber auf den tatsächlichen Inhalt des Landesrechts, nicht etwa auf dessen (vielleicht in der

81 S.o.S. 8.

82 Dahm, VR I, S. 70.

83 Bothe, Streitkräfte, S. 33; Knorr, Diss., S. 49.

84 Steiniger, in: Graefrath/Oeser/Steiniger, Verantwortlichkeit, S. 77.

85 Bericht des Generalsekretärs, UN Doc. E/4994, Ann. III, para. 2, abgedruckt in UNJYb 1971, S. 187.

86 Eagleton, RdC 76 (1950 I), S. 386. P. de Visscher, AnnIDI 54 I (1971), S. 18 ff. stellt für die Frage, ob ein bewaffneter Verband eine "Force des Nations Unies" ist, namentlich auf die von den Vereinten Nationen ausgeübte Kontrolle ab.

87 Art. 5 des 1. Teils der Draft Articles on State Responsibility der ILC (YbILC 1980, Vol. II, part 2, S. 30 ff); v.Münch, Delikt, S. 170; Dahm, VR I, S.70. Die interne Rechtsordnung ist für das Völkerrecht praktisch ein Teil des Tatsachenmaterials eines entsprechenden Sachverhalts, vgl. PCIJ, Ser. A. Nr. 7; S. 19 (Polish Upper Silesia, Merits) und den Commentary der ILC. Vor Art. 5 Draft Articles on State Responsibility, para. 9-11, YbILC 1973, Vol. II, S. 190.

Praxis durchbrochenen) Wortlaut an.[88] Auf internationale Organisationen übertragen, bedeutet dies, daß auf die nach dem internen Recht der Organisation[89] erfolgte Ermächtigung zur Ausübung der von den Mitgliedstaaten auf die Organisation übertragenen Funktionen abzustellen ist[90], wobei es aber wiederum nicht auf den Buchstaben des Gründungsvertrages, sondern auf die von der Organisation in der Rechtspraxis wahrgenommenen Funktionen ankommen muß.

Generell wichtig ist schließlich der folgende Gesichtspunkt: Die als Amtsträger Handelnden sind selbstverständlich auch weiterhin natürliche Personen, Menschen, die nicht stets in ihrer Eigenschaft als Organ auftreten, sondern auch als Privatpersonen agieren. Das Handeln der Privatperson ist dem Völkerrechtssubjekt aber regelmäßig nicht zuzurechnen, es sei denn, es steht im Zusammenhang mit ihren amtlichen Befugnissen als Organ.[91] Da es in unserem Zusammenhang aber nur auf die Frage ankommt, ob grundsätzlich die Möglichkeit einer Zuordnung von Truppen zu den Vereinten Nationen besteht, kann dieser Aspekt zurücktreten. Er gewinnt erst dann Bedeutung, wenn die Amtsträgerschaft einer Person feststeht und es um die Bewertung eines Einzelfalles geht.

b. Formulierung des Prüfungsmaßstabes

Diese kurze allgemeine Betrachtung des Organbegriffs ergibt den Prüfungsmaßstab, der im folgenden anzulegen ist: Sind die von den Vereinten Nationen eingesetzten Streitkräfte effektiv in deren Organisationsgefüge eingegliedert (gewesen), und sind sie nach internem Recht der Vereinten Nationen tatsächlich ermächtig (gewesen), Funktionen der Organisation wahrzunehmen?

Entscheidend für die Frage der Eingliederung der Militärverbände in das Organisationsgefüge der Vereinten Nationen sind vor allem deren interne Rechtsakte. Das gleiche gilt für die Einweisung der Truppen in Funktionen der Weltorganisation. Normalerweise sind hier die zur Aufstellung einer Streitmacht führenden Resolutionen des Sicherheitsrates und der Generalversammlung maßgeblich, hinsichtlich der Eingliederung auch die die Rechtsverhältnisse der Truppe regelnden "regulations" des Generalsekretärs. Da die Eingliederung nicht ohne Auswirkung auf das Verhältnis des Entsendestaates zu seiner Einheit bleiben kann, müssen auch die deren Überstellung bewirkenden Verträge zwischen Entsendestaat und Vereinten Nationen herangezogen werden. Diese sind auch für die Beurteilung

---

88 Verdross/Simma, § 1270; Brownlie, State Responsibility I, S. 136; Commentary der ILC, para. 10, a.a.O.

89 Auf die Parallele zwischen innerstaatlichem Recht und internem Recht der Organisation (internes Staatengemeinschaftsrecht) weist Seidl-Hohenveldern, Internationale Organisationen, Rn. 1505, hin.

90 Vgl. Dahm, VR III, S. 184, der die Zurechnungsregeln für Staaten mutatis mutandis auf Internationale Organisationen anwendet.

91 Steiniger, in: Graefrath/Oeser/Steiniger, S. 79 f.; Dahm, VR III, S. 182 mit zahlreichen Beispielen aus der schiedsgerichtlichen Praxis; Commentary der ILC, Art. 5 Draft Articles on State Responsibility, para. 10, YbILC 1973, Vol. II, S. 193.

des Grades der von den Vereinten Nationen ausgeübten Kontrolle bedeutsam. Zu berücksichtigen sind schließlich die Status-Abkommen mit den Aufnahmestaaten.

Aus diesen Quellen ergeben sich eine Reihe von Haupt- und Hilfskriterien für die Zuordnung der Truppen. Als wesentlichster Anhaltspunkt ist die Kommandogewalt zu nennen. Die Zurechnung zu einem Völkerrechtssubjekt deutet sich aber auch darin an, wer für die Kosten eines Organs aufkommt, seine und seiner Angehörigen völkerrechtliche Vertretung und diplomatischen Schutz sowie die Haftung übernimmt, aus wessen Rechten Immunitäten und Privilegien eines Organs und seiner Angehörigen fließen, wer insgesamt in einer Vielzahl von Einzelfragen als die zuständige Völkerrechtsperson in Erscheinung tritt.

II. Die einzelnen Militaeraktionen der Vereinten Nationen

Die Untersuchung der einzelnen Aktionen soll nicht in der historischen Abfolge durchgeführt werden, sondern von der inzwischen als typisch zu bezeichnenden Einsatzart ausgehen, den sogenannten peace-keeping operations.[92] Gesondert davon werden dann UNSF, die als Sicherheitstruppe einer Gebietsverwaltung[93] einen etwas anderen Charakter hatte, und die Korea-Aktion betrachtet werden. Auf die in Kap. VII der Charta vorgesehenen Streitkräfte und Versuche, generelle Regeln für die Militäraktionen der Weltorganisation aufzustellen, soll danach eingegangen werden.

1. *Die "peace-keeping" Operationen*

a. *UNEF I*

In der Literatur wird nahezu einhellig die Auffassung vertreten, die im Zusammenhang mit der Suez-Krise und dem 2. Nahostkrieg 1956 zur Überwachung des Waffenstillstandes eingesetzten Verbände seien ein Organ der Vereinten Nationen gewesen.[94] Dies war offenbar auch die Ansicht des Generalsekretärs, der UNEF I als "subsidiary organ of the United Nations" definierte.[95] Eine solche Bezeichnung allein genügt jedoch nicht, um ohne weitere Prüfung die Organschaft der UNEF I-Truppe anzunehmen. Deshalb sollen im folgenden Grundlagen und Strukturen von UNEF I untersucht werden, um festzustellen, ob die Voraussetzungen einer völkerrechtlichen Organschaft vorlagen.

---

92 UNEF I und II, ONUC, UNFICYP, UNDOF, UNIFIL.

93 UNTEA auf West-Irian (Neuguinea).

94 Bothe, Streitkräfte, S. 43; Seyersted, United Nations Forces. S. 51, 60; Bowett, United Nations Forces. S. 121; Ginther, Verantwortlichkeit, S. 164; Knorr, Diss., S. 64; Attia, Forces armées, S. 336, 366; Higgins I, S. 382; Rosner, S. 142, 145 ff.; Sommereyns, EPIL 4, S. 254; a. A. Koretsky, ICJ-Reports (Certain Expenses) 1962, S. 257 (Diss.Op.).

95 Nr. 6 UNEF-Regulations, UN Doc. St/SGB/UNEF/I, abgedruckt bei Higgins I, S. 288 ff.

Die Grundlage für die Aufstellung von UNEF I war die nach dem "uniting-for-peace" Verfahren[96] verabschiedete Resolution 1001 (ES-I) der Generalversammlung vom 7. November 1956. Die "uniting-for-peace"-Resolution nimmt in ihrer Präambel unmittelbar Bezug auf die Aufgabe der Vereinten Nationen, den Weltfrieden und die internationale Sicherheit zu fördern (Art. 1 Nr. 1 SVN). Damit gelangte auch UNEF I in den Zusammenhang eines sogar ausdrücklich in der Satzung festgelegten Zieles der Vereinten Nationen. Hieraus kann man schließen, daß die Weltorganisation die Truppe als ermächtigt ansah, in ihrem Funktionsbereich tätig zu werden. Ob die Generalversammlung das für diese Funktionszuweisung kompetente Organ war, ist in diesem Zusammenhang zweitrangig. Denn das ist eine Frage des internen Rechts der Vereinten Nationen, auf die es für die das Außenverhältnis betreffende Zuordnung eines Organs nicht ankommen kann. Mithin ist UNEF I in nach außen wirksamer Weise im Aufgabenbereich der Weltorganisation tätig geworden.

Es bleibt zu untersuchen, inwieweit die Truppen in das Organisationsgefüge der Vereinten Nationen integriert waren. Es bietet sich an, zunächst die Position des Oberkommandierenden zu betrachten. Aus dessen Stellung läßt sich einiges für die Zuordnung der Streitmacht zu den Vereinten Nationen entnehmen.

Der erste Kommandeur, der Kanadier Burns, wurde unmittelbar persönlich durch die das UNEF-Kommando einsetzende Entschließung der Generalversammlung berufen.[97] Schon diese Form der Ernennung ad personam unterstrich seine Unabhängigkeit von nationalen Weisungen. Seine ersten Amtshandlungen, nämlich die Rekrutierung weiterer Offiziere für das Kommando und die Organisation der Truppe selbst, nahm Burns in Konsultation mit dem Generalsekretär wahr.[98] Für seine weitere Tätigkeit waren die "regulations" maßgeblich, die der Generalsekretär im Auftrag der Generalversammlung und in Zusammenarbeit mit einem besonderen Beratenden Ausschuß der Generalversammlung erließ.[99] Aus diesen Richtlinien lassen sich noch deutlichere Hinweise auf die Einordnung des Oberkommandierenden in das Organisationsgefüge der Vereinten Nationen gewinnen: Der Generalsekretär konnte ihm ergänzend Einzelweisungen erteilen[100]; Befehle des Kommandeurs mußten mit den Richtlinien, den Ergänzungsweisungen und den einschlägigen Resolutionen im Einklang stehen, sie unterlagen schließlich noch der Prüfung durch den Generalsekretär.[101] Die solchermaßen von den Vereinten Nationen kontrollierten Befehle des Oberkommandierenden erlangten über eine lückenlose Befehls-

---

96 Festgelegt in GA Res. 377 (V) vom 3.11.1950.

97 GA Res. 1000 (ES-I), vom 5.11.1956, para. 2. Namen und Herkunftsländer der weiteren Oberkommandierenden sind der Aufstellung bei Higgins I, S. 293 zu entnehmen.

98 GA Res. 1000 (ES-I), para. 3; GA Res. 1001 (ES-I) vom 7.11.1956, para. 4.

99 GA Res. 1001 (ES-I), para. 7.

100 Nr. 3 UNEF-Regulations, Higgins I, S. 288.

101 Nr. 4 UNEF-Regulations, a.a.O.

kette Verbindlichkeit für jeden einzelnen Soldaten der Truppe.[102] Andere Weisungen hatten diese nicht entgegenzunehmen.[103] Der Oberkommandierende erscheint so als Bediensteter der Vereinten Nationen, der seine Aufgaben gegenüber der Organisation nach deren Weisungen erfüllte.[104] Die Rolle als "international civil servant" löste ihn von Weisungen seines Heimatlandes. Er war gleichzeitig Führer einer Streitmacht und Vertreter der Weltorganisation[105] Die über den Oberkommandierenden hergestellte Kontrolle der Vereinten Nationen über die gesamte Truppe ist der wichtigste Beleg für die Organschaft von UNEF I.[106] Die enge Verbindung zwischen UNEF I und dem VN-Hauptorgan Sekretariat kommt auch darin zum Ausdruck, daß zivile Mitarbeiter aus dem Sekretariat[107] dem UNEF-Kommando, insbesondere für verwaltungstechnische Aufgaben, zur Verfügung standen.[108] Die unterstützende Funktion des Generalsekretärs spiegelt sich auch in seiner Zuständigkeit in Verwaltungs- und Finanzangelegenheiten und seiner Kompetenz für den Abschluß von die Truppe betreffenden völkerrechtlichen Verträgen wider.[109] Dem entspricht es, daß die ägyptische Regierung 1967 ihr Verlangen, UNEF I abzuziehen, lediglich gegenüber dem Generalsekretär und nicht gegenüber den Entsendestaaten erklärte.[110] Überhaupt waren es grundsätzlich die Vereinten Nationen, die nach außen in Erscheinung traten. Anstellungsverträge mit örtlichem

---

102 Nr. 11 UNEF-Regulations, a.a.O., S. 289:
"Command authority. The Commander has full command authority over the force ...";
Nr. 12 UNEF-Regulations, a.a.O.:
"... The commander of UNEF has full authority with respect to all assignments of members of the United Nations Command and, through the chain of command, of all members of the Force. Instructions from principal organs of the United Nations shall be channelled by the Secertary-General through the Commander and the chain of command designated by him."

103 Nr. 31 UNEF-Regulations, a.a.O., S., 291:
"Instructions. In the performance of their duties for the Force the members of the Force shall receive their instructions only from the Commander and the chain of command designated by him."

104 Dies ist auch die Wertung des Generalsekretärs, vgl. die "Summary Study of the experiences derived from the establishment and operation of the Force: report of the Secretary-General" vom 9.10.1958, UN Doc. A/3943, abgedruckt bei Higgins I, S. 483 ff., S. 515, para. 169:
"In setting up UNEF, the General Assembly appointed a Commander of the Forces with the position of an international civil servant responsible for the discharge of his task to the Assembly, but administratively integrated with the United Nations organization, and under instructions from the Secretary-General on the basis of the executive authority for the operation vested in him by the Assembly."
a.a.O., S. 515.

105 Summary Study, para. 77 (Higgins I, S. 496).

106 Bothe, Streitkräfte, S. 40; Virally, L'O.N.U. d'hier à demain, S. 119.

107 Nr. 19b UNEF-Regulations, (Higgins I, S. 290).

108 Seyersted, United Nations Forces, S. 49.

109 Nr. 15 UNEF-Regulations, (Higgins I, S. 290).

110 Note des ägyptischen Außenministers an den Generalsekretär vom 18.5.1967, UN Doc. A/6669 vom 18.5.1967, abgedruckt bei Higgins I, S. 339.

Hilfpersonal schloß der Oberkommandierende[111] ebenso wie sonstige zivilrechtliche Verträge.[112] Die Mitglieder der Friedensstreitmacht behielten zwar ihre nationalen Uniformen, diese wurden aber mit besonderen Kennzeichen versehen.[113] Alle Einrichtungen, Fahrzeuge usw. führten die Flagge der Weltorganisation.[114] Die Zugehörigkeit eines jeden Soldaten zu UNEF I wurde durch einen speziellen Personalausweis dokumentiert, den der Generalsekretär über den Oberkommandierenden ausgab.[115] Alle Mitglieder der Truppe hatten Anspruch auf diplomatischen Schutz durch die Vereinten Nationen.[116] Wenn daneben auch die Möglichkeit der Intervention des Heimatstaates offenblieb, spricht dies nicht gegen die Zurechnung von UNEF I zu den Vereinten Nationen, da das Band der Staatsangehörigkeit zwischen Soldat und Entsendeland nicht durch die Aufnahme einer Tätigkeit als "agent" der Weltorganisation beeinträchtigt wurde.[117]

Für schädigende Handlungen der Streitmacht waren die Vereinten Nationen verantwortlich.[118] Ansprüche gegen UNEF I wurden von der Weltorganisation reguliert.[119]

Diese Regelungen lassen das Bild einer vollständigen Integration von UNEF I in das Organisationsgefüge der Vereinten Nationen entstehen. Bei der Betrachtung weiterer Details relativiert sich dieser Eindruck jedoch.

So zeigt eine Untersuchung der den Mitgliedern der Truppe gewährten Immunität gewisse Abstufungen je nach der "Nähe" der betreffenden Person zu den Vereinten Nationen. Der Oberkommandierende (und ggf. seine Familie) hatte praktisch die gleiche Stellung wie der Generalsekretär oder ein Untergeneralsekretär[120], da ihm die Rechte nach sec. 19 bis 27 der Konvention über Vorrechte und Immunitäten der Vereinten Nationen[121] zustanden. Die Offiziere des Oberkommandos erhielten die Position von Experten im Dienst der Vereinten Nationen gem. Art. VI der Konvention.[122] Die bei dem Kommando tätigen Sekretariatsangehörigen

---

111 Nr. 19c UNEF-Regulations (a.a.O., S. 290).

112 Nr. 27 UNEF-Regulations (a.a.O., S. 291).

113 Nr. 8 UNEF-Regulations (a.a.O., S. 291); s. auch Seyersted, United Nations Forces, S. 50.

114 Nr. 7 UNEF-Regulations (a.a.O., S. 289).

115 Nr. 36 UNEF-Regulations ((a.a.O., S. 292).

116 Nr. 30 UNEF-Regulations (a.a.O., S. 291).

117 Bothe, Streitkräfte, S. 55; Bowett, United Nations Forces, S. 122; Seyersted, United Nations Forces, S. 115.

118 Nr. 15 UNEF-Regulations (Higgins I, S. 290).

119 Seyersted, United Nations Forces, S.108; Summary Study, para.141 (Higgins I,S.509 f.).

120 Higgins I, S. 383; Nr. 25 Status Agreement (Higgins I, S. 378); Nr. 19a UNEF-Regulations (Higgins I, S. 290)

121 BGBl. 1980 II, S. 941 ff. D.h., daß der Oberkommandierende und seine Familie Immunität hinsichtlich dienstlicher und privater Handlungen, ihrer Person und ihrer Papiere und Steuerfreiheit genossen.

122 Nr. 19a UNEF-Regulations (Higgins I, S. 290); Nr. 25 Status Agreement (Higgins I, S. 378); Freiheit von inländischer Gerichtsbarkeit bzgl. dienstlicher Handlungen, Freiheit der Person, Unantastbarkeit von Aufzeichnungen.

behielten ihren Status als internationale Beamte.[123] Das lokale Hilfspersonal war zwar lediglich hinsichtlich seiner dienstlichen Handlungen von der örtlichen Gerichtsbarkeit befreit[124], aber die Regelung nahm immerhin noch Bezug auf die Konvention über Vorrechte und Immunitäten der Vereinten Nationen. Demgegenüber mutet es auf den ersten Blick wie ein Bruch an, wenn das Status-Abkommen für die Mitglieder der Truppe, also die Soldaten der nationalen Kontingente, "only those rights expressly provided in the present or supplemental arrangements" vorsieht.[125] Diese Regelung führt jedoch bei näherem Hinsehen nicht zu einer unterschiedlichen Bewertung der Organschaft von UNEF-Kommando und UNEF-Kontingenten. Denn die den Soldaten gewährten Befreiungen entsprechen in wesentlichen Punkten den Regelungen der Konvention für VN-Bedienstete. So genossen die Mitglieder von UNEF I Steuerfreiheit[126] und partielle Zollfreiheit[127] in Ägypten. Der Zivilgerichtsbarkeit unterstanden sie nur hinsichtlich privater Akte[128], vor allem aber waren sie vollständig von der ägyptischen Strafgerichtsbarkeit befreit[129] und lediglich der ihres Herkunftslandes unterworfen. Wenn diese Regelung auch nicht alle Immunitätsprobleme mit letzter Sicherheit lösen konnte[130], so führte sie doch eine weitgehende Übereinstimmung der Stellung der UNEF I-Angehörigen und der Sekretariatsbediensteten herbei.[131] Auf dieser Linie liegt auch, daß die Truppe als Einheit, als "Hilfsorgan der Vereinten Nationen", die gleichen Vorrechte und Befreiungen wie der Organisation zustanden, unter Einschluß der Sachmittel, die von den kontingentstellenden Staaten im Gastland benutzt wurden.[132] Die Immunität befreite - darauf sei der Klarheit halber hingewiesen - selbstverständlich nicht davon, das innerstaatliche Recht des Gastlandes zu beachten.[133]
Ein weiterer Prüfstein für die Organschaft der UNEF I-Streitmacht ist die Verteilung der Kosten zwischen der Organisation und den die Truppen stellenden Ländern. Dieses Problem ist von der ganz anderen Frage zu trennen, wie die Kosten organisationsintern auf die Mitglieder zu verteilen waren. Nur die letztere war Gegenstand des "Certain Expenses"-Streits[134], nicht jedoch die Frage der

---

123 Nr. 19b UNEF-Regulations (Higgins I, S. 290); Nr. 24 Status Agreement (Higgins I, S. 377 f); siehe zum Inhalt der Regelung Art. V, VII der Konvention.

124 Nr. 19c UNEF-Regulations (Higgins I, S. 290); Nr. 24 Status Agreement (Higgins I, S. 377 f); s. sec. 18a der Konvention.

125 Nr. 25 a.E. Status Agreement (Higgins I, S. 378).

126 Nr. 26 Status Agreement (Higgins I, S. 378).

127 Nr. 27 Status Agreement (Higgins I, a.a.O.).

128 Nr. 12a, b Status Agreement (Higgins I, S. 375).

129 Nr. 11 Status Agreement (Higgins I, a.a.O.).

130 Vgl. die Einwände des phillipinischen Delegierten in der Generalversammlung, GA OR, Pl.Meet., 11th sess., S.1192 (659. Sitzung) und Summary Study, para. 137 (Higgins I, S. 509).

131 Bothe, Streitkräfte, S. 40.

132 Nr. 10 UNEF-Regulations (Higgins I, S. 289).

133 Nr. 29 UNEF-Regulations (Higgins I, S. 291).

134 Pomerance, Advisory Function of the International Court, S. 141.

Kostenerstattung an die Kontingentstaaten. Es soll dennoch nicht unerwähnt bleiben, daß der Streit um die organisationsinterne Kostentragungspflicht sich im Laufe der Zeit auf der Basis der Generalversammlungsresolution 1874 (S-IV) v. 27.6.1963 jedenfalls theoretisch erledigte. Diese ging von der kollektiven Verantwortlichkeit der Mitgliedstaaten für peace-keeping operations aus, belastete aber die ständigen Sicherheitsratsmitglieder und die Industriestaaten stärker als nach dem generellen Beitragsverteilungsschlüssel vorgesehen. Spätestens 1973 erkannte auch die UdSSR dieses Prinzip ausdrücklich an.[135]

Die Kostenregelung für UNEF I ergibt kein ganz eindeutiges Bild. Zwar waren schon in den ersten Resolutionen zu UNEF I entsprechende Haushaltsmittel bereitgestellt worden[136], und es war entschieden worden, daß die durch den Einsatz als solchen entstehenden Kosten der Organisation zur Last fallen sollten.[137] Die Kostentragungspflicht der Vereinten Nationen erstreckte sich damit aber nicht auf schlechthin alle Beiträge, die für die UNEF I-Aktion anfielen, sondern nur auf die, die kontingentstellenden Staaten[138] und anderen zusätzlich im Zusammenhang mit der Aktion entstanden.[139] Nach Ablauf einer ersten "Notstandsperiode" wurden die Regeln für die Kostenverteilung zwischen den kontingentstellenden Staaten und den Vereinten Nationen zu Gunsten der ersteren verbessert.[140] Es blieb jedoch auch für die weitere Dauer der Mission bei dem Prinzip, daß die Herkunftsstaaten die Kosten tragen sollten, die ihnen durch die Unterhaltung der entsandten Kontingente ohnehin entstanden wären, da diese ja normalerweise Teil der regulären Armee waren.[141]

---

135 Bericht des 5. Ausschusses an die 28. Generalversammlung, UN Doc. A/9428 vom 10.12.1973, para. 7:
"...the representative of the Soviet Union stated that his delegation fully concurred in the principle of collective responsibility ...",
vgl. zum ganzen Martinez, RGDIP 81 (1977), S. 144 ff.

136 GA Res. 1122 (XI) v. 26.11.1956.

137 GA Res. 1089 (XI) v. 21.11.1956, zunächst war ein Höchstbetrag von US-$ 10 Mio festgesetzt worden, der jedoch später erhöht wurde, GA Res. 1090 (XI) v. 27.2.1957 und GA Res. 1151 (XII) v. 22.11.1957.

138 Die Kontingentstaaten sollten für den laufenden Unterhalt der Truppe selbst aufkommen (Besoldung!). Dies sah schon der abschließende Bericht des Generalsekretärs vor der Bildung der UNEF I (Second and Final Report) vor, s. UN Doc. A/3302 v. 6.11.1956, GA OR, 1st Em.Sp.Sess., Ann., Agenda item 5, S. 19 ff., para. 15.

139 Zahlreiche Staaten stellten kostenlose Leistungen zur Verfügung, vgl. Bericht des Generalsekretärs UN DOC. A/3694 v. 9.10.1957, para. 58-60, abgedruckt bei Higgins I, S. 416 f.

140 GA Res. 1151 (XII) v. 22.11.1957, para. 2; Bericht des Generalsekretärs (o.Fn.139), para. 79-91 (Higgins I, S. 417-420); Seyersted, United Nations Forces, S. 55 f. Weitere Verbesserungen erfolgten durch GA Res. 1575 (XV), die eine vom Generalsekretär in seinem Bericht vom 13.9.1960 (UN Doc. A/4486, para. 66 ff., GA OR, 15. Sess., Ann., Agenda item 27, S. 20) vorgeschlagene Neuregelung der Kostenerstattung für auszusonderndes Material bestätigte.

141 Summary Study, para. 118 a.E. (Higgins I, S. 420). In Ausnahmefällen konnten hierunter auch die Personalkosten (Besoldung) fallen, wenn eigens für den entsandten Truppenteil eine Ersatzeinheit aufgestellt wurde, s. Seyersted, United Nations Forces, S. 55.

Diese Kostenregelung legt es nahe, von einer Teilintegration der Streitmacht in den Organisationsverbund der Vereinten Nationen zu sprechen.[142]

Bei den Kontingentstaaten waren aber noch weitere Zuständigkeiten verblieben. Von Bedeutung für die Zurechnung der UNEF I ist vor allem, daß die Disziplinargewalt innerhalb der einzelnen Kontingente bei den nationalen Befehlshabern blieb.[143] Denn die Ausübung der Disziplinargewalt ist ein wesentliches Element für die effektive Kontrolle über die Truppe.[144] Dies ergibt sich schon aus der Natur der Sache. In seinem abschließenden Bericht nach dem Abzug von UNEF I 1967 wies der Generalsekretär auch darauf hin, daß das Fehlen der Disziplinargewalt die Stellung des Oberkommandierenden geschwächt habe.[145] In der Tat muß hierin eine wesentliche Beeinträchtigung der Machtposition des Oberkommandierenden gesehen werden, ist seine Befehlsgewalt doch nicht - wie üblich - mit Sanktionsmöglichkeiten gekoppelt.[146] Die Unterstellung der Einheiten unter die Kontrolle der Weltorganisation scheitert daran aber nicht. Ausschlaggebend für diese Bewertung ist, daß der Oberkommandierende nach außen hin für "good order and discipline" verantwortlich war.[147] Die Ausübung der Disziplinargewalt innerhalb der Einheiten dient deshalb der Erfüllung der entsprechenden Verbindlichkeit der durch den Oberkommandierenden repräsentierten Vereinten Nationen. Diese bedienten sich also der nationalen Disziplinargewalt; deren Ausübung lag in ihrem Interesse.[148] Folgerichtig waren die nationalen Befehlshaber dem Oberkommandierenden hinsichtlich von ihnen angeordneter Maßregeln berichtspflichtig, und die Entsendestaaten verpflichteten sich ausdrücklich, die Kommandeure der Kontingente mit den für die Wahrung der Ordnung erforderlichen Machtbefugnissen auszustatten.[149] Da davon ausgegangen werden darf, daß die beteiligten nationalen Befehlshaber vertragstreu handelten, ist es zutreffend, die durch das Kontingentkommando ausgeübte Disziplinargewalt - und damit die Ordnung der ganzen Truppe - als von den Vereinten Nationen kontrolliert anzusehen.[150] Diese Ansicht wird schließlich auch dadurch gestützt, daß der Oberkommandierende nicht völlig ohne ordnungswahrende Machtmittel blieb. Die ihm unmittelbar unterstehende

---

142 Bothe, Streitkräfte, S. 39; Knorr, Diss., S. 59.

143 Nrn. 6, 7 des die Entsendeverträge begründenden Briefwechsels mit den Kontingentstaaten (UNTS, Vol. 271, S. 135 ff., auch abgedruckt als Ann. I der Summary Study, Higgins I, S. 326) und Nr. 13 UNEF-Regulations (Higgins I, S. 289).

144 Dem Völkerbund standen die Disziplinargewalt über die im Saargebiet eingesetzten Truppen zumindest teilweise zu, Seyersted, AnnIDI 54 I (1971). S. 216 unter Berufung auf McKinnon Wood, Transactions of the Grotius Society, 30 (1944), S. 161; vgl. auch Res. des Völkerbund-Rates v. 11.12.1934, SdN, J.O. 1934, S. 1762, para. 1.

145 Final Report on UNEF, UN Doc. A/6672 v. 12.7.1967, para. 14 (Higgins I, S. 523).

146 Dewast, RGDIP 81 (1977), S. 1026; spricht von einer "anomalie".

147 Nr. 14 Status Agreement (Higgins I, S. 376); Nr. 13 UNEF-Regulations (Higgins I, S. 289); Nr. 6 Kontingentverträge (Higgins I, S. 327).

148 Bothe, Droit de la Guerre, S. 225.

149 Nr. 7 Kontingentverträge (Higgins I, S. 327).

150 Knorr, Diss., S. 60; Bothe, Streitkräfte, S. 43.

internationale Militärpolizei[151] konnte gegen Mitglieder aller Kontingente vorgehen.[152] Die Regelung der Disziplinargewalt deutet damit im Ergebnis ebenfalls auf eine Teilintegration der UNEF I-Streitmacht in das Organisationsgefüge der Vereinten Nationen hin.

Der gleiche Eindruck entsteht auch dadurch, daß die einzelnen Kontingente ihre nationale Identität behielten und nur selten vermischt wurden.[153] Auch blieb die Zuständigkeit für das Dienstverhältnis (Bezahlung, Beförderung, Pensionierung, Krankenfürsorge usw.) beim Heimatstaat.[154] All dies sind aber eher adminstrative Hilfszuständigkeiten als Möglichkeiten echter Einflußnahme, und die Wahrung der nationalen Identität der Kontingente ist schon ein Gebot der praktischen Vernunft.[155]

Der Zuordnung der UNEF I-Verbände zu den Vereinten Nationen könnte schließlich entgegenstehen, daß die Entsendestaaten berechtigt waren, ihre Kontingente jederzeit zurückzurufen.[156] Es könnte der Eindruck entstehen, daß den einzelnen Regierungen so in erheblichem Maße die Möglichkeit eingeräumt war, den Erfolg der Mission in Frage zu stellen. Das wiederum wäre möglicherweise ein Ansatz, die Kontrolle der Vereinten Nationen über das Unternehmen insgesamt zu bestreiten. Zu bedenken ist aber, daß an UNEF I insgesamt 10 Staaten teilgenommen haben und daß 14 weitere ihre Mitwirkung angeboten haben.[157] Dies reduziert den Einfluß der einzelnen Regierung auf die Gesamtaktion soweit, daß er vernachlässigt werden kann. Geht man mithin davon aus, daß keine Regierung durch die Drohung des Abzuges ihres Kontingents mittelbaren Druck auf die Art der Durchführung der UNEF I-Mission ausüben konnte, ist in der Zulässigkeit des einseitigen Rückrufs auch keine Kontrollmöglichkeit angelegt.

Ebensowenig konnte das Gastland Ägypten über das Vehikel seiner für den Einsatz der Truppen notwendigen Zustimmung Kontrolle über diese gewinnen. Als sich die Ereignisse im Vorfeld des Sechs-Tage-Krieges 1967 dramatisch

---

151 Nr. 14 UNEF-Regulations (Higgins I, S. 289 f).

152 Der Oberkommandierende verfügte außerdem in praxi über gewisse Möglichkeiten der Einflußnahme auf Maßregeln nationaler Befehlshaber, vgl. Debroux, Rev. de droit pénal militaire et de droit de la guerre 1 (1962), S. 285 f.; Dewast, RGDIP 81 (1977), S. 1026, sieht hierdurch die Schwächen der Position des Oberkommandierenden in der Praxis weitgehend ausgeglichen.

153 Final Report on UNEF, para. 9 (Higgins I, S. 522).

154 Nr. 38, 40, 43 UNEF-Regulations (Higgins I, S. 292).

155 Man denke allein an die Sprach- und Ausrüstungsprobleme, die sich bei einer Vermischung ergäben.

156 Nr. 8 Kontingentverträge (Higgins I, S. 327), lediglich war eine vorherige Notifizierung vorgesehen.

157 Vgl. die Aufstellung bei Higgins I, S. 302 f. und die Summary Study, para. 24 (Higgins I, S. 487).

zuspitzten[158], versuchten ägyptische Komandostellen, dem Oberkommandierenden von UNEF I Anweisung zur Räumung gewisser Stellungen zu geben.[159] Der UN-Befehlshaber antwortete:

> "... that he had noted the contents of General Fawzy's letter and would report immediately to the Secretary-General for instructions, since he had no authority to withdraw any troops of UNEF, or in any other way to redeploy UNEF troops, except on instructions from the Secretary-General."[160]

Insgesamt bleibt es somit dabei, daß die UNEF I-Verbände zu einem erheblichen Teil in die Organisationsstruktur der Vereinten Nationen integriert waren. Ihre Entstehung und ihre Tätigkeit beruhen auf Akten der Weltorganisation. Die verbleibenden nationalen Kompetenzen schließen eine Zuordnung der Truppe zu den Vereinten Nationen keineswegs aus. Ihr Erscheinungsbild mag teilweise eher multinational als international gewesen sein[161], aber auch wenn es sich nicht um eine internationale Streitmacht im engeren Sinne gehandelt hat[162], bleibt die von den Vereinten Nationen ausgeübte Kontrolle über sie so stark, daß sie der Weltorganisation als Organ zuzurechnen ist.[163]

b. ONUC

Diese am stärksten in Kampfhandlungen verwickelte peace-keeping-force der Vereinten Nationen wurde im Gegensatz zu UNEF I aufgrund einer Resolution des Sicherheitsrates aufgestellt.[164] Mit dieser Entschießung ermächtigte der Rat den Generalsekretär, die Republik Kongo, die gerade von Belgien unabhängig geworden

---

158 S.dazu den Special Report of the Secretary-General on the Withdrawl of the Emergency Force, UN Doc. A/6730/Add. 3, abgedruckt bei Higgins I, S. 339 - 362; Gross, United Nations, S. 31-34 und Garvey, AJIL 64 (1970), S. 241 ff. Ein persönliches Memorandum des VN-Generalsekretärs Hammarskjöld vom 5.8.1957 (ILM 6 [1967], S. 593) legt eine Auslegung des Statusabkommens nahe, derzufolge Ägypten seine Zustimmung zu UNEF I' Anwesenheit nicht hätte zurückziehen dürfen; dagegen die Stellungnahme des VN-Generalsekretärs U Thant vom 20.6.1967 (ILM 6 [1967], S. 603)

159 Am 16.5.1967 übergab ein ägyptischer Offizier dem Oberkommandierenden von UNEF I, General Rikhye, das folgenden Schreiben:

> "To your information, I gave my instructions to all UAR Armed Forces to be ready for action against Israel the moment it might carry out any aggressive action against any Arab country. Due to these instructions our troops are already concentrated in Sinai on our eastern borders. For the sake of complete security of all UN troops which install OPs along our borders, I request that you issue your orders to withdraw all these troops immediately. I have given my instructions to our Commander of the eastern zone concerning this subject. Inform back the fulfilment of this request. Yours, Farik Awal: (M.Fawzy) COS of UAR Armed Forces."

UN Doc A/6730/Add. 3, para 6, a.a.O. S. 340.

160 UN Doc A/6730/Add. 3. a.a.O.

161 Rousseau, Droit des conflits armés, S. 596.

162 Final Report, para, 9 (Higgins I, S. 522).

163 Einhellige Ansicht, vgl. die Nachweise bei Fn 94, S. 26.

164 SC Res. S/4387 v. 14.7.1960.

war[165], mit der zur Wiederherstellung der Funktionsfähigkeit ihrer eigenen Ordnungskräfte erforderlichen militärischen Hilfe zu versehen.[166] Das Mandat wurde später unmittelbar in den Zusammenhang der Verantwortung der Organisation für den Weltfrieden und die internationale Sicherheit gestellt[167] und erheblich erweitert. Es beinhaltete dann auch Aufgaben, die weit über den Bereich der inneren Sicherheit im engeren Sinne hinausgingen.[168] Bemerkenswert ist, daß die ONUC-Truppen zum Zweck der Verhinderung eines Bürgerkrieges auch berechtigt wurden, Waffengewalt einzusetzen.[169] Gewaltanwendungen auf Seiten der Weltorganisation beschränkten sich also nicht auf die reine Selbstverteidigung.[170] Ob damit die Grenze zur "enforcement action" gem. Art. 42 SVN überschritten wurde[171], kann für die Untersuchung der Organschaft der ONUC-Verbände dahinstehen. Entscheidend dafür ist wiederum der Grad ihrer Eingliederung in das Organisationsgefüge der Vereinten Nationen. Insofern gab es zahlreiche Parallelen zu UNEF I.[172] Ebenso wie dort sahen die Vereinten Nationen die Truppe als ihr "subsidiary organ" bzw. als Teil eines solchen Hilfsorgans an.[173] Ihr Oberkommandeur wurde allerdings nicht (wie bei UNEF I) schon durch die Gründungsentschließung des Sicherheitsrates, sondern erst durch den Generalsekretär ernannt.[174] Er unterstand dem "Officer-in-Charge", den der Generalsekretär im Kongo installiert hatte und dem die Leitung

---

165 Am 30.6.1960, AdG 30 (1960), S. 8437 A. Es handelt sich um des heutige Zaire.

166 Siehe zur Vorgeschichte Abi-Saab, Congo, S. 5-15 und Simmonds, Legal Problems, S. 25-33.

167 SC Res. S/4405 v. 22.7.1960 und GA Res. 1474 (ES-IV) v. 20.9.1960.

168 Sicherung der territorialen Einheit des Kongo (GA Res. 1474 (ES-IV) v. 20.9.1960); Verhinderung des Ausbruches eines Bürgerkrieges (SC Res. S/4741 A para. 1 v. 21.2.1961); Sicherung des Abzugs fremder Truppen (SC Res. S/4741 A para. 2, vor allem Belgier und Söldner). Siehe auch SC Res. S/5002 v. 24.11.1961. Zu der Ausweitung des ONUC-Mandats: Bennet, International Organizations, S. 161; Hütter, Außenpolitik 36 (1985), S. 267.

169 SC Res. S/4741 A. para. 1 v. 21.2.1961.

170 Spatafora, RivDI 51 (1968), S. 544; Higgins III, S. 57. Eine knappen Zusammenstellung der militärischen Aktivitäten findet sich bei Seyersted, BYIL 37 (1961), S. 396-402.

171 Seyersted, a.a.O., S. 446, hält das für möglich, ähnlich wohl auch Scheuner, Festschrift Berber z. 75. Geburtstag, S. 480; auch in: Schriften zum Völkerrecht S. 420; Suy, EPIL 4, S. 262 und Delbrück, in: Declaration on Principles, S. 90. Dagegen Higgins, Development of International Law, S. 230 ff.; Bowett, United Nations Forces, S. 176 ff., Simmonds, Legal Problems, S. 61; Miller, AJIL 55 (1961), S. 4 ff.; Draper, ICLQ 12 (1963), S. 392; Haldermann, AJIL 56 (1962), S. 988; Riad, RevEgypDI 17 (1961), S. 19 ff.

172 Der Generalsekretär hatte von vorneherein die Vorstellung, sich an den Erfahrungen mit UNEF I zu orientieren. Schon in seiner Rede vor dem Sicherheitsrat vom 13.7.1960 bezog er sich hinsichtlich des Aufbaus der neuen Streitmacht für den Kongo auf seine Summary Study zu UNEF I (UN Doc. A/3943 v. 9.10.1958, Higgins I, S. 483 ff.), s. SC OR, 15th yr., 873 mtg., para. 28.

173 Nr. 6. ONUC-Regulations (UN Doc. ST/SGB/ONUC/I, erlassen vom Generalsekretär am 15.7.1963, abgedruckt bei Higgins III, S. 71-76) Die Regulations sollten rückwirkend gelten (Nr. 1 ONUC-Regulations). Hinzuweisen ist darauf, daß die "Operations des Nations Unies au Congo" auch einen zivilen Teil hatte.

174 Nr. 5c, 20a ONUC-Regulations (Higgins III, a.a.O.).

aller Aktivitäten der Vereinten Nationen in dem Land oblag.[175] Hinsichtlich der dem Oberkommandierenden zur Verfügung stehenden Kommandogewalt gilt das oben für UNEF I Gesagte entsprechend.[176] Demnach erlangten dessen Befehle für jeden Soldaten über ein lückenlose Befehlskette Verbindlichkeit.[177] Da die Vereinten Nationen ihre Unabhängigkeit auch gegenüber dem Gastland betonten,[178] ist in der so von ihnen ausgeübten Kontrolle über die Truppe wiederum der wichtigste Hinweis auf deren Zuordnung zu den Vereinten Nationen zu sehen.

Die vom Generalsekretär bzw. seinem Officer-in-Charge und Sekretariats - angehörigen wahrgenommenen administrativen Hilfstätigkeiten[179] deuten in die gleiche Richtung, ebenso die äußere Kennzeichnung der Angehörigen der Streit - macht, ihrer Einrichtungen und Fahrzeuge mit der UNO-Flagge und dem UNO-Emblem[180] sowie der Umstand, daß die Vereinten Nationen den entsandten Kräften diplomatischen Schutz gewährten.[181] Es gab allerdings zahlreiche Fälle, in denen sowohl der Heimatstaat als auch die Vereinten Nationen gegen zum Teil sehr ernste Verletzungen von Leib und Leben von ONUC-Angehörigen durch Kräfte der Zentralregierung protestierten.[182] Diese Praxis findet ihre Rechtfertigung in dem oben[183] schon angesprochenen Gedanken, daß das Band der Staatsangehörigkeit zwischen dem Kontingentmitglied und seinem Heimatland durch die Aufnahme einer

---

175 Nr. 5a ONUC-Regulations (Higgins, a.a.O.). Zur Stellung des "Officer-in-Charge" s. Simmonds, Legal Problems, S. 160 und das Organigramm in SC OR, 15th yr., supp. July-September 1960, S. 66. Bei Higgins III, S. 62 findet sich eine Liste der "Officer-in-Charge", auf S. 69 eine Auflistung der Namen der Oberkommandierenden.

176 Vgl. Nrn. 4, 6, 11, 12 ONUC-Regulations (Higgins III, S. 71 f.) und s.o.S. 27.

177 S. auch die an die Soldaten ausgegebene Instruktion in: United Nations Review 7 (1960), Heft 2, S. 7:

> "You are serving the United Nations here. Your orders on this mission will come through your officers only from the United Nations".

178 Deutlich der Generalsekretär in seinem Bericht vom 18.5.1960, UN Doc. S/4389, SC OR, 15th yr., supp. July-September 1960, S. 18, para. 7:

> "... although it (the force) may be considered as serving as an arm of the Government for the maintenance of order and protection of life ... the force is necessarily under the exclusive command of the United Nations, vested in the Secretary-General under the control of the Security Council."

179 Nrn. 16, 19, 20b, 20c, 21 ONUC-Regulations (Higgins III, S. 73 f). Zu Nr. 21 siehe z.B. den von Bothe, Streitkräfte, S. 53, Fn. 217 erwähnten Mietvertrag mit der Fa. Texaco Africa Ltd.

180 Regelung wie bei UNEF I, s. Nr. 7-9, 31 ONUC-Regulations (Higgins III, S. 72, 75) und Nr. 26 Status-Agreement (Higgins III, S. 202).

181 Nr. 25 ONUC-Regulations (Higgins III,S. 74).

182 So z.B. im Falle zweier tunesischer Soldaten, UN Doc. S/4780, SC OR, 16th yr., suppl. April-June 1961, S. 6 und im Falle einiger Kanadier, s. Seyersted, United Nations Forces, S. 115, Fn. 88 und UN Doc. S/4417/Add. 8, Ann. II, SC OR, 15th yr., supp. July-September 1960, S. 78. In dem zuletzt genannten Fall ist die Formulierung des kanadischen Protests allerdings rechtlich zweifelhaft, insoweit davon die Rede ist, daß die kanadischen Soldaten "are representing the Canadian Government and the Canadian People".

183 S.o. S. 29, Fn. 117 und Text.

Tätigkeit für die Vereinten Nationen nicht zerrissen wird.[184] Die Gewährung von Schutz aus funktionalen Gründen und die Ausübung des diplomatischen Schutzes des Heimatlandes gegenüber dem Aufenthaltsstaat schliessen sich durchaus nicht gegenseitig aus. Es ist deshalb entbehrlich, auf die These von Bowett zurückzugreifen, daß die Entsendestaaten keine eigenen Rechte hätten geltend machen wollen.[185] Ein weiteres Indiz für die Integration von ONUC in den Apparat der Vereinten Nationen und ihre Eigenschaft als Organ ist die oben schon ausführlich dargelegte Haftung der Weltorganisation für schadenstiftende, völkerrechtswidrige Handlungen der ONUC-Einheiten.[186] Unklarheiten im Hinblick auf die Organeigenschaft der ONUC-Truppen könnten sich jedoch aus der Immunitätsregelung ergeben. Diese ist hier bei weitem unübersichtlicher als bei UNEF I, was vornehmlich darauf zurückzuführen ist, daß die Republik Kongo zur Zeit der Anwesenheit von ONUC noch nicht der Konvention über Vorrechte und Immunitäten der Vereinten Nationen beigetreten war[187], ja zu Beginn der Operation nicht einmal Mitglied der Weltorganisation war.[188] Eine Gesamtschau der anwendbaren Rechtsquellen ergibt folgendes Bild:

Zunächst bestimmte sich der Umfang der der Truppe als solcher und ihre Mitglieder zustehenden Immunität nach dem "Basic Agreement" vom 29. Juli 1960[189] und gewohnheitsrechtlichen Regeln für die Anwesenheit befreundeter Streitkräfte im Ausland.[190] Aus letzteren wird sich - bei aller Unsicherheit über ihren Inhalt in einer Vielzahl von Punkten[191] - ein nach den Funktionen der Truppe zu bestimmender Mindeststandard ausmachen lassen.[192] Wenig spezifisch, aber wohl in die gleiche Richtung zu deuten ist die Verpflichtung, die die Republik Kongo in dem Basic Agreement gegenüber den Vereinten Nationen eingegangen ist:

> "The Government of the Republic of Kongo ... will accord the requisite privileges and immunities to all personnel associated with the activities of the Force."

Zu dem zur Erfüllung der "law-and-order"-Funktion der Truppe erforderlichen Mindestmaß an Befreiungen gehört in einer bürgerkriegsähnlichen Situation das

---

184 Ebenso: Higgins III, S. 208, Fn. 75 a.E.

185 Bowett, United Nations Forces, S. 243

186 S.o.S. 22, insbesondere die in Fn. 76 (S. 22) zitierten Schadensersatzabkommen mit Luxemburg, Belgien, Griechenland und der Schweiz, s. auch Nr. 16 ONUC-Regulation (Higgins III, S. 73).

187 Der Beitritt erfolgte erst mit Wirkung vom 8.12.1964, Fundstellennachweis B zum BGBl. v. 31.12.1985, S. 205.

188 Daher war auch der Art. 105 SVN nicht unmittelbar anwendbar. Die Aufnahme erfolgte erst am 20.9.1960.

189 UN Doc. S/4389/Add. 5, para. 1 (Higgins III, S. 198).

190 Simmonds, Legal Problems, S. 205.

191 Baxter, BYIL 29 (1952), S. 345.

192 Simmonds, Legal Problems, S. 206.

Nichtunterworfensein unter die örtliche Strafgerichtsbarkeit[193], da nur so die nötige Unabhängigkeit, Neutralität und Autorität gewährleistet sein können.[194] Dies gilt erst recht, wenn in einem Land die Rechtspflege zusammengebrochen ist, wie dies im Kongo unmittelbar nach der Unabhängigkeit der Fall war. Da sich die Immunität aller durch die Vereinten Nationen im Kongo eingesetzten Soldaten, des Oberkommandierenden wie der Kontingentangehörigen, somit nach den gleichen Regeln bestimmte, die jedenfalls auch auf einer zwischen den Vereinten Nationen und dem Gastland geschlossenen Vereinbarung beruhten, spricht diese erste Immunitätsregelung für eine Integration der gesamten Truppe in das Gefüge der Organisation.

Nach der Aufnahme der Republik Kongo in die Vereinten Nationen ergab sich ein gespaltenes Bild. Die von Art. 105 SVN erfaßten Personen (Officer-in-Charge, Oberkommandierender und Sekretariatsangehörige) genossen nun den sich aus der Charta ergebenden Status[195], während die Angehörigen der nationalen Kontingente, die wegen ihrer nur zu dem Entsendestaat bestehenden Dienstverhältnisse eben keine "Bediensteten der Organisation" waren[196], die oben beschriebene Stellung behielten. Diese Rechtslage läßt zunächst Zweifel an der Integration der ONUC-Kontingente aufkommen, sie wurde jedoch später rückwirkend[197] durch das endgültige Status Agreement vom 27. November 1961 wieder stärker vereinheitlicht. Wenn man auch den praktischen Wert dieser Rückwirkung für die tatsächliche Lage vor November 1961 nicht hoch veranschlagen darf, so ist die Immunitätsregelung des Status Agreement doch für die Zuordnung der ONUC-Verbände zu den Vereinten Nationen wesentlicher als die lückenhaften und provisorischen Bestimmungen, die zuvor galten. Denn aus der endgültigen Regelung ergibt sich, bis zu welchem Grade die Vereinten Nationen selber für die Immunität der von ihnen eingesetzten Kontingente Sorge tragen wollten. Es zeigt sich, daß diese Regeln im einzelnen denen von UNEF I ähnlich sind. Die Streitmacht als solche, ihre Dokumente und Sachmittel, gleichgültig, ob im Eigentum der Vereinten Nationen oder der teilnehmenden Staaten, waren der kongolesischen Hoheitsgewalt nicht unterworfen.[198] Der Umfang der persönlichen Vorrechte und Befreiungen war beim

---

193 Simmonds, a.a.O.; noch weiter geht Wijewardane, BYIL 41 (1965-66), S. 182, der absolute Immunität fordert.

194 So schon allgemein der Generalsekretär in seiner Summary Study über UNEF I:

> "It is essential to the preservation of the independent exercise of the functions of such a force that its members should be immune from the criminal jurisdiction of the host State."

(UN Doc. A/3943, para. 136; Higgins I, S. 207). Hammerskjöld nahm hierauf für die Kongo-Aktion ausdrücklich Bezug (SC, 873rd mtg. 13-14.7.1960, S./PV. 873, para. 28).

195 Zum Inhalt dieser Regelung s.z.B. Goodrich/Hambro/Simmonds, Charter, Art. 104-105.

196 Gem.Art. 105 SVN; Simmonds, a.a.O., S. 204 f.; s. auch unten S. 39.

197 Das Status Agreement sollte als mit dem Zeitpunkt des Eintreffens der ersten Einheit im Kongo in Kraft getreten gelten, Nr. 48 Status Agreement (Higgins III, S. 206), vgl. zu den Immunitätsproblemen ausführlich Salmon, RGDIP 68 (1964), S. 68-89.

198 Nr. 15 Status Agreement (Higgins III, S. 201).

Oberkommandierenden am größten, er genoß vollen diplomatischen Status.[199] Alle anderen Mitglieder der Truppe waren durch das Status Agreement gleichgestellt[200], sie genossen vor allem Befreiung von der Strafgerichtsbarkeit und hinsichtlich dienstlicher Handlungen auch von der Zivilgerichtsbarkeit. Darüber hinaus waren Steuer- und teilweise Zollfreiheit vorgesehen.[201] Die bei der UNEF I zu beobachtende Differenzierung zwischen den Mitgliedern des Kommandostabes und den Angehörigen der nationalen Kontingente[202] entfiel also bei ONUC. Auf Grund dieser gleichförmigen Ausgestaltung[203] deutet die Immunitätsregelung bei ONUC sogar in stärkerem Maße als die von UNEF I auf eine Einbeziehung der gesamten Streitmacht in die Organisationsstruktur der Vereinten Nationen hin.

Wie bei UNEF I ist die Verteilung der Kosten der Operation zwischen der Weltorganisation und den Kontingentstaaten auch bei ONUC ein Indiz für eine Teilintegration der Streitmacht. Die beteiligten Länder hatten einen Erstattungsanspruch für die ihnen durch die Teilnahme an ONUC enstehenden außerordentlichen Kosten.[204] Allerdings haben die Aufwendungen für ONUC (wie die für UNEF I) Anlaß zu erbittertem Streit in den Vereinten Nationen gegeben. Dabei handelte es sich indessen nicht - wie oben schon ausgeführt[205]- um die Frage des Erstattungsanspruches der Kontingentstaaten gegen die Vereinten Nationen, sondern darum, ob die Kosten als "Ausgaben der Organisation" i.S. des Art. 17 II SVN von allen Mitgliedern nach dem üblichen Schlüssel oder vielmehr nur von bestimmten Staaten zu tragen seien.[206] Diese, das Mitgliedschaftsverhältnis[207] betreffende Frage ist für die Zuordnung der Truppe zu den Vereinten Nationen aber nicht von Bedeutung.

Auch die Disziplinargewalt war bei ONUC geregelt wie bei UNEF I[208], so daß auf die Ausführungen dort verwiesen werden kann.[209] Die diesbezüglichen Bestimmungen sprechen damit ebenso für ein Teilintegration der Truppe wie der Umstand, daß gewisse dienstrechtliche Zuständigkeiten[210] beim Entsendestaat

---

[199] Nr. 20a ONUC-Regulations (Higgins III, S. 74).

[200] Nrn. 9, 10 Status Agreement (Higgins III, S. 202).

[201] Nr. 18a, b Status Agreement (Higgins III, S. 202).

[202] S.o. S. 29.

[203] Bothe, Streitkräfte,S. 40, Fn. 160.

[204] Nr. 42 ONUC-Regulations (Higgins III, S. 76).

[205] Vgl. o. S. 31 f.

[206] Dies war vor allem die Auffassung der UdSSR, ICJ-Pleadings 1962, "Certain Expenses", S. 270.

[207] S.o.S. 20.

[208] Nrn. 13, 15 ONUC-Regulations (Higgins III, S. 73), die fast wörtlich den Nrn. 13,14 UNEF I-Regulations (Higgins I, S. 289 f.) entsprechen.

[209] Oben S. 32 f.

[210] Beförderungen, Bezahlung, Krankenfürsorge (Nrn. 38, 33, 41 ONUC-Regulations (Higgins III, S. 75 f.).

verblieben und daß die nationale Identität der einzelnen Kontingente gewahrt wurde.[211]

Deutlicher als bei UNEF I stellt sich bei der Kongo-Aktion die Frage nach dem Einfluß, den die Kontingentstaaten durch die Möglichkeit, ihre Truppen zu - rückzurufen, de facto auf die Operation nehmen konnten. In der Tat haben einzelne Staaten, die mit der Art des militärischen Vorgehens der Vereinten Nationen nicht einverstanden waren, ihre Kontingente aus Protest zurückgezogen,[212] bzw den Rückzug angekündigt. Der Generalsekretär ließ in dieser Situation durchaus keinen Zweifel daran, daß der Ausstieg mehrer an der Aktion maßgeblich beteilgter Staaten deren Erfolg nachhaltig gefährden könne.[213] Trotz dieser Versuche einiger Staaten, mittelbar Einfluß auf die Durchführung der Operation zu nehmen, ist an keiner Stelle festzustellen, daß die Weltorganisation die Kontrolle über ONUC zu Gunsten der Entsendestaaten eingebüßt hätte.[214]

Die Untersuchung führt also zum gleichen Ergebnis wie bei UNEF I: Die ONUC-Truppen waren tatsächlich ermächtigt, Funktionen der Weltorganisation wahrzunehmen. Sie waren weitgehend in das Organisationsgefüge der Vereinten

---

211 Simmonds, Legal Problems, S. 152.

212 Vor allem nach der Gefangennahme des rechtmäßigen Regierungschefs Lumumba durch Mobutu's ANC in der Nacht des 1. Dezember 1960 (s. dazu Urquahrt, Hammarskjöld, S. 479-481) verlangte eine Reihe von Staaten, namentlich die der späteren Casablanca-Gruppe (dazu Abi-Saab, Congo, S. 96; Higgins III, S. 108 und 116f. und Williams, Intergovernmental Military Forces, S. 418 ff.), daß die Vereinten Nationen ihr law-and-order Mandat stärker auf die Wiederherstellung der verfassungsmäßigen Ordnung bezögen. So erklärte der Delegierte Mali's im Sicherheitsrat:

> "You come to a country with 20.000 armed men to establish law and order and security, but you say that the Constitution is no concern of yours. I should like to ask the Secretary-General to tell us on what basis, according to what criterion, in relation to what set of principles he defines the idea of law and order in the Congo. I hope he will tell us how law and order can exist in a country without relation to its constitution."

(SC OR, 15th yr., 915th mtg., 8.12.1960, para. 79, abgedruckt auch bei Higgins III, S. 108). Zurückgezogen wurden die Kontingente von Jugoslawien (21 Mann; SC OR, a.a.O., para. 134; Higgins III, S. 109); der Vereingten Arabischen Republik (510 Mann; SC OR, 15th yr., 916th mtg., 9.12.1960, para. 92f.; Higgins III, S. 109); Marokko (3240 Mann; Bericht des Generalsekretärs vom 26.1.1961, UN Doc. S/4640, para. 4; Higgins III, S. 109); und Guinea (749 Mann; UN Doc. S/4640, para. 6; Higgins III, a.a.O.). Das Mandat des indonesischen Kontingents, 1150 Mann, sollte nicht verlängert werden (UN Doc. S/4640, para. 3; Higgins III, S. 109). Der ghanaische Präsident Nkrumah - ein scharfer Kritiker der von Generalsekretär Hammarskjöld vertretenen Auslegung des ONUC-Mandats - zog seine Truppen zwar nicht zurück, faßte die Motivation der o.a.Staaten aber deutlich zusammen:

> "It pains me to say that the United Nations has been bitter disappointment and has far from justified our hopes. For one reason or another, it has talked, vacillated, hesitated and delayed until its whole presence and action in the Congo have been reduced to a farce - and a very expensiv farce, at that. At the moment several States which have contributed to the military personnel of the United Nations operation in the Congo, are so deeply disillusioned by the United Nations inability to take any constructive action in the Congo, that they have decided to withdraw their forces."

(UN Doc A/4661 v. 16.12.1960; Higgins III, S. 113).

213 Telegramme an die Regierungen von Indonesien, der Vereinigten Arabischen Republik und Marokko v. 25.1.1961 (UN Doc. S/4640, Ann.II v. 26.1.1961; Higgins III, S. 118).

214 Seyersted, United Nations Forces, S. 94.

Nationen integriert, die von diesen ausgeübte Kontrolle reicht eindeutig aus, sie als Organ der Vereinten Nationen anzusehen.[215]

c. UNFICYP

Der Einsatz der Vereinten Nationen auf Zypern begann ebenfalls vor dem Hintergrund eines Bürgerkrieges.[216] Der Konflikt zwischen der türkischen und der griechischen Volksgruppe barg aber darüber hinaus von Anfang an die Gefahr einer Internationalisierung in sich, zumal unter dem Bündnisvertrag von 1960[217] ohnehin türkische und griechische Truppen[218] auf der Insel stationiert waren.[219]

Als im Dezember 1963 Unruhen ausbrachen[220], nahm der Sicherheitsrat seine Verantwortung für den Weltfrieden wahr und beschloß am 4. März 1964 eine Empfehlung zur Aufstellung von UNFICYP. Bei der Gestaltung von Einzelheiten griff man in einer Vielzahl von Punkten auf die Erfahrungen bei UNEF I und ONUC zurück.[221] Die Untersuchung der Organschaft von UNFICYP zeigt dies.

Die Aufstellungsentschließung nimmt unmittelbar Bezug auf die den Vereinten Nationen als eigene Angelegenheit obliegende Aufgabe der Sicherung des Weltfriedens[222] und bemüht sich so um eine Abgrenzung zu der in den Verantwortungsbereich der zyprischen Regierung fallenden Wiederherstellung von Recht und Gesetz.[223] Dem entspricht, daß das Mandat der Streitmacht sich primär auf die Verhinderung weiterer Kämpfe bezog.[224] Zu diesem Zweck war sie aber berechtigt, ihrerseits Waffengewalt zur Selbstverteidigung einzusetzen.[225] Dabei ist aber zu berücksichtigen, daß der Begriff der Selbstverteidigung auch den gewaltsamen Versuch einschließt, die Truppe an der Ausübung ihres Mandats zu

---

215 Bothe, Streitkräfte, S. 43; Simmonds, Legal Problems, S. 161; Knorr, Diss., S. 68; Bowett, United Nations Forces, S. 212; Seyersted, United Nations Forces, S. 119; Sommereyns, EPIL 4, S. 257; Salmon, RGDIP 68 (1964), S. 65; a.A.Koretzky, ICJ-Reports 1962 "Certain Expenses", S. 257 (Diss.Op.).

216 Duncan-Jones, in: Luard (Hrsg.), The International Regulation of Civil Wars, S. 148, 152. Zweifelhaft daher die Definition Suy', der peacekeeping operations per definitionem vor dem Szenario eines "international armed conflict" sieht (EPIL 4, S. 259). So auch Draper, Rev. Droit Pénal Mil. et Droit de la Guerre 6(1967), S. 63.

217 UNTS, Vol. 397, S. 289, Art. IV.

218 Vgl. zu deren Stärke das Additional Protokoll No. 1 zu dem genannten Bündnisvertrag.

219 Anwesend waren darüber hinaus auch britische Streitkräfte in den Sovereign Bases Areas Akrotiri und Dhekelia, s. Gründungsvertrag der Republik Zypern, UNTS, Vol. 382, S. 10, Art. 1 und Annex B des Vertrages.

220 Duncan-Jones, a.a.O.

221 Seyersted, United Nations Forces, S. 82.

222 SC Res. 186 (1964), para. 5.

223 SC Res. 186 (1964), para. 2:
"*Ask* the Government of Cyprus, which has the responsi bility for the maintenance and representation of law and order, to take ..."

224 SC Res. 186 (1964), para. 5, s. auch Wainhouse, International peacekeeping, S. 350, der zwischen drei Aufgaben unterscheidet.

225 Aide-mémoire des Generalsekretärs vom 10.4.1964, UN Doc. S/5653, para. 10 (Higgins IV, S. 151).

hindern.[226] Nach der Invasion des Nordteils der Insel durch die Türkei[227] kamen auf der Grundlage der "Genfer Erklärung" der Garantiemächte Großbritannien, Griechenland und Türkei[228] als weitere Aufgabe die Kontrolle der an der Demarkationslinie des türkisch besetzten Gebietes gebildeten Sicherheitszone und bestimmte Polizeiaufgaben hinzu. Die "Genfer Erklärung" wurde zwar nicht unmittelbar vom Sicherheitsrat aufgeriffen, indirekt aber durch die in Resolution 355 vom 1. August 1974 enthaltene Bezugnahme auf eine Stellungnahme der Generalsekretärs[229] doch in das Mandat der Truppe einbezogen.[230]

Wiederum sahen die Vereinten Nationen die Truppe als ihr Hilfsorgan an.[231] Wesentliche Hinweise darauf, daß diese Bezeichnung zutreffend ist, lassen sich den Regelungen der folgenden Einzelheiten entnehmen, die für eine Integration der Streitmacht in den Organisationsverband der Vereinten Nationen sprechen.

Der Oberkommandierende untersteht unmittelbar[232] dem vom Sicherheitsrat entsprechend ermächtigten Generalsekretär[233], hat also keine nationalen Weisungen entgegenzunehmen. Da dem Oberkommandierenden eine lückenlose Befehlskette bis hinunter zu jedem einzelnen Kontingentmitglied zur Verfügung steht[234], kontrolliert die Weltorganisation die Streitmacht vollständig.[235] Es liegt auf der Hand, daß hierin das bedeutendste Indiz für die Zuordnung UNFICYP's zu den Vereinten Nationen zu sehen ist.

Hinzu treten eine Reihe von anderen Punkten, die Außenbeziehungen und die äußere Kennzeichnung sowie das Erscheinungsbild von UNFICYP betreffend[236], die die Vereinten Nationen als völkerrechtlich zuständiges Rechtssubjekt vorstellen. Hierzu gehört auch die Immunitätsregelung, die fast wörtlich mit der für UNEF I getroffenen übereinstimmt.[237] Das System der abgestuften Immunität, das somit

---

226 UN Doc. S/5653, para.18, lit. a-d (Higgins IV, S. 151). S.auch u.S.113, Fn.228 und Text.

227 Am 20.7.1974, AdG 1974, S. 18853.

228 Vom 30.7.1974, UN Doc. S/11398, abgedruckt bei Higgins IV, S. 282.

229 SC OR, 29th yr., 1788th mtg., S. 4.

230 Vgl. die in UN Doc. S/11433, vom 10.8.1974, para. 4 erwähnte Weisung des Generalsekretärs (SC OR, 29th yr., supp. July-September 1974, S. 95) und Higgins IV, S.140 f.

231 Nr. 6 UNFICYP-Regulations, UN Doc. ST/SGB/UNFICYP/1, vom 25.4.1964, UNTS, Vol. 555, S. 132 ff., abgedruckt auch bei Higgins IV, S. 152 ff.

232 Nr. 4, 5, 11 UNFICYP-Regulations (Higgins IV, S. 153 f.).

233 SC Res. 186 (1964), para. 4. Die Unabhängigkeit des Generalsekretärs, vor allem von den Kontingentstaaten, unterstreicht Stegenga, UNFICYP, S. 198.

234 Nr. 12, 26 UNFICYP-Regulations (Higgins IV, S. 154, 156).

235 Bericht des Generalsekretärs an den Sicherheitsrat, UN Doc. S/5950 vom 10.9.1964, para. 7a (SC OR, 19th yr., supp. July-Sept., S.283.

236 Personalausweis, Flaggen und Kennzeichen (Nr. 31, 7-9 UNFICYP -Regulations); Abschluß von zivilrechtlichen und völkerrechtlichen Verträgen (Nr. 22, 20c, 16 UNFICYP - Regulations); diplomatischer Schutz (Nr. 25 UNFICYP -Regulations); s.auch Higgins IV, S. 153 ff.

237 S.o. S. 29 f. Für UNFICYP: Nr. 11, 12, 23 - 27 Status-Agreement (Higgins IV, S. 213 ff.) Die Veränderungen gegenüber den entsprechenden Vorschriften für UNEF I sind für die Zwecke dieser Untersuchung unerheblich.

auch gegenüber der Republik Zypern angewendet wird, gewährleistet eine auf die jeweilige Funktion bezogene hinreichende persönliche Unabhängigkeit der einzelnen Mitglieder der Truppe, für deren Herstellung die Weltorganisation sorgt; ein weiterer Hinweis darauf, daß sie nach außen als die für die Streitmacht zuständige Völkerrechtsperson auftritt.

Dieser Eindruck wird allerdings erheblich gestört durch den Umstand, daß die Vereinten Nationen die Kosten der Operation nicht aus ihrem regulären Haushalt begleichen.[238] Vielmehr ist der Generalsekretär lediglich ermächtigt worden, freiwillige Beiträge zugunsten eines UNFICYP-Sonderkontos anzunehmen. In der Praxis zeigt sich, daß die teilnehmenden Staaten einen erheblichen Teil der Aufwendungen übernehmen.[239] Ein genereller Erstattungsanspruch für die durch die Stellung eines Kontingents entstehenden besonderen Kosten steht den Entsendestaaten - anders als in den zuvor besprochenen Fällen - nicht zu.[240] Nur nach Maßgabe zusätzlicher, neben dem eigentlichen Kontingentvertrag abzuschließender Vereinbarung sollen Kostenerstattungen erfolgen. Ein solches Zusatzabkommen ist z.B. mit Österreich zustandegekommen.[241] Es sieht vor, daß Österreich Kostenerstattung nach den Grundsätzen der Generalsversammlungsresolutionen 1151 (XII) und 1575 (XV) zusteht[242], aber nur soweit das UNFICYP-Sonderkonto hinreichend leistungsfähig ist.[243] Auch andere Länder haben Auslagenerstattungen erhalten.[244] Es bleibt aber dabei, daß die Vereinten Nationen die Finanzierung der Truppe nicht generell übernehmen können. Andererseits sind allerdings auch keinerlei Anzeichen dafür ersichtlich, daß die zahlenden Staaten einen die Kontrolle der Weltorganisation

---

238 SC Res. 186 (1964), para. 6.

239 Higgins IV, S. 286. Per 15.12.1983 belief sich die Gesamtbelastung des UNFICYP-Sonderkontos auf ca. US-$ 431 Mio, von denen US-$ 319,5 Mio durch freiwillige Leistungen abgedeckt waren. Diese stammten aus insgesamt 71 Staaten, vornehmlich aus den USA (US-$ 150,7 Mio), dem Vereinigten Königreich (US-$ 47,4 Mio), der Bundesrepublik Deutschland (US-$ 22,5 Mio) und Griechenland (US-$ 19,7 Mio). Das Defizit auf dem Sonderkonto belief sich 1983 also auf ca. US-$ 111,5 Mio. Siehe für diese Angaben: UN Doc. S/16268, Annex, vom 12.1.1984 (SC OR, 39th yr., supp. Jan.-March 1984, S. 17 ff.). Es steigt laufend weiter und betrug Ende 1985 bereits US-$ 133,9 Mio, UN-Chronicle 23 (1986), Heft 2, S. 62.

240 Nr. 13 der Kontingentverträge (Higgins IV, S. 204). Die mit den Kontingentstaaten geschlossenen Verträge sind praktisch wortgleich. Die Fundstellen: Australien (UNTS, Vol. 555, S. 177); Schweden (UNTS, Vol. 555, S. 169); Vereinigtes Königreich (UNTS, Vol. 555, S. 177); Neu Seeland (UNTS, Vol. 555, S. 163); Finnland (UNTS, Vol. 555, S. 157); Dänemerk (UNTS, Vol. 555, S. 151); Kanada (UNTS, Vol. 555, S. 119); Österreich (UNTS, Vol. 557, S. 129); kein Vertrag mit Irland, s. Higgins IV, S. 206; vgl. für UNEF I und ONUC oben S. 31 f. bzw S. 39.

241 UNTS, Vol. 606, S. 402; abgedruckt auch bei Higgins IV, S. 206 f.

242 Diese Entschließungen waren zu UNEF I verabschiedet worden, vgl. o.S. 31 f., Fn. 140 und Text.

243 Andere Mittel standen dem Generalsekretär nicht zur Verfügung, s. UN Doc. S/9521, Annex I, para. 22 vom 3.12.1969 (SC OR, 24th yr., supp. Oct.-Dec. 1969, S. 133).

244 Siehe z.B. die Zusammenstellung im Bericht des Generalsekretärs vom 19.11.1965, UN Doc. S/6954, Annex III, (Higgins IV, S. 292).

über die Truppe beeinträchtigenden Einfluß genommen haben.[245] Dies gilt auch für Großbritannien, das Nachschub und Ausrüstung bereitstellt.[246] Wo Kostenerstattungen vereinbart wurden, sind sie jedoch eindeutig von den Vereinten Nationen geleistet worden, denn die Spenderländer haben die Beträge eben der Weltorganisation, nicht aber den Kontingentstaaten unmittelbar zur Verfügung gestellt. Insgesamt ergibt die Kostenregelung ein gespaltenes Bild, das nichts für oder gegen eine Zurechnung von UNFICYP zu den Vereinten Nationen aussagt.[247]

Vor dem Hintergrund der Finanzierung der Truppe ist auch die etwas eigenartige Regelung der Haftung für von dieser verursachte Schäden zu sehen.[248] Die Vereinten Nationen haften den regulations zufolge hilfsweise in dem Fall, daß ein Schaden nicht bereits von dem Kontingentstaat oder der Republik Zypern reguliert worden ist. Diese subsidiäre Haftung steht darüber hinaus noch unter dem Vorbehalt, daß hinreichende Mittel auf dem Sonderkonto zur Verfügung stehen.[249] Ob eine solche Haftungsbeschränkung einem geschädigten Dritten gegenüber Wirksamkeit erlangt, erscheint fraglich[250], insgesamt könnte die Regelung aber Zweifel an der Zuordnung der Streitmacht zu den Vereinten Nationen wecken.

Solche Bedenken kamen zum Tragen, als sich das britische Oberhaus in seiner Eigenschaft als oberstes Zivilgericht des Königreiches mit den Schadensersatzforderungen eines von britischen UNFICYP-Einheiten in Anspruch genommenen Hoteliers zu befassen hatte. In der Begründung der einen Anspruch gegen die Krone gewährenden Entscheidung führte Lord Pearce für das Gericht aus, daß die Haftungsregelung der Regulations "the antithesis of assuming primary financial responsibility" sei.[251] Die dem Gericht vorliegenden Dokumente[252] seien insgesamt so zu werten, daß die Truppe zwar "international functions" wahrnehme, jedoch "its individual component forces have their own national duty and discipline and remain in their own national service".[253] Hauptsächlich aufgrund der Finanzierungs- und Haftungsregelungen kamen die Lords zu dem Ergebnis, daß das britische Kontingent der Krone, allenfalls vielleicht noch der Republik Zypern, keineswegs aber den Vereinten Nationen zuzurechnen sei, weshalb die Krone ersatzpflichtig

---

245 Vgl. die Darstellung der UNFICYP-Finanzen bei Stegenga, UNFICYP, S. 165-176.

246 UN Doc. S/9521, Annex I, para. 35 vom 3.12.1969 (Higgins IV, S. 297).

247 Ebenso: Knorr, Diss., S. 70.

248 Seyersted, United Nations Forces, S. 109.

249 Nr. 16 Satz 3 UNFICYP-Regulations (Higgins IV, S. 155).

250 Offenbar gehen die Vereinten Nationen selber nicht davon aus, vgl. Memorandum des Rechtsberaters v. 16.5.1980, UNJYb 1980, S. 144 f.

251 Attorney-General vs. Nissan, ([1970] A.C. 179, 223).

252 Das House of Lords zog im wesentlichen die dieser Untersuchung ebenfalls zugrundeliegenden Quellen heran.

253 A.a.O. (Fn. 248). Ebenso Lord Morris of Borth-Y-Gest:

"...the troops as members of the force remain in their national service. The British forces continued therefore, to be soldiers of Her Majesty."

a.a.O., S. 222.

sei.[254] Die Vorinstanz, das Berufungsgericht, war zu der entgegengesetzten Ansicht gelangt.[255] Es stellte auf das äußere Erscheinungsbild, vor allem aber auf das von den Vereinten Nationen ausgeübte Oberkommando ab:

> "They [die britischen Truppen] were under the command of the United Nations Commander. They flew the United Nations flag. They wore the berets and arm flashes to denote they were no longer soldiers of the Queen, but soldiers of the United Nations. They were acting as agents for the United Nations, which is a sovereign body corporate."[256]

Diese Kriterien liegen den vom Völkerrecht für die Zuordnung von Organen zu einem Völkerrechtssubjekt angewandten[257] erheblich näher als das recht einseitige Abstellen auf die Finanzierungsregeln. Unter dem Gesichtspunkt der von den Vereinten Nationen ausgeübten Kontrolle ist deshalb trotz der Finanzierungs- und Haftungsbestimmungen für UNFICYP mit dem Court of Appeal von der Verantwortlichkeit der Vereinten Nationen für von der Streitmacht verursachte Schäden und der Zuordnung der Truppe zu der Weltorganisation auszugehen.[258]

Auch im Falle von UNFICYP verblieben eine Reihe administrativer Hilfszuständigkeiten[259], vor allem aber die Disziplinargewalt[260], bei den Herkunftsländern. Auf die Bedeutung dieser Regelung für die Integration der Truppe in den Organisationsverbund der Vereinten Nationen wurde oben bereits eingegangen.[261] Die mit

---

254 "Therefore it is clear that any liability ... must fall on those [die britischen Einheiten] who in fact took and occupied the premises [das Hotel]. They may have had some possible but very tenouse recourse against the Government of Cyprus, but none, I think, against the United Nations."
A.a.O. S. 224, per Lord Pearce. Es soll aber nicht verschwiegen werden, daß die Entscheidung noch auf einem zweiten Grund beruht. Das Oberhaus sah die Vereinten Nationen offenbar generell nicht als geeignetes Zuordnungssubjekt für die UNFICYP-Einheiten an:
> "All the judgements [die vorinstanzlichen Entscheidungen], however, took the view that during the second period the British troops no longer occupied the hotel in the Queen's name, but in the name of the United Nations. I do not think so. The United Nations is not a super-state nor even a sovereign state. It is a unique legal person or corporation. It is based on the sovereignty of its resprective members. But it is not a principal carrying out its policy though states acting as its agents. It is an instrument of collective policy, which it enforces by using the sovereignty of its members. In carrying out the policies each member still retains its own sovereignty, just as any sovereign state, acting unter its treaty obligations to another state, would normally still retain its sovereignty."

a.a.O. S. 223, per Lord Pearce.

255 Nissan vs. Attorney-General([1968] 1Q.B.,286).

256 A.a.O. S. 341, per Lord Denning, M.R., ebenso Danckwerts, L.J., a.a.O. S. 345 und Winn, L.J. a.a.O. S. 352.

257 S.o.S. 24 ff.

258 Bothe, Streitkräfte, S. 54; Knorr, Diss., S. 70. Die Nissan-Entscheidungen finden sich auch in British International Law Cases, Vol. 9, supp. 1966-70, S. 706 ff.

259 Nrn. 33, 36, 39 UNFICYP-Regulations (Bezahlung, Beförderung, Krankenfürsorge; s. Higgins IV, S. 157 f.).

260 Nr. 14 Status-Abkommen (Higgins IV, S. 214); Nr. 13 UNFICYP-Regulations (Higgins IV, S. 154); Nrn. 5, 6, 7 Kontingentverträge (Higgins IV, S. 203).

261 S.o. S. 32 f.

ihr verbundene relative Schwächung der Position des Oberkommandierenden erweist sich als für die Zuordnung zu den Vereinten Nationen unschädlich, da der Oberkommandierende nach außen - vor allem dem Gastland gegenüber - die Verantwortung für Ordnung und Disziplin trägt.[262] Die von den nationalen Kommandanten ausgeübte Disziplinargewalt innerhalb der Einheiten dient folglich der Erfüllung der dem Oberkommandierenden obliegenden Pflicht.[263] Dementsprechend entschuldigte sich die schwedische Regierung für Verfehlungen schwedischer UNFICYP-Sodaten bei dem Generalsekretär der Vereinten Nationen[264], denn das Fehlverhalten der Soldaten stellte im Innenverhältnis eine Verletzung der Rechte der Vereinten Nationen durch Schweden dar, im Außenverhältnis hingegen eine Verletzung der Rechte Zyperns durch die Vereinten Nationen.[265] Die schwedische Regierung entschuldigte sich allerdings auch gegenüber der Republik Zypern und Griechenland.[266] Diese Erklärungen, namentlich die zuletzt genannte, dürften aber wohl aus Courtoisie abgegeben worden sein[267], während die Erklärung gegenüber dem Generalsekretär deutlich von einer Pflichtverletzung zu Lasten der Organisation ausgeht.[268]

Die Gesamtbewertung zeigt, daß die Integration von UNIFICYP in das Organisationsgefüge der Vereinten Nationen ausreicht, um eine organschaftliche Zuordnung zu begründen.[269] Die Organisation ist in der Lage, die maßgebliche Kontrolle über die Streitmacht auszuüben, sie ist die nach außen in Erscheinung tretende Macht, die die Truppe einsetzt und deren Funktionen diese wahrnimmt. Es darf aber nicht übersehen werden, daß - bedingt durch die mangelhafte finanzielle Ausstattung - die Stellung der Vereinten Nationen im Innenverhältnis zu den teilnehmenden Staaten in mancher Hinsicht schwächer ist als in den zuvor besprochenen Fällen.

---

262 Nr. 14 Status Agreement.

263 Dies kommt auch in Nr. 7 der Kontingentverträge zum Ausdruck (Higgins IV, S. 203). Entsprechend auch die Berichte des Generalsekretärs an den Sicherheitsrat, z.B. UN Doc. S/7350, para. 85, vom 10.6.1966 (SC OR, 21st yr., supp. April-June 1966, S. 174); UN Doc. S/7969, para. 12, vom 13.6.1967 (SC OR, 22nd yr., supp. April-June 1967, S. 187).

264 UN Doc. S/5989 vom 26.9.1964 (SC OR, 19th yr., supp. July-Sept. 1964, S. 395). Es handelte sich um Waffenschmuggel zu Gunsten türkischer Zyprer.

265 Bothe, Streitkräfte, S. 55.

266 Ebenda, m.w.N.

267 Ebenda.

268 UN Doc. S/5989 a.a.O. (Fn. 264):

> "The Government of Sweden wishes to express its most emphatic disapproval of the failure of members of the Swedish Contingent in a United Nations soldier's self-evident duty to observe strict impartiality in a conflict to the solution of which the United Nations endeavours to contribute." Vgl. demgegenüber Nr. 5 Status-Agreement (welches zugleich Anlage II des mit Schweden geschlossenen Kontingentvertrages ist): "Members of the force ... shall refrain from any activity of a political character ... and from any action incompatible with the international nature of their duties ...",

Higgins IV, S. 213.

269 Ebenso: Bothe, a.a.O. S. 57; Knorr, Diss., S. 71; Seyersted, United Nations Forces, S. 118; Sommereys, EPIL 4, S. 257.

d. Die jüngeren Operationen in Nahost: UNEF II, UNDOF und UNIFIL

In den 70er Jahren machte der Dauerkrisenherd Nahost die Einsetzung von gleich drei Friedenstruppen notwendig. 1973 wurde UNEF II gegründet[270], 1974 folgte UNDOF.[271] Beide sollten zur Stabilisierung der Lage nach dem Yom-Kippur-Kriege[272] beitragen und den relativen Frieden des Waffenstillstandes vom 24./25. Oktober 1973[273] sichern. Ihre Aufgaben waren also die Überwachung der Einhaltung der Waffenruhe und die Verhinderung des Wiederaufflackerns der Kämpfe.[274]

Angesichts des vorangegangenen zwischenstaatlichen Konflikts können an der Zuständigkeit der Vereinten Nationen - in Sonderheit der des Sicherheitsrates - aus Art. 24 SVN für die Behandlung der Angelegenheit keine Zweifel gehegt werden. Obwohl in den Gründungsresolutionen nicht auf die Verantwortung für den Weltfrieden und die internationale Sicherheit Bezug genommen wurde, ist deshalb anzunehmen, daß die Vereinten Nationen die Truppen als Mittel zur Erledigung einer ihnen selbst obliegenden Aufgabe einsetzen wollten.

Das gleiche trifft für die 1978 nach der israelischen Invasion des Südlibanon[275] aufgestellte UNIFIL zu. Ihre Aufgaben waren und sind die Sicherstellung des Rückzuges der isrealischen Armee und die Unterstützung der libanesischen Regierung bei der Wiedererlangung der tatsächlichen Herrschaft über das Gebiet.[276] Die Gründungsresolution 425 (1978) zitiert die Schutzgüter des Art. 24 SVN jedoch ausdrücklich.

Alle diese Friedenstruppen wurden selbstverständlich mit dem Einverständnis der "gastgebenden" Regierung eingesetzt[277], dennoch wurden für die drei Operationen keine Status-of-Force-Agreements geschlossen.[278] Der Grund hierfür war, daß die Vereinten Nationen für die Tätigkeit der Truppen in den besetzten

---

270 SC Res. 340 (1973) vom 25.10.1973.

271 SC Res. 350 (1974) vom 31.5.1974.

272 Zu den Ereignissen im Yom-Kippur-Krieg s. AdG 1973, S. 18300 ff. Unter dem Blickwinkel der VN-Friedenssicherung bes. Rikhye/Harbottle/Egge, Blue Line, S. 309-317, und Sommereynes, BrooklynJIL 6 (1980), S. 1-13.

273 AdG 1973, S. 18304. Beachte auch das Waffenstillstandsabkommen vom 11.11.1973, AdG 1973, S.18305.

274 Bericht des Generalsekretärs zu UNEF II vom 27.10.1973, UN Doc. S/11052/Rev. 1, para. 2b, SC OR, 28th yr., supp. Oct.-Dec. 1973; Bericht des Generalsekretärs zu UNDOF vom 27.11.1974, UN Doc. S/11563, para. 8, SC OR, 29th yr., supp. Oct.-Dec. 1974, S. 44.

275 Zu den Ereignissen: AdG 1978, S. 21910 ff.

276 SC Res. 425 (1978) vom 19.3.1978, para. 3.

277 Für UNEF II: Elaraby, in: Wiseman, Peacekeeping, S. 82; für UNDOF und UNIFIL: s. Siekmann, NILR 28 (1981), S. 336 und de Lange, NILR 28 (1981), S. 185.

278 Für UNEF II: UN Doc. S/11052/Rev. 1, para. 4b, a.a.O., (Fn. 274); für UNDOF: UN Doc. S/11302/Add.1, Ann. II, SC OR, 29th yr., supp. April-June 1974, S. 145 und UN Doc. S/11563, para. 8 (a.a.O., Fn. 274); für UNIFIL: SC Res. 425 (1978), para. 3.

ägyptischen bzw. syrischen Gebieten Verträge mit Israel abschließen wollten[279], was die betroffenen arabischen Staaten nicht hinnehmen wollten. Was den Libanon betrifft, ist vor allem darauf hinzuweisen, daß die Regierung in Beirut nicht Inhaberin der tatsächlichen Gewalt im Operationsgebiet von UNIFIL war (und ist). Die praktische Relevanz eines Statusabkommens wäre dementsprechend gering geblieben. Mithin ist in allen drei Fällen die bemerkenswerte Situation gegeben, daß eingeladene Truppen auf fremdem Staatsgebiet stationiert werden, dort Hoheitsakte setzen, sich frei bewegen und - wenn auch in beschränktem Umfang - militärische Gewalt anwenden dürfen, ohne sich auf eine vertragliche Grundlage im engeren Sinne stützen zu können.[280] Es sind auch keine regulations erlassen und Kontingentverträge geschlossen worden. Deshalb ist es nicht möglich, die Rechtsstellung dieser Truppen an Hand eines Geflechts ineinandergreifender förmlicher Verträge darzustellen. Vielmehr ist die Praxis der Streitkräfte zu analysieren und, mangels gegenteiliger Äußerungen der beteiligten Staaten und der Vereinten Nationen, von stillschweigenden Übereinkünften auszugehen. Es gibt jedoch einige Dokumente, aus denen sich Einzelheiten über den Inhalt dieser Abmachungen entnehmen lassen.

Zugrunde gelegt werden können zunächst die im wesentlichen übereinstimmenden "guidelines" der Gründungsberichte.[281] Danach ergeben sich sechs, den drei Einsätzen gemeinsame Strukturprinzipien:

- Kommandierung der Truppen durch die Vereinten Nationen, ausgeübt von einem dem Generalsekretär verantwortlichen, mit Zustimmung des Sicherheitsrates ernannten Oberkommandierenden;
- Bewegungsfreiheit und Immunität für die Truppen und ihre Mitglieder;
- Kontingente aus ausgewählten Mitgliedstaaten unter Berücksichtigung einer gleichmäßigen geographischen Vertretung[282];
- Bewaffnung mit leichten Waffen zur Selbstverteidigung, was den Widerstand gegen gewaltsame Versuche einschließt, die Truppen an der Ausführung ihres Auftrages zu hindern[283];
- Unparteilichkeit der Truppen;

---

279 Elaraby, a.a.O., S. 81 f.; UN Doc. S/11248, para. 8, SC OR, 29th yr., supp. April-June 1974, S. 89 für UNEF II und UN Doc. S/11563, para. 11, SC OR, 29th yr., supp. Oct.-Dec. 1974, S. 45 für UNDOF.

280 Völkerrechtliche Verträge im Sinne des Art. 2 I a WVRK sind nur solche, die in schriftlicher Form geschlossen wurden. Völkerrechtliche Willenseinigungen können jedoch auch mündlich zustande kommen, vgl. Seidl-Hohenveldern, VR, Rn. 149.

281 UNEF II: UN Doc. S/11052/Rev.1, a.a.O., (Fn. 274), para 4; UNDOF: Stellungnahme des Generalsekretärs in der Sitzung des Sicherheitsrates vom 30.5.1974, SC OR, 29th yr., S/PV 1773, para. 7, unter ausdrücklicher Bezugnahme auf den UNEF II-Gründungsbericht, angenommen durch SC Res. 350 (1974), para. 2, 3; UNIFIL: UN Doc. S/12611, para. 4, vom 19.3.1978, SC OR, 33rd yr., supp. Jan.-March 1978, S.61.

282 Dazu allgemein: Zoller, AFDI 21 (1975), S. 503 ff.

283 Vgl. dazu das für UNFICYP entworfene Memorandum des Generalsekretärs vom 10.4.1964, UN Doc. S/5653, para. 18, lit. a-d (Higgins IV, S. 515).

- Unterstützung durch Mitarbeiter des Sekretariats.

Hervorzuheben für die Zwecke dieser Untersuchung ist das erste Prinzip, aus dem sich wiederum die "operational control" der Vereinten Nationen ableiten läßt. Denn der Generalsekretär verwies in diesem Zusammenhang auf die frühere Praxis[284], so daß davon ausgegangen werden darf, daß die Kontrolle der Vereinten Nationen über die eingesetzten Einheiten vermittels einer lükkenlosen Befehlskette bis zu den einzelnen Kontingentsoldaten reicht(e). Deshalb erscheinen auch diese Truppen als verlängerter Arm der Vereinten Nationen, als Teile der Organisation zur Erledigung besonderer Aufgaben. Wenn auch einige Zuständigkeiten dienst- und personalrechtlicher Art wie üblich bei den Heimatstaaten verbleiben, so ist diese "operational control" der Vereinten Nationen über UNEF II, UNDOF und UNIFIL doch ein überaus gewichtiges Indiz für die organschaftliche Zuordnung.

Einzelne Besonderheiten der verschiedenen Aktionen sind jedoch zu beachten.

aa. UNEF II

Für UNEF II gilt, daß stillschweigend das Statusabkommen von UNEF I wieder angewendet wurde.[285] Mithin kann in den das Verhältnis zwischen dem Gastland und den Vereinten Nationen betreffenden Punkten auf die oben getroffenen Feststellungen Bezug genommen werden.[286] Insbesondere erscheint dadurch die Immunität der Streitmacht hinreichend gesichert. UNEF II als solche war bereits von Art. 105 I SVN erfaßt. Sie und ihre Angehörigen hatten zwar das ägyptische Recht zu beachten, die Soldaten unterstanden jedoch der ägyptischen Gerichtsbarkeit nur bezüglich nicht-dienstlicher Handlungen und auch insoweit nur hinsichtlich zivilrechtlicher Forderungen.[287] Der Oberkommandierende war der nach außen für Disziplin und Ordnung Verantwortliche, das Erscheinungsbild wurde von Flaggen und Kennzeichen der Weltorganisation bestimmt. Die Kosten der Operation waren von Anfang an[288] Ausgaben der Organisation im Sinne des Art. 17 II SVN.[289] Sie beliefen sich gegen Ende des UNEF II-Einsatzes auf ca. US-$ 6 Mio monatlich.[290] Damit war die finanzielle Basis von UNEF II bei weitem sicherer als die UNFICYP‘s[291], dennoch ergaben sich in der Praxis immer wieder Belastungen der Kontingentstaaten durch Verzögerungen bei den Erstattungszahlungen.[292]

---

284 UN Doc. S/11052/Rev. 1, para 4, a.a.O., (Fn. 274).

285 Elaraby, in: Wiseman, Peace keeping, S. 82. Elaraby war als Rechtsberater der ägyptischen Regierung an den Verhandlungen über UNEF II beteiligt.

286 S.o. S. 29-34.

287 S.o. S. 30.

288 Memorandum des Rechtsberaters des Generalsekretärs vom 23.10.1974, UNJYb 1974, S. 159 ff.

289 UN Doc. S/11052/Rev.1, para.7, a.a.O. (Fn.274);GA Res. 3101(XXVIII) vom 11.12.1973.

290 UN Doc. S/13460, para.27 vom 19.7.1979, SC OR, 34yr., supp.July-Sept. 1979, S. 67.

291 Vgl. o. S. 42 f.

292 Herndl, Vereinte Nationen und Österreich, Heft 2/3 1978, S. 19.

Die Zuordnung der Truppe zu den Vereinten Nationen wird schließlich in der Entscheidung über ihren Abzug sehr deutlich. Obwohl sich sowohl die ägyptische als auch die israelische Regierung für die Beibehaltung der Streitmacht auch nach den Abmachungen von Camp David und der friedensvertraglichen Regelung ausgesprochen hatten[293], verlängerte der sich in dieser Angelegenheit als sehr prädominant erweisende Sicherheitsrat das Mandat nicht mehr, so daß UNEF II am 24. Juni 1979 aufgelöst und abgezogen wurde.[294] Die ihr im Rahmen der ägyptisch-israelischen Vereinbarungen zugedachten Funktionen wurden später in modifizierter Form von der eigens gebildeten Internationalen Sinai-Truppe übernommen[295], die außerhalb der Vereinten Nationen stand.[296]

In der Gesamtschau zeigt sich, daß UNEF II in der Praxis im wesentlichen dem Muster der zuvor durchgeführten Operation folgte. Zwar fehlen die bis dahin üblichen ausführlichen vertraglichen Regelungen für die Tätigkeit der Truppe, aus den informellen Abrede kann jedoch auf die Integration der UNEF II-Verbände in das Organisationsgefüge und ihre Unterordnung unter die exklusive Kontrolle der Vereinten Nationen geschlossen werden. UNEF II ist deshalb als deren Organ anzusehen.

bb. UNDOF

UNDOF war - wie erwähnt - von Anfang an nach den gleichen Prinzipien organisiert wie UNEF II.[297] Ergänzend ist anzumerken, daß sich gewisse, nach wie vor bedeutsame Anhaltspunkte für den Status der Streitmacht aus dem Protokoll zum israelisch-syrischen Entflechtungsabkommen vom 30. Mai 1974 entnehmen lassen, dem die Vereinten Nationen zwar nicht förmlich beigetreten sind, das jedoch, ebenso wie der Rest der Vereinbarung, unter ihrer Vermittlung ausgehandelt worden war. Danach ist die Truppe zur Beachtung des allgemeinen syrischen Rechts verpflichtet, sie ist bewaffnet und genießt Bewegungs- und Kommunikationsfreiheit "and other facilities that are necessary for its mission".[298]

Ob aus dieser Formulierung oder der Übernahme der UNEF II-Grundsätze (inklusive der stillschweigenden Anwendung des UNEF I Status-of-Force-Agreements?) auf eine ausreichende Immunität der Streitmacht geschlossen werden darf, erscheint nicht unzweifelhaft. Andererseits hatte sich aber bereits bei den Abkommen

[293] UN Doc. S/13460, para. 33, a.a.O., (Fn. 290).

[294] Brief des Generalsekretärs an den Präsidenten des Sicherheitsrates vom 24.7.1979, UN Doc. S/13468, SC OR, 34th yr., supp. July-Sept. 1979, S. 75.

[295] Ägyptisch-israelisches Protokoll, abgedruckt in Dept. of State Bulletin 81 (1981), Heft Sept. 1981, S. 44 f.

[296] Siehe hierzu Thakur, World Today 1984, S. 93 f; Lucchini, AFDI 29 (1983), S. 121 ff.; Siekmann, IndJIL 24 (1984), S. 504 ff.; Nelson, International Affairs (London) 61 (1985), S. 69 f. Den europäischen Beitrag würdigt Pypers, EA 38 (1983), S. 675 ff.

[297] S.o.S. 48., vgl. für die Umsetzung in die Praxis Freistetter, BKf 1974, Heft 3, S. 66.

[298] SC OR, 29th yr., supp. April-June 1974, S. 145. Die Bedeutung des Protokolls unterstreicht Sommereynes, BrooklynJIL 6 (1980), S. 16.

mit der Republik Kongo (für ONUC) und Zypern (für UNFICYP) gezeigt, daß die Vereinten Nationen offensichtlich den Staaten fertige Abkommen nach dem UNEF I-Muster zum Abschluß vorlegen und zu Detailverhandlungen praktisch nicht mehr bereit sind.[299] Anders sind die oben im einzelnen analysierten Parallelen der Verträge kaum zu erklären. Unter diesem Gesichtspunkt ist es vertretbar, die zitierte Passage des israelisch-syrischen Entflechtungsabkommens und die Feststellung, daß UNDOF entsprechend UNEF II aufgebaut sei, dahingehend zu interpretieren, daß die üblichen persönlichen Befreiungen auch den Angehörigen UNDOF's gewährt sein sollen. Denn es ist nicht ersichtlich, warum die Vereinten Nationen in allen anderen Fällen für erforderlich erachtete Minimalvoraussetzungen[300] bei dieser Aktion für überflüssig gehalten haben sollten.

Die Kosten von UNDOF sind ebenfalls "Ausgaben der Organisation" i.S. des Art. 17 II SVN.[301] Die operative Kontrolle und die Kostentragungspflicht sind gemeinsam mit den zu UNEF II parallelen organisatatorischen Detailregelungen hinreichende Anhaltspunkte, auch die nach wie vor bestehende UNDOF[302] den Vereinten Nationen als Organ zuzurechen.

cc. UNIFIL

Die Einsatzbedingungen von UNIFIL[303] weichen in signifikanter Weise von den bei den vorgenannten Aktionen anzutreffenden ab. Dennoch ist UNIFIL - wie ausgeführt - nach den gleichen Strukturprinzipien aufgebaut wie diese.[304] Detaillierte, aus diesen Grundsätzen entwickelte Regeln für die Rechtsverhältnisse der Streitmacht finden sich in zwei (unveröffentlichten) Denkschriften des Generalsekretärs vom 23. März 1978. Sie befassen sich zum einen mit Jurisdiktionsfragen, zum anderen enthalten sie ein allgemeines Reglement für das Verhalten der Truppe.[305] Insgesamt kommt ihr Inhalt den früheren Status-of-Force-Agreements und regulations sehr nahe.[306]

Von besonderer Bedeutung ist wie immer das Problem der Befreiung der Kontingentsoldaten von der örtlichen Gerichtsbarkeit. Der Gründungsbericht des

---

299 Manin, L'ONU et le Maintien de la Paix, S. 205; Dewast, RGDIP 81 (1977), S. 1031; in diesem Sinne auch Siekmann, IndJIL 24 (1984), S. 506.

300 Manin, a.a.O.; Dewast, a.a.O.

301 Memorandum des Rechtsberaters des Generalsekretärs UNJYb 1974, S. 160/161, bestätigt durch GA Res. 3211 (XXIX) vom 29.11.1974. Die derzeitigen (1984) monatlichen Kosten betragen ca. US-$ 2,9 Mio, s. UN Chronicle 21 (1984), Heft 5, S. 20.

302 Z.B. die 23. Mandatsverlängerung, SC Res. 576 (1985) vom 21.11.1985.

303 Diesen kann im Rahmen dieser Arbeit nicht nachgegangen werden. Erwähnt sei nur, daß in der Literatur weitgehend die Auffassung vertreten wird, daß UNIFIL unter den gegebenen Umständen - vor allem nach dem israelischen Wieder-Einmarsch in den Süd-Libanon im Juni 1982 - zum Scheitern verurteilt ist, vgl. Siilasvuo, VN 1982, S. 185; Colin, RevJurPol 34 (1980), S. 773, optimistischer Boyle, ASIL-Proceedings 77 (1983), S. 230 f.

304 S.o. S. 48, Fn. 281.

305 Martinez, AFDI 24 (1978), S. 483.

306 Ebenda.

Generalsekretärs verweist insofern lediglich pauschal auf "all relevant privileges and immunities provided for by the Convention on the Privileges und Immunities of the United Nations."[307] Dieser ist der Libanon zwar beigetreten[308], es kann aber nicht davon ausgegangen werden, daß die Konvention die einzelnen Soldaten hinreichend schützt, sind diese doch mangels eines entsprechenden Rechtsverhältnisses weder Bedienstete der Organisation noch Angehörige einer der anderen in der Konvention erwähnten Personengruppen.[309] Insbesondere sind sie keine "experts on mission" i.S. des Art. VI der Konvention, da ihnen die schon begrifflich vorausgesetzte besondere persönliche Qualifikation in aller Regel nicht zugesprochen werden kann.[310]

Das erwähnte Memorandum des Generalsekretärs zu Jurisdiktionsfragen geht jedoch davon aus, daß die Strafgerichtsbarkeit über die Soldaten auf der Grundlage ihres heimischen Disziplinar- und Militärstrafrechts ausschließlich von den Kontingentstaaten ausgeübt wird.[311] Von der Zivilgerichtsbarkeit des Gaststaates sind die "Blauhelme" möglicherweise in einem sogar größeren als bisher üblichen Maße befreit. Bis dato waren die Soldaten hinsichtlich privater Handlungen der Zivilgerichtsbarkeit des Gastlandes regelmäßig unterworfen[312], für UNIFIL soll jedoch folgendes gelten:

> "... (b) Members of the Force shall not be subject to the civil jurisdiction of the courts of the Host State or to other legal process in any matter relating to their official duties, and shall not otherwise be subject to such jurisdiction except as may be agreed between the United Nation and the Host Government."[313]

Auch wenn man das weniger wichtige Problem der Zivilgerichtsbarkeit ganz beiseite läßt, können die Aussagen des Memorandums zur Straf- und Disziplinar - gerichtsbarkeit sowie über das hierfür anzuwendende Recht nur dann Richtigkeit beanspruchen, wenn man annimmt, daß sich die Friedensaktionen der Vereinten Nationen mittlerweile auf dem Boden allgemein anerkannter Regeln abspielen, mit deren Wiederanwendung ein Friedenstruppen einladender Staat stillschweigend konsentiert.[314]

---

307 UN Doc. S/12611, para. 4, lit.b; SC OR, 33rd yr., supp. Jan.-March 1978, S. 61.

308 Mit Wirkung vom 10.3.1949,Fundstellennachweis B zum BGBl. vom 31.12.1985,S. 205.

309 Siekmann, NILR 28 (1981), S. 335; s. allgemein zum Begriff des "official" die Definition bei Kunz, AJIL 41 (1947), S. 854 und oben S. 56 unter dem Gesichtspunkt des Art. 105 SVN.

310 Allgemein zur Stellung von "experts on mission" Crosswell, Protection of International Personnel, S. 96 ff. und Kunz, AJIL 41 (1947), S. 853 f.

311 Martinez, AFDI 24 (1978); Siekmann, NILR 28 (1981), S. 338.

312 UNEF I: Nr. 12a, b Status Agreement (s.o. S. 30), wie ausgeführt auch von Bedeutung für UNEF II und UNDOF; ONUC: Nrn. 9, 10 Status Agreement (s.o. S. 39) und UNFICYP: Nrn. 11, 12 Status Agreement (s.o. S. 42).

313 Zitiert nach Siekmann, NILR 28 (1981), S. 337.

314 So Ballaloud, RevJurPol 33(1979), S.243f. Wohl auch Manin, AFDI 21(1975), S.542 f.

In der Tat spricht die Praxis von UNIFIL für diese Ansicht. Z.B. wird die Disziplinar- und Strafgerichtsbarkeit der im Libanon eingesetzten niederländischen Soldaten von dem "Mobiele Krijgsraad Buitland Landmacht" ausgeübt, der auf libanesischem Gebiet tagt.[315] Hiermit hat sich die libanesische Regierung den Vereinten Nationen gegenüber offenbar einverstanden erklärt.[316] Ohne ein solches Einverständnis wäre die Tätigkeit des Feldgerichts völkerrechtlich auch nicht hinzu - nehmen, denn sie stellt an sich einem massiven Eingriff in die Territorialhoheit des Gastlandes dar.[317]

Damit entsteht auch für UNIFIL der Gesamteindruck, daß die Vereinten Nationen dem Gastland gegenüber für die nötigen Befreiungen sorgen, daß also die Sicherung des persönlichen Status der Soldaten nicht den Kontingentstaaten über - lassen bleibt. Wiederum ist die Weltorganisation die nach außen auftretende, maß - gebliche Kraft.

In der niederländischen Praxis findet sich auch ein Beleg dafür, daß sich zumindest einzelne Teilnehmerstaaten von UNIFIL den Vereinten Nationen gegen - über in dem bei früheren Friedensaktionen üblichen Rahmen die Ausübung der Straf- und Disziplinargewalt über ihre Kontingente vorbehalten haben.[318] Daß sich aus dieser relativen Schwächung der Position des Oberkommandierenden im Verhältnis zu den Kontingentstaaten keine durchgreifenden Schwierigkeiten für die Zuordnung der Streitmacht zu den Vereinten Nationen ergeben, ist oben bereits ausführlich dargelegt worden.[319] Im übrigen verfügt der Oberkommandierende über die übliche, ihm unmittelbar unterstehende Militärpolizeieinheit[320], so daß ihm auch eigene Machtmittel zur Herstellung und Wahrung der Disziplin zu Gebote stehen.

Die Finanzierung der Aktion erfolgt über Art. 17 II SVN aus Mitteln der Organisation.[321] Die Erstattungsansprüche der teilnehmenden Länder bestehen in dem schon bei UNEF I[322] dargelegten Umfang, erstecken sich also auf die durch die

---

315 Z.B. am 24./25. Juli 1979, Siekmann, a.a.O. S. 333.

316 De Lange, NILR 28 (1981), S. 186.

317 Siekmann, NILR 28 (1981), S. 338, meint deshalb, sie sei bei einer strikten rechtlichen Betrachtungsweise in Ermangelung eines förmlichen Vertrages völkerrechtswidrig. Dem kann nicht gefolgt werden, da völkerrechtliche Willenseinigungen auch formlos erfolgen können.

318 Notenwechsel zwischen der niederländischen Regierung und dem Generalsekretär vom 18.1./15.2.1979:

> "... It is therefore the understanding of the Netherlands Government that the members of the Netherlands forces shall be exclusively subjected to the criminal and disciplinary jurisdiction of the Netherlands and that they shall remain subject to the military rules and regulations of the Netherlands without derogating from their operational duties as members of UNIFIL."

NYIL 14 (1983), S. 327.

319 S.o. S. 32 f.

320 Martinez, AFDI 24 (1978), S. 490.

321 UN Doc. S/12611, para. 11, SC OR, 33rd yr., supp. Jan-March 1978, S. 61; GA Res. S - 8/2. Das UNIFIL-Sonderkonto weißt jedoch massive Defizite auf, vgl. UNIS/919 v. 16.4.1985: US-$ 211,5 Mio.

322 S.o. S. 31 f.

Kontingentstellung zusätzlich entstehenden Kosten.[323] Da die Vereinten Nationen deshalb auch für das eingesetzte Material finanzielle Verantwortung tragen, wird nunmehr in technischen Richtlinien genau angegeben, welche Ausstattung den Kontingenten mitzugeben ist.[324] Solche Details machen deutlich, wie routiniert die Weltorganisation das peacekeeping inzwischen betreibt und wie weit ihre Kontrolle auch in die Einzelheiten geht.

UNIFIL gab aber Anlaß, die schon geklärt geglaubte Frage[325] wieder aufzuwerfen, ob es nicht allein Sache des Angreifers sei, die der Staatengemeinschaft entstehenden Kosten für die Beseitigung der Folgen seiner Aggression zu tragen.[326] Die Generalversammlung entschied sich jedoch wiederum für das seit 1963 praktizierte Verfahren, nach welchem die Kosten von allen Mitgliedern der Organisation getragen werden, wobei die Anteile der Ständigen Ratsmitglieder und der Industriestaaten jedoch gegenüber dem üblichen Beitragsschlüssel erhöht werden.[327]

Nach alledem ist UNIFIL wie ihre Vorgängerinnen als internationale Truppe ansehen[328] und den Vereinten Nationen als Hilforgan zuzurechnen.[329]

2. *Truppen zur Gebietsverwaltung: UNSF*

Während die bisher untersuchten Militäraktionen solche des Typus "peace keeping operation" waren (und sind), ist UNSF vor einem ganz anderen Hintergrund zu sehen. Diese Sicherheitstruppe verdankt ihre Existenz der Einrichtung einer internationalen Übergangsverwaltung für West-Neuguinea (West-Irian oder Irian Barat).

Als Indonesien 1949 in die Unabhängigkeit entlassen wurde, behielten die Niederlande die Souveränität über die auch zu ihrem Kolonialreich gehörende Westhälfte Neuguineas bei, da die Insel weniger von Indonesiern als von Papua bewohnt war. Dennoch erhob Indonesien in der Folgezeit entsprechende territoriale Ansprüche, die die Generalversammlung der Vereinten Nationen wiederholt

---

323 Guidelines for Governments Contributing Troops to United Nations Peacekeeping Operations v. 10.5.1984 (nicht veröffentlicht), S. 16-18 (US-$ 950 pro Mann und Monat, US-$ 65 pro Mann und Monat für die Abnutzung der persönlichen Ausrüstung, Abschreibung für Abnutzung des Geräts; Stand V/84).

324 Guidelines, a.a.O., S. 6-10.

325 Vgl. o.S. 31, Fn. 135 und Text.

326 Diese 1973 zugunsten des Prinzips der "collective responsibility" aufgegebene Position griffen die sozialistischen Staaten wieder auf. S.z.B. die Stellungnahme des sowjetischen Delegierten Troyanowsky vom 19.1.1979, SC OR, 34th yr., S/PV. 2113, para. 1233 oder die des bjelorussischen Vertreters in der 8. Sondergeneralversammlung, GA OR, 8th Sp. Sess., 2nd Plen. Mtg., 21.4.1978, para. 353; für die Gegenposition s.z.B. Japans Äußerung in der 8. Sondergeneralversammlung a.a.O., para. 175.

327 GA Res. S - 8/2, para. 2. Verfahren seit GA Res. 1874 (S-IV) vom 27.6.1963.

328 Martinez, AFDI 24 (1978), S. 486.

329 Memorandum des juristischen Dienstes des Sekretariats, zitiert bei Martinez, a.a.O., S. 482.

beschäftigten. Ende 1961 kam es schließlich zu bewaffneten Auseinandersetzungen zwischen nach West-Neuguinea eingesickerten indonesischen Truppen und den niederländischen Kolonialstreitkräften.[330]

Dieser Konflikt konnte durch ein Paket von Verträgen und Abreden beigelegt werden, von denen der wichtigste das "Übereinkommen der Republik Indonesien und des Königreichs der Niederlande betreffend West-Neuguinea (West-Irian)" ist.[331] In diesem am 15. August 1962 unterzeichneten Vertrag wurde vereinbart, daß die Vereinten Nationen eine Übergangsverwaltung stellen sollten (Art. II, United Nations Temporary Executive Authority, UNTEA), deren Aufgabe es werden sollte, vom Inkrafttreten des Abkommens bis mindestens zum 1. Mai 1963 die Inselhälfte zu verwalten (Art. IX, XII). Danach sollte die Verwaltung auf Indonesien übertragen werden könne. So geschah es.[332]

Es darf angemerkt werden, daß diese Regelung mit dem Gedanken des Selbstbestimmungsrechts nur schwer in Einklang zu bringen ist, war sie doch ohne jede Mitwirkung der betroffenen Papua zustande gekommen.[333] Daß diese in dem nach dem Hauptvertrag für 1969 vorgesehenen "Akt der Selbstbestimmung" (Art. XX) nachgeholt werden konnte, muß bezweifelt werden[334], zumal zu fragen ist, ob der Praxis der Vereinten Nationen zum Selbstbestimmungsrecht entsprechend - zu diesem nachkolonialen Zeitpunkt den Papua noch ein Recht auf Sezession aus dem indonesischen Staatsverband zustand.[335]

Der Hauptvertrag trat erst nach der Ratifikation durch beide Parteien (Art. XXVII)[336] und der Verabschiedung einer den Generalsekretär zur Errichtung von UNTEA ermächtigenden Generalversammlungsresolution[337] am 21. September 1962 in Kraft (Art. XXVIII).

Kopf der Übergangsverwaltung war ein United Nations Administrator, der vom Generalsekretär zu ernennen und diesem verantwortlich war (Art. IV). Die ganze Aktion stand unter der "jurisdiction" des Generalsekretärs (Art. II). Die damit der Weltorganisation eingeräumte vollständige Kontrolle über UNTEA läßt darauf schließen, daß diese als ihr Organ konzipiert war.[338] Dafür spricht auch die Gewährung der Vorrechte und Befreiungen nach der Konvention über Vorrechte und

---

330 Vgl. zu den politischen und rechtlichen Hintergründen des Konfliks: Leyser, ArchVR 10 (1962/63), S. 257-266.

331 Im folgenden: Hauptvertrag, UNTS, Vol. 437, S. 274 ff., abgedruckt auch bei Higgins II, S. 101 ff.

332 Bericht des Generalsekretärs über die Tätigkeit der Organisation vom 16. Juni 1962 - 15. Juni 1963, GA OR, 18th sess., supp. 1, S. 39, abgedruckt auch bei Higgins II, S. 147.

333 Vgl. die herbe Kritik des dahomeyischen Delegierten in der Generalversammlung, GA OR, 17th sess., 1127th mtg., S. 56 f., abgedruckt auch bei Higgins II, S. 114 f.

334 S. den Bericht über diesen "Akt" bei Morand, AFDI 17 (1971), S. 519 ff.

335 Vgl. zu diesem Problem nur Partsch, in: Vasak (Hrsg.), The International Dimension of Human Rights, Vol. 1, S. 66 f.

336 Am 20.9.1962, Seyersted, United Nations Forces, S. 76.

337 GA Res. 1752 (XVII) vom 21.9.1962.

338 Bothe, Streitkräfte, S. 60; Knorr, Diss., S. 72; Bowett, United Nations Forces, S. 258.

Immunitäten der Vereinten Nationen[339] (Art. XXVI des Hauptvertrages). Diese Zuordnung kann grundsätzlich auf die nach Art. VII zu schaffende "security force" übertragen werden, denn diese bildete notwendig einen Bestandteil von UNTEA.[340] Zur Abrundung des Bildes und um den Vergleich mit den zuvor besprochenen Operationen möglich zu machen, soll jedoch auf einige Einzelheiten hingewiesen werden, die auch bisher für die Klärung der Organschaft von Streitkräften herangezogen wurden.

UNSF hatte - wie schon Art. VII des Hauptvertrages besagt - eine law-and-order-Funktion. Nun ist der Schutz der inneren Sicherheit eines Territoriums gemeinhin keine Aufgabe der Weltorganisation. Daß die Vereinten Nationen dennoch mit der Truppe eine eigene Angelegenheit erledigen wollten, folgt aus dem Umstand, daß sie die ihnen in dem Hauptvertrag zugedachten Pflichten förmlich übernahmen und so ein dreiseitiges Vertragsverhältnis herstellten.[341]

In den organisatorischen Detailregelungen wird wiederum die Wichtigkeit der Erfahrung mit UNEF I deutlich: Die "General Directive"[342] des Generalsekretärs für UNSF ist - entsprechend der stark von UNEF I abweichenden Aufgabenstellung - anders aufgebaut und gegliedert als die UNEF I-Regulations, in den für uns wichtigen Punkten sind jedoch weitgehende Übereinstimmungen zu verzeichnen. Das gilt für das äußere Erscheinungsbild (Flagge der Vereinten Nationen, nationale Uniformen mit VN-Abzeichen)[343], die Gesamtverantwortlichkeit des Oberkommandierenden für Ordnung und Disziplin im Außenverhältnis[344], die Disziplinargewalt der einzelnen Kommandeure aus den Entsendestaaten innerhalb ihrer Einheiten[345], die Befehlskette vom Oberkommandierenden bis zu den einzelnen Soldaten[346] und die Unterstellung des Oberkommandierenden unter den UN-Administrator, der seinerseits wiederum dem Generalsekretär unterstand.[347] Diese Regelungen lassen wiederum den Schluß auf die Zuordnung der Truppe zu den Vereinten Nationen zu, da sie die Unterstellung von UNSF unter deren Kontrolle und die Eingliederung der Streitmacht in deren Organisationsgefüge begründen.

Man muß allerdings darauf hinweisen, daß die Formulierung "die Streitmacht" nicht ganz scharf ist. Den Vereinten Nationen standen neben dem pakistanischen Batallion[348], das den Kern von UNSF bildete, und Transportkräften der kanadischen

---

339 BGBl. 1980 II, S. 941.

340 Bothe, a.a.O.; Higgins II, S. 122.

341 Note des Generalsekretärs an beide Regierungen vom 15.8.1962, UN Doc. A/5179 + Add. 1, Ann. B (Higgins II, S. 113) i.V. m. GA Res. 1752 (XVII).

342 UNTS, Vol. 503, S. 32 ff.

343 Nr. 7 lit. b, c General Directive, a.a.O., S. 38.

344 Nr. 5 lit. b, General Directive, a.a.O., S. 34.

345 Nr. 5 lit. b, General Directive, a.a.O., S. 36.

346 Nr. 4 lit. b, 7, General Directive, a.a.O., S. 34, 38.

347 Nr. 4 lit. b, General Directive, a.a.O., S. 34.

348 Kontingentvertrag Pakistan-Vereinte Nationen vom 6.12.1962/18.4.1963, UNTS, Vol. 503, S. 26 ff.

und der US-Luftwaffe noch ein Papua-Freiwilligenkorps und indonesische Streit - kräfte zur Verfügung.[349] Ersteres war eine ursprünglich von den Niederlanden aufgestellte, einen Teil ihrer Streitkräfte bildende Truppe[350], die den Status als Teil der niederländischen Armee jedoch mit dem Eintreffen des UN-Administrators verlor; letztere waren die auf der Insel eingesickerten indonesischen Soldaten (ca. 1.500 Mann)[351], die nach dem Waffenstillstandsabkommen vom 15. August auf der Insel verblieben.[352] Diese beiden Einheiten galten jedoch nur dann als "integral part" von UNSF, wenn der UN-Administrator von der Möglichkeit, sie für Sicherheits - aufgaben einzusetzen, auch Gebrauch machte.[353] Da dies nicht geschehen ist[354], ist zweifelhaft, ob jene Korps jemals Organteil von UNSF geworden sind. Ihre bloße Unterstellung unter die "authority" der Übergangsverwaltung[355] reicht dafür jeden - falls nicht aus, da sie auch als Ausdruck der allgemein von UNTEA in dem Gebiet ausgeübten Hoheitsgewalt verstanden werden kann.[356]

Die Zusammensetzung von UNSF war damit in der Tat kaum "internatio - nal".[357] In der Angewiesenheit auf praktisch einen einzigen Entsendestaat liegt theoretisch möglicherweise eine Einschränkung der Kontrolle der Weltorganisation über den Einsatz. Um daraus aber Schlüsse für die organschaftliche Zurechnung zu ziehen, müßten sich solche Bedenken zumindest konkretisiert haben. Da hierfür keinerlei Anhaltspunkte gegeben sind, kann dieser Gesichtspunkt außer Betracht bleiben.

Auch bei UNSF verdient die Immunitätsregelung eine gewisse Aufmerksam - keit. Es wurde schon erwähnt, daß UNTEA die Vorrechte und Befreiungen nach der entsprechenden Konvention von 1949 zustanden.[358] Hiervon waren die Angehö - rigen von UNSF aber ebensowenig erfaßt wie die Kontingentsoldaten der typischen Friedenstruppen.[359] Da kein Dienstverhältnis zwischen den pakistanischen Soldaten und den Vereinten Nationen zustandekam, kann man erstere nicht als "officials" der Weltorganisation bezeichnen.[360]

---

349 Art. VII Hauptvertrag (Higgins II, S. 102).

350 Monconduit, AFDI 8 (1962), S. 499.

351 Bericht des Generalsekretärs, GA OR, 18th sess., supp. 1, S. 36 f. (auch bei Higgins II, S. 139 f.); Seyersted, United Nations Forces, S. 77.

352 Nr. 1 lit. b Annex A der gemeinsamen Note der indonesischen und der niederländischen Re - gierung an den Generalsekretär vom 15.8.1962, UN Doc. A/5170, abgedruckt bei Higgins II, S. 112.

353 Nr. 3 lit. b, General Directive,UNTS, Vol. 503, S. 32.

354 Bericht des Generalsekretärs, a.a.O. (Fn. 351), S. 37 (auch bei Higgins II, S. 140).

355 Art. VII des Hauptvertrages, a.a.O. (Fn. 349).

356 Ähnlich Bothe, Streitkräfte, S. 61; unklar: Bowett, United Nations Forces, S. 259.

357 Seyersted, United Nation Forces, S. 79.

358 S.o. S. 55.

359 S.o. S. 52.

360 Bowett, United Nations Forces, S. 260; Wijewardane, BYIL 41 (1965-66), S. 163; a.A. ohne Begründung Seyersted, United Nations Forces, S. 79

Es fragt sich allerdings, ob es überhaupt einer Befreiung von der örtlichen Gerichtsbarkeit bedurfte, da die Territorialhoheit in dem Gebiet ja von den Vereinten Nationen selbst ausgeübt wurde, was u.a. auch zur Einsetzung von Gerichten führte.[361] Zur Sicherung der Unabhängigkeit der Streitmacht erscheint eine besondere Immunitätsregelung damit nicht als erforderlich. Dennoch räumte die General Directive den UNSF-Angehörigen die seit UNEF I üblichen Befreiungen ein.[362] Das galt auch für die gemeinhin nicht in UNSF integrierten Mitglieder des Papua Volunteer Corps und die auf Neuguinea anwesenden indonesischen Soldaten.[363] Hinsichtlich der letztgenannten und der pakistanischen Kontingentangehörigen kann der Grund für die Befreiung von der VN-eigenen örtlichen Justiz darin liegen, daß kaum ein Staat ohne Not seine Streitkräfte fremder Strafgewalt unterwerfen wird. Bei den Pakistani mag darüber hinaus eine Rolle gespielt haben, daß UNTEA zwar die "administration of the territory" übertragen worden war, nicht jedoch die Souveränität.[364] Ob deshalb möglicherweise noch Raum für eine Zuständigkeit Dritter (vor allem wohl indonesischer) Gerichte gegeben gewesen sein könnte, ist eine komplizierte Frage, der man durch die Immunitätsgewährung ausweichen konnte, denn Indonesien und den Niederlanden jedenfalls hätte Pakistan die von den Vereinten Nationen vertraglich gewährte Immunität wohl entgegenhalten können.

Insgesamt gibt die Immunitätsregelung für die organschaftliche Zuordnung von UNSF wenig her. Bei den Friedenstruppen sorgten die Vereinten Nationen für die Befreiung "ihrer" Soldaten von der örtlichen Gerichtsbarkeit und gaben sich (auch) dadurch als die nach außen maßgebliche Zuordnungsperson zu erkennen. Des weiteren sicherten sie durch die Immunitätsvereinbarung mit dem Gastland die Funktionstüchtigkeit ihrer Streitkräfte. Beide Gesichtspunkte spielen im Falle von UNSF keine Rolle, so daß sich die Immunitätsgewährung als bloßes Entgegenkommen gegenüber den Entsendestaaten darstellt, das ohne "fürsorgerische" oder funktionelle Begründung bleibt.

Positives für eine organschaftliche Zuordnung der Sicherheitstruppe zu den Vereinten Nationen läßt sich jedoch der Finanzregelung entnehmen. Die Vereinten Nationen trugen die Kosten für die Interimsverwaltung und die Unterhaltung der Streitmacht, wurden dafür aber von den beiden "Auftraggebern" in voller Höhe entschädigt.[365] Die Niederlande und Indonesien zahlten keineswegs an die teilnehmenden Staaten direkt.

Insgesamt bestätigt sich das oben schon aus dem Verhältnis von UNSF zu UNTEA gewonnene Ergebnis, daß UNSF ein Organ der Vereinten Nationen war.

---

361 United Nations Review 9 (1962), Heft 12, S. 26.

362 Nr. 7 lit. e, General Directive, UNTS, Vol. 503, S. 38; Unterwerfung unter die örtliche Gerichtsbarkeit nur hinsichtlich zivilrechtlicher Ansprüche ohne Dienstbezug.

363 Nr. 7 lit. f, General Directive, a.a.O.

364 Seyersted, United Nations Forces, S. 77; Wijewardane, BYIL 41 (1965-66), S. 163.

365 Art. XXIV des Hauptvertrages und die dazu gehörigen Memoranden, s. UN Doc. A/5170 + Add. 1 (Higgins II, S. 107 f.).

Dies ist vor allem mit der lückenlosen und uneingeschränkten Kontrolle der Organisation über die Streitmacht zu begründen.

UNTEA hat den Vereinten Nationen - soviel sei über den Themenbereich dieser Untersuchung hinaus angemerkt - Gelegenheit gegeben, den Nachweis zu führen, daß die Weltorganisation in der Lage ist, ein Gebiet eigenständig und erfolgreich zu verwalten. Es wurde weit mehr Steuern eingenommen als ursprünglich erwartet, eine Cholera-Epidemie konnte schnell und gründlich bekämpft werden.[366] Ob allerdings die Lage auf der Inselhälfte immer so ruhig und der Schutz der inneren Sicherheit immer so effektiv war, wie es der abschließende Bericht des Generalsekretärs darstellt[367], darf angesichts der Schilderungen anderer Beobachter bezweifelt werden.[368]

3. *Die Korea-Aktion*

Die 1950 gegen Nordkorea eingesetzten Truppen sind Gegenstand zahlreicher ausführlicher, teils sehr kontroverser Erörterungen gewesen[369], so daß es nicht notwendig erscheint, das Umfeld und die Vorgeschichte erneute auszubreiten, um die organschaftliche Zuordnung zutreffend vornehmen zu können.

Zu prüfen ist zunächst wiederum, ob die Vereinten Nationen die maßgebliche Kontrolle über den Einsatz hatten, ob die Truppe also in deren Organisationsstruktur integriert war. Weiter wird zu fragen sein, wer in der Rechtspraxis nach außen als für die Streitmacht zuständiges Völkerrechtssubjekt angesehen wurde.

Ausgangspunkt der Korea-Aktion waren drei Resolutionen des Sicherheitsrates.[370] Mit der ersten stellte der Sicherheitsrat fest, daß Nordkorea die Republik Korea angegriffen und dadurch einen Friedensbruch begangen habe.[371] Des weiteren wird der Rückzug der nordkoreanischen Streitkräfte hinter die Demarkationslinie des 38. Breitengrades gefordert. Von Bedeutung für unsere Untersuchung ist aber vor allem der operative Absatz III der Entschließung:

366 Bericht des Generalsekretärs, GA OR, 18th sess., supp. 1, S. 38 (auch Higgins II, S. 145).

367 A.a.O., S. 37 (Higgins II, S. 140).

368 Veur, International Organizations 18 (1964), S. 68, berichtet unter Berufung auf verschiedene Quellen von Übergriffen pro-indonesisch gesonnener Kräfte auf Andersdenkende, die UNSF nicht verhindern konnte und gegen die auch nicht effektiv eingeschritten wurde.

369 Erwähnt seien: Attia, Forces armées, S. 114 ff.; Bothe, Streitkräfte, S. 61; Bowett, United Nations Forces, S. 29; Kelsen, Recent Trends, S. 927 ff.; Seyersted, BYIL 37 (1961), S. 362 ff.; Stone, Legal Controls, S. 234 ff.; Weissberg, International Status, S. 78 ff.; Knorr, Diss., S. 50 ff.; Higgins II, S. 151 ff.; Pratt, Vereinte Nationen 1972, S. 49 ff.; Han, Vereinte Nationen 1972, S. 159; Fabritzek, in: Handbuch Vereinte Nationen S. 262 ff.; Menzel, JIR 15 (1971), S. 52 ff., 64, m.w.N. (Fn. 212).

370 SC Res. S/1501 vom 25.6.1950; SC Res. S/1511 vom 27.6.1950; SC Res. S/1588 vom 7.7.1950.

371 SC Res. S/1501 vom 25.6.1950, Präambel, op. para. 3, 4.

"Calls upon all Members to render assistance to the *United Nations*[372] in the execution of this resolution ..."

Bei diesen auf die Vereinten Nationen als Akteur abstellenden Formulierung blieb es jedoch nicht. Die zweite Resolution vom 27. Juni 1950 stellte fest, daß Nordkorea die erste Äußerung des Sicherheitsrates unbeachtet gelassen hatte und empfahl nunmehr:

"... that the members of the United Nations furnish such assistance to the *Republic of Korea* as may be necessary to repell the armed attack and to restore international peace and security in the area."[373]

Diese Aufforderung wurde von zahlreichen Mitgliedstaaten befolgt[374], so daß die dritte Sicherheitsratsentschließung[375] - die eigentliche Grundlage für die Korea-Aktion - die Unterstellung der zur Verfügung gestellten Truppenverbände unter ein "unified command under the United States" empfehlen konnte. Darüber hinaus gestattete der Sicherheitsrat das Führen der Flagge der Vereinten Nationen neben den nationalen Hoheitszeichen der teilnehmenden Staaten.[376]

Aus den Rechtsgrundlagen läßt sich - ganz unabhängig von der Frage ihres satzungsmäßigen Zustandekommens - also ein ambivalentes Bild gewinnen: Teilweise entsteht der Eindruck, als seien es die Vereinten Nationen selbst, die tätig werden, so z.B. durch die Feststellung eines "breach of the peace", ganz offensichtlich i.S. des Art. 39 SVN, was die - in Ermangelung der Zusatzabkommen nach Art. 43 SVN - modifizierte Anwendung des VII. Kapitels indiziert.[377] Auch die Formulierung der ersten Resolution, in der die Migliedstaaten aufgefordert werden, die Vereinten Nationen zu unterstützen, deutet in diese Richtung, ebenso das Recht der Flaggenführung.

Weitere Belege für diese These lassen sich aus dem Sprachgebrauch der Vereinten Nationen entnehmen. Die Generalversammlung sprach von "United Nations armed forces"[378] und von den "men and women who have served on behalf of the United Nations".[379] Die Berichte, die die USA an den Sicherheitsrat gaben, bedienten sich der gleichen Sprachregelung. Die Rede war dort von "United Nations Forces", "United Nations counteroffensive", "United Nations Commander"[380], usw. Auch die Gegner der in Korea eingesetzten Verbände, Nordkorea und die

372 Hervorhebung durch den Verfasser.

373 SC Res. S/1511 vom 27.6.1950; Hervorhebungen durch den Verfasser.

374 Vgl. die Aufstellung der entsandten Truppeneinheiten etc. in: UNYb 1950, Ann. I, S. 255-258, abgedruckt auch bei Higgins II, S. 199 ff.

375 SC Res. S/1588 vom 7.7.1950, para. 3.

376 Ebenda, para. 5.

377 Vgl. die Stellungnahme des Delegierten des Vereinigten Königreichs im Sicherheitsrat am 7.7.1950, SC OR, 5th yr., 476 mtg., S. 3 f.; Knorr, Diss., S. 50.

378 GA Res. 376 (V) vom 7.10.1950.

379 GA Res. 483 (V) vom 7.10.1950.

380 Bowett, United Nations Forces, S. 46; vgl. nur den 3. Bericht des Unified Command vom 2.9.1950, SC OR, 5th yr., supp. Sept.-Dec. 1950, S. 13.

"Freiwilligenverbände" aus der Volksrepublik China, stimmten vereinzelt einem solchen Sprachgebrauch zu. In ihrer Antwort auf das Waffenstillstandsangebot des US-Generals Ridgway, "Commander-in-Chief of the United Nations Forces in Korea" gebrauchten die Generale Kim Il Sung (Nordkoreanische Armee) und Peng Teh-huai (Chinesisches "Freiwilligen"-Korps) ebendiese Titulierung.[381] Sie taucht auch in der Waffenstillstandsvereinbarung vom 27. Juli 1953[382] und in einer rotchinesischen Note vom 31. März 1953, betreffend den Austausch von Gefangenen, auf.[383]

Andererseits fällt aber auf, daß lediglich die erste der drei Entschließungen des Sicherheitsrates die Mitgliedstaaten auffordert, die Weltorganisation selbst zu unterstützen, während diese in den beiden folgenden Resolutionen nicht mehr als die Handelnde angesprochen wird. Die Verhandlungen des Sicherheitsrates lassen nicht erkennen, welche Gründe für diese Änderung der Formulierung der Resolution S/1501 ursächlich waren. Die Stellungnahme des norwegischen Delegierten deutet jedoch darauf hin, daß als Eingreifende eben bestimmte Mitgliedstaaten, nicht aber die Organisation selbst angesehen wurden.[384] Wahrscheinlich liegt die Begründung in der bei der Vorlage der dritten Resolution zum Ausdruck gebrachten Ansicht, daß die Vereinten Nationen vor Abschluß der Sonderabkommen gem. Art. 43 SVN nicht in der Lage seien, eine eigene Aktion, vor allem ein eigenes Kommando aufzustellen.[385] In diesem Zusammenhang ist auch die Begründung für das Recht, die Flagge der Vereinten Nationen zu führen, signifikant. Der Delegierte der Vereinigten Königreiches führte aus, daß:

> "... it [diese Regelung] is designed essentially to emphasize the unity of all those nations that are now together for a common purpose, and to indicate that they are acting in accordance with a higher law than one which is dictated merely by narrow national interests."[386]

Angesichts dieser wenig deutlichen Aussagen der Gründungsdokumente ist die Position der Weltorganisation gegenüber dem Oberkommando, dem Unified Command, für die Zuordnung der Truppe von zentraler Bedeutung. Hier fällt sofort auf, daß das Unified Command den Vereinigten Staaten unterstand[387], also nicht den Vereinten Nationen, wie bei den zuvor untersuchten Aktionen. Die kommandierenden Generale (zunächst MacArthur, später die Generale Ridgway und Clark) waren gleichzeitig Chefs des United States Far East Command in

381 UN Bulletin 11 (1951, II), S. 49.

382 UN Doc. S/3079, SC OR, 8th yr., supp. July-Sept. 1953, S. 22, 35, 41.

383 UN Doc. A/2378, GA OR, 7th sess., 1952/53, Ann., A.i. 16, S. 55.

384 "... every effort by those members of the United Nations who are in the position to support ...", SC OR, 5th yr., 474th mtg., 27.6.1950, S. 13.

385 Vereinigtes Königreich, SC OR, 5th yr., 476th mtg., 27.6.1950, S. 3.

386 SC OR, a.a.O. S. 4.

387 SC Res. S/1588, para. 3.

Tokyo[388], der Stab bestand ausschließlich aus US-Offizieren.[389] So lag die strategische Planung ausschließlich in amerikanischen Händen.[390] Abberufung und Einsetzung der Oberkommandierenden erfolgte durch den amerikanischen Präsidenten, die Vereinten Nationen wurden lediglich informiert[391], nicht etwa konsultiert oder gar an der Entscheidung beteiligt.[392] Entsprechend verliefen die Befehlsstränge.[393]

Nach alledem ist kein anderer Schluß möglich als der, daß das Unified Command in die Organisationsstruktur der Vereinigten Staaten eingegliedert war, von diesen kontrolliert wurde und mithin als deren Organ anzusehen ist.[394] Es ist deshalb auch nur folgerichtig, daß nicht das Unified Command über den Fortgang der Aktion an den Sicherheitsrat berichtete, sondern die Vereinigten Staaten unmittelbar.[395]

Nun ergibt sich aus dieser Zuordnung des Kommandos zu den USA nicht zwingend, daß die ganze Aktion an sich ohne organschaftliche Beziehung zu den Vereinten Nationen war. Denkbar wäre, daß die USA als solche hinsichtlich des Korea-Einsatzes als Organ der Vereinten Nationen gehandelt haben. Derartige Konstruktionen werden im Recht der Internationalen Organisationen nicht selten angenommen.

So geht Dahm[396] davon aus, daß ein beispielsweise im Sicherheitsrat vertretener Staat bei Abstimmungen dort gleichzeitig sowohl seinen eigenen Willen zum Ausdruck bringt als auch (durch seine Mitwirkung an der Willensbildung des UN-Organs Sicherheitsrat) als mittelbares UNO-Organ handelt. Vom Gegenstand her vergleichbarer mit der Korea-Aktion ist allerdings die 1966 im Zuge der Rhodesien-Sanktionen ergangene Aufforderung des Sicherheitsrates an Großbritannien, den für das südafrikanische Land bestimmten Öltanker Joanna V notfalls unter Gewaltanwendung am Löschen seiner Ladung zu hindern.[397] In diesem Fall bestimmte die Ratsentschließung eindeutig Ziel und Ausmaß der Maßnahme[398], und Großbritannien wollte erklärtermaßen nur soweit gehen, wie es die Ratsresolution zuließ, um den Bereich des rechtlich Erlaubten auf keinen Fall zu

---

388 Higgins II, S. 196; Attia, Forces armées, S. 188.

389 Higgins II, S. 196, später kam ein Brite dazu.

390 Menzel, JIR 15 (1971), S. 58.

391 UN Doc. S/2617 vom 29.4.1952, SC OR, 7th yr., supp. Jan.-March 1952, S. 15.

392 Higgins II, a.a.O.

393 Knorr, Diss., S. 53.

394 Knorr, Diss., S. 53; Bothe, Streitkräfte, S. 63; Attia, Forces armées, S. 179 ff.; Baxter, BYIL 29 (1952), S. 334; Sommereyns, EPIL 4, S. 255.

395 SC Res. S/1588, para. 6.

396 Dahm, VR I, S. 71; ebenso: Bothe, Streitkräfte, S. 63 und Knorr, Diss., S. 53.

397 SC Res. 221 (1966) vom 9.4.1966, para. 5.

398 Nur unter dieser Voraussetzung sahen sich einige Mitgliedstaaten zur Zustimmung in der Lage, vgl. die Stellungnahme Argentiniens, SC OR, 21st yr., 1277th mtg., 9.4.1966, para. 47.

verlassen.[399] Es spricht deshalb vieles dafür, das Vereinigte Königreich als solches im Hinblick auf diese Zwangsmaßnahme als VN-Organ zu betrachten.

Diese Konstruktion läßt sich indessen nicht auf die Korea-Aktion übertragen. Denn Voraussetzung hierfür wäre, daß die Vereinten Nationen in irgendeiner geeig - neten Form Einfluß auf die Operation hätten nehmen können. Angesichts der bloßen Berichtspflicht der Vereinigten Staaten kann davon jedoch keine Rede sein.[400]

Ein weiterer Prüfstein für die Zuordnung der Korea-Streitmacht ist ihre Behandlung im völkerrechtlichen Verkehr mit Teilnehmerstaaten und Drittländern. Die kontingententsendenden Staaten traten (zumindest teilweise)[401] in vertragliche Beziehungen zu den USA, welche jedoch als "executive agent of the United Nations Forces in Korea" handelten. Die Abkommen enthalten jedoch keinerlei Hinweis darauf, daß diese Bezeichnung effektiv zutreffend ist. Der herausragende Gesichts - punkt ist hier der, daß die Teilnehmerländer ihre Truppen dem Befehl des Unified Command unterwarfen[402], welches - wie oben dargelegt - eben gerade den USA zuzuordnen ist. Auch die Bestimmung über die Verrechnung der Materialbezüge der Streitkräfte gehen offensichtlich von Verpflichtungen und Berechtigungen der USA selber aus.[403]

Eine Immunität gewährende Vereinbarung ist mit der Republik Korea nicht speziell für die Truppe geschlossen worden.[404] Es gab zwar Statusverträge mit Korea[405], diese waren jedoch auf einen anderen Personenkreis bezogen und konnten auf die Streitkräfte nicht angewendet werden.[406] Für die Immunität der fremden Soldaten auf koreanischem Boden war damit, jedenfalls bei rechtlicher Be - trachtungsweise, nicht in hinreichendem Maße gesorgt, anwendbar war lediglich Völkergewohnheitsrecht.[407] Im Zusammenhang mit dem Korea-Einsatz ist aber ein Status-of-Force-Agreement mit Japan zustandegekommen. Die Notwendigkeit, eine solche Vereinbarung zu schließen, ergab sich aus dem Umstand, daß die Kommandozentrale beim United States Far East Command in Tokyo eingerichtet war. Hier fällt auf, daß - ganz im Gegensatz zu der späteren Praxis - die

---

399 SC OR, 21st yr., 1276th mtg., 9.4.1966, para. 21.

400 Bothe, Streitkräfte, S. 64; Knorr, Diss., S. 53.

401 Zugänglich sind die Kontingentverträge mit den Niederlanden (UNTS, Vol. 177, S. 234), der Südafrikanischen Union (UNTS, Vol. 177, S.242) und Belgien (UNTS, Vol. 223, S. 3).

402 Jeweils Art. 7 der Abkommen.

403 Bothe, Streitkräfte, S. 67; Seyersted, United Nations Forces, S. 35; Art. 1 der Kontingentverträge.

404 Higgins II, S. 211.

405 UNTS, Vol. 104, S. 323 über den Status der UN-Commission for the Unification and Rehabilitation of Korea (GA Res. 376 (V)) und der UN-Korean Reconstruction Agency (GA Res. 410 (V)).

406 Higgins II, S. 212.

407 S. dazu oben S. 37 f.

Entsendestaaten als Vertragspartner auftreten.[408] Es waren also nicht die Vereinten Nationen, die sich um die Freistellung "ihrer" Verbände von der örtlichen Gerichtsbarkeit bemühten. Daran ändert auch das Auftreten der USA als "acting as the Unified Command" nichts. Denn erstens war das Unified Command ein Organ der USA und zweitens handelten die anderen Vertragstaaten[409] ganz ohne Einschränkung im eigenen Namen. Am Rande sei erwähnt, daß die Immunitätsregeln, die mit Japan vereinbart wurden, weit hinter dem bei späteren Aktionen Ausgehandelten zurückblieben.[410] Die vertraglichen Beziehungen deuten dementsprechend nicht auf die Zuordnung der Korea-Streitkräfte zu den Vereinten Nationen hin.

Auch im sonstigen völkerrechtlichen Verkehr sind Dritte letztlich immer von der Verantwortlichkeit der einzelnen Kontingentstaaten ausgegangen.[411] Dies gilt sowohl für das IKRK als auch für angeblich geschädigte Drittstaaten.

Das IKRK wandte sich an alle beteiligten Staaten mit der Anfrage, welche (konventions-) kriegsrechtlichen Regeln sie für anwendbar hielten.[412] Bei den Antworten ist bemerkenswert, daß an keiner Stelle erwogen wurde, die Anwendung von Konventionskriegsrecht auszuschließen, weil die Vereinten Nationen kriegführende Partei seien, die ihrerseits den Konventionen nicht angehöre.[413] Interessant ist auch, daß die Note des IKRK an die Vereinten Nationen einen ganz anderen, eher im Sinne einer Bitte um Vermittlung zu verstehenden Inhalt hatte:

> "... it is hoped that the United Nations will address to the Unified Command in Korea, *recommendations* which would specify the following: ...".[414]

Die Weltorganisation wird also gerade nicht als Konfliktpartei angesprochen. Allerdings enthalten einige Antworten[415] eine nicht ganz leicht zu deutende Passage, daß nämlich ihre Truppen:

> "... will observe any undertakings in regard to human treatment of prisoners of war and sick and wounded entered into on behalf of the United Nations forces by the United Nations Commander in Chief."[416]

---

408 Dies gilt sowohl für das Protocol on Criminal Jurisdiction vom 26.10.1953 (UNTS, Vol. 207, S. 259 ff.) als auch für das spätere endgültige Status-of-force-Agreement vom 19.2.1954 (UNTS, Vol. 214, S. 51 ff.).

409 Es handelt sich um Kanada, Neuseeland, das Vereinigte Königreich, Südafrika, Australien, die Phillippinen, Frankreich und Italien.

410 Vgl. Art. XVI des japanischen Status-Vertrages (Higgins II, S. 239 ff.) und Nrn. 10-122 des UNEF I-Vertrages (Higgins I, S. 375).

411 Bothe, Streitkräfte, S. 68.

412 Le CICR et le Conflit de Corée, Vol. I, S. 4 ff.

413 Bothe, Streitkräfte, S. 66.

414 CICR, Vol. I, Doc. Nr. 112, S. 84; Hervorhebung durch den Verf.

415 Großbritannien, CICR, Vol. I, Doc. Nr. 30; Südafrika, a.a.O., Doc. Nr. 33; Griechenland, a.a.O., Doc. Nr. 34; Australien, a.a.O., Doc. Nr. 36; Neuseeland, a.a.O., Doc. Nr. 38; Kanada, a.a.O., Doc. Nr. 40.

416 Großbritannien, a.a.O., Doc. Nr. 30, S. 25.

Der Verweis auf die Entscheidung des Unified Command kann jedoch nach der hier vertretenen Auffassung nicht dahin gedeutet werden, daß diese Staaten die Vereinten Nationen als maßgebliches Zuordnungssubjekt für die Truppen erachteten. Das Unified Command war - wir erörtert - nicht den Vereinten Nationen, sondern den USA zuzurechnen. Ob die Staaten auf deren Kriegsrechtsbindung verweisen wollten oder lediglich die de facto-Anwendung der Genfer Konventionen von 1949 koordinieren wollten[417], kann für die Zwecke der Untersuchung dahinstehen.

Besonders deutlich läßt sich die völkerrechtspraktische Zuordnung eines Organs zu einem Völkerrechtssubjekt regelmäßig an der deliktischen Haftung ausmachen. Dies gilt auch für die in Korea eingesetzten Truppen. Schadensersatzansprüche wegen angeblicher Rechtsverletzungen durch diese Einheiten wurden von Rotchina und der Sowjetunion erhoben.

China richtete seine Forderungen stets gegen die Vereinigten Staaten; verantwortlich seien - so die Noten Chou En-lai's - die "United States aggression forces in Korea". Gleichzeitig wandte man sich mit entsprechenden Anklagen an den Sicherheitsrat.[418] Angesichts des immer eindeutigeren Wortlautes kann man diese an den Sicherheitsrat gerichteten Noten nicht als Geltendmachung von Ansprüchen gegen die Weltorganisation verstehen.[419]

Die UdSSR hat in zwei Fällen, Anfang September und Anfang Oktober 1950[420], Ansprüche gegen die Vereinigten Staaten geltend gemacht. Diese verweigerten die Entgegennahme der Noten mit dem Hinweis auf die Passivlegitimation der Vereinten Nationen.[421] Trotzdem kann man auch die US-Praxis nicht als ganz gradlinig bezeichnen. Die USA boten für den Fall der Bestätigung der gegen sie erhobenen Vorwürfe die Zahlung von Schadensersatz durch (through) die Vereinten Nationen an.[422] Hätten sie die Auffassung ihrer völkerrechtlichen Unzuständigkeit konsequent durchgehalten, hätten sie die Frage der Ersatzpflicht im Außenverhältnis ganz den Vereinten Nationen überlassen müssen und mögliche Leistungen an diese zum Zweck der Schadlosstellung in das Innenverhältnis USA-Vereinte Nationen verweisen müssen. Auch hätten die Angebote, Schadensersatz

---

417 Dies nimmt Bothe, Streitkräfte, S. 66, an. Damals waren weder Nordkorea noch seine Gegner an die 1949er Konventionen vertragsrechtlich gebunden, vgl. die Tabelle im Fundstellennachweis B zum BGBl. vom 31.12.1985, S. 234 f.

418 UN Doc. S/1722 vom 28.8.1950, SC OR, 5th yr., supp. June-Aug. 1950, S. 144; UN Doc. S/1743 vom 31.8.1950, SC OR, a.a.O., S. 156; UN Doc. S/1808, SC OR, 5th yr., supp. Sept.-Dec. 1950, S. 58; UN Doc. S/1856 vom 19.10.1950, a.a.O., S. 82; UN Doc. S/1870 vom 27.10.1950, a.a.O., S. 94; UN Doc. S/1876 vom 30.10.1950, a.a.O., S. 97.

419 So aber Bowett, United Nations Forces, S. 46 f.; wie hier: Bothe, Streitkräfte, S. 68; Knorr, Diss., S. 55; Seyersted, United Nations Forces, S. 111; Attia, Forces armées, S. 221 f.

420 Dazu ausführlich Taubenfeld, AJIL 45 (1951), S. 675 und Seyersted, United Nations Forces, S. 110 ff.

421 Department of State Bulletin 23 (1950), S. 454; Baxter, BYIL 29 (1952), S. 336.

422 UN Doc. S/1813 vom 29.9.1950 (China), SC OR, 5th yr., supp. Sept.-Dec. 1950, S. 60; UN Doc. S/1856 vom 19.10.1950, a.a.O., S. 81 (UdSSR).

nach einer unabhängigen Tatsachenfeststellung zu leisten, nicht mit einer Entschuldigung an das geschädigte Land verbunden werden dürfen; Entschuldigungen im US-amerikanischen Namen hätten allenfalls (und entsprechend formuliert) aus Courtoisie erfolgen dürfen.

Es ist nicht ersichtlich, daß die Vereinten Nationen in irgendeinem dieser Fälle Ersatz geleistet haben.[423] Dies dürfte vor allem darauf zurückzuführen sein, daß die Mehrheit im Sicherheitsrat regelmäßig sowjetische Resolutionsentwürfe ablehnte, die die USA für verantwortlich und ersatzpflichtig erklärten[424], während die UdSSR durch ihr Veto US-Entwürfe zu Fall brachten[425], die Zahlung nach Feststellung der Schäden durch eine Kommission in Aussicht stellten.[426] Das Ergebnis war die perfekte Blockade des Sicherheitsrates.

Trotz gewisser zweifelerregender Einzelheiten entsteht nach diesem kurzen Überblick insgesamt ein geschlossenes Bild der Zuordnung der in Korea eingesetzten Truppen. Sie wurden nicht Organ der Vereinten Nationen, da sie nicht in deren Organisationsstruktur eingeordnet waren und nicht von den Vereinten Nationen kontrolliert wurden.[427]

Ob die Befugnisse der USA und die Eingliederung der anderen Kontingente in deren 8. Armee bzw. 7. Flotte oder die Far Eastern Air Force[428] ausreichen, die ganze Truppe als Organ der USA anzusehen, kann für die Zwecke dieser Untersuchung dahinstehen. Obwohl die USA zwar die überwiegende finanzielle Last des Unternehmens trugen[429], spricht gegen eine solche Annahme immerhin, daß die Entsendestaaten für ihre eigenen Kosten selbst aufzukommen hatten[430] und die völkerrechtliche Verantwortlichkeit im Außenverhältnis behielten.[431]

Man wird dieser nach Art und Umständen in der Geschichte der Weltorganisation einmaligen (und wahrscheinlich einmalig bleibenden) Aktion dann am besten gerecht, wenn man die eingesetzten Truppen ausschließlich als Organe ihrer Entsendestaaten ansieht. Diese führten - mit einer Empfehlung des Sicherheitsrates im Rücken - als eine nicht eigenständig rechtsfähige Koalition Krieg unter dem Kommando der Vereinigten Staaten. Es handelt sich deshalb nicht um eine

---

423 Bothe, Streitkräfte, S. 68; Seyersted, United Nations Forces, S. 112.

424 Z.B. UN Doc. S/1745/Rev. 1, SC OR, 5th yr., 501st mtg., 12.9.1950, S. 3.

425 Abstimmungsergebnis, a.a.O., S. 28.

426 Z.B. UN Doc. S/1752, SC OR, a.a.O., S. 4.

427 Wie hier: Baxter, BYIL 29 (1952), S. 335; ders. in: US Naval War College, Readings, Vol. II, S. 210; Attia, Forces armées, S. 222; Bothe, Streitkräfte, S. 68; Knorr, Diss., S. 56; Seyersted, United Nations Forces, S. 40 f.; Spinnler, Kriegsgefangenenrecht, S. 29; Stone, Legal Controls, S. 236 f.; wohl auch: Sommereyns, EPIL 4, S. 255; Freeman, RdC 88 (1955 II), S. 357; Verplaeste, ZaöRV 23 (1963), S. 687 f.; unklar: Kunz, ArchVR 40 (1953/1954). S. 410. A.A.: Bowett, United Nations Forces, S. 45 ff.; Taubenfeld, AJIL 45 (1951), S. 675, Anm. 22; Weissberg, International Status, S. 29.

428 Seyersted, BYIL 37 (1961), S. 364.

429 Menzel, JIR 15 (1971), S. 64.

430 Art. 1 der Kontingentverträge (Fundstellen s. Fn. 401, S. 94); Seyersted, a.a.O., S. 365.

431 Bothe, Streitkräfte, S. 65; Art. 4 der Kontingentverträge.

Militäraktion der Vereinten Nationen. Damit liegen die in Korea eingesetzten Verbände außerhalb des Themenbereichs dieser Arbeit.[432]

4. Bemühungen um allgemeine Regelungen der Rechtsverhältnisse von VN-Truppen

Sowohl die Art. 42 ff. SVN als auch die sich später entwickelnde Praxis der peace keeping operations haben zur Folge gehabt, daß sich verschiedene Gremien der Weltorganisation daran versucht haben, allgemeingültige Kodifikationen oder Richtlinien für die militärische Tätigkeit der Vereinten Nationen aufzustellen. Obwohl diesen Bemühungen bisher kein Erfolg beschieden gewesen ist, soll im folgenden untersucht werden, ob den Arbeiten des Military Staff Committee und des Special Committee on Peace Keeping Operations entnommen werden kann, daß die Streitkräfte nach den ins Auge gefaßten Richtlinien den Vereinten Nationen organschaftlich zuzurechnen wären.

a. *Military Staff Committee*

Schon im Februar 1946 beauftragte der Sicherheitsrat den Generalstabsausschuß (vgl. Art. 47 SVN) mit einer Studie über die militärischen Aspekte der Aufstellung einer Streitkraft gem. Art. 43 SVN.[433] Diese Untersuchung konnte angesichts der Ende der 40er Jahre wachsenden Spannung unter den Ständigen Ratsmitgliedern nicht abgeschlossen werden, und die Bemühungen um ihre Erarbeitung wurden 1948 eingestellte.[434]

Immerhin konnten 1947 schon 41 Artikel von sog. "General principles governing the organization of the armed forces made available to the Security Council by Member Nations of the United Nations" formuliert werden.[435] Deren Text war allerdings in wesentlichen Teilen (Gesamtstärke, Anteil der einzelnen Ständigen Ratsmächte u.a.m.) nicht konsensfähig und enthielt keine Aussagen über die Finanzierung von Zwangsmaßnahmen nach Art. 42 SVN.[436]

Aus den konsensfähigen Abschnitten der General Principles läßt sich entnehmen, daß die nach Art. 43 SVN zur Verfügung zu stellenden Truppeneinheiten ihren nationalen Charakter und ihre Einheitsführer behalten sollten, die Zuständigkeit für Disziplinarmaßnahmen verblieb ebenfalls beim Heimatstaat (Art. 39). Im Falle eines Einsatzes durch die Vereinten Nationen ging die Kontrolle (control, autorité) über die Verbände jedoch sofort auf den Sicherheitsrat bzw. das Military Staff Committee über (Art. 37). Sieht man von der Erwähnung des Generalstabs-

---

432 Zum Kriegsrecht bei Einsätzen multinationaler Verbände siehe: Emanuelli, International Institute of Humanitarian Law, Yb 1985, S. 76 ff.

433 SC OR, 1st yr., 1st series, No. 1, S. 369.

434 Sommereyns, EPIL 4, S. 254.

435 SC OR, 2nd yr., sp.supp. 1, S. 1-8.

436 SC OR, a.a.O., S. iii (Begleitschreiben des Vorsitzenden des Generalstabsausschusses).

ausschusses ab, so fällt sofort auf, wie sehr diese Strukturen denen der späteren Friedenstruppen ähneln. Die General Principles des Jahres 1947 enthielten keine detaillierte Regelung der Befehlskette, man wird den Art. 37 jedoch dahin deuten dürfen, daß die Kontingente nur nach Maßgabe der von den Vereinten Nationen ausgehenden Anordnungen handeln sollten.[437] Diese generelle Bestimmung läßt jedenfalls den Schluß darauf zu, daß an eine in den Organisationsverband der Vereinten Nationen integrierte oder an diesen angehängte, von ihnen im Einsatz kontrollierte Streitkraft gedacht war.

Weitere für unsere Fragestellung bedeutsame Regelungen enthielten die fragmentarisch gebliebenen General Principles nicht. Mit aller Vorsicht wird jedoch gesagt werden können, daß die ihnen zu entnehmenden Indizien darauf hindeuten, daß auf ihrer Grundlage die in Art. 43 SVN vorgesehene Streitmacht ein Organ der Vereinten Nationen geworden wäre.

b. Special Committee on Peace-Keeping Operations

Eingesetzt durch Beschluß 2006 (XIX) vom 18. Februar 1965, bemüht sich der aus 33 Mitgliedstaaten bestehende Ausschuß bis auf den heutigen Tag vergebens, eine umfassende, modellhafte Studie über das peace-keeping Problem zu erstellen. Zweifel an der Sinnhaftigkeit dieser Bemühungen sind angebracht. Der Sicherheitsrat (ggf. auch die Generalversammlung) werden sich durch Studien und Richtlinien nicht davon abhalten lassen, ad hoc abweichende Entscheidungen zu treffen.[438] Nachdem in dem Ausschuß zunächst die Forderung nach einer großangelegten, umfassenden Bewältigung des Komplexes durch eine Charta-Ergänzung erhoben worden war[439], ging der Ausschuß zu einer stark an der Praxis der Friedenstruppen orientierten Arbeitsweise über. Es gelang 1969 auch, ein Muster-Statusabkommen zu entwerfen[440]; diesem blieb eine eigenständige Bedeutung aber versagt, so daß sich eine nähere Betrachtung des Textes erübrigt. In den Jahren 1976[441] und 1977[442] legte der Sonderausschuß einen aus 13 Artikeln bestehenden Entwurf von Richtlinien für zukünftige Friedenssicherungsaktionen der Vereinten Nationen vor, von dem jedoch immer noch wichtige Abschnitte in eckigen Klammern stehen - Zeichen dafür, daß sich das Komitee nicht hat einigen könne.

Indessen spielen die Kontroversen für diese Untersuchung keine wesentliche Rolle, da sie vornehmlich die Zuständigkeitsabgrenzung zwischen dem Sekretariat und dem Sicherheitsrat betreffen.[443] Sie sind also von Bedeutung für die Frage, welchem dieser beiden Hauptorgane die Friedenstruppen als Hilfsorgan nachge-

437 Vgl. auch die Stellungnahme Chinas, SC OR, a.a.O., S. 29 f.

438 El-Adawy, RevEgyptDI 34 (1978), S. 164.

439 Stellungnahme Brasiliens, GA OR, 5th sp. sess., Ann., A.i. 8, S. 6, para. 41.

440 UN Doc. A/AC. 121/17 vom 19.6.1969 (nur vervielfältigt).

441 Titel - Art. 4, GA OR, 31st sess., Ann., A.i.54, app. I.

442 Art. 5-13, GA OR, 32nd sess., Ann., A.i.56, app. I.

443 Vgl. die Draft Art. 1, 6 und 8.

ordnet sind; für die Frage der Zurechnung der Truppen zu den Vereinten Nationen als ganzes ist aber entscheidend, ob diesen in den Bestimmungen zur Kontrolle über die Verbände , die Finanzierung und die Gestaltung des Verhältnisses zum Gastland und den Teilnehmerstaaten die maßgebliche Rolle zugewiesen wird.

Draft Art. 1 enthält eine ausführliche Liste der Entscheidungen, die der Sicherheitsrat hinsichtliche des Tätigwerdens einer Friedensstreitmacht zu treffen hat.[444] Daß der Sicherheitsrat - und damit die Weltorganisation - auf der Grundlage des Entwurfes nach Zeit, Ort, Umfang und Zielrichtung die ausschließliche Kontrolle über die Operation hat, bedarf angesichts des Textes von Draft Art. 1 Nr. 2 keiner weiteren Ausführungen. Wieviel eigener Handlungsspielraum daneben dem Generalsekretär verbleibt, ist umstritten, aber für die organschaftliche Zuordnung der Truppe zu den Vereinten Nationen auch nicht von Bedeutung. Der Grad der Kontrolle reichte jedenfalls ohne weiteres aus, die Einheiten als in den Organisationsverband der Vereinten Nationen integriert anzusehen.

Dem entspricht, daß Draft Art. 11 die Kosten der Operationen als Ausgaben der Organisation i.S. des Art. 17 II SVN bezeichnet.

Zu erwähnen ist schließlich noch, daß Draft Art. 13 die Regelung des Status der Truppen und ihrer Angehörigen im Gastland den Vereinten Nationen zuweist.

Würden diese von dem Ausschuß einvernehmlich formulierten Bestimmungen tatsächlich Grundlage des Einsatzes einer Friedensmission, so ließe sich aus ihnen die organschaftliche Zuordnung dieser Aktion zu den Vereinten Nationen ohne weiteres begründen.

5. *Zusammenfassung des Abschnittes*

Die Analyse der einzelnen Militäraktionen hat ergeben, daß die Vereinten Nationen in weitem Umfang als völkerrechtliches Zuordnungssubjekt für Streitkräfte aufgetreten sind. Lediglich zu den in Korea eingesetzten Truppen bestanden keine organschaftlichen Beziehungen, während alle peace-keeping Streitmächte Organe der Vereinten Nationen sind bzw. waren. Dies gilt für die konkreten Beispiele

---

444 "Article 1
[1. ...]
2. Responsibilities to be exercised directly by the Council in this respect are as follows:
(a) Authorization;
(b) Definition of purpose and mandate;
(c) Kind of advise and assistance required by the council;
(d) Duration and related questions;
(e) Financial arrangements;
(f) Size (magnitude);
(g) Authorization for appointment of deputy commanders;
(h) Ultimate direction and controle during operations;
(i) Subsequent alterations;
(j) Agreements with contributing countries (model agreement and changes thereto);
(k) Agreements with host country (including model status of forces agreement and changes thereto);
(l) Approval of roster of potential commanders.

UNEF I und II, ONUC, UNFICYP, UNDOF und UNIFIL sowie für die Gebietsverwaltungstruppe UNSF und ist auch für zukünftige Einsätze zu erwarten.

Das maßgebliche Kriterium für die Zuordnung der Verbände ist die von den Vereinten Nationen ausgeübte Kontrolle über die Einsätze. Darüber hinaus stützen eine Reihe von Hilfskriterien den Schluß auf organschaftliche Beziehungen. Hierzu zählt die Sorge um die Immunität der Truppe gegenüber der Hoheitsgewalt des Gastlandes, die Haftung für völkerrechtswidriges Verhalten der Soldaten, die Finanzierungsregelung, die Außenverantwortung für die Disziplin der Truppe und anderes mehr. Diese Gesichtspunkte begründen eine weitgehende Teilintegration der einzelnen Streitmächte in das Organisationsgefüge der Vereinten Nationen. Die neben den Kompetenzen der Vereinten Nationen weiterbestehenden Zuständigkeiten der Entsendestaaten in personal- und vor allem disziplinarrechtlicher Hinsicht stören die Zurechnung zu der Weltorganisation im Ergebnis nicht.

Es ist an dieser Stelle allerdings darauf hinzuweisen, daß die Feststellung, daß die Streitkräfte (mit Ausnahme der in Korea eingesetzten) den Vereinten Nationen völkerrechtlich zuzuordnen sind, noch keine abschließende Stellungnahme zu der Problematik der Beziehungen der Entsendestaaten zu den Truppen darstellt. Die Klärung dieser Fragen und der Konsequenzen, die aus den entsprechenden Antworten für das Kriegsrechtsproblem insgesamt zu ziehen sind, sind einem späteren Kapitel vorbehalten.[445]

---

445 S.u. S. 206 ff.

3. TEIL: DAS AUF DIE VEREINTEN NATIONEN ANWENDBARE KRIEGSVOELKERRECHT

I. DIE ANWENDBARKEIT DES KRIEGSVOELKERGEWOHNHEITSRECHTS AUF DIE VEREINTEN NATIONEN

Mit der Zuordnung der Truppen zu den Vereinten Nationen ist schon eine generelle Teilantwort auf die von dieser Arbeit zu klärende Frage gefunden. Aus der nunmehr nachgewiesenen organschaftlichen Beziehung folgt, daß auf die VN-Truppen jedenfalls (mindestens) das Kriegsrecht anwendbar ist, dem die Völkerrechtsperson Vereinte Nationen unterworfen ist. Diese blankettartige Formulierung auszufüllen, ist die Aufgabe der Untersuchung in dem nun folgenden Teil.

Die speziellste Quelle völkerrechtlicher Verpflichtungen ist der völkerrechtliche Vertrag. Ein Blick auf die Listen der Vertragsparteien der einschlägigen kriegsrechtlichen Kodifikationen zeigt, daß die Weltorganisation diesen Übereinkommen ausnahmslos ferngeblieben ist. Als unmittelbare Quelle ihrer Rechte und Pflichten scheiden die Kriegsrechtskonventionen deshalb aus.

Teilweise wird aber angenommen, daß sich jedenfalls bei den Friedenstruppen die Verträge zwischen den Vereinten Nationen und den Empfangs- und Kontingentstaaten auf die Kriegsrechtsbindung auswirken.[1] Es ist aber zweifelhaft, ob diesen Verträgen insofern etwas zu entnehmen ist. Regelungen über das anzuwendende Kriegsrecht enthalten lediglich die Kontingentverträge mit den an der Zypernaktion beteilgten Staaten.[2] Ihr Zweck ist, die in den Regulations der peacekeeping Operationen regelmäßig enthaltene Bestimmung zu implementieren, daß die Truppen Geist und Prinzipien der Kriegsrechtskonventionen beachten sollen.[3]

---

1 Hess, Anwendbarkeit, S. 24, Fn. 61; Bindschedler, FS Andrassy, S. 87.

2 UNTS, Vol. 555, S. 126 (auch abgedruckt bei Higgins IV, S. 204), die einschlägigen Absätze lauten:

"10. I should like also to refer to article 40 of the Regulations concerning 'Observance of Conventions' which provides:
'The Force shall observe the principles and spirit of the general international conventions applicable to the conduct of military personnel.'*
11. The international Conventions referred to in this Regulation include, *inter alia*, the Geneva (Red Cross) Conventions of 12th August 1949 to which your Government is a party and the UNESCO Convention on the Protection of Cultural Property in the event of armed conflict, signed at the Hague on 14th May 1954. In this connexion, and particularly with respect to the humanitarian provisions of these Conventions, it is requested that the Governments of the participating States ensure that the members of their contingents serving with the Force be fully acquainted with the obligations arising under these Conventions and that appropriate steps be taken to ensure their enforcement."

* Der Vertragstext zitiert die Regulations übrigens unkorrekt. In der dritten Zeile muß es heißen: "...shall observe *and respect* ..." (UNTS, a.a.O., S. 148, auch bei Higgins IV, S. 158)

3 Nr. 44 UNEF I-Regulations (Higgins I, S. 292); Nr. 43 ONUC-Regulations (Higgins III, S. 76); Nr. 40 UNFICYP-Regulations (s.o. Fn. 2).

Aus ihnen folgt, was die Entsendestaaten den Vereinten Nationen schulden, nicht aber wie die Vereinten Nationen einem potentiellen militärischen Gegner gegenüber verpflichtet sind. Mit anderen Worten betrifft die zitierte Bestimmung des Kontingentvertrages das Innenverhältnis des Entsendestaates zu den Vereinten Nationen. Da sie also die Beziehungen zu einem möglichen militärischen Gegner der Weltorganisation nicht regeln, läßt sich aus ihnen für die im Außenverhältnis bestehenden Bindungen nichts entnehmen. Die angeführten Absätze des Kontingentvertrages können aber, ebenso wie die regulations, als Ausdruck der Völkerrechtspraxis der Vereinten Nationen von Bedeutung sein. Insoweit ist auf sie auch später noch zurückzukommen.[4]

Aus den Status-of-Force-Agreements mit den Empfangsstaaten könnte sich jedoch mehr ergeben, denn diese betreffen das Außenverhältnis der Truppen. Enthielten sie eine Regelung des anzuwendenden Kriegsrechts, so könnten sich im Konfliktsfall zumindest die Staatsorgane des Aufenthaltsstaates, möglicherweise auch aufständische Kräfte im Aufenthaltsstaat, auf die so eingegangene Bindung berufen und qua Vertragsrecht von den Vereinten Nationen eine entsprechende Kampfführung verlangen. Indessen - die Status-of-Force-Agreements schweigen zu der Frage, welches das anzuwendende Kriegsrecht ist.

Es bleibt deshalb dabei, daß vertragsrechtliche Quellen zur Bestimmung des von den Vereinten Nationen zu beachtenden Kriegsrechts nicht vorhanden sind. Mithin ist vom Völkergewohnheitsrecht auszugehen. Es ist zu ermitteln, ob - und wenn ja in welchem Umfang - das Kriegsvölkergewohnheitsrecht auf die Militäraktionen der Vereinten Nationen anzuwenden ist und in bewaffneten Auseinandersetzungen Gültigkeit erlangt, an denen die Vereinten Nationen beteilt sind.

1. Kriegsrechtsfähigkeit der Vereinten Nationen ratione personae

Am Anfang der Untersuchung, welches das für die Vereinten Nationen geltende Kriegsvölkerrecht ist, steht die schon aus anderem Zusammenhang bekannte Frage, ob die Vereinten Nationen als solche in der Lage sind, Träger von Rechten und Pflichten des Kriegsvölkerrechts zu sein.[5] Schließt die ihnen beigegebene Rechtsfähigkeit das Kriegsvölkerrecht überhaupt ein?

Für die Vertreter der oben schon dargestellten objektiven Theorie von der Rechtsfähigkeit Internationaler Organisationen[6] stellt diese Frage kein echtes Problem dar. Die grundsätzliche Fähigkeit, Träger von kriegsrechtlichen Rechten und Pflichten zu sein, wohnt dieser Auffassung zufolge auch der Rechtsfähigkeit der Vereinten Nationen (wie jeder Internationalen [Regierungs-] Organisation) inne[7], sie gehört zu deren "inherent capacities".

---

4 S.u. S. 105 ff., 120 ff.

5 Vgl. generell zu der Problematik der Rechtsfähigkeit Internationaler Organisationen oben, S. 12-23.

6 S.o. S. 17 f.

7 Seyersted, United Nations Forces, S. 196 f.

Vom Standpunkt der subjektiven[8] wie auch der vermittelnden[9] Theorie zum Umfang der Rechtspersönlichkeit internationaler Organisationen aus kommt es dagegen darauf an, ob den Vereinten Nationen von ihrer Satzung die Fähigkeit verliehen wurde, Rechte und Pflichten des Kriegsrechts in eigener Person zu übernehmen.

Eine Durchsicht der Charta zeigt, daß sich keine expliziten Hinweise auf die Kriegsrechtsfähigkeit der Vereinten Nationen in dem Text finden lassen. Die Auslegung der Satzung nach der von den Vertretern der subjektiven Theorie häufig angewandten "implied powers"-Lehre[10] ermöglicht es jedoch, den Vereinten Nationen diese Fähigkeit zuzusprechen. Nach der "implied powers"-Lehre stehen einer Organisation auch die Kompetenzen zu, die im Gründungsvertrag keine Erwähnung gefunden haben, jedoch erforderlich sind, um den Vertragszweck erreichen zu können. Nun sehen die Art. 42 ff. SVN ausdrücklich den Einsatz militärischer Kräfte durch die Weltorganisation vor. Es wäre widersinnig, dieselbe Satzung, die diese Möglichkeit vorsieht, dahin auszulegen, daß eine internationale Streitmacht nicht in der Lage sein soll, die Rechte des Kriegsvölkerrechts zu genießen.[11] Demzufolge impliziert die Kompetenz, Truppen aufzustellen, die Kriegsrechtsfähigkeit.[12]

Allerdings sind die bisher von den Vereinten Nationen eingesetzten Streitkräfte nicht im Rahmen des Art. 42 ff. SVN aufgestellt worden.[13] Dieser Umstand betrifft die Kriegsrechtsfähigkeit der Vereinten Nationen jedoch nicht. Denn die Fähigkeit, Träger einer bestimmten Kategorie von Rechten und Pflichten zu sein, steht in keinem Zusammenhang mit der satzungsmäßigen Grundlage, auf der das Organ geschaffen wurde und auf dessen Tätigwerden die betreffenden Rechte und Pflichten Anwendung finden sollen.[14] Ansonsten hinge die Anwendung des Kriegsrechts von der Satzungsmäßigkeit der Aufstellung der Truppe und damit der Rechtmäßigkeit der von ihnen ggf. ausgehenden Gewaltanwendung ab.

Die Möglichkeit der Anwendung kriegsrechtlicher Vorschriften auf die Vereinten Nationen besteht also, gleichgültig, von welchem Konzept der Rechtsfähigkeit Internationaler Organisationen man auch ausgeht. Fraglich bleibt aber, ob die materiellen Anforderungen, die das Kriegsrecht konkret an die ihm unterworfenen Völkerrechtspersonen stellt, von den Vereinten Nationen erfüllt werden.

---

[8] S.o. S. 15-17.

[9] S.o. S. 18 f.

[10] Grundlegend Rouyer-Hameray, Compétences implicites, S. 35 ff.; s. auch Seidl-Hohenveldern, VR, Rn. 261, 261 a; ICJ-Reports, 1949, S. 180 (Reparations for injuries suffered in the Service of the United Nations).

[11] Feller, ICJ-Reports 1949 (Reparations for injuries suffered in the Service of the United Nations), S. 76.

[12] Bothe, Droit de la Guerre, S. 191.

[13] Goodrich/Hambro/Simons, Charter of the UN, Art. 42, S. 315.

[14] P. de Visscher, AnnIDI 54 I (1971), S. 35.

2. *Die Anwendbarkeit des Kriegsrechts auf die Vereinten Nationen ratione materiae*

a. *Die Problematik der Anwendung des Kriegsrechts auf Internationale Organisationen*

Das Kriegsvölkerrecht stellt ursprünglich eine Gesamtheit von Rechtssätzen dar, die zur Regelung von Kriegen - oder heute besser: bewaffneten Konflikten - zwischen Staaten geschaffen worden ist.[15] Das typische von ihm angesprochene Völkerrechtssubjekt ist folglich der Staat. Es fragt sich deshalb, ob eine Internationale Organisation, die weder über ein eigenes Territorium noch über eigene Bevölkerung verfügt und deren "hoheitliche" Macht nur sehr bedingt mit der Staatsgewalt eines Staates vergleichbar ist, nach Inhalt und Struktur des Kriegsvölkerrechts, namentlich des humanitären Rechts, überhaupt als geeignetes Rechts- und Pflichtensubjekt in Betracht kommt.

AA. *Einordnung des Problems*

Hierbei handelt es sich um ein grundsätzliches Problem, das nichts mit der Möglichkeit der Verletzung kriegsrechtlicher Normen in Einzelfällen und der damit zusammenhängenden gelegentlichen Begehung völkerrechtlicher Delikte sowie deren Rechtsfolgen zu tun hat und damit auch keinesfalls verwechselt werden darf. Es geht nicht um die Frage, ob die Vereinten Nationen einer einzelnen Kriegsrechtsbestimmung einmal nicht nachgekommen sind und sich deshalb völkerrechtlich verantwortlich gemacht haben, sondern darum, ob sie prinzipiell in der Lage sind, die Anforderungen zu erfüllen, die das Recht des bewaffneten Konflikts an seine Adressaten stellt.

Ist dies generell nicht der Fall, so wird zweifelhaft, ob das Kriegsrecht für Militäraktionen der Vereinten Nationen überhaupt Bedeutung erlangt. Entsprechende Bedenken lassen sich dogmatisch unter zwei Gesichtspunkten einordnen.

Man kann zum einen annehmen, daß die allgemeine Völkerrechtsfähigkeit die Kriegsrechtsfähigkeit nicht notwendigerweise umfaßt. Kriegsrechtsfähig sind dann nur solche Völkerrechtssubjekte, die in der Lage sind, den spezifischen kriegsrechtlichen Pflichten nachzukommen.[16] So ist zum Beispiel nur ein Völkerrechtssubjekt, das für seine Armee ein funktionstüchtiges Disziplinarsystem einführen kann, in der Lage, die Verantwortung auch auszufüllen, die ihm die so grundlegende Bestimmung des Art. 3 des IV. Haager Abkommens für das Verhalten seiner bewaffneten Macht auferlegt. Bringt eine Völkerrechtsperson diese oder eine andere vom Kriegsrecht geforderte Eigenschaft hingegen nicht mit, so fällt sie auch als Adressatin des Kriegsvölkerrechts aus.[17]

---

15 Kunz, Kriegsvölkerrecht, S. 4.

16 Dies ist der Ansatz von Draper, ICLQ 12 (1963), S. 409. Offenbar ebenso Bothe, Droit de la Guerre, S. 200 ff.

17 Draper, a.a.O.

Zweifel an der Anwendbarkeit des Kriegsrechts auf die Vereinten Nationen können sich aber auch dann ergeben, wenn man davon ausgeht, daß sich das Kriegsrecht an jedes Völkerrechtssubjekt wendet, dem eine Streitmacht in einem bewaffneten Konflikt kraft effektiver Kontrolle zuzurechnen ist.[18] Das Kriegsrecht ist dann an sich für jede Völkerrechtsperson verpflichtend; da seine Anwendung jedoch auch auf dem Prinzip der Gegenseitigkeit beruhte[19], regiere es die Kampfführung aber nur dann, wenn beide Parteien grundsätzlich zu seiner Anwendung und Durchsetzung fähig seien.[20] Fehle diese Fähigkeit einer Partei schon strukturell, scheide die Anwendung des Kriegsrechts praktisch aus.[21]

Gleich, ob man die Frage der strukturellen Fähigkeit der Vereinten Nationen zur Anwendung der Kriegsgesetze als Problem der Rechtsfähigkeit oder der Gegenseitigkeit begreift, die oben genannten substantiellen Unterschiede zwischen den Vereinten Nationen als einer Internationaler Organisation und den Staaten als den ursprünglichen Adressaten des Kriegsvölkerrechts werfen die Frage auf, ob dieser Normenkomplex auf die Weltorganisation überhaupt "paßt".

BB. DAS KRIEGSRECHT UND ANDERE NICHTSTAATLICHE EINHEITEN

Allerdings könnte man diese Frage unter einem ganz anderen Gesichtspunkt auf den ersten Blick für ein Scheinproblem halten. Die Kriegsrechtskonventionen selbst gehen bekanntlich teilweise davon aus, daß jedenfalls ein Teil ihres Normenbestandes auch in nicht-internationalen Konflikten gilt und sich damit auch an Nicht-Staaten (z.B. Aufständische) wendet.[22] Vollständig angewendet werden sollen sie gar in als international eingestuften Konflikten, bei denen auf der einen Seite eine Befreiungsbewegung - also ebenfalls kein Staat - kämpft.[23] Gegen die Staatsgerictetheit des Kriegsrechts spricht auch, daß es vereinzelte Beispiele dafür gibt, daß auch staatsunabhängige Verbände, wie z.B. die jedenfalls teilweise auf "eigene Rechnung" im Baltikum nach dem I. Weltkrieg kämpfenden deutschen Freikorps[24], sich den Kriegsgesetzen unterworfen haben. Daraus aber kann nicht geschlossen werden, daß das Kriegsvölkerrecht seine Staatsgerichtetheit aufgegeben hat. Denn

---

18 Ansatz von Seyersted, United Nation Forces, S. 375.

19 Stone, Legal Controls, S. 354; Berber, VR II, S. 63, 235; a.A. de Preux, RevICR 67 (1985), S. 25; Pictet, Comité international, S. 71.

20 Von dem Sonderproblem der repressalienfesten Bestimmungen sei hier abgesehen, dieses scheint de Preux, a.a.O., aber vornehmlich im Auge gehabt zu haben.

21 Bowett, United Nation Forces, S. 512.

22 vgl. Art. 3 GK I-IV: "... chaqune des Parties au conflit sera tenue d'appliquer au moins les dispositions suivantes: ..." und Art. 1 ZP II:

[Anwendung in] "... all armed conflicts ... which take place in the territory of a High Contracting Party between its armed forces and dissident armed forces or other organized groups which, under responsible command, exercise such control over a part of its territory as to enable them to carry out sustained and concerted military operations and to implement this Protocol."

23 Art . 1 IV ZP I i.V.m. Art. 96 III ZP I.

24 Partsch, FS Schlochauer, S. 518; dazu allgemein v.Schmidt-Pauli, Geschichte der Freikorps 1918-1924 und Freund, Stichwort "Freikorps", in: Staatslexikon, Bd. III, S. 570.

in allen genannten Fällen wendet es sich an nicht-staatliche Einheiten, die sich selbst gewissermaßen als Staaten in "statu nascendi" verstehen, also als Aufständische selbst die Übernahme der Staatsgewalt in einem bestehenden Staat anstreben oder die Übergabe an eine ihnen genehme Kraft möglich machen wollen oder - im Zuge eines antikolonialen Befreiungskampfes - einen neuen Staat schaffen wollen. Allein dies deutet auf eine gewisse "Staatsähnlichkeit" dieser Einheiten hin. Hinzu tritt, daß namentlich das II. Zusatzprotokoll mit dem Erfordernis, daß die Aufständischen einen Teil des Hoheitsgebiets der Vertragspartei kontrollieren[25], gewisse staatsähnliche Strukturen verlangt. Solche fehlen Internationalen Organisationen jedoch,und sie werden von diesen auch nicht angestrebt. Deshalb läßt sich aus der Ausdehnung des Geltungsbereichs des Kriegsvölkerrechts auf bestimmte nichtstaatliche Einheiten keineswegs selbstverständlich schließen, daß auch eine Internationale Organisation wie die Vereinten Nationen kriegsrechtsfähig ist.

cc. Der in Betracht kommende Normenbestand

Die Untersuchung dieses Problems stößt sofort auf die Schwierigkeit, daß zunächst offen ist, von welchem kriegsrechtlichen Normenbestand auszugehen ist. Bekanntlich sind die Vereinten Nationen allen Kriegsrechtskonventionen - auch denen des humanitären Rechts - bislang ferngeblieben. A priori kommt deshalb nur eine Prüfung an Hand gewohnheitsrechtlicher Normen in Frage. Allerdings ist das bis 1949 kodifizierte Recht in sehr weitem Umfang Gewohnheitsrecht (geworden), so daß sich Vertrags- und Gewohnheitsrecht nur schwer sauber trennen lassen. Dies gilt inbesondere für die HLKO[26] und die grundlegenden Prinzipien der Genfer Konventionen von 1949.[27] Teilweise wird sogar die Ansicht vertreten, die 1949er Konventionen seien in Gänze zu Gewohnheitsrecht erstarkt.[28] Nicht zum Gewohnheitsrecht gehören dagegen wohl die Konvention zum Schutz von Kulturgut bei bewaffneten Konflikten[29] und der innovative Teil der Zusatzprotokolle von 1977 zu

25 S. den Text des Art. 1 in Fn. 22. Das Erfordernis gilt wohl auch für Befreiungsbewegungen; vgl. Erklärung des Vereinigten Königreichs bei der Unterzeichnung der Protokolle, abgedruckt in Bothe/Partsch/Solf, New Rules, S. 721, offengelassen von Partsch, in: Bothe/Partsch/Solf, S. 46.

26 Akehurst, Introduction, S. 230; DDR-VR-Lehrbuch, Bd. II, S. 239; Oppenheim/Lauterpacht, Vol. II, S. 229; Schindler, FS Pictet, S. 527; Verdross, Völkerrecht, 5. Aufl. S. 443; Thierry, Droit international public, S. 519; IMT, Urteil im Prozeß gegen die Hauptkriegsverbrecher vom 1.10.1946, Prozeß gegen die HKV, Bd. I, S. 284; unklar Balladore Pallieri, Diritto Bellico, S. 111.

27 Berber, VR II, S. 156; Baxter, U.S. Naval War College, Readings, Vol. II, S. 221 (ziemlich weitgehend); Levie, U.S. Naval War College, Readings, Vol. II, S. 201; Feinberg, AnnIDI 54 I (1971), S. 175; Hambro, AnnIDI 54 I (1971), S. 196; Schindler, FS Pictet, S. 527; Seyersted, AnnIDI 54 I (1971), S. 215, 227;ders., United Nations Forces, S. 181 f.

28 P. de Visscher, AnnIDI 54 I (1971), S. 30, 44; Resolution des IDI vom 3.9.1971, Art. 2, § 2 b, AnnIDI 54 II (1971), S. 451.

29 P. de Visscher, AnnIDI 54 I (1971), S. 101. Die Konvention ist abgedruckt in BGBl. 1967 II, S. 1235 ff. und bei Fahl, Humanitäres VR, S. 246 ff.

den Genfer Abkommen von 1949.[30] Mit der ganz überwiegenden Auffassung in der Literatur soll hier zunächst davon ausgegangen werden, daß das Gewohnheitsrecht die HLKO und die grundlegenden Bestimmungen der 1949er Genfer Konvention umfaßt.

Die Ausgangsfrage läßt sich somit dahin präzisieren, daß zu prüfen ist, ob dieser gewohnheitsrechtliche Normenbestand zwingend die Strukturen eines Staates erfordert, und ob diese Normen ihrem Inhalt zufolge, sozusagen nach ihrem "Wortlaut", sich nur an Staaten wenden, andere Völkerrechtssubjekte also ausschließen.

b. Das Kriegsvölkerrecht, Rechtsordnung nicht exklusiv für Staaten

Das IV. Haager Abkommen von 1907 und seine Anlage, die HLKO[31], verwenden als Bezeichnung für die Verpflichteten zahlreiche, offenbar synonym gebrauchte Begriffe[32], die aber vor dem Hintergrund des Völkerrecht des Jahres 1907 nur Staaten gemeint haben können.[33] Auch in den Genfer Konventionen von 1949 finden sich verschiedene Begriffe wie "Hohe Vertragspartei"[34], "Macht"[35], "feindliche Macht"[36], "Gewahrsamsstaat"[37], "Partei"[38], um nur einzelne Beispiele herauszugreifen. Aber auch hier waren nur Staaten gemeint[39], was angesichts des Umstandes erstaunen mag, daß die Satzung der Vereinten Nationen - inklusive ihres militärische Aktionen ermöglichenden Kapitels VII - ja vorlag.

Damit ist jedoch nicht gesagt, daß das materielle Kriegsvölkergewohnheitsrecht, das diese Übereinkommen widerspiegeln, ebenfalls nur an Staaten gerichtet ist.[40] Hierfür lassen sich zwei Gründe anführen.

---

30 Vgl. dazu Bothe/Ipsen, K./Partsch, ZaöRV 38 (1978), S. 1 ff., mit vergleichenden Hinweisen zum Verhältnis zwischen den GK 1949 und den Zusatzprotokollen.

31 Französischer Orginaltext und englische Übersetzung in AJIL 2 (1908), supp., S. 90 ff.; deutsche Übersetzung RGBl. 1910, S. 107 ff.

32 Vertragsmächte (Art. 1, 2 Abk.); Kriegspartei (Art. 3 Abk.); Mächte (Art. 4 Abk.); feindliche Regierung (Art. 4, 11 HLKO); Staat (Art. 6, 12, 14 HKLO); Feind (Art. 13 HLKO); Partei (Art. 35, 40 HLKO) u.a.m.

33 Knorr, Diss., S. 85.

34 Art. 1, 2, 3 GK I-IV 1949.

35 Art. 60 GK I 1949; Art. 59 GK II 1949; Art. 139 GK III 1949; Art. 155 GK IV 1949.

36 Art. 12 GK III 1949.

37 Art. 12 GK III 1949.

38 Art. 21 GK II 1949.

39 Schindler, SchwJiR 22 (1965), S. 104; Bowett, United Nations Forces, S. 513; Pictet, Commentaire IV, Art. 155 (s. 666): "... l'invitation [zum Beitritt] s'adresse à *tous les Etats* ..." (Hervorhebung durch den Verf.). Ob daraus auch zu schließen ist, daß die Vereinten Nationen den Konventionen nicht beitreten können, sei hier offengelassen.

40 Teilweise wird dies - im Anschluß an die Diskussion von Einzelfragen - aber doch pauschal angenommen (vgl. z.B. Verplaeste, ZaöRV 23 (1963), S. 724; Draper, Red Cross Conventions, S 70; Stone, Legal Controls, S. 315). Es erscheint jedoch sinnvoll, diese Einwände jeweils im Zusammenhang der betreffenden Detailprobleme anzusprechen.

Soweit es die Einführungs- und Schlußbestimmungen sind, die eindeutig und ausschließlich im Sinne des Begriffs "Staat" ausgelegt werden, sind sie für die Frage unergiebig, ob auch andere Völkerrechtssubjekte an die gewohnheitsrechtlichen materiellen Bestimmungen gebunden sind. Denn Einführungs- und Schlußbestimmungen haben vornehmlich vertragstechnische Bedeutung. Sie regeln, wem das Vertragswerk offensteht, nicht jedoch, auf welchen Adressatenkreis sich materielle Rechtssätze des Vertrages kraft Gewohnheitsrechts noch beziehen mögen.

Anders verhält es sich mit materielle Verpflichtungen und Berechtigungen enthaltenden Normen der Verträge. Taucht hier der Ausdruck "Staat"[41] oder ein in diesem Sinne zu verstehender anderer Begriff auf, wäre es möglich, daraus zu folgern, daß sich nicht nur der Vertrag, sondern auch das hinter ihm stehende Gewohnheitsrecht nur an diese Art Völkerrechtsperson wendet. Aber selbst das Völkervertragsrecht ist kein statisches Gebilde. Soweit es der Auslegung zugänglich ist, muß in gewissem Maße den Änderungen des rechtlichen und tatsächlichen Umfeldes Rechnung getragen werden, die Interpretation völkerrechtlicher Verträge muß zu einem bestimmten Grad dynamisch sein.[42] Diese Dynamik ist dem Gewohnheitsrecht mindestens in gleichem Maße eigen. Ergeben sich Änderungen, vor allem ganz neue Entwicklungen im Umfeld eines bestehenden Gewohnheitsrechtssatzes, so zeigt sich häufig, daß dieser zu weit oder zu eng gefaßt ist und daß der neue Sachverhalt nicht geregelt ist.[43] Lautete beispielsweise der Gewohnheitsrechtssatz, der in Art. 14 HLKO kodifiziert ist, vor dem II. Weltkrieg etwa: "Kriegführende Staaten sind verpflichtet, Kriegsgefangenenauskunftsstellen zu errichten", so kann sich durch die Erweiterung des Kreises kriegführungsfähiger Völkerrechtspersonen z.B. um die Internationale Organisation Vereinte Nationen und die Einführung des Konzepts des bewaffneten Konfliks eine Veränderung dahin ergeben haben, daß nunmehr alle an einem bewaffneten Konflikt beteiligten Völkerrechtssubjekte unter dieser Verpflichtung stehen.

Deshalb kann allein aus dem Umstand, daß die Gewohnheitsrecht kodifizierende Konventionsnorm ihrem Wortlaut nach nur an Staaten gerichtet ist, nicht geschlossen werden, daß qua Gewohnheitsrecht andere Völkerrechtspersonen nicht berechtigt oder verpflichtet sein sollen. Vielmehr wird man der Ratio des Kriegsvölkerrechts nur gerecht, wenn man unter dem Gesichtspunkt der weitestmöglichen Einhegung der unmenschlichen Folgen bewaffneter Auseinandersetzungen im Einzelfall prüft, ob eine Norm auch auf eine Internationale Organisation anwendbar sein kann.

Es erübrigt sich dabei aber für die Zwecke dieser Arbeit, alle zum gesicherten Bestand des Kriegsvölkergewohnheitsrechts gehörenden Bestimmungen im einzelnen zu ermitteln und ihre Anwendungsmöglichkeit auf die Vereinten

---

41 Z.B. Art. 14 HLKO: Pflicht der kriegführenden Staaten zur Errichtung einer Kriegsgefangenenauskunftsstelle.

42 So sehr deutlich der IGH im Namibia-Gutachten, ICJ-Reports 1971, S. 19.

43 Anschaulich dazu Seidl-Hohenveldern, VR, Rn. 337 ff.

Nationen zu untersuchen. Eine solche Vorgehensweise wäre nur erforderlich, wenn es für die Anwendung des Kriegsvölkergewohnheitsrechts notwendige Bedingung wäre, daß eine jede seiner Bestimmungen potentiell praktische Bedeutung erlangen kann. Dies fordert aber selbst das Konventionsrecht von den Vertragsstaaten nicht, denn es läßt z.B. ohne weiteres zu, daß Binnenländer, die über keine Marine verfügen und nur schwerlich an Kampfhandlungen auf See teilnehmen können, die II. Genfer Konvention ratifizieren.[44] Zudem läßt sich hier ein Gedanke aus dem Recht der völkerrechtlichen Verträge fruchtbar machen. Art. 44 III lit. a. WVRK läßt die isolierte Geltendmachung der Ungültigkeit einer einzelnen Vertragsbestimmung zu, wenn die übrigen Vertragsartikel getrennt von dem ungültigen angewendet werden können. Die Ungültigkeit einer Vertragsbestimmung zieht also nicht notwendigerweise die Unanwendbarkeit des Gesamtwerks nach sich.

Es erscheint sinnvoll, das Kriterium der Abtrennbarkeit eines Rechtssatzes vom Rest des Normenbestandes auch für diese Untersuchung zu nutzen. Deshalb sollen sich die folgenden Ausführungen auf das Auffinden der Normen konzentrieren, die für ein gleichgewichtiges Funktionieren des Kriegsrechts erforderlich sind. Hinsichtlich dieser aus dem Gefüge des Kriegsvölkergewohnheitsrechts nicht isolierbaren Rechtssätze soll dann untersucht werden, ob ihre Anwendbarkeit grundsätzlich die Struktur eines Staates voraussetzt oder ob - und ggf. unter welchen Bedingungen - sie auch auf eine Internationale Organisation wie die Vereinten Nationen "passen".[45]

Hierbei ist von den wesentlichen Unterschieden zwischen den Internationalen Organisationen einerseits und den Staaten andererseits auszugehen. Da es zu ermitteln gilt, ob das Kriegsrecht die Strukturen eines Staates zwingend voraussetzt, muß gefragt werden, ob es zwischen dem, was den Staat ausmacht und den grundlegenden Rechtsprinzipien der HKLO und der 1949er-Konventionen eine Beziehung dergestalt gibt, daß die Anwendung letzterer das Vorhandensein der den Staat definierenden Bestandteile erfordert.

Dies führt zu dem weiteren Problem, von welchem Staatsbegriff auszugehen ist. Von nach wie vor großer Bedeutung ist Georg Jellineks Drei-Elemente-Lehre[46], die die Existenz eines Staates an das kumulative Vorliegen von Staatsgebiet, Staatsvolk und Staatsgewalt knüpft. In der Allgemeinen Staatslehre werden die Schwächen dieser Definition heute allerdings allenthalben betont.[47] Andererseits wird aber kaum geleugnet, daß sie die Minimalvoraussetzung für das Vorhandensein eines Staates recht zutreffend beschreibt, wenn sie auch das Phänomen "Staat"

---

44 Z.B. Afghanistan und die Schweiz.

45 Teilweise wird pauschal die Ansicht vertreten, das ganze System des humanitären Rechts, wie es seine Ausprägung in den Konventionen von 1949 gefunden habe, "passe" auf die Vereinten Nationen nicht. So z.B. Verplaeste, ZaöRV 23 (1963), S. 724; Draper, Red Cross Conventions, S. 70; ders., ICLQ 12 (1963), S. 409. Diese Einwände sollen nicht pauschal, sondern in den Zusammenhängen behandelt werden, in denen sie jeweils erhoben wurden.

46 Allgemeine Staatslehre, S. 394 ff.

47 Vgl. nur die Kritik bei Stein, Staatsrecht, S. 263 ff.

selber nicht zu erfassen vermag.[48] Was die drei Elemente "integriert"[49] oder zu einer "Wirkungseinheit"[50] zusammenfaßt, ist jedoch für unsere Untersuchung ohne Belang, so daß von Jellineks Minimaldefinition ausgegangen werden darf. Setzt die Anwendung des Kriegsvölkergewohnheitsrechts also Staatsgebiet, Staatsvolk und Staatsgewalt voraus?

c. *Die Voraussetzungen für die Anwendung des Kriegsvölkerrechts auf nichtstaatliche Völkerrechtssubjekte im einzelnen*

aa. *Entbehrlichkeit einer eigenen Bevölkerung und eines eigenen Hoheitsgebiets*

Eine Durchsicht der im wesentlichen auch als Gewohnheitsrecht geltenden Kriegsrechtskonventionen zeigt, daß an verschiedenen Stellen auf Territorien und ihre Bevölkerung Bezug genommen wird.

Schwerpunktmäßig handelt es sich dabei um Normen, in denen die Verhältnisse besetzter Gebiete geregelt werden.[51] Es sind vornehmlich Verbotsbestimmungen, die die Handlungsfreiheit der Besatzungsmacht zu Gunsten der Rechte der in besetzten Gebieten lebenden Zivilbevölkerung beschränken und damit in Korrelation stehende Pflichten dieser Bevölkerung.[52] Dieses Normengefüge ist in sich gleichgewichtig; den Handlungsbeschränkungen, die die Besatzungsgewalt treffen, stehen die grundsätzlichen Gehorsamspflichten der Zivilbevölkerung gegenüber. Das Funktionieren des Besatzungsrechts setzt dementsprechend nicht etwa voraus, daß auch der VN-Gegener prinzipiell in der Lage wäre, gegnerisches Territorium zu besetzen und Besatzungsgewalt über die dortige Bevölkerung auszuüben.[53] Auf Seiten der Vereinten Nationen fehlt hier immer das geschützte Objekt, nämlich die eigene Bevölkerung im besetzten eigenen Gebiet. Davon sind ihre Rechte und Pflichten als mögliche Besatzungsmacht aber ebenso unberührt, wie es für das Besatzungsrecht unerheblich ist, wenn lediglich eine Kriegspartei Gebiete der anderen besetzt hält. Deshalb folgt aus dem Mangel an Territorium lediglich, daß die Vereinten Nationen als Geschützte des Besatzungsrechts ausfallen, da sie eben nicht besetzt werden können. Ihre Fähigkeit, Adressat des Besatzungsrechts zu werden, sobald sie tatsächlich Kontrolle über gegnerisches Gebiet erlangt haben, bleibt aber - jedenfalls unter dem Gesichtspunkt fehlender Bevölkerung und fehlenden Territoriums - davon unberührt.

Das prinzipielle Fehlen des geschützten Objekts läßt auch bei anderen Vorschriften die Anwendbarkeit auf die Vereinten Nationen auf der

---

48 So Herzog, Staatslehre, S. 85.

49 Smend, Staatsrechtliche Abhandlungen, S. 127 ff.

50 Heller, Staatslehre, S. 228 ff.

51 Art. 42 ff. HLKO; Art. 47 ff. GK IV.

52 Knorr, Diss., S. 89.

53 Knorr, Diss., S. 90; Bothe, Droit de la Guerre, S. 199.

Berechtigtenseite entfallen. Dies gilt z.B. für den Schutz der levée en masse (Art. 2 HLKO, 13 Nr. 6 GK I und GK II, 4 lit. A Nr. 6 GK III), auf eigenem Gebiet einer Konfliktpartei eingerichteter Sanitätszonen (Art. 23 GK I) und nationaler Hilfsgesellschaften (Art. 26 GK I). Für die Vereinten Nationen können aber auch kriegsrechtliche Pflichten und Verbote gegenstandslos werden. So können die Vereinten Nationen nicht gegen Art. 49 IV GK IV verstoßen, da sie keine eigene Bevölkerung haben, die sie in ein besetztes Gebiet verschicken können.[54] Sie können schließlich auch nicht die Rechte und Pflichten des II. Abschnitts der IV. Genfer Konvention übernehmen, da sie - in Ermangelung eigenen Territoriums - nicht Aufenthaltsstaat von gegnerischen Ausländern sein können. Erwähnt sei der Vollständigkeit halber auch, daß aus dem gleichen Grund auch die Anwendbarkeit der Vorschriften über feindliches Vermögen im Territorium der kriegführenden Staaten entfällt.[55]

Es ist offensichtlich, daß in all diesen Fällen der Unanwendbarkeit der kriegsrechtlichen Normen auf die Vereinten Nationen wegen fehlender Bevölkerung und fehlenden Territoriums das Gefüge des Kriegsrechts insgesamt ungestört bleibt.[56] Tatsächliche Anknüpfungspunkte dieser Regeln sind Sachverhalte, die bei Konflikten unter Staaten auf einer oder beiden Seiten vorliegen können, aber keineswegs vorliegen müssen. Sind sie auch nur auf einer Seite gegeben, unterliegen diese Sachverhalte den genannten kriegsrechtlichen Regeln, sind sie zufällig überhaupt nicht anzutreffen, laufen diese Vorschriften leer, ohne daß das Gleichgewicht des jus in bello als Ganzes beeinträchtigt wäre. Der Unterschied zwischen der Situation bei einem Konflikt unter Staaten und einem, bei dem die Weltorganisation beteiligt ist, ist lediglich der, daß bestimmte, an eine eigene Bevölkerung und ein eigenes Gebiet der Kriegführenden anknüpfende Regel bei letzterem Konflikt auf der Seite der Vereinten Nationen prinzipiell ins Leere zielen, während ihre Anwendbarkeit bei ersterem von den Zufälligkeiten der tatsächlichen Lage abhängt. Dieser Unterschied rechtfertigt es aber nicht, das humanitäre jus in bello für die Internationale Organisation Vereinte Nationen in Gänze für unanwendbar zu erklären.[57]

Das Ergebnis, das Kriegsrecht auch auf Völkerrechtspersonen anzuwenden, die über kein Gebiet Gewalt ausüben, findet eine Stütze in der Behandlung der von Exilregierungen eingesetzten Streitkräfte. In beiden Weltkriegen haben ins Ausland geflüchtete Regierungen vollständig besetzter Länder den Kampf gegen die Besatzungsmacht fortgeführt.[58] Obwohl sie keine Hoheitsgewalt über ein Territorium ausübten, wurden sie (und damit ihre Truppen) als Träger der Rechte

---

54 Bothe, a.a.O.

55 Dies sind keine Regeln des humanitären Rechts im engeren Sinn, s. dazu im einzelnen Rousseau, Droit des conflits armées, S. 53-64.

56 Bothe, Droit de la Guerre, S. 200; Knorr, Diss., S. 91.

57 Bothe, a.a.O.; Knorr, a.a.O.

58 Mattern, Exilregierung, S. 66.

und Pflichten des Kriegsrechts angesehen.[59] Dies gilt selbst für die Forces Françaises Libres (F.F.L.) des General de Gaulle[60], obwohl das Deutsche Reich mit der Vichy-Regierung in dem deutsch-französischen Waffenstillstandsabkommen ausdrücklich ein Kampfverbot für französische Staatsangehörige und - für den Fall der Zuwiderhandlung - deren Behandlung als Freischärler vereinbart hatte.[61]

Gegen das gefundene Ergebnis spricht nicht, daß in anderem Zusammenhang als durch kriegsrechtliche Normen berechtigt und verpflichtet nur Autoritäten angesehen werden, die effektive Kontrolle über ein Gebiet ausüben. Daß dies für Aufständische gefordert wird[62], hat lediglich mit der Abgrenzung zwischen Banditentum und Bürgerkrieg zu tun, nichts aber damit, daß ohne eigenes Territorium und eigene Bevölkerung eine Kriegsrechtsanwendung unmöglich wäre.

Festzuhalten ist somit, daß das Vorhandensein von Staatsgebiet und Staatsvolk keine notwendigen Voraussetzungen für die Kriegsrechtsfähigkeit einer Völkerrechtsperson sind.[63]

BB. Eigene Hoheitsgewalt

Ganz anders könnte es sich mit dem dritten Element des Staatsbegriffs verhalten, der Staatsgewalt. Hier könnte es sein, daß das Kriegsrecht staatliche Strukturen in einem Umfang voraussetzt, daß nur Staaten in der Lage sind, als Adressaten kriegsrechtlicher Normen aufzutreten.

Auf das Vorhandensein hoheitlicher Gewalt spielen die Regeln des Kriegsrechts in vielfältiger Weise an. Dabei handelt es sich nicht um einzelne, isolierbare Normen, die aus dem Kontext des Gesamtregelungswerkes ohne

---

59 Bothe, Droit de la Guerre, S. 200; Knorr, Diss., S. 91.

60 Rousseau, Droit des conflicts armées, S. 75 mit Darstellung der deutschen Praxis.

61 Art. 10, § 3. Ob diese Vereinbarung wirksam war, mag hier dahinstehen (dagegen Oppenheimer, AJIL 36 (1942), S. 575), interessant ist jedenfalls, daß Vichy durch ein Dekret vom 24.6.1940 (Art. I des Act relative à la déchéance de la nationalité française, Journal Officiel, Vichy, 24.6.1940) praktisch alle Betroffenen ausbürgerte, so daß die auf die französische Staatsangehörigkeit abstellende Bestimmung des Waffenstillstandsabkommens zumindest formal leer lief.

62 Dieses Erfordernis findet sich deutlich erst in Art. 1 des II. ZP (vgl. Partsch, in: Bothe/Partsch/Solf, New Rules, S. 623; Lombardi, Bürgerkrieg und Völkerrecht, S. 97; Dupuy/Leonetti, in: Cassese, New Humanitarian Law, Vol. I, S. 269), hatte jedoch vorher Bedeutung für die Rechtmäßigkeit der Anerkennung der Aufständischen durch Dritte (Wehberg, RdC 63 [1938 I], S. 88 m.w.N.).

63 Bothe, Droit de la Guerre, S. 200; Knorr, Diss., S. 92. Das gleiche gilt auch für die Fähigkeit, die Funktionen einer Schutzmacht auszuüben (Art. 8/8/8/9 GK 1949 I-IV, 5 ZP I). Im Rahmen der CDDH war erwogen worden, den Vereinten Nationen das Recht zur Bestellung einer Ersatzschutzmacht einzuräumen (Doc. CDDH/I/235/Rev. 1, S. 3, OR, Vol. X, S. 69). Der Vorschlag wurde abgelehnt, vornehmlich wohl deshalb, weil die Vertreter des VN-Generalsekretärs die Auffassung vertraten, die Weltorganisation sei wegen ihrer Verantwortung für den Weltfrieden nicht im Stande, Verantwortlichkeiten im Schutzmachtsystem zu übernehmen, vgl. die Bezugnahmen des VN-Vertreters in dem Beitrag des bundesdeutschen Konferenzdelegierten (CDDH 4/I/SR 27, para. 61, O.R., Vol. VIII, S. 263) und des Vertreters Belgiens (a.a.O., para. 24-26, OR, Vol. VIII, S. 257). Zu dem Ganzen auch Laitenberger, GYIL 21 (1978), S. 200 f. und Abi-Saab, in: Cassese, New Humanitarian Law, Vol. I, S. 340.

Schaden für dessen Gleichgewicht herausgelöst werden können. Vielmehr hängt die ganze Anwendbarkeit des Kriegsrechts von der Existenz und dem Funktionieren hoheitlicher Gewalt ab. Wenn es an einem lückenlosen Rechtssetzungs- und Durchsetzungssystem fehlt, ist eine kriegführende Partei nicht in der Lage, eine völkerrechtsgemäße Kampfführung durchzusetzen und in ihre Gewalt geratene geschützte Personen rechtmäßiger Behandlung zuzuführen. Die Truppen dieser Partei sind dann selbst auch nicht in der Position, die Privilegien rechtmäßiger Kombattanten zu genießen.[64]

Hoheitliche Gewalt wird vom Kriegsrecht in allen drei klassischen Formen verlangt:

- Es muß eine vollziehende Gewalt vorhanden sein, insbesondere insoweit, als Befehlsgewalt über das Vollzugsorgan "Streitkräfte" gegeben sein muß und Verträge und Vereinbarungen im Zusammenhang mit den Kampfhandlungen (Sanitätszonen, Gefangenenaustausch, Waffenstillstand) geschlossen werden können müssen.
- Es bedarf einer rechtsetzenden Gewalt, die die Regeln für Kriegsgefangene (Art. 82 GK III), das Besatzungssonderrecht (Art. 43 HKLO, 64 GK IV) und die Bestimmungen über schwere Verletzungen des Kriegsrechts (sowie deren Aburteilung) schafft (Art. 49 GK I).
- Endlich ist die Kriegsrechtsanwendung nicht ohne rechtsprechende Gewalt denkbar. Die Ahndung der schweren Verstöße (Art. 49 GK I), der Vergehen von Kriegsgefangenen (Art. 84 GK III) und der Verstöße gegen Besatzungsstrafrecht (Art. 64 II, 66 GK IV) erfordern eine funktionierende Judikative.

AAA. Vollziehende Gewalt

Verhältnismäßig unproblematisch erscheint noch der Nachweis hinreichender vollziehender Gewalt. Die Einzeluntersuchungen des vorstehenden Abschnitts haben gezeigt, daß die Kommandogewalt über die von den Vereinten Nationen eingesetzten Streitkräften bei den Vereinten Nationen lag bzw. liegt.[65] Damit ist es Sache der Weltorganisation zu bestimmen, welche Kampfmittel eingesetzt werden, welche Ziele bekämpft werden sollen u.s.w. Für die Kommandogewalt ist die jeweils nachweisbare lückenlose Befehlskette von dem von den Vereinten Nationen eingesetzten und an deren Weisungen gebundenen Oberkommandierenden bis zum einzelnen Kontingentsoldaten maßgeblich. Insoweit ist die Lage eines VN-Oberkommandierenden nicht anders als die eines staatlicherseits eingesetzten Befehlshabers: Er ist der, der an der Spitze der Streitmacht steht und für seine Unterge-

---

64 Bowett, United Nations Forces, S. 511. Sie müssen dies zumindest unter dem Gesichtspunkt der Repressalie gewärtigen.

65 S.o. S. 26-67. Dies gilt für alle Streitkräfte mit der Ausnahme der in Korea eingesetzten.

benen verantwortlich ist (Art. 1 Nr. 1 HLKO).[66] Seine Befehlsgewalt und die davon abgeleitete Autorität untergeordneter Offiziere sind nicht nur für die VN-Truppe selber, sondern auch für Kriegsgefangenen- und Internierungslager bedeutsam.[67] Unter dem Gesichtspunkt exekutiver Befugnisse scheint deshalb auch die Fähigkeit der Vereinten Nationen nicht zweifelhaft, als Gewahrsamsmacht für Kriegsgefangene aufzutreten.[68] Es ist nicht ersichtlich, auf welche strukturellen Probleme die Weltorganisation stoßen sollte, um die erforderliche Lagerbewachung und Vorkehrungen der Daseinsfürsorge[69] in Lagern zu schaffen.

Die Parallele zur Position eines staatlichen Oberkommandierenden gilt jedoch nur für die Befugnis, Anordnungen zu treffen. Ein wesentlicher Unterschied der Stellung des VN-Oberkommandierenden zu der eines staatlichen Befehlshabers ist nämlich der, daß dem ersteren die disziplinarischen Machtmittel zur Durchsetzung seiner Anordnungen weitgehend nicht selbst zur Verfügung stehen, während normalerweise Befehls- und Disziplinargewalt Hand in Hand gehen.[70] Die Frage der disziplinarischen Durchsetzung ist allerdings so eng mit den rechtsetzenden und rechtsprecherischen Befugnissen der Vereinten Nationen verbunden, daß sie erst in diesem Zusammenhang eine genauere Untersuchung erfahren soll.

Unter dem Gesichtspunkt der vollziehenden Gewalt ist noch zu prüfen, ob die Vereinten Nationen in für die Kriegsrechtsfähigkeit hinreichendem Maße in der Lage sind, kriegsrechtsspezifische Sondervereinbarungen für ihre Truppen mit der gegnerischen Partei zu schließen. Das Recht des bewaffneten Konflikts setzt die Möglichkeit solcher Abreden in zahlreichen Einzelfällen voraus, von denen oben schon einige erwähnt wurden.[71] In der Praxis haben die Vereinten Nationen offenbar keine Bedenken gehabt, derartige Vereinbarungen zu schließen. Als Beispiel mag der zwischen ihnen und der Tshombé-Regierung Katangas zustandegekommene Waffenstillstandsvertrag vom 20. September 1961 dienen.[72]

Dieser Praxis entspricht auch die Rechtslage, und zwar gleichgültig, von welcher Vorstellung des Umfangs der Rechtsfähigkeit Internationaler Organisationen man ausgeht. Klar ist, daß Seyersteds objektive Theorie hier kein Problem sieht[73], aber auf der Grundlage der vermittelnden und der subjektiven Theorien

---

66 A.A. Draper, ICLQ 12 (1963), S. 408, da der VN-Oberkommandierende nicht über eigene Disziplinargewalt verfüge; siehe dazu die Ausführungen weiter unten.

67 Art. 39 GK III, 99 GK IV.

68 So aber pauschal Draper, Red Cross Convention, S. 69 f.; Verplaeste, ZaöRV 23 (1963), S. 724.

69 Siehe dazu auch unten S. 85 f.

70 Auf diese Anomalie ist oben, S. 28 f., bereits hingewiesen worden, vgl. die dortigen Nachweise und Bowett, United Nations Forces, S. 511 sowie Rikhye, in: Frydenberg, Peace-Keeping, S. 191.

71 S.o. S. 83.

72 UN Doc. S/4940 Add. 7, SC OR, 16th yr., supp. July-Sept. 1961, S. 120 (auch bei Higgins III, S. 408).

73 Seyersted, United Nations Forces, S. 362 f.

ergibt sich nichts anderes. Wie schon dargelegt[74], gestattet die Satzung der Verein - ten Nationen in den Art. 42 ff. den Gebrauch militärischer Mittel. Dies impliziert die Fähigkeit, die im Rahmen solcher Maßnahmen erforderlichen Vereinbarungen zu treffen, und zwar unabhängig davon, ob die Aufstellung der VN-Truppe im Einklang mit der Charta erfolgt ist, weil die Recht- und Satzungsmäßigkeit des Kreationsakts eines Organs nicht über den Umfang der Fähigkeit des dahinter stehenden Völkerrechtssubjekts entscheiden kann, Träger bestimmter Rechte und Pflichten zu sein.

Die beiden angesprochenen Punkte, Befehlsgewalt und Vertragsabschluß - fähigkeit, betreffen vornehmlich die Durchführung der Kampfhandlungen. "Exeku - tive" Fähigkeiten muß ein für die Kriegsgesetze taugender Adressat aber auch bezüglich der Gebietsverwaltung, namentlich der Verwaltung besetzter Gebiete haben.

Für die Wiederherstellung der öffentlichen Ordnung im Besatzungsgebiet (Art. 43 HLKO) ist das gewiß bedeutenste Mittel der Besatzungsmacht ihre Befugnis, gegenüber der Bevölkerung die erforderlichen Anordnungen zu treffen. Sie muß aber auch zu Maßnahmen der Daseinsfürsorge, wie der Versorgung der Bevölkerung (Art. 55 GK IV) und der Gesundheitssicherung (Art. 56 GK IV), prinzipiell imstande sein.

Daß die Satzung der Vereinten Nationen die entsprechenden rechtlichen Fähigkeiten verliehen hat, läßt sich entsprechend der oben für Waffenstillstands - abkommen u.ä. ausgeführten Argumentation dartun und findet eine Bestätigung in der Entstehungsgeschichte der Charta. Einem norwegischen Ergänzungsvorschlag zufolge sollte die Charta ausdrücklich die Kompetenz der Vereinten Nationen festlegen, Gebiete selbst unter Verwaltung zu nehmen, deren fortdauernder Besitz durch die dort befindliche Macht eine Friedensbedrohung darstellen könne.[75] Hierunter wären ggf. auch besetzte, beziehungsweise zu besetzende feindliche Gebiete zu subsummieren gewesen. Der norwegische Vorschlag wurde später fallengelassen, da die spezifische Erwähnung dieser Kompetenz den Eindruck hätte hervorrufen können, daß die Satzung andere, möglicherweise ebenso erforderliche Maßnahmen nicht habe decken wollen.[76]

Für die praktischen Fähigkeiten der Vereinten Nationen als Gebietsver - walter ergibt sich Positives immerhin aus den Erfahrungen in West-Irian.[77] Mit dieser geringen Praxis läßt sich selbstverständlich nicht der endgültige Nachweis führen, daß die Vereinten Nationen in der Lage sind, den Verpfichtungen einer Besatzungsmacht adaequat nachzukommen. Man darf ihr jedoch entnehmen, daß die Vereinten Nationen jedenfalls nicht a priori praktisch unfähig sind, die von Satzungs wegen ihnen mögliche Stellung einer Besatzungsmacht auszufüllen.

---

[74] S.o. S. 73 ff.

[75] UNCIO, Vol. III, S. 371 f.

[76] So der Vertreter des Vereinigten Königreichs, UNCIO, Vol. XII, S. 354 f.

[77] S.o. S. 59 f. und die dortigen Nachweise.

Zusammenfassend läßt sich festhalten, daß die Weltorganisation die Befehlsgewalt über ihre Streitkräfte ausübt sowie die Kapazitäten besitzt, in kriegsrechtsspezifische Sondervereinbarungen mit dem Gegner einzutreten und besetzte Gebiete zu verwalten. Unter dem Vorbehalt, daß die dazu auch erforderliche rechtsetzende und rechtsprechende Gewalt zur Durchsetzung ihrer Anordnung ebenfalls in genügendem Umfang zur Verfügung stehen, läßt sich deshalb sagen, daß die von ihr ausgeübte, bzw. ausübbare hoheitliche Gewalt, soweit der "exekutive" Teil betroffen ist, für die Kriegsrechtsfähigkeit ratione materiae ausreicht.[78]

BBB. RECHTSETZENDE GEWALT

Das Kriegsrecht verlangt - wie schon oben angedeutet - von seinen Adressaten auch rechtsetzende Fähigkeiten. Dies gilt sowohl in territorialer wie auch in personaler Hinsicht.

AAAA. RECHTSETZUNG BEZUEGLICH BESTIMMTER GEBIETE

Bezüge zu territorial wirkender Gesetzgebung sind in Art. 42 ff. HLKO enthalten. Hiernach hat die Verwaltung des besetzten Gebietes unter Beachtung der Landesgesetze zu erfolgen, "soweit kein zwingendes Hindernis besteht" (Art. 43 HLKO). Damit ist der Besatzungsmacht jedenfalls ein gewisses Recht zum Erlaß eigener Gesetze zugestanden. Dieses findet eine Präzisierung in Art. 64 GK IV[79], der besondere Strafbestimmungen zum Schutz der ordentlichen Verwaltung des Gebietes, der Sicherheit der Besatzungsmacht und zur Durchführung einer völkerrechtmäßigen Besatzung zuläßt.[80] Die zitierten Vorschriften und die hinter ihnen stehenden Gewohnheitsrechtssätze sind als Ermächtigung der Besatzungsmacht formuliert, so daß man gegen ihre Behandlung in unserem Zusammenhang einwenden könnte, daß die Fähigkeit zur Legislation in einem Gebiet vom Kriegsvölkerrecht nicht wirklich verlangt wird, sondern daß der Besatzungsmacht lediglich Handlungsmöglichkeiten eingeräumt werden.[81] Eine solche Betrachtungsweise übersähe aber, daß das der Besatzungsmacht zustehende "Entschließungsermessen", überhaupt rechtsetzend tätig zu werden, durch die zahlreichen, ihr von Völkerrechts wegen auferlegten Pflichten begrenzt sein kann. Es ist durchaus denkbar, daß die Rechtsordnung eines besetzten Landes so imperfekt ist, daß die Besatzungsmacht ihre Pflichten nur erfüllen kann, wenn sie von der Rechtsetzungsmöglichkeit des Art. 64 II GK IV Gebrauch macht. In einem solchen Fall ist es möglich, daß sie zu gesetzgebender Tätigkeit gezwungen ist, um anderen besatzungsrechtlichen Pflichten nachkommen zu können.[82] Dementsprechend muß ein Adres-

[78] Ebenso: Bothe, Droit de la Guerre, S. 201; Knorr, Diss., S. 94 f.; Seyersted, United Nations Forces, S. 363 und passim.

[79] Pictet IV, S. 359.

[80] Enumerative Aufzählung, Pictet, a.a.O., S. 361.

[81] So Knorr, Diss., S. 99, allerdings für die rechtsprechende Gewalt, dazu unten, S. 95-101.

[82] Dies übersieht Bothe, Droit de la Guerre, S. 201.

sat des Kriegsvölkerrechts in territorialer Hinsicht zu legislativen Maßnahmen imstande sein.

Für die Vereinten Nationen gilt in diesem Zusammenhang letztlich das oben schon für die exekutiven Funktionen bei der Gebietsverwaltung Gesagte.[83] Die Berechtigung zur Anwendung militärischer Zwangsmaßnahmen impliziert die Wahrnehmung besatzungsrechtlicher Kompetenzen auch auf legislativem Gebiet. Die o.a. Entstehungsgeschichte der Charta bestätigt diese Auslegung. Zur Rechtsetzung in einem Gebiet sind die Vereinten Nationen mithin in ausreichendem Umfang in der Lage.[84]

BBBB. *RECHTSETZUNG IN PERSONELLER HINSICHT - DIE VN-SOLDATEN*

Wichtiger als die Rechtsetzung in Bezug auf ein Territorium ist der Erlaß von Vorschriften für bestimmte Personengruppen, namentlich die eigenen Streitkräfte.[85] Die herausragenden Normen in diesem Zusammenhang sind nunmehr die Art. 49 I GK I, 50 I GK II, 129 I GK III und 146 I GK IV.[86]

Diese Vorschriften verlangen den Erlaß effektiver Strafvorschriften für den Fall schwerer Verletzungen der Abkommen, d.h. grundlegender, massiver Verstöße gegen die Kriegsgesetze, die in den jeweils folgenden Artikeln im einzelnen aufgeführt sind.

AAAAA. *Die (theoretische) Befähigung zum Erlaß eigener Militärstrafgesetze*

Die Fähigkeit der Vereinten Nationen, dieser Notwendigkeit des Kriegsrechts nachzukommen und Strafgesetze gegen das Begehen solcher "grave breaches" zu erlassen, könnte sich ebenfalls als implizierte Kompetenz aus den Art. 42 ff. SVN herleiten lassen.[87] Das läßt sich mit einiger Sicherheit für den Fall individuell rekrutierter Truppen sagen. Hier kommt es zu unmittelbaren dienstrechtlichen Beziehungen zwischen den Vereinten Nationen und den betreffenden Personen. Diese werden durch den Dienstvertrag "officials" der Weltorganisation. Ihre dienstrechtlichen Rechte und Pflichten können dementsprechend nur von den Vereinten Nationen geregelt werden. Hierzu zählt ggf. auch die Umsetzung der völkerrechtlichen Pflichten der Weltorganisation bezüglich der Führung von Kampfhand-

---

83 S.o. S. 85 f.

84 Bothe, Droit de la Guerre, S. 201, Fn. 267; Knorr, Diss., S. 95; Seyersted, United Nations Forces, S. 363.

85 Art. 1 des IV. Haager Abkommens:
"Die Vertragsmächte werden ihren Landheeren Verhaltensmaßregeln geben, welche der dem vorliegenden Abkommen beigefügten Ordnung der Gesetze und Gebräuche des Landkrieges [HLKO] entsprechen".

86 "Les Hautes Parties contractantes s'engagent à prendre toute mésure législative nécessaire pour fixer les sanctions pénales adéquates à appliquer aux personnes ayant commis, ou donné l'ordre de commetre, l'une ou l'autre des infractions graves à la présente Convention définies à l'article suivant."
Mit ähnlichem Inhalt auch schon Art. 29 GK I 1929.

87 So Bothe, Droit de la Guerre, S. 201 unter Berufung auf den IGH im Bernadotte-Fall, ICJ-Reports 1949, S. 182 und wohl auch Seyersted, United Nations Forces, S. 372.

lungen und damit auch der Erlaß von Strafbestimmungen gegen schwere Verstöße gegen die Kriegsgesetze. Deshalb hat das IDI für den bislang nicht praktisch gewordenen Fall der individuellen Rekrutierung von Truppen den Erlaß eines entsprechenden Reglements gefordert.[88]

Aber auch für Truppen, die aus nationalen Kontingenten zusammengesetzt sind, kann letztlich nichts anderes hinsichtlich der satzungsmäßigen Möglichkeit gelten, solche Bestimmungen zu erlassen. Ein Bedürfnis für eine solche Kompetenz folgt aus der zulässigen Inanspruchnahme militärischer Kräfte als Handlungsmittel der Organisation und dem Gebot des Kriegsrechts, an die Parteien, in deren Namen die Streitkräfte an bewaffneten Konflikten teilnehmen, Strafbestimmungen gegen "grave breaches" zu erlassen. Als hinreichender Anknüpfungspunkt reicht die organschaftliche Beziehung der Vereinten Nationen zu der jeweiligen Streitmacht aus.[89]

BBBBB. DIE LOESUNG DES RECHTSETZUNGPROBLEMS IN DER PRAXIS

Mit diesem Ergebnis kann sich eine an der bisherigen Praxis der VN-Truppen orientierte Untersuchung des Kriegsrechtsproblems aber nicht zufrieden geben. Denn die diskutierte Legislativkompetenz der Vereinten Nationen mag als theoretische Größe bestehen, praktisch ist sie bislang nicht geworden. Vielmehr haben sich die Staaten, die Kontingente zur Verfügung stellten, die Disziplinar- und Strafgewalt über ihre Truppen regelmäßig vorbehalten.[90] Dies beinhaltet nicht nur die Kompetenz zur Aburteilung etwaiger Verstöße, sondern auch die fortdauernde Anwendung des nationalen (Militär-)Strafrechts.[91] Für eine legislative Tätigkeit der Vereinten Nationen zur Ausfüllung der oben genannten Bestimmungen der Genfer

---

88 Art. 3 A der Res. des IDI vom 3.9.1971, AnnIDI 54 II (1971), S. 449 ff.; ebenso Bowett, United Nations Forces, S. 513. Hinsichtlich des auch derzeit schon individuell rekrutierten Oberkommandierenden und ggf. des Stabspersonals hilft man sich - in Abwesenheit der angesprochenen eigenen UN-Regeln - damit, auch diese Personen als "member of the force" (Nr. 5 d UNEF-Regulations [Higgins I, S. 289] und die entsprechenden Vorschriften der anderen regulations) unter die Straf- und Disziplinargewalt ihres Heimatstaates zu stellen (z.B. Nr. 34a UNEF-Regulations [Higgins I, S. 291]).

89 So wohl auch Seyersted, a.a.O., S. 371, und Draper, ICLQ 12 (1963), S. 408 f., der aber die VN zur Durchsetzung solcher Bestimmungen im Einzelfall für unfähig hält und ihnen deshalb die Kriegsrechtsfähigkeit abstreitet, dazu aber unten S. 97 ff.

90 UNEF I: Nr. 5, 6, 7 der Kontingentverträge (Higgins I, S. 327, s.o. S. 32, Fn. 143); ONUC: Nr. 13, 29a ONUC-Regulations (Higgins III, S. 75, s.o. S. 39; UNFICYP: Nrn. 5, 6, 7 der Kontingentverträge (Higgins IV, S. 203), Nr. 29a UNFICYP-Regulations (Higgins IV, S. 157, s.o. S. 45); UNEF II und UNDOF: s. UNEF I, vgl. o.S. 49 f.; UNIFIL: s.o. S. 52 f., dort vor allem Fn. 318; UNSF: Kontingentvertrag mit Pakistan, UNTS, Vol. 503, S. 28. s.o. S.56 .

91 So ganz deutlich die Regulations, z.B. UNEF I:

"34. Jurisdiction.

(a) Members of the Force shall be subject to the criminal jurisdiction of their respective national State in accordance with the laws and regulations of those States. ... Responsibility for the exercise of criminal jurisdiction shall rest with the authorities of the State concerned, ..."

Diese Bestimmungen tauchen wörtlich auch in den anderen Regulations auf.

Konventionen besteht deshalb in der Praxis kein Raum. Dies könnte zur Konsequenz haben, daß den Vereinten Nationen für die bisher von ihnen selbst durchgeführten Militäraktionen die Kriegsrechtsfähigkeit abgesprochen werden muß. Denn allein das potentielle Vermögen, die Voraussetzungen für die Kriegsrechtsanwendung zu schaffen, reicht für die Bejahung der Kriegsrechtsfähigkeit eines Völkerrechtssubjekts nicht aus, wenn es diesem für den konkreten Militäreinsatz rechtlich unmöglich ist, dieses Vermögen auch zu nutzen.

Hier haben die Vereinten Nationen selber offenbar auch ein erhebliches Problem gesehen. Auf der die Diplomatische Konferenz zur Ausarbeitung der Zusatzprotokolle zu den Genfer Abkommen von 1949 vorbereitenden Zweiten Tagung von Regierungssachverständigen wurde diskutiert, ob den Protokollen eine Vorschrift über die Beteiligung Internationaler Organisationen beigefügt werden solle.[92] Der Vertreter des Generalsekretärs der Vereinten Nationen sprach sich dagegen aus, weil die Weltorganisation momentan nicht in der Lage sei, wesentliche Verpflichtungen der Konventionen zu erfüllen. Dies gelte - neben anderen Bestimmungen - vor allem für die Strafbewehrungspflicht der "grave breaches", da die Kontingentstaaten Inhaber der Straf- und Disziplinargewalt seien. Gleichzeitig wies der VN-Vertreter auf die Verpflichtung der Entsendestaaten hin, für die Respektierung der Konventionen in den Kontingenten zu sorgen.[93]

Damit stellt sich die Frage, ob es nicht rechtlich möglich ist, die Kriegsrechtsfähigkeit der Vereinten Nationen damit zu begründen, daß ihnen als der nach außen verantwortlich auftretenden Macht die Legislativkompetenz der Entsendestaaten zugerechnet wird. Dies wäre möglich, wenn das Kriegsrecht nicht verlangt, daß der Adressat die Pflicht zur Strafbewehrung der "grave breaches" in persona erfüllt, sondern die "Delegation" dieser Aufgabe an eine andere Völkerrechtsperson zuläßt.

Die Zulässigkeit einer solchen Konstruktion könnte man jedenfalls dann annehmen, wenn man die Pflichten bezüglich der schweren Verstöße mit P. de. Visscher generell als eine "obligation of result" und nicht als eine "obligation of conduct" ansieht.[94] Die Unterscheidung dieser beiden Kategorien trifft die International Law Commission in Art. 20, 21 ihres Kodifikationsentwurfs zur Staatenver -

---

92 Conférence d'experts gouvernementaux sur la réaffirmation et le développement du droit international humanitaire applicable dans les conflits armées, Rapport sur les travaux de la conférence, 2nde session, 1972, Vol. I, S. 194.

93 Zu der Frage, ob diese Erklärung die Selbsteinschätzung der Vereinten Nationen hinsichtliche ihrer materiellen Kriegsrechtsfähigkeit wiedergibt: s.u. S. 104 ff.

94 AnnIDI 54 I (1971), S. 38 f.

antwortlichkeit.[95] Da sie jedoch allgemein die Rechtsnatur völkerrechtlicher Pflichten betrifft, ist sie auch bezüglich Internationaler Organisationen von Bedeutung.

Bei der ersten Kategorie reicht es aus, wenn der Verpflichtete einen bestimmten Zustand herbeiführt, bzw. die Entstehung eines bestimmten Zustandes verhindert, z.B. also faktisch dafür sorgt, daß es in seiner Armee nicht zu Verstößen gegen die Kriegsgesetze kommt. Während ihm bei den "obligations of result" somit die Wahl des Weges zum Ziel gegeben ist, schreibt eine "obligation of conduct" das Mittel zum Zweck mehr oder minder genau vor.

Diesen Inhalt haben aber auch die hier untersuchten Bestimmungen. Im Gegensatz zu de Visscher wird man die Strafbewehrungspflicht deshalb eine "obligation of conduct" ansehen müssen.[96] Denn es ist den kriegführenden Mächten eben nicht nur aufgegeben, "grave breaches" - wie auch immer - zu verhindern, ihre Verpflichtung geht dahin, dieses Ziel durch "toute mesure législative nécessaire pour fixer les sanctions pénales adéquates" (Art. 49 I GK I) zu verfolgen. Diese Bestimmung gehört sicher zu den grundlegenden der Genfer Konventionen von 1949[97], und sie war bereits in den Genfer Konventionen von 1929 enthalten. Sie darf deshalb zum Gewohnheitsrecht gezählt werden.

Damit verlangt also auch das Kriegsvölkergewohnheitsrecht nicht nur die Verhinderung schwerer Verstöße, es schreibt auch den Erlaß von Strafnormen gegen diese vor.[98] Ein hierzu im konkreten Fall unfähiges Völkerrechtssubjekt könnte den Anforderungen des Kriegsrechts deshalb allenfalls dann noch genügen, wenn sich der in Art. 49 I GK I kodifizierte Gewohnheitsrechtssatz auch dahin verstehen läßt, daß die Bezugnahme auf fremde Gesetze des angesprochenen Inhalts ausreicht.

Den Konventionen läßt sich nun durchaus entnehmen, daß die Delegationen der Strafgewalt in gewissem Umfang zulässig ist.[99] Art. 49 I GK I und die gleichlautenden Vorschriften in den anderen Konventionen eröffnen die Möglichkeit, die Täter einer schweren Verletzungshandlung

> "... les remettre pour jugement à une autre Partie contractante intéressée à la poursuite, pour autant que cette Partie contractante ait retenu contre lesdites personnes des charges suffisantes."

---

95 Dazu ausführlich der Commentary der ILC zu Art. 20, 21 der Draft Articles on State Responsibility (Part I), YbILC 1977, Vol. II, Part 2, S. 12 ff. Die Unterscheidung dieser beiden Kategorien geht auf das römische Zivilrecht zurück (vgl. ILC, Commentary, a.a.O., S. 12, Fn. 22) und ist für das Völkerrecht von Triepel ("unmittelbar gebotenes" und "international unentbehrliches Landesrecht", s. Völkerrecht und Landesrecht, S. 299 und Anzilotti (RGDIP 13 (1906), S. 26) inzidenter und von Donati ausdrücklich (I trattati internazionali, Vol. I, S. 343 ff.) fruchtbar gemacht worden.

96 So auch ausdrücklich der ILC-Commentary, a.a.O., S. 14, der Art. 49 I GK I als Beispiel für eine "obligation of conduct" anführt.

97 Pictet I, S. 362.

98 Bothe, Droit de la Guerre, S. 202.

99 Darauf weist Knorr, Diss., S. 103 hin.

Diese Regelung bezieht sich aber nur auf die Strafverfolgung im Einzelfall, nicht auf den Erlaß eigener Strafgesetze - hilft also hier nicht weiter.

Teilweise wird in der Literatur[100] auch die Frage aufgeworfen, ob die Konventionen einer Delegation der Strafbewehrungspflicht nicht sogar ausdrük - klich entgegenstehen. Hier wird Art. 51 GK I[101] angesprochen, der es jeder Ver - tragspartei untersagt,

> "... s'exonérer elle même, ni exonérer une autre Partie contractante, des responsabilités encourues par elle-même ou une autre Partie contractante en raison des infractions prévues à l'article précédent."

Diesem Satz wird man - übersetzt in die entsprechenden Termini - möglicherweise auch gewohnheitsrechtliche Geltung zusprechen dürfen[102], für unser Problem spielt er aber keine maßgebliche Rolle. Schon ein genauer Blick auf den Wortlaut zeigt, daß sich die angesprochenen "responsabilités" aus *dem* vorstehenden Artikel ergeben. Art. 50 führt jedoch lediglich die schweren Verstöße im einzelnen auf, mit der Bestrafungspflicht befaßt er sich nicht. In Art. 51 geht es dementsprechend um die deliktische Verantwortlichkeit der Staaten für die von der eigenen Armee begangenen "grave breaches" selber, nicht jedoch um die Verletzung der Ahn - dungspflicht.[103]

Eine spezielle Regelung ist nach alledem nicht ersichtlich. Ob die Inan - spruchnahme einer fremden Legislativkompetenz ausreicht, ist deshalb nach all - gemeinen Auslegungskriterien zu ermitteln. P. de Visscher wendet hier das Prinzip des "effet utile" an.[104] Wenn auch seinem Schluß, daß dieser Interpretations - grundsatz zur Einstufung der in Rede stehenden Legislationspflicht als einer "obligation of result" führt, nicht gefolgt werden kann, so weisen seine weiteren Überlegungen doch in eine zur Lösung des Problems geeignete Richtung. Es kommt, so de Visscher, nämlich nicht darauf an, welchen Ursprung die Strafbe - stimmungen gegen die "grave breaches" haben, sondern darauf, daß überhaupt eine "compétence normative" insofern ausgeübt wurde. In der Tat kann man dem Wortlaut des Art. 49 I GK I[105] nicht entnehmen, daß nur der eigene, selbst gesetzte Gesetzgebungsakt geeignetes Mittel zur Erfüllung der Strafbewehrungspflicht ist. Die Wendung "toute mesure législative nécessaire" kann auch dahin gedeutet wer - den, daß es ausreicht, wenn eine andere geeignete Strafrechtsordnung für anwend - bar erklärt wird. Besteht eine solche, so kann die letzte, noch notwendige Maßnah - me, die die Vereinten Nationen ergreifen müssen, um die Strafbarkeit grober

---

100 P. de Visscher, AnnIDI 54 I (1971), S. 37.

101 Gleichlautend die Art. 52 GK II; 131 GK III; 148 GK IV.

102 Er war allerdings auf der Diplomatischen Konferenz 1949 durchaus umstritten, vgl. Pictet I, S. 373.

103 Pictet, a.a.O.

104 AnnIDI 54 I (1971), S. 38 f.

105 S.o. S. 87, Fn. 86.

Kriegsrechtswidrigkeiten in ihrer Streitmacht sicherzustellen, die sein, die nationale Strafgesetzgebung des Kontingentstaates für weiterhin maßgeblich zu erklären.

Für diese Deutung spricht auch die Entstehungsgeschichte der Genfer Abkommen von 1949: Die Entwicklung eines internationalen Kriegsstrafrechts sollte durch die Konferenz nicht in Angriff genommen[106], aber auch nicht behindert werden.[107] Die Anwendung eines solchen internationalen Strafrechts im Rahmen der Konventionen hätte aber zur Folge, daß die nationalen Kodifikationen ihre Bedeutung verlören. Die Vertragsstaaten wären im Falle dieser Entwicklung somit nach den Vorstellungen der Verfasser der Konvention in der Lage, auf eine nicht von ihnen selbst entwickelte Rechtsordnung zurückzugreifen. Derselbe Rückgriff kann dann aber auch heute den Vereinten Nationen im Hinblick auf das Strafrecht der Entsendestaaten zugestanden werden, zumal die Weltorganisation ja lediglich an die im Zweifel weniger strenge Gewohnheitsrechtsnorm gebunden ist.

Diese Interpretation wird auch der umfassenden Zielsetzung des humanitären Rechts gerecht. Für eine restriktive Auslegung der für seine Anwendung maßgeblichen Bestimmungen, die deren Wortlaut nicht erfordert, ist in dieser Rechtsordnung kein Raum.[108]

Das Kriegsrecht verlangt demgemäß von seinen Adressaten nicht die Fähigkeit, eigene Strafbestimmungen gegen "grave breaches" zu erlassen. Es reicht aus, wenn die betreffende Völkerrechtsperson auf eine andere Rechtsordnung verweisen und diese für anwendbar erklären kann.[109]

Die Vereinten Nationen sind von dieser Rechtslage offenbar auch ausgegangen. Denn sie haben in den Statusabkommen, den regulations und den Kontingentverträgen regelmäßig die Außenverantwortung für das Verhalten der Truppe übernommen[110], obwohl ihnen selbst nicht alle zur Sicherstellung der Einhaltung dieser Verpflichtung erforderlichen Machtmittel zur Verfügung stehen. Stattdessen haben sie die Entsendestaaten in den Kontingentverträgen verpflichtet,

> "... to exercise jurisdiction with respect to any crime or offence which might be committed by a member of such national contingent."[111]

Damit ist auf die nationale Strafrechtsordnung verwiesen, was auch in den oben schon zitierten regulations deutlich zum Ausdruck kommt.[112]

Die Vereinten Nationen haben sich darüber hinaus die Zusicherung geben lassen, daß die nationalen Kommandanten mit den nötigen disziplinarischen Mitteln

---

106 Final Record of the Diplomatic Conference of Geneva of 1949, Vol. II, Sec. B, S. 115.

107 Pictet I, S. 366.

108 Seyersted, United Nations Forces, S. 373.

109 So auch Bothe, Droit de la Guerre, S. 203; Knorr, Diss., S. 103; Seyersted, United Nations Forces, S. 373 f.; P. de Visscher, AnnIDI 54 I (1971), S. 39.

110 Vgl. statt aller: Nr. 14 UNEF I Statusabkommen (Higgins I, S. 376); Nr. 14 UNEF I-Regulations (Higgins I, S. 289); Nr. 6 UNEF I-Kontingentverträge (Higgins I, S. 327).

111 Nr. 7 UNEF I-Kontingentverträge (Higgins I, S. 327); s.auch oben S. 32 und passim.

112 S.o. S. 88, Fn. 91.

ausgestattet sind, um die Disziplin der Einheit aufrecht zu erhalten.[113] Die oben für die "grave breaches" angestellten Erwägungen lassen sich deshalb auch auf die disziplinarische Ahndung minder schwerer Verletzungen der Kriegsrechtsregeln übertragen, die Art. 49 III GK I fordert.

Zusammenfassend kann daher festgestellt werden, daß die Untersuchung der Rechtsetzungsbefugnisse der Vereinten Nationen bezüglich ihrer eigenen Truppen gezeigt hat, daß die Weltorganisation in der Theorie über die notwendigen legislativen Fähigkeiten verfügt, eine kriegsrechtsgemäße Kampfführung durchzu - setzen. Auch der in der Praxis gewählte Weg, unter Ausschluß der Wahrnehmung dieser Kompetenz die Legislativgewalt der Entsendestaaten in Anspruch zu nehmen, ist im Prinzip geeignet, die Anforderungen des Kriegsrechts an seine Adressaten zu erfüllen.[114] Hierdurch wird regelmäßig eine den Konventionen entsprechende (nationale) Rechtsordnung anwendbar, obwohl die UNO selber nur dem Gewohnheitsrecht genügen müßte.

cccc. Rechtsetzungsbefugnisse in personeller Hinsicht - Kriegsgefangene

Nennenswerte Praxis läßt sich in diesem Zusammenhang nicht feststellen. Außerhalb des hier nur mittelbar interessierenden Korea-Einsatzes[115] ist es kaum zu Gefangennahmen durch VN-Truppen gekommen.[116] Zunächst präjudiziert das oben gefundene Ergebnis zur Rechtsetzungsfähigkeit bezüglich der eigenen Truppen der Weltorganisation die Untersuchung der Rechtsetzungsbefugnisse hinsichtlich der Kriegsgefangenen. Für diese Gruppe gelten gemäß Art. 8 I HLKO, 82 GK III grundsätzlich die für die Streitkräfte des Gewahrsamsstaates erlassenen allgemeinen Gesetze, Verordnungen und Anordnungen.[117] Dies gilt vor allem für das materielle Strafrecht und für das Strafverfahrensrecht[118], sofern die Art. 99 ff. GK III nicht selbst unmittelbar anwendbare Regeln festlegen.

Fraglich aber ist, auf welche Regeln sich die Verweisung tatsächlich im einzelnen bezieht. Als Gewahrsamsmacht ist prinzipiell die Völkerrechtsperson anzusehen, die die effektive Kontrolle über die Kriegsgefangenen bzw. ein

---

113 S.z.B. UNEF I-Kontingentverträge (Higgins I, S. 327).

114 Diese im Grundsatz positive Feststellung schließt aber erhebliche Kritik an der bestehenden Rechtslage nicht aus, s. dazu unten S.101-104.

115 Dieser erfolgte - wie dargelegt - nicht durch VN-Kräfte im eigentlichen Sinne, sondern durch eine schlichte Koalititon von Mitgliedstaaten, s.o. S. 66.

116 Im Kongo-Konflikt wurden Gefangene in der Regel schnell freigelassen oder ausgetauscht, McNemar, in: Falk, International Law in Civil War, S. 264. McNemar berichtet auch von Verletzungen des Kriegsgefangenenrechts durch beide Seiten. Offenbar wurden die Vereinten Nationen im Kongo-Konflikt vom IKRK als detaining power angesehen, vgl. Bericht des IKRK-Delegierten in Katanga, RevICR 44 (1962), S. 72 f. und Notes d'informations Nr. 24 vom 16.10.1962, S. 3.

117 Verweisungen auf das Recht des Gewahrsamsstaates finden sich auch in Art. 51, 57 GK III (Arbeitsschutzbestimmungen).

118 Z.B. ausdrücklich für die Rechtsmittel, Art. 106 GK III.

Gefangenenlager ausübt.[119] Grundsätzlich tut dies die Macht, unter deren Befehl der für das Lager verantwortliche Kommandeur steht.[120] Da die Kommandogewalt eines etwa von VN-Truppen eingerichteten Gefangenenlagers unter die bei der Weltorganisation liegenden "operational control" fiele, wären die Vereinten Nationen mithin als Gewahrsamsmacht anzusehen.[121] Sie wären dementsprechend zur Bereitstellung des in Art. 82 GK III angesprochenen Rechts verpflichtet, denn in der Unterstellung der Kriegsgefangenen unter das Recht der Gewahrsamsmacht liegt nicht nur eine Ermächtigung an diese, ihr Recht auf diesen Personenkreis anzuwenden. Aus ihrer Verpflichtung, Kriegsgefangene insbesondere vor Gewalttätigkeiten zu schützen (Art. 13 II GK II), folgt auch die Pflicht, gewaltsame Auseinandersetzungen unter den Lagerinsassen - auch mit strafrechtlichen Mitteln - zu verhindern.[122] Es geht nicht an, daß eine kriegführende Macht die völkerrechtliche Kompetenz zur Internierung von Kriegsgefangenen in Anspruch nimmt und gleichzeitig innerhalb ihrer Lager anarchische Zustände und rechtsfreie Räume toleriert.[123] Die Anwendung des Strafrechts des Gewahrsamsstaates ist demnach nicht nur für deren eigenen Schutz, sondern auch für die Sicherung erträglicher Lebensbedingungen in den Gefangenenlagern von entscheidender Bedeutung.[124] Auf eine entsprechende Legislativkompetenz seiner Adressaten kann das Kriegsrecht - auch das Gewohnheitsrecht - deshalb nicht verzichten.

Die erforderlichen Straf- und anderen Gesetze sind von den Vereinten Nationen bislang nicht erlassen worden. An der theoretischen Befähigung der Vereinten Nationen, dies ggf. nachzuholen, kann nach dem oben für die Strafbewehrung der "grave breaches" eigener Truppen Festgestellten kein Zweifel bestehen.[125] Es hat aber den Anschein, als sähen die Vereinten Nationen selber erhebliche Probleme, von dieser Möglichkeit tatsächlich Gebrauch zu machen. So jedenfalls läßt sich die Bemerkung des VN-Vertreters auf der 2. Session der Regierungs-

---

119 Pictet III, S. 140 f.; Spinnler, Kriegsgefangenenrecht, S. 25.

120 Spinnler, Kriegsgefangenenrecht, S. 28.

121 Davon ging auch das Waffenstillstandsabkommen zwischen den Vereinten Nationen und der Regierung von Katanga aus, s. Nr. 1 des Abkommens vom 13.10.1961, SC OR, 16th yr., supp. Oct.-Dec. 1961, S. 9 (Higgins III, S. 410). Spinnler, Kriegsgefangenenrecht, S. 29, kommt unter Anwendung des gleichen Kriteriums (operational control) für den Korea-Konflikt zu dem Ergebnis, daß die USA in Wahrheit Gewahrsamsstaat waren. Anderer Auffassung aber das Unified Command: s. CICR et le conflit de Corée, Doc. 237, Vol. I, S. 176. Da das Unified Command als Organ der Vereinigten Staaten anzusehen ist, s.o. S. 54 f., ist Spinnlers Auffassung zu folgen.

122 Spinnler, Kriegsgefangenenrecht, S. 140; wohl ebenso Pictet III, S. 151.

123 Vergleiche die Schilderungen politisch motivierter Gewalttaten von Gefangenen an anderen Lagerinsassen (darunter über 100 Morde!) in Gefangenenlagern während des Korea-Konflikts bei Spinnler, a.a.O., S. 136 ff., m.w.N. Diese Verbrechen sind nicht zur Aburteilung gekommen, da die USA nicht sich, sondern die Vereinten Nationen in der Rolle der zuständigen Gewahrsamsmacht sahen und den Vereinten Nationen weder die nötige Rechtsordnung noch die erforderlichen Gerichte zur Verfügung standen.

124 Dies verkennt Knorr, Diss., S. 99.

125 S.o. S. 87 f.

expertenkonferenz zum humanitären Völkerrecht 1972 erklären, daß die Vereinten Nationen z.Z. außerstande seien, Kriegsgefangenenlager konventionsgemäß zu unterhalten.[126] Praktisch bedeutsam ist deshalb die Frage, ob die Weltorganisation auch hinsichtlich des Kriegsgefangenenrechts die Legislativkompetenz der Kontingentstaaten fruchtbar machen kann und so ihrer Rechtsetzungsverpflichtung in einer für die Kriegsrechtsanwendung tauglichen Weise Genüge tun kann.

Das Problem ließe sich dadurch lösen, daß die Verweisung auf das Recht der Gewahrsamsmacht zusammen mit der in den Kontingentverträgen enthaltenen Weiterverweisung auf das Disziplinar- und Militärstrafrecht des Kontingentstaates gelesen wird, der die Lagerverwaltung faktisch ausübt.[127] Einen hinreichenden Anknüpfungspunkt hierfür bietet die Zugehörigkeit des Lagerkommandanten und seines Personals zu einem der Kontingente und deren daraus folgende Unterstellung unter ihr nationales Recht. Diese Konstruktion ist jedenfalls so lange brauchbar, wie die Praxis fortbesteht, die Kontingente nicht untereinander zu vermischen[128], so daß die Verwaltung eines Lagers grundsätzlich durch ein und dasselbe Kontingent erfolgt. Ansonsten träten kaum lösbare Schwierigkeiten bezüglich der Bestimmung der anzuwendenden Rechtsordnung auf. Die Geltung des Rechts des "zuständigen" Kontingentstaates ist auch mit dem Zweck der Regelung der Art. 8 HLKO, 82 GK III vereinbar, der u.a. darin zu sehen ist, einer Diskriminierung Kriegsgefangener dadurch entgegenzuwirken, daß sie unter die gleiche Rechtsordnung wie ihr Bewachungspersonal gestellt werden.[129]

Als Ergebnis der Analyse ist mithin festzuhalten, daß die Rechtsetzungsbefugnisse der Vereinten Nationen auch gegenüber Kriegsgefangenen nach Art und Umfang ausreichen, um den Anforderungen des Kriegsrechts zu genügen. Sowohl durch den (theoretisch möglichen) Erlaß eigener Regeln als auch durch die (praktisch wahrscheinlichere) Verweisung auf die Gesetze eines Kontingentstaates kann die Weltorganisation ihre Kriegsrechtsfähigkeit sicherstellen.

ccc. *Rechtsprechende Gewalt*

Viele der oben bereits im Zusammenhang der rechtsetzenden Gewalt erörterten Probleme tauchen in modifizierter Form wieder bei der Behandlung der Frage auf, ob die Vereinten Nationen über die vom Kriegsvölkerrecht vorausgesetzten und geforderten judikativen Fähigkeiten verfügen.

aaaa. *Rechtsprechungsbefugnisse in besetzten Gebieten*

Das Recht, eine eigene Gerichtsbarkeit im besetzten Gebiet einzurichten, steht der Besatzungsmacht in engen Grenzen zu.[130] Immerhin besteht aber neben

126 Nachweis s.o. S. 89, Fn. 92.

127 Bothe, Droit de la Guerre, S. 202.

128 S.o. S. 33 und passim.

129 Pictet III, S. 430 ff.; Bothe, Droit de la Guerre, S. 202.

130 Im einzelnen dazu: Rousseau, Droit des conflits armés, S. 151.

der Pflicht, die Gerichte des besetzten Gebietes ihre Tätigkeit fortführen zu lassen (Art. 64 II GK IV), die Möglichkeit, die eigenen Militärgerichte mit der Anwendung des Besatzungsstrafrechts[131] zu betrauen.[132] Es liegt wohl im Rahmen des Denkbaren, daß auch diese Ermächtigung unter außergewöhnlichen Umständen in eine Verpflichtung umschlägt, etwa wenn eine völkerrechtsmäßige Besatzungsherrschaft nur unter Inanspruchnahme eigener Rechtsprechungsorgane aufrecht erhalten werden kann.[133]

Eine unmittelbare Verpflichtung zur Schaffung wenigstens quasi-judikativer Einrichtungen ergibt sich indessen aus Art. 78 II GK IV für den Fall der Internierung durch das Abkommen geschützter Personen im besetzten Gebiet.[134] Die in der Vorschrift enthaltene Formulierung, daß die Internierungsentscheidungen "seront prises suivant une procédure régulière qui devra êtra fixée par la Puissance occupante, conformément aux dispositions de la présente Convention", ist zwar etwas unpräzise, jedoch ist unbestritten, daß sie auf das in Art. 43 GK IV geregelte Verfahren für die Internierung geschützter Personen im Gebiet einer am Konflikt beteiligten Partei bezogen ist.[135] Dementsprechend muß auch die internierende Besatzungsmacht ein Gericht oder einen besonderen Verwaltungsausschuß zur Überprüfung dieser freiheitsentziehenden Entscheidungen schaffen.

Diesen Satz wird man zu den als Gewohnheitsrecht angesehenen grundlegenden Prinzipien[136] der Genfer Konventionen von 1949 jedenfalls insoweit rechnen können, als er den gravierenden Eingriff der Freiheitsentziehung aus reinen Sicherheitserwägungen an die Entscheidung eines besonderen Kollegialorgans bindet.[137]

Die Errichtung solcher Organe ist in der Charta der Vereinten Nationen nicht vorgesehen. Die Argumentation des IGH zur Fähigkeit der Weltorganisation, ein Verwaltungsgericht zur Rechtsprechung in Streitigkeiten zwischen ihr und ihren Bediensteten zu schaffen[138], läßt sich aber auf die vom Kriegsrecht geforderten

---

131 S.o. S. 86 f.

132 Art. 66 GK IV; Rousseau, Droit des conflits armés, S. 150.

133 Vgl. hierzu sinngemäß die Argumentation oben S. 86 f.

134 Außer Betracht lassen kann man hingegen die Verpflichtung zur Einsetzung von Gerichten oder besonderen Verwaltungskommissionen für die Überprüfung der Internierung von Ausländern im Gebiet einer am Konflikt beteiligten Partei (Art. 43 I GK IV), da die VN - in Ermangelung eigenen Gebietes - nicht in diese Situation gelangen können. Soweit ein Schutzobjekt des Kriegsvölkerrechts per se nicht vorhanden ist, spielt die (Nicht-) Anwendbarkeit der zu seinem Schutz bestehenden Normen auf die Vereinten Nationen für deren Kriegsrechtsfähigkeit keine Rolle, s.o. S. 80 ff.

135 Pictet IV, S. 394.

136 Für die gewohnheitsrechtliche Geltung der grundlegenden Prinzipien der Genfer Abkommen von 1949 s. die Nachweise oben, S. 76, Fn. 27.

137 Pictet spricht von einer Minimalgarantie (Pictet IV, S. 281), die erforderlich sei, um den Prinzipien der Humanität Rechnung zu tragen (Pictet IV, S. 394).

138 IGH, Effects of awards made by the UN Administrative Tribunals, Gutachten, ICJ-Reports 1954, S. 57.

Judikativeinrichtungen übertragen: Läßt die Charta in Kapitel VII militärische Operationen einschließlich der Besetzung von Gebieten zu[139], so ist angesichts des Zieles der Charta, Freiheit und Recht des Individuums zu fördern, auch die Schaffung von Gerichten für besetzte Gebiete und Internierungsentscheidungen im Rahmen der "implied powers" der Vereinten Nationen zulässig.[140]

Man darf daher davon ausgehen, daß die Vereinten Nationen über für die Kriegsrechtsanwendung ausreichende judikative Fähigkeiten bezüglich besetzter Gebiete verfügen.[141] Daß die Weltorganisation solche Funktionen auch praktisch ausfüllen kann, hat sich im Fall von West-Neuguinea gezeigt.[142]

bbbb. Rechtsprechungsbefugnisse in personeller Hinsicht

aaaaa. Rechtsprechungsbefugnisse bezüglich der eigenen Streitkraefte

Von ebenso großer Bedeutung wie die Strafbewehrung der "grave breaches" ist deren Aburteilung. Die Art. 49 II GK I, 50 II GK II, 129 II GK III und 149 II GK IV verpflichten die kriegführenden Mächte, die Täter solcher schwerer Verletzungen zu ermitteln und vor Gericht zu stellen.[143]

Nach dem hier vertretenen Verständnis der implizierten Kompetenzen der Vereinten Nationen sind diese in der Lage, eigene Gerichte für die Aburteilung von "grave breaches" in ihrer Streitmacht zu schaffen, unabhängig davon, ob es sich um eine individuell rekrutierte Truppe oder um aus nationalen Kontingenten zusammengesetzte Verbände handelt.[144] Für die Wahrnehmung dieser Kompetenz, die bei den Vereinten Nationen typischerweise im Gebiet eines (anderen) Staates erfolgen wird, bedarf die Weltorganisation - wie jedes andere auf fremdem Boden Hoheitakte setzende Völkerrechtssubjekt in der Regel auch - der Genehmigung des Gaststaates. Nur im Fall der kriegerischen Besetzung gilt dies nicht.[145] Diese Schwierigkeit läßt aber nicht den Schluß auf die Unfähigkeit der Weltorganisation zu, die vom Kriegsrecht geforderten Rechtsprechungsorgane ins Leben zu rufen. Ohne ein Minimum an Kooperation mit dem Gastland sind die heute typischen peace-keeping missions ohnehin nicht denkbar. Deshalb ist nicht ersichtlich, daß die Vereinten Nationen ausgerechnet bei dem hier erörterten Problem an die

---

139 S.o. S. 85.

140 Bothe, Droit de la Guerre, S. 203; Seyersted, United Nations Forces, S. 369.

141 Bothe, a.a.O.

142 Am 10.11.1962 schufen die Vereinten Nationen ihren ersten Gerichtshof mit Zuständigkeit für ein bestimmtes Territorium, UN Rev. 9 (1962), Heft 12, S. 26, s. auch oben S. 58.

143 Oehler, in: FS Carstens, Einigkeit und Recht und Freiheit, Bd. I, S. 442.

144 Hier gilt sinngemäß das auf S. 87 f. für die Rechtsetzungbefugnis Gesagte, ebenso: Bothe, Droit de la Guerre, S. 203; P. de Vischer, AnnIDI 54 I (1971), S. 37; Seyersted, United Nations Forces, S. 371.

145 Seyersted, a.a.O., S. 372.

Grenzen ihrer Möglichkeiten der Zusammenarbeit mit dem gastgebenden Staat stoßen sollten.[146]

Diese Möglichkeiten sind aber derzeit theoretischer Natur. Ebenso wie die Rechtsetzungsbefugnisse bezüglich der disziplinarischen und strafrechtlichen Verantwortlichkeit der "Blauhelme" bei den Heimatstaaten liegen, ist auch die Kompetenz zur Aburteilung bei diesen verblieben.[147] Deshalb sind die Vereinten Nationen auch insoweit rechtlich daran gehindert, von ihren potentiell bestehenden Judikativkompetenzen Gebrauch zu machen.

Erneut stellt sich damit hier die Frage, ob dieses Unvermögen der Weltorganisation ihre Kriegsrechtsfähigkeit erschüttert. Denn das System des humanitären Rechts gerät gewiß aus dem Gleichgewicht, wenn Verstöße gegen die Kriegsgesetze in einer Streitmacht keiner Sanktionierung unterliegen. Der betreffenden Partei fehlt dann das Vermögen, das Kriegsrecht einzuhalten.[148]

Auch hier versuchen die Vereinten Nationen, die sich auftuende Lücke durch die Inanspruchnahme der nationalen Strafverfolgungssysteme zu schließen. Sie lassen sich von den Kontingentstaaten zusichern, daß diese eine hinreichende Disziplinar- und Strafverfolgungsgewalt ausüben werden.[149] Deshalb ist zu klären, ob das Kriegsvölkerrecht diesen Weg zuläßt.

Während die gleichgelagerte Frage bezüglich der Rechtsetzungsbefugnisse nur auf Grund genauer Auslegung der Konventionen und des hinter diesen stehenden Gewohnheitsrechts positiv beantwortet werden konnte[150], ist dies im Zusammenhang der Rechtsprechungskompetenzen leichter. Die Konventionen - und damit auch das wohl kaum strengere Gewohnheitsrecht[151] - lassen die Delegation der Aburteilung von Tätern schwerer Verletzungen an andere Vertragsstaaten der Abkommen ausdrücklich zu, wenn bestimmte Voraussetzungen erfüllt sind.[152] Bei diesen Bestimmungen war an die Auslieferung von Tätern schwerer Verletzungen in Einzelfällen gedacht, wie die englische Fassung des Textes deutlich beweist.[153] Insbesondere die Formulierung, daß die empfangende Partei "has made out a *prima*

---

146 So offenbar jedoch Bowett; United Nations Forces, S. 515, wobei aber nicht recht klar wird, ob er die theoretischen Fähigkeiten der Vereinten Nationen analysiert oder die derzeitige praktische Situation im Blick hat.

147 S. für die Nachweise oben S. 88, Fn. 90.

148 Knorr, Diss., S. 101.

149 Nr. 7 UNEF I-Kontingentverträge (Higgins I, S. 327); Nr. 7 UNFICYP-Kontingentverträge (Higgins IV, S. 203); UNSF-Kontingentvertrag mit Pakistan, letzter Absatz, UNTS, Vol. 503, S. 28; bei ONUC nur Nrn. 13, 29a der regulations (Higgins III, S. 73, 75) .

150 S.o. S. 89 f.

151 Knorr, Diss., S. 103.

152 Art. 49 II GK I und die entsprechenden Normen der anderen Abkommen.

153 Sie lautet:

"[Each High Contracting Party] may also, if it prefers, and in accordance with the provisions of its own legislation, hand such persons over for trial to another High Contracting Party concerned, provided such High Contracting Party has made out a *prima facie* case."

facie case" knüpft an Bestimmungen des angelsächsischen Auslieferungsrechts an und entspricht kaum dem französischen Wortlaut, der schlicht verlangt "que cette Partie contractante ait retenu contre lesdites personnes des charges suffisantes."

Keiner der beiden gleicherweise maßgeblichen Textvarianten[154] kann aber entnommen werden, daß die Delegation der Strafverfolgung von der nach Kriegs - völkerrecht zur Bestrafung verpflichteten Macht auf eine andere Vertragspartei auf Einzelfälle beschränkt sein muß. Es ist deshalb entgegen der von Draper[155] vertre - tenen Ansicht für die Kriegsrechtsfähigkeit nicht erforderlich, daß die am Konflikt beteiligten Parteien prinzipiell selbst die Täter schwerer Verletzungen zur Verant - wortung ziehen; ausreichend ist vielmehr, daß eine Strafverfolgung überhaupt sichergestellt ist.[156]

Für die Zulässigkeit der Delegation der Strafverfolgung kommt es nach den Genfer Abkommen von 1949 lediglich auf das Belieben der übergebenden Macht an, deren innerstaatliches Recht und die beiden Einschränkungen, daß nur an Vertragsparteien ausgeliefert werden darf, die ausreichendes Belastungsmaterial vorbringen. Wiederum kann davon ausgegangen werden, daß die Anforderungen des Gewohnheitsrechts nicht strenger sind.

Die beiden zuerst genannten Punkte spielen für die Vereinten Nationen als übergebende Macht keine Rolle. Daß sie die Strafverfolgung abgeben wollen, kommt in den regulations und den Kontingentverträgen ganz generell zum Aus - druck, und eigene, spezielle Vorschriften, die sie zu beachten hätten, existieren bei ihnen nicht (wie z.B. Auslieferungsverbote für eigene Staatsangehörige nach wie Art. 16 II 1 GG).

Der Begriff "andere Vertragspartei" in Art. 49 II 2 GK I kann für eine nur an das Kriegsvölkergewohnheitsrecht gebundene Partei nicht wörtlich genommen werden. Die in ihm enthaltene Einschränkung ist dahin zu verstehen, daß die empfangende Macht eine sein muß, die die Mindestvoraussetzungen für ein faires Gerichtsverfahren gewähren kann.[157] Unabhängig davon ist es angesichts der (beinahe) universellen Akzeptanz der Genfer Konventionen von 1949 praktisch kaum denkbar, daß die Vereinten Nationen die Strafverfolgung einem Nicht-Vertragsstaat der Abkommen überlassen.

Zu der letzten Voraussetzung für die Delegation der Strafverfolgung, dem Erfordernis, daß die empfangende Macht über hinreichendes Belastungsmaterial verfügen muß, lassen sich generelle Aussagen kaum machen. Es ist jedoch darauf hinzuweisen, daß die allgemeinen rechtlichen und tatsächlichen Bedingungen, unter denen VN-Einsätze stattfinden, die Existenz ausreichenden Beweismaterials bei den Kontingentstaaten tendenziell begünstigen. Da die Kontingente ihre nationale

---

154 Art. 55 I GK I und die entsprechenden Vorschriften der anderen drei Konventionen.

155 ICLQ 12 (1963), S. 408; ebenso Bowett, United Nations Forces, S. 515.

156 P. de Visscher, AnnIDI 54 I (1971), S. 39; Seyersted, United Nations Forces, S. 373.

157 Pictet IV, S. 628; vgl. auch Art. 49 IV GK I, der ausdrücklich die Verfahrensgarantien der GK III verlangt.

Identität behalten, erfolgt ihr Einsatz unter der unmittelbaren Kontrolle ihrer nationalen Vorgesetzten. Eventuellen Kriegsrechtsverletzungen sind deshalb nationale Stellen sogar relativ "näher" als das vielleicht weit entfernt stationierte VN-Oberkommando. Außerdem folgt aus der von vorneherein vertraglich übernommenen Verpflichtung des Entsendestaates, die Strafverfolgung durchzuführen, daß dieser stets und nicht erst nach der Feststellung eines besonderen Interesses in einem bestimmten Fall Maßnahmen zur Beweiserhebung treffen wird. Schließlich können die Vereinten Nationen ihrerseits die Beweislage dadurch verbessern, daß sie dem Entsendestaat ihnen zugängliches Material übermitteln, so daß dieser dann seinerseits in der Lage ist, "des charges suffisantes" vorzubringen.[158]

Nach alledem kann festgestellt werden, daß die Strafverfolgung der "grave breaches" in den bislang von den Vereinten Nationen eingesetzten Truppen durch die Delegation der Aburteilung der Täter an die Entsendestaaten grundsätzlich in für das Kriegsrecht ausreichender Weise sichergestellt ist.[159]

Diese Feststellung kann auf sonstige Verstöße gegen die Kriegsgesetze ausgedehnt werden. Hier sind die am Konflikt beteiligten Parteien ohnehin nur verpflichtet, die "notwendigen Maßnahmen" zu deren Verhinderung zu ergreifen (Art. 49 II GK I). Diesem Erfordernis haben die Vereinten Nationen durch die Delegation der disziplinarischen Verfolgung von Dienstvergehen an die Kontingentstaaten Genüge getan. Wie dargelegt, sind die Entsendestaaten auch zur Wahrnehmung der Disziplinargewalt verpflichtet.

bbbbb. Rechtsprechungsbefugnisse bezueglich Kriegsgefangener

Ebenso wie das Kriegsvölkerrecht die Gewahrsamsmacht nicht nur berechtigt, sondern auch verpflichtet, ein Disziplinar- und Strafrechtssystem für die Ahndung von Rechtsverstößen in Kriegsgefangenenlagern zu errichten[160], verlangt es die Bereitstellung von Gerichten, die dieses Normensystem anwenden. Die Pflicht zum Schutz der Kriegsgefangenen vor Gewalttätigkeiten anderer Lagerinsassen

---

158 Seyersted, United Nations Forces, S. 374. Dies gilt insbesondere für die Ergebnisse eigens eingesetzter Untersuchungskommissionen. Eine solche ist z.B. eingesetzt worden zur Klärung des Todes von drei Rotkreuz-Angehörigen in Elisabethville am 23.12.1961. Die offenbar vorsätzlich erfolgte Tötung dieser geschützten Personen stellt eine schwere Verletzung des Kriegsrechts dar. Es war aber nicht möglich, die Schuldigen zu ermitteln, obschon festgestellt wurde, daß die tödlichen Schüsse nicht mit der von den Katanga-Gendarmen verwandten Munition abgegeben worden waren. Eine gerichtliche Ahndung fand nicht statt, siehe Seyersted, United Nations Forces, S. 195 und McNemar, in: Falk, Civil War, S. 268.

159 D.h. nicht, daß es nicht zu Verstößen gegen die Verfolgungspflicht gekommen wäre. So wird berichtet, daß Soldaten des liberianischen ONUC-Kontingents 92 Angehörige des Baluba-Stammes im September 1961 gefangen nahmen und in unbelüftete Eisenbahnwaggons zusammenpferchten. Eine erhebliche Anzahl der Gefangenen erstickte, McNemar, in: Falk, Civil War, S. 265. Von einer Ahndung dieses schweren Verstoßes ist nichts bekannt.

160 S.o. S. 34.

macht die Wahrnehmung der Ermächtigung der Art. 82 ff. GK III zu einem Erfordernis des Kriegsvölkerrechts.

Der Hinweis auf die theoretische Befähigung der Vereinten Nationen, solche Gerichte im Rahmen der "implied powers" zu schaffen[161], vermag das Problem nicht überzeugend zu lösen, ist doch die Errichtung solcher Spruchkörper ebensowenig abzusehen wie der Erlaß der von ihnen anzuwendenden Gesetze. Es liegt deshalb nahe, wiederum zu fragen, ob die Vereinten Nationen sich der Notwendigkeit, diese Gerichte einzurichten, dadurch entledigen können, daß sie die Judikativkompetenz der Kontingentstaaten in Anspruch nehmen.

Die Antwort läßt sich auch hier dadurch finden, daß die Verweisung der Art. 82 ff. GK III auf die Gerichte der Gewahrsamsmacht (als die die Vereinten Nationen anzusehen sind)[162] zusammen mit der Verweisung der Kontingentverträge und Regulations auf die Strafgerichtsbarkeit der Kontingentstaaten gelesen wird.[163] Die Gerichte, die die Gewahrsamsmacht Vereinte Nationen für ihre eigenen Truppen hat, sind schließlich auch keine anderen als die Gerichte der Kontingentländer. Zuständig für die Aburteilung von Kriegsgefangenen ist folglich das zuständige (Militär-) Gericht (Art. 84 I GK III) des die Lagerverwaltung ausübenden Entsendestaates.

DDD. EXKURS: BEWERTUNG DES DERZEIT LUECKENHAFTEN RECHTSZUSTANDES

Wenn die Untersuchung der Rechtsetzungs- und Rechtsprechungsbefugnisse der Vereinten Nationen auch gezeigt hat, daß ihre theoretische Fähigkeiten und die in der Praxis gewählte Lösung des Problems im Prinzip geeignet sind, den Anforderungen des Kriegsvölkerrechts zu genügen, so geben die tatsächlichen Verhältnisse doch Anlaß zur Kritik. In dreifacher Hinsicht sind Unzulänglichkeiten festzustellen, die abzustellen die Vereinten Nationen - teils in Zusammenarbeit mit den Kontingentstaaten - rechtlich ohne Zweifel in der Lage sind, die bislang jedoch nicht oder nicht hinreichend angegangen worden sind.

1) Die Verweisung auf die nationalen Militär- und Disziplinarvorschriften löst nicht notwendigerweise alle Probleme. Das Schutzgut dieser Normen ist bei Pflichtverletzungen in VN-Einsätzen nicht unbedingt betroffen.

Die Vorschriften über Dienstvergehen dienen regelmäßig der Durchsetzung der Gehorsamspflicht des Soldaten gegenüber seinem Staat.[164] Erfolgt nun sein Einsatz im Interesse der Vereinten Nationen, so taugt der Schutz der Anordnungsgewalt des Heimatstaates allenfalls noch mittelbar zur Begründung der Strafwürdigkeit befehlswidrigen Handelns. Betroffen ist dann nämlich nur das Interesse des Entsendestaates an der Erfüllung seiner völkerrechtlichen Verbindlichkeiten gegen -

---

161 S. singgemäß die Argumentation oben S. 96 f. und ICJ-Reports 1954, S. 57 und Seyersted, United Nations Forces, S. 379.

162 S.o. S. 94.

163 Seyersted, United Nations Forces, S. 379.

164 Bothe, Streitkräfte, S. 46.

über den Vereinten Nationen, die darin besteht, daß deren Anweisungen von den Kontingentsoldaten ordnungsgemäß in die Tat umgesetzt werden. Es bedarf deshalb im Militärstraf- und Disziplinarrecht der Teilnehmerstaaten einer Vorschrift, die die Verletzung der regulations und Befehle der Vereinten Nationen zu einer Verletzung der militärischen Disziplin des Entsendestaates macht.[165] Ob eine solche Norm in allen Fällen existiert, darf bezweifelt werden.[166] So mußte z.B. das Rathausgericht Stockholm die Verurteilung eines des Waffenschmuggels für die türkische Volksgruppe überführten Offiziers des schwedischen UNFICYP-Kontingents[167] darauf stützen, daß dieser als "krigsman" (Soldat) der schwedischen Kriegsmacht das Interesse der Allgemeinheit (dessen Verletzung Voraussetzung der Strafbarkeit ist) an der Integrität der schwedischen Beteiligung an der Friedensoperation verletzt habe.[168] Zu Recht stellt Bothe fest[169], daß solche Konstruktionen zwar zu vernünftigen Ergebnissen führen mögen, jedoch weder unter dem Gesichtspunkt, daß vornehmlich Interessen der Vereinten Nationen betroffen waren[170], noch unter Berücksichtigung der Tatsache, daß strafrechtliche Normen grundsätzlich gesteigerten Bestimmtheitsanforderungen und Analogieverboten unterliegen, recht befriedigen können. Im Fall des schwedischen Offiziers war eine Bestrafung noch möglich, unter etwas anderen Umständen mögen sich Verletzungen der den Vereinten Nationen gegenüber bestehenden Dienstpflichten aber als straflos erweisen.[171] Es kann nicht ausgeschlossen werden, daß sich solche Strafbarkeitslücken auch bei nach Kriegsvölkerrecht zwingend zu bestrafenden Tatbeständen finden lassen. Die Vereinten Nationen müssen deshalb in Zusammenarbeit mit den Entsendestaaten für mit Sicherheit ausreichende Disziplinar- und Strafgesetze sorgen.

---

165 Draper, Rev. de Droit Pénal Mil. et de Droit de la Guerre 6 (1967), S. 67.

166 Ein gutes Beispiel für eine derartige Vorschrift bietet aber der neuseeländische United Nations (Police) Act 1964 (New Zealand Statutes 1964, Nr.1). Art. 4 dieses Gesetzes dehnt die örtliche Geltung neuseeländischen Strafrechts für den Fall der Überstellung von Truppen an die VN generell auf den Einsatzort aus. Die Gleichstellung von Dienstverfehlungen im VN-Dienst mit solchen in Neuseeland schafft Art. 6:

> "Where any member of the Police does or omits any act to which this Act applies, and that act or ommission would, if it occurred in New Zealand, be misconduct or neglect of duty for the purposes of the Police Act 1958, he may be charged under that Act and proceeded against and punished in the same manner in all respects as if the act or ommission had occurred in New Zealand."

167 Zu dem Zwischenfall Higgins IV, S. 201.

168 Rathausgericht Stockholm, Dom nr. DMB I: 75/1964; Hofgericht Svea, Dom nr. VI: B 145 v. 17.11.1964; beide zitiert nach Bothe, Streitkräfte, S. 48.

169 A.a.O., S. 49.

170 Das Interesse an der unparteiischen Erfüllung des Mandats der Truppe, s. Nr. 12 des aide-mémoire des Generalsekretärs v. 10.4.1964, UN Doc. S/5653, SC OR, 19th yr., supp. April-June 1964, S. 14 (Higgins IV, S. 151).

171 Vgl. hierfür die Beispiele bei Draper, Rev. de Droit Pénal Mil. et Droit de la Guerre 6 (1967), S. 66 ff.

2) Die Vereinten Nationen haben aus politischen Gründen bei den neueren Nahost-Aktionen auf den Abschluß förmlicher Kontingentverträge und den Erlaß allgemeinverbindlicher regulations verzichtet.[172] Auch wenn sich aus verschiedenen Dokumenten und der Praxis ableiten läßt, daß UNDOF, UNEF II und UNIFIL nach den gleichen Grundsätzen organisiert (gewesen) sind wie die zuvor eingesetz - ten Verbände[173], ist nicht zu übersehen, daß die Abwesenheit förmlicher Verpflich - tungen der Kontingentstaaten, ausreichende Disziplinarsysteme bereitzuhalten, un - ter dem Gesichtspunkt der Gegenseitigkeit der Kriegsrechtsanwendung eventuellen Gegnern einen Vorwand für die Nichtanwendung der Kriegsgesetze geben könnte. Die Weltorganisation sollte auf die Rechtssicherheit schaffende Kraft förmlicher Vereinbarungen und den Erlaß von regulations in Zukunft nicht mehr verzichten[174], zumal die politischen Schwierigkeiten, auf die die Abwesenheit dieser bis dahin üblichen Normen zurückgeht, lediglich im Verhältnis zu den Gaststaaten bestand und folglich primär den Abschluß von Status-Verträgen betrafen.

3) Bezog sich die Kritik bislang auf die Rechtsetzung im allgemeinen, so ist als letztes ein spezielles Problem des Kriegsgefangenenrechts anzusprechen. Nach der derzeitigen Praxis sind die Vereinten Nationen zwar als Gewahrsams - macht etwaiger von ihnen gefangengenommener gegnerischer Truppen anzuse - hen.[175] Wesentliche Funktionen der Gewahrsamsmacht müssen aber von dem ein Lager faktisch unterhaltenden Kontingentstaat ausgeübt werden. Vor allen Dingen sind es die Militärgerichte und Lagerkommandanten dieses Staates, die auf der Grundlage ihres nationalen Rechts Kriegsgefangene aburteilen bzw. disziplinarisch bestrafen.[176] In der Wahrnehmung dieser Funktionen tritt der betreffende Kontin - gentstaat in viel stärkerem Maße nach außen in Erscheinung, als dies ansonsten bei den Einsätzen der entsandten Truppen geschieht. Zwar nimmt er die disziplinar- und strafrechtliche Behandlung der Kriegsgefangenen rechtlich nicht in eigenem Namen, sondern in dem der Weltorganisation vor; ob dieser feine Unterschied aber in der politischen Diskussion hinreichend gewürdigt wird, erscheint zweifelhaft. Alle Kontingentstaaten, namentlich aber dauernd Neutrale wie Österreich, Schwe - den oder Finnland, die oft das personelle Rückgrat der Friedensstreitmächte bilden, werden bestrebt sein, jeden Eindruck zu vermeiden, sie seien selbst in irgendeiner Form in den jeweiligen Konflikt involviert.[177] Bei realistischer Betrachtung muß man daher zumindest mit erheblichen Zögerlichkeiten bei der Wahrnehmung der angesprochenen Kompetenzen und der Aufgaben der "detaining power" durch die Kontingentstaaten rechnen.

---

172 S.o. S. 47.

173 S.o. S. 49 ff.

174 Ebenso Sommereynes, BrooklynJIL 6 (1980), S. 44.

175 S.o. S. 94.

176 S.o. S. 94.

177 Seyersted, AnnIDI 54 I(1971), S. 216.

Zu welchen unvertretbaren Mißhelligkeiten ein solches Verhalten der Entsendestaaten führen könnte, hat sich im Korea-Konflikt erwiesen.[178] Gerade die US-amerikanische Praxis im Korea-Einsatz zeigt, daß die hier geäußerten Bedenken nicht nur theoretischer Natur sind. Das politisch motivierte Widerstreben der USA, ein (amerikanisches) Disziplinar- und Strafrechtssystem für die Lager einzurichten[179], hing damit zusammen, daß sie nach außen so wenig wie möglich als spiritus rector der Aktion in Erscheinung treten wollten. Wenn dieses Phänomen schon bei einer Macht zu beobachten war, die die äußere Erscheinung eines Einsatzes ohnehin bereits dominierte, so wird es erst recht auftreten, wenn Staaten betroffen sind, die ihre Beteiligung ansonsten ganz in den Schatten der im Außenverhältnis verantwortlichen Vereinten Nationen treten lassen.

Kriegsgefangenenlager sollten daher von einem individuell rekrutierten Kommandeur befehligt und von gemischt-nationalen Einheiten - ähnlich der dem Oberkommandierenden regelmäßig zur Verfügung stehenden Militärpolizeitruppe - bewacht werden. Die Weltorganisation selbst sollte Disziplinar-, Straf- und Verfahrensregeln für den Lagerbetrieb erlassen und eigene Rechtsprechungsorgane zu deren Anwendung einsetzen. Nur so scheint auch für die Praxis eine völkerrechtsmäßige Behandlung kriegsgefangener VN-Gegner sichergestellt werden zu können.

3. *Völkerrechtspraxis und Auffassung der Vereinten Nationen hinsichtlich ihrer Kriegsrechtsfähigkeit*

In dem vorangegangenen Abschnitt ging es vornehmlich darum, die für das Funktionieren des Kriegsrechts notwendigen Rechtssätze zu ermitteln und durch Auslegung der einzelnen Normen zu bestimmen, ob die Vereinten Nationen die vom Kriegsrecht an seine Adressaten gestellten Anforderungen erfüllen können. Die positive Antwort auf diese Frage basiert ebenso auf theoretischen Ableitungen wie auf Analysen der Praxis der Vereinten Nationen zu den einzelnen hier relevanten Normen. Dabei haben jedoch die Auffassung und die Praxis der Weltorganisation zur Kriegsrechtsanwendung insgesamt noch keinen Niederschlag gefunden.

Es wurde bereits darauf hingewiesen, daß die Vereinten Nationen einer ihre Beteiligung am System der Genfer Konventionen ausdrücklich ermöglichenden Bestimmung in den Zusatzprotokollen negativ gegenüberstanden.[180] Sie sahen sich nicht imstande, wesentliche Bestimmungen der Konvention zu erfüllen, namentlich die Vorschriften über Kriegsgefangenenlager und die Strafbewehrung und

---

178 S.o. S. 94, Fn. 123.

179 Spinnler, Kriegsgefangenenrecht, S. 28, Fn. 131, S. 138 f., m.w.N., der auf die vergeblichen Versuche des militärischen Kommandos hinweist, in Washington die Erlaubnis zur Errichtung eines solchen Systems zu erlangen.

180 S.o. S. 89 f.

Verfolgung der schweren Verstöße.[181] Diese Einlassung war ein wesentlicher Grund dafür, warum die die Diplomatische Konferenz über die Zusatzprotokolle vorbereitende Regierungsexpertenkonferenz den Vorschlag des IKRK nicht übernahm, eine Vorschrift über die Beteiligung Internationaler Organisationen in die Protokolle aufzunehmen.[182] Das IKRK hat der Diplomatischen Konferenz 1974 dann auch keinen entsprechenden Artikel mehr unterbreitet.

Aus diesen Vorgängen könnte man schließen, daß die Vereinten Nationen selber ihre Kriegsrechtsfähigkeit - und damit die Anwendbarkeit des Kriegsrechts auf die ihnen zuzurechnenden Truppen - für nicht gegeben hielten, also auch den hier zur Lösung der als problematisch erkannten Punkte vorgeschlagenen Weg der Inanspruchnahme der Legislativ- und Judikativkompetenzen der Kontingentstaaten als nicht gangbar ansahen. Ob dieser Schluß zutrifft, läßt sich an der Praxis der Vereinten Nationen zur Kriegsrechtsanwendung überprüfen.

Die regulations der verschiedenen Einsätze enthielten regelmäßig eine Bestimmung folgenden Wortlauts:

> "*Observance of Conventions*. The Force shall observe the principles and spirit of the general international Conventions applicable to the conduct of military personnel."[183]

In den Kontingentverträgen für UNFICYP wurde näher spezifiziert, daß es sich bei diesen "general international Conventions" u.a. um die Genfer Abkommen von 1949 und die UNESCO-Konvention zum Schutz von Kulturgut im bewaffneten Konflikt von 1954 handele.[184] Die Kontingentstaaten sicherten ausdrücklich zu, daß die entsandten Einheiten mit diesen Abkommen vertraut sein würden und "that appropriate steps [will] be taken to ensure their enforcement."[185]

Diese Bestimmungen können nicht anders verstanden werden, als daß die Vereinten Nationen die Kampfführung in gewissem Umfang an die Bestimmungen

---

181 Conférence d'experts gouvernementaux sur la réaffirmation et le développement du droit international humanitaire applicable dans les conflits armés, 2nde session, 1972, Rapport sur les travaux de la conférence, Vol. I, S. 194. Siehe auch das Gutachten des Rechtsberaters der Vereinten Nationen vom 15.7.1972, UNJYb 1972, S. 153:

> "... 3. We have always maintained, however, that the United Nations is not substantively in a position to become a party to the 1949 Conventions, which contain many obligations that can only be discharged by the exercise of juridical and administrative powers which the Organization does not possess, such as the authority to exercise criminal jurisdiction over members of the Forces, or administrative competence relating to territorial sovereignty. Thus the United Nations is unable to fulfil obligations which for their execution require the exercise of powers not granted to the Organization, and therefore cannot accede to the Conventions."

182 Conférence d'experts ..., a.a.O., S. 195; Schindler, FS Pictet, S. 525.

183 Nr. 44 UNEF I-Regulations (Higgins I, S. 292); Nr. 43 ONUC-Regulations (Higgins III, S. 76); Nr. 40 UNFICYP-Regulations, dort hieß es genau: "The Force shall observe and respect ..." (Higgins IV, S. 158).

184 Higgins IV, S. 204.

185 Ebenda.

des Kriegsrechts binden wollten. Die Einhaltung dieser Vorschriften sollte von den Entsendestaaten durchgesetzt werden.

Die Vereinten Nationen wollten mit der solchermaßen verfügten Anwendung des Kriegsrechts aber nicht nur eine interne Regelung treffen, wie sich aus den in der Abwicklung von ONUC geschlossenen Schadensersatzvereinbarungen ergibt.[186] Diese Abkommen sind nur verständlich, wenn man annimmt, daß die Anordnung in den regulations, das Kriegsrecht anzuwenden, aus der nach außen hin bestehenden Verpflichtung resultierte, eine völkerrechtsgemäße Kampfführung zu gewährleisten. Die Vereinten Nationen gingen nämlich ganz offensichtlich davon aus, für kriegsrechtswidrig angerichtete Schäden zur Haftung verpflichtet zu sein. Denn sie erklärten sich zu Zahlungen bereit, soweit Schäden "ne résultant pas d'une nécessité militaire".[187] Für andere Schäden lehnten sie die Verantwortung jedoch ab:

> "Il est précisé qu'en vertu de ces principes, la responsbilité de l'Organisation n'est pas engagée de fait des dommages aux personnes et aux biens qui ont été uniquement la conséquence des opérations militaire ...; ces cas sont donc exclus de l'indemniation envisagée."[188]

Damit wendet die Organisaton für den Umfang ihrer Schadensersatzverpflichtung praktisch das Kriterium an, das das Kriegsvölkerrecht für die Rechtmäßigkeit der Feindesschädigung nennt. Die HLKO bestimmt in Art. 23 lit. g:

> "... il est notamment interdit:
> g) de détruire ou de saisir des propriétés ennemies, sauf les cas où ces destructions ou ces saisies seraient impérieusement commandées par des nécessités de la guerre".

Die Schadensersatzleistungen erfolgten also auf der Grundlage des Kriegs- und nicht des Friedensrechts.[189]

Dafür, daß die Vereinten Nationen auf ihre Truppen Kriegsrecht für anwendbar hielten, spricht auch ein Notenwechsel des Generalsekretärs mit dem

---

186 Für die Nachweise s.o. S. 22, Fn. 76.

187 Schadensersatzabkommen mit Belgien vom 20.2./17.5. 1965, UNTS, Vol. 535, S. 198. Ebenso die anderen Abkommen.

188 Ebenda.

189 Bothe, Droit de la Guerre, S. 158 f.; ders., Streitkräfte, S. 173; deutlich auch der Generalsekretär in seiner Antwort auf die oben erwähnte Protestnote der UdSSR wegen der Schadensersatzleistungen an Belgien im Zuge der Kongo-Aktion (s.o. S. 22, Fn. 73), UNJYb 1965, S. 41:

> "It has always been the policy of the United Nations, acting through the Secretary-General, to compensate individuals who have suffered damages for which the Organization was legally liable. This policy is in keeping with generally recognized legal principles and with the Convention on Privileges and Immunities of the United Nations. In addition, in regard to the United Nations activities in the Congo, it is reinforced by the principles set forth in the *international conventions concerning the protection of the life and property of civilian population during hostilities* as well as by considerations of equity and humanity which the United Nations cannot ignore." [Hervorhebung durch den Verf.].

IKRK. In einem Memorandum vom 10. November 1961 an die Vertragsstaaten der Genfer Abkommen von 1949 führte das IKRK aus, es habe die Weltorganisation auf die Notwendigkeit hingewiesen sicherzustellen, daß ihre Truppen die Genfer Konventionen von 1949 anwenden. Das IKRK habe als Antwort

> "reçu l'assurance que l'Organisation des Nations Unies respecterait les principes des Conventions humanitaires internationales et que des instructions étaient données dans ce sens aux troupes placées sous son commandement."[190]

Damit zeigt sich, daß die Praxis der Vereinten Nationen dahin gegangen ist, kriegsrechtliche Bindungen für ihre Truppen anzunehmen und für den Fall der Verletzung dieser Normen auch zu haften.[191] Ein solches Verhalten hat aber nur Sinn, wenn sich die Vereinten Nationen selbst als ein Völkerrechtssubjekt sehen, das Adressat der Normen des Kriegsvölkerrechts sein kann, also personell und materiell kriegsrechtsfähig ist. Die Zurückhaltung der Weltorganisation gegenüber dem Beitritt zu den Konventionen läßt sich demgegenüber damit erklären, daß die Vereinten Nationen keine Pflichten übernehmen wollen, die sie z.Z. praktisch nicht in eigener Person, sondern nur unter Inanspruchnahme fremder Kompetenzen (solcher der Kontingentstaaten) erfüllen können.

4. Zusammenfassung des Abschnitts

Es war die Aufgabe dieses Abschnitts zu klären, ob das Kriegsvölkerrecht eine auf die Vereinten Nationen anwendbare Rechtsordnung darstellt und ob die Vereinten Nationen ihrerseits ein taugliches Rechtssubjekt dieser Rechtsordnung sein können.

Zunächst hat die erneute Betrachtung der Rechtsfähigkeit der Vereinten Nationen gezeigt, daß Art und Umfang ihrer Rechtspersönlichkeit die Übernahme auch kriegsvölkerrechtlicher Rechte und Pflichten möglich machen. Das Kriegsrecht hat sich des weiteren zwar als ein an sich für den Verkehr der Staaten untereinander geschaffenes, jedoch nicht als per se nur an diese gerichtetes Normengefüge erwiesen.

Für die Frage der Anwendbarkeit des Kriegsrechts auf die Weltorganisation war damit entscheidend, ob es - jedenfalls bezüglich der für ein gleichgewichtiges Funktionieren der kriegsrechtlichen Ordnung unerläßlichen Rechtssätze - die Existenz staatlicher Strukturen zwingend voraussetzt, oder ob sich die Möglichkeit der Anwendung dieser Normen auf Truppen der Vereinten Nationen nachweisen läßt.

---

190 RevICR 43 (1961), S. 593; s. auch Auszüge aus einem Brief des Generalsekretärs an den Präsidenten des IKRK v. 8.11.1961, RevICR 44 (1962), S. 28.

191 Schindler, SchwJiR 22 (1965), S. 108, auch unter Hinweis auf ein weiteres Schreiben des Generalsekretärs an das IKRK vom 21.6.1963 (unveröffentlicht).

Ausgehend von den konstituierenden Bestandteilen des Staates, Staatsgebiet, Staatsvolk und Staatsgewalt mußte zunächst geklärt werden, ob die auf die einzelnen Elemente bezogenen Rechtssätze zu dem unverzichtbaren Normenbestand des Kriegsvölkerrechts zählen. Hinsichtlich der erstgenannten Elemente konnte diese Frage verneint werden, so daß die Unanwendbarkeit der Kriegsrechtssätze, die sich auf Staatsgebiet und Staatsvolk einer kriegführenden Partei beziehen, auf die Vereinten Nationen ohne Folgen für die Anwendung des Kriegsrechts an sich bleiben. Anders verhielt es sich indessen mit dem dritten Element, der hoheitlichen Gewalt. Ihre Existenz in allen drei klassischen Formen, Exekutive, Legislative und Judikative ist unerläßliche Voraussetzung für die Anwendbarkeit des Kriegsrechts. Die detaillierte Untersuchung der Fähigkeiten der Vereinten Nationen auf allen drei Gebieten ergab, daß teils die Weltorganisation selber, teils die Kontingentstaaten in ihrem Auftrag, bei Militäraktionen der Vereinten Nationen hoheitliche Gewalt in dem vom Kriegsrecht geforderten Mindestmaß ausüben.[192]

Daraus folgt, daß das Recht des bewaffneten Konflikts auf die Vereinten Nationen und die von ihnen eingesetzten Truppen nach Art und Inhalt der von ihm vermittelten Rechte und Pflichten anwendbar ist.[193] Diese Feststellung bezieht sich nur auf das Gewohnheitsrecht, da die Weltorganisation selber allen einschlägigen Vertragswerken bisher ferngeblieben ist.

Ob es bei den Einsätzen der Streitkräfte der Weltorganisation auch gilt, hängt davon ab, ob diese die tatbestandlichen Voraussetzungen für sein Eingreifen erfüllen, oder, mit anderen Worten, ob das militärische Eingreifen der Vereinten Nationen ein Anwendungsfall des Kriegsrechts sein kann.

---

192 Wenn dieses Ergebnis auch klar und eindeutig ist, so ist doch nochmals darauf hinzuweisen, daß die Analyse gezeigt hat, wie sehr das Kriegsrecht nach wie vor auf die Staaten als alleinige Rechtssubjekte zugeschnitten ist. Die materielle Kriegsrechtsfähigkeit der Vereinten Nationen läßt sich nur begründen, weil in wesentlichen Punkten die Inanspruchnahme der nationalen Hoheitsgewalt der Entsendestaaten möglich war. Deshalb ist die Kritik Drapers, Rev. de Droit Pénal Mil. et de Droit de la Guerre 6 (1967), S. 64, begründet, daß das Schrifttum die Anwendbarkeit des Kriegsrechts auf die Vereinten Nationen oft mit allzu leichter Hand angenommen hat, wenn auch Drapers Auffassung hier im Ergebnis nicht gefolgt werden kann.

193 Bothe, Droit de la Guerre, S. 203; Evensen, in: Frydenberg, Peace-Keeping, S. 240 f.; Knorr, Diss., S. 105; Moreno, Tratado, tomo 2, S. 569; Sandoz, RevICR 60 (1978), S. 282; Schindler, SchwJiR 22 (1965), S. 110; ders., FS Pictet, S. 526; Seidl-Hohenveldern, Internationale Organisationen, Rn. 2028; Seyersted, United Nations Forces, S. 201, 314, 394 ff.; McNemar, in: Falk, Civil War, S. 263; Note des Generalsekretärs der Vereinten Nationen an das IKRK vom 8.11.1961, RevICR 44 (1962), S. 28; Conseil des Délégués, Res. V des Congrès du Centenaire, Genf 1963, abgedruckt in: Manuel de la Croix-Rouge Internationale, 11. Aufl., S. 446; P. de Visscher, AnnIDI 54 I (1971), S. 44, 58; IDI, Res. vom 3.9.1971, Art. 2, AnnIDI 54 II (1971), S. 450. *Dagegen:* Draper, ICLQ 12 (1963), S. 408 f., Verplaeste, ZaöRV 23 (1963), S. 724; Bowett, United Nations Forces, S. 513 f.; *offenlassend:* Bowett, EPIL 3, S. 223.

II. DIE GELTUNG DES KRIEGSVOELKERGEWOHNHEITSRECHTS FÜR MILITAERISCHE AKTIONEN DER VEREINTEN NATIONEN

1. *Militäreinsätze der Vereinten Nationen als Anwendungsfall des Kriegsrechts*

a. *Die Ablösung des Kriegszustandes als Anwendungsvoraussetzung für das Kampfführungsrecht durch das Konzept des bewaffneten Konflikts*

Schon der Begriff "Kriegsrecht" legt es nahe, daß es sich hierbei um einen Normenbestand handelt, der nur in einer bestimmten Situation, im Kriege nämlich, Anwendung finden kann.[194] Damit stellt sich auf den ersten Blick die Frage, ob die Vereinten Nationen überhaupt in die Situation eines Krieges kommen können, also eines von seiner Konzeption auf die Verhältnisse souveräner Staaten zugeschnittenen Zustands.[195]

Zur Beschreibung dieses Zustandes hat sich in der Literatur eine Reihe von Theorien herausgebildet. Teils wird auf ein besonderes voluntatives Element (den animus belligerendi) abgehoben[196], teils auf die spezifische soziologische Situation des Krieges[197] oder - ganz im Gegensatz dazu - auf rein rechtliche Kriterien.[198] Andere wiederum sehen den Kriegszustand als ein objektiv-faktisches Phänomen an, dem ein besonderer rechtlicher Status nicht zukommt[199] oder bei dessen Vorliegen jedenfalls von einem Krieg im materiellen Sinne gesprochen werden muß.[200] Von all diesen Vorstellungen hebt sich die sogenannte relativistische Schule ab, die die Frage, ob Kriegszustand herrscht, individuell nach dem Zweck der jeweils problematischen Norm des jus in bello bestimmen will.[201] Daneben hat

---

194 Meng, EPIL 4, S. 282; Knorr, Diss., S. 106; Schwarzenberger/Brown, Manual, S. 155; Verdross, Völkerrecht, S. 446.

195 Kunz, Kriegsrecht, S. 4, der aber auch schon die Möglichkeit sieht, daß bei "internationalen Exekutionen" im Namen und im Auftrag der Völkerrechtsgemeinschaft das jus in bello Anwendung findet (a.a.O., S. 5).

196 Mosler, in: Strupp/Schlochauer, WVR Bd. II, S. 327 f., Green, ArchVR 6 (1956-57), S. 398, 402. Diese Vorstellung basiert letztlich auf der klassischen Definition des Lord McNair:

> "A state of war arises in International Law (a) at the moment, if any, specified in a declaration of war; or (b) if none is specified, then immediately upon the communication of a declaration of war; or (c) upon the commission of an act of force, under the authority of a State, which is done *animo belligerendi*, or which, being done *sine animo belligerendi* but by way of reprisals or intervention, the other State elects to regard as creating a state of war, either by repelling force by force or in some other way; retroactive effect being given to this election, so that the state of war arises on the commission of the first act of force."

Transactions of the Grotius Society 11 (1925), S. 45.

197 McDougal/Feliciano, Law and Minimum World Public Order, S. 106 ff.

198 Stone, Legal Controls, S. 306.

199 Kelsen, Principles, S. 27.

200 Kotzsch, Concept of War, S. 52-65 und passim.

201 Grob, Relativity, S. 189 f.

sich eine Auffassung dahin herausgebildet, daß bei Feindseligkeiten ohne animus belligerendi eine Art Mischzustand zwischen Krieg und Frieden besteht.[202] Für die Vereinten Nationen speziell ist die Vorstellung entwickelt worden, ihre Militäraktionen könnten nie Kriege im klassischen Sinne sein, da ihnen viel eher der Charakter von Polizeiaktionen anhafte, die nicht im Gleichordnungsverhältnis souveräner Staaten, sondern in einem Subordinationsverhältnis angesiedelt seien.[203]

Es erscheint aber zweifelhaft, ob für unser Problem der Kriegsbegriff und seine theoretische Inhaltsbestimmung von Bedeutung sind. Schon in der Einleitung wurde darauf hingewiesen, daß es für die Militäreinsätze der Vereinten Nationen auf die Anwendung des Kampfführungsrechtes ankommt.[204] Das Recht des Wirtschaftskrieges und das Neutralitätsrecht sind deshalb aus dem Untersuchungsgegenstand dieser Arbeit ausgegliedert worden.[205] Die Existenz des Kriegszustandes ist aber heute nur noch für die beiden zuletzt genannten Sachbereiche von Bedeutung.[206] Für die Anwendung des humanitären Rechts und des Kampfführungsrechts ist dagegen entscheidend, ob ein bewaffneter Konflikt vorliegt. Dieses Konzept, das die Anwendung des Kriegsrechts von subjektiven Kriterien unabhängig machen sollte, wurde entwickelt, weil - zunächst als unbeabsichtigte Nebenfolge des Briand-Kellogg-Paktes[207] - die Staaten in neuerer Zeit weitgehend darauf verzichteten, den Krieg zu erklären und den Kriegszustand formell anzuerkennen.[208] Deshalb gehen bereits die Genfer Konventionen von 1949 in ihren gemeinsamen Artikeln 2 I davon aus, daß sie in "allen Fällen eines erklärten Krieges oder eines anderen bewaffneten Konflikts" Anwendung finden.[209] Das Gewohnheitsrecht ist dem in der Rezeption der Genfer Abkommen von 1949 gefolgt und hat den bewaffneten Konflikt an Stelle des formellen Kriegszustands zu seiner Anwendungsvoraussetzung gemacht.[210] Die Bedeutung dieses Konzepts ist durch die Zusatzpro-

---

202 Jessup, AJIL 48 (1954), S. 100 ff.; Schwarzenberger, Frontiers, S. 246 ff., sog. status mixtus.

203 Bivens, AJIL 48 (1954), S. 141; Wright, AJIL 47 (1953), S. 375. Für die Völkerbund-Zeit bereits Scelle, RdC 55 (1936 I), S. 172 f.; ders., Manuel Elémentaire, S. 650 f. Nicht für den Völkerbund, jedoch für die Vereinten Nationen: Wehberg, Hommage Basdevant, S. 539, 542. Besonders für Bürgerkriege, jedoch nicht darauf beschränkt, Pinto, RdC 114 (1965 I), S. 522.

204 S.o. S. 7 ff.

205 Ebenda.

206 H.M., Guggenheim, Traité, Vol. II, S. 312-314; Schindler, RdC 121 (1967 II), S. 286 ff.; ders., in: Cassese, New Humanitarian Law, Vol. I, S. 5; Wengler, Völkerrecht, Bd. II, S. 1467 f., 1474; Seyersted, United Nations Forces, S. 201; Ipsen, K., FS Menzel, S. 421; Meng, EPIL 4, S. 285; Partsch, EPIL 3, S. 27; nur für das Neutralitätsrecht Bindschedler, FS Wengler, Bd. I, S. 34, 37.

207 UNTS, Vol. 94, S. 57 ff., RGBl. 1929 II, S. 97 ff. Später zogen die Staaten aus Art. 2 Nrn. 3, 4 SVN die gleiche "Konsequenz".

208 Meng, EPIL 4, S. 285.

209 Die Genfer Abkommen von 1929 waren noch auf den formellen Kriegszustand bezogen.

210 Bindschedler, FS Wengler, Bd. I, S. 35.

tokolle von 1977 zu den Genfer Abkommen von 1949 für das Vertragsrecht noch erweitert worden. Auch diese gelten im bewaffneten Konflikt (Art. 1 III ZP I und 1 I ZP II). Da sie auch Bestimmungen des "Haager Rechts", insbesondere der HLKO, neu bestätigten[211] und so die Unterschiede zwischen dem "Haager Recht" und dem "Genfer Recht" weitgehend aufheben[212], dehnten sie die Bedeutung des Begriffes des bewaffneten Konflikts auch in den erstgenannten Normenkomplex aus.[213] Das Konventionskriegsrecht hat insofern aber nach allgemeiner Ansicht nur eine Entwicklung des Gewohnheitsrechts nachvollzogen.[214] Demzufolge kommt es darauf an, ob bei Militäraktionen der Vereinten Nationen ein "armed conflict" entstehen kann. Dieser Frage kann nur unter Berücksichtigung der Unterscheidung zwischen internationalen und nicht-internationalen Konflikten nachgegangen werden.

b. Auseinandersetzungen zwischen den Vereinten Nationen und anderen Völkerrechtssubjekten

Partsch definiert den "international armed conflict" als[215]

"(i) the use of force in a warlike manner between States, whether they recognize themselves as being at war or not,

(ii) all 'measures short of war' (...), whether they are compatible with Art. 2 (4) of the UN Charter or not; and

(iii) wars of national liberation as set out in Art.1 (4) of Protocol I."

Diese Begriffbestimmung erfaßt in ihrer Konzentration auf Konflikte unter Staaten[216] ohne Zweifel den Regelfall des internationalen Konflikts.Daneben sind aber auch atypische Formen internationaler Auseinandersetzungen denkbar, die sich nicht zwischen Staaten oder Staaten und Befreiungsbewegungen, aber unter Beteiligung nichtstaatlicher Konfliktparteien mit internationalem Status abspielen.[217] "International" ist deshalb kein Synonym für "zwischenstaatlich".[218] Das klassische Kriegsrecht sieht als Hauptfall solcher atypischer internationaler Konflikte Aufständische, die ein lokales de facto-Regime[219] etablieren konnten und als Kon -

---

211 Schindler, in: Cassese, New Humanitarian Law, Vol. I, S. 5, Fn. 7.

212 Partsch, EPIL 3, S. 217; Nahlik, AFDI 24 (1978), S. 27.

213 Emanuelli, International Institut of Humanitarian Law, Yb 1985, S. 80, 81.

214 Bindschedler, FS Wengler, Bd. I, S. 34 f.; Skubiszewski, in: Sørensen, Manual, S. 809 f.; Wengler, Völkerrecht, Bd. II, S. 1466; Schindler, in: Cassese, New Humanitarian Law, Vol. I, S. 4.

215 EPIL 3, S. 26.

216 Von den unter (iii) genannten Befreiungsbewegungen sei für einen Moment abgesehen.

217 Hess, Anwendbarkeit, S. 23.

218 Blitschenko, FS Berber, S. 80; Hess, Anwendbarkeit, S. 23; Lombardi, Bürgerkrieg, S. 348; Meyrowitz, AFDI 13 (1967), S. 168 f.; Migliazza, RdC 137 (1972 III), S. 215.

219 Zum Begriff: Frowein, de facto-Regime, S. 22.

fliktpartei anerkannt wurden.[220] Damit unterliegt auch die Anwendung des huma - nitären Rechts insoweit einem voluntativ bestimmten Kriterium. Ob für diese Figur nach der Entwicklung objektiver Anwendungsbedingungen für das humanitäre Kriegsvölkerrecht noch Raum besteht, erscheint nicht ganz unzweifelhaft[221], soll aber hier offen bleiben.

Des weiteren werden die Vereinten Nationen als mögliche nicht-staatliche Beteiligte internationaler bewaffneter Konflikte genannt. Wenden sie zur Bekäm - pfung eines Aggressorstaates bewaffnete Gewalt an, so handeln sie als selbstän - diges Völkerrechtssubjekt. Dieses ist unabhängig von einem speziellen Willensakt der anderen Konfliktpartei befähigt, völkerrechtliche Rechte und Pflichten zu tra - gen. Bei seiner tatsächlichen Beteiligung an einer bewaffneten Auseinandersetzung mit einer anderen Völkerrechtsperson bedarf es also keines voluntativ bestimmten Aktes, um das Recht des bewaffneten Konflikts in Anwendung zu bringen. Im Gegenteil, das objektivierende Abstellen auf Auseinandersetzungen "in a warlike manner" und "measures short of war"[222] zwingt dazu, immer dann, wenn Kämpfe der genannten Qualität zwischen Völkerrechtssubjekten ausbrchen, die Existenz eines "international armed conflict" anzunehmen. Dementsprechend sind jedenfalls militärische "enforcement actions" der Weltorganisation gegen einen Aggressorstaat als internationale bewaffnete Konflikte anzusehen.[223]

Abgelehnt werden muß demgegenüber die Parallele zum innerstaatlichen Recht von Polizeimaßnahmen.[224] Die Staaten sind nicht Gewaltunterworfene der Vereinten Nationen, diese wiederum sind keine Weltregierung. Des weiteren glichen militärische Zwangsmaßnahmen der Vereinten Nationen heute vom äußeren Erscheinungsbild sicher eher einer kriegerischen Auseinandersetzung zwischen Staaten als der repressiven Gefahrenabwehr nationaler Polizeikräfte gegen Banditen und Gangster.[225]

Komplizierter ist die Beantwortung der Frage, ob die Vereinten Nationen auch im Rahmen der peace-keeping operations Beteiligte eines internationalen bewaffneten Konflikts werden können. Meyrowitz lehnt dies generell unter Hin -

---

220 Abi-Saab, Annales d'études internationales 3 (1972), S. 104; ders,. RdC 165 (1979 IV), S. 400 f.; Pictet III, S. 44; Duculesco, RGDIP 79 (1975), S. 144; Farer, RevBelgeDI 7 (1971), S. 30, 52; Frowein, de facto-Regime, S. 22 f.; Ipsen, K., FS Menzel, S. 410 f.; Kelsen, Principles, S. 161; Oppenheim-Lauterpacht, International Law, Vol. II, S. 211 f., 370 f.; Schindler, RdC 163 (1979 II), S. 130; Wilhelm, RdC 137 (1972 III), S. 330 f.

221 Ablehnend Hess, Anwendbarkeit, S. 84.

222 Partsch, EPIL 3, S. 26.

223 Berber, VR II, S. 5 f.; Bindschedcler, FS Andrassy, S. 86; Blitschenko, FS Berber, S. 80; Bothe, Droit de la Guerre, S. 206; Farer, RevBelgeDI 7 (1971), S. 29 f.; Ipsen, K., FS Menzel, S. 408; Rosas, Legal Status, S. 237 f.; Schindler, SchwJbiR 22 (1965), S. 110 f.; ders., FS Pictet; S. 526 f.; Seyersted, United Nations Forces, S. 201 ff. und passim; Verdross, Völkerrecht, S. 655.

224 S.o. S. 109.

225 Kotzsch, Concept of War, S. 289; Seyersted, United Nations Forces, S. 209.

weis auf das beschränkte Mandat dieser Truppen ab.[226] Wo das Recht zur militärischen Initiative fehle[227], werde das "principe de guerre" negiert, was die Anwendbarkeit und Anwendung des Kriegsrechts entfallen lasse. Diese Auffassung vermischt aber die Fragen der Rechtmäßigkeit der Gewaltanwendung und der Geltung des Kriegsrechts. Sie steht zudem in Widerspruch zum Konzept des (internationalen) bewaffneten Konflikts, das an die faktische Vornahme nicht unbedeutender Gewalttätigkeiten (zwischen Völkerrechtssubjekten) anknüpft.

Auch wenn Friedenstruppen regelmäßig nur zur Selbstverteidigung[228] Waffengewalt anwenden dürfen, kann im Falle eines hinreichend intensiv vorgetragenen Angriffs durch eine andere Völkerrechtsperson[229] nicht ausgeschlossen werden, daß es zu Auseinandersetzungen "in a warlike manner" kommt. In diesem Zusammenhang ist daran zu erinnern, daß es für die Kriegsrechtsanwendung nicht auf den Umfang des Konflikts ankommt, ob er "klein" oder "groß", "begrenzt"

---

226 Meyrowitz, Principe de l'Egalité, S .232; ebenso, jedoch ohne Begründung Rosas, Legal Status, S. 238, Fn. 74.

227 Dies ist bei den Friedenstruppen in der Tat regelmäßig der Fall, s. aide-mémoire des Generalsekretärs zu UNFICYP, UN Doc. S/5653 vom 10.4.1964, Nr. 16, SC OR, 19th yr., supp. April-June 1964, S. 14 (auch bei Higgins IV, S. 151) .

228 Im Sinne des aide-mémoire vom 10.4.1964, a.a.O.:

"Principles of self-defence

16. Troops of UNFICYP shall not takte the initative in the use of armed force. The use of armed force is permissible only in self-defence. The expression 'self-defence' includes:
(a) The defence of United Nations posts, premises and vehicles under armed attack;
(b) The support of other personnel of UNIFICYP under armed attack.

17. No action is to be taken by the troops of UNFICYP which is likely to bring them into direct conflict with either community in Cyprus, except in the following circumstances:
(a) Where members of the Force are compelled to act in self-defence;
(b) Where the safty of the Force or of members of it is in jeopardy;
(c) Where specific arrangements accepted by both communities have been, or in the opinion of the Commander on the spot are about to be, violated, thus risking a recurrence of fighting or endangering law and order.

18. When acting in self-defence, the principle of minimum force shall always be applied, and armed force will be used only when all peaceful means of persuasion have failed. The decision as to when force may be used under these circumstances rests with the commander on the spot, whose main concern will be to distinguish between an incident which does not require fire to be opened and those situations in which troops may be authorized to use force. Examples in which troops may be authorized are:
(a) Attemps by force to compel them to withdraw from a position which they occupy under orders from their commanders, or to infiltrate and envelop such positions as are deemed necessary by their commanders for them to hold, thus jeopardizing their safety;
(b) Attemps by force to disarm them;
(c) Attemps by force to prevent them from carrying out their responsibilities as ordered by their commanders;
(d) Violation by force of United Nations premises and attemps to arrest or abduct United Nations personnel, civil or military."

S. dazu ausführlich: Karaosmanoglu, Actions militaires, S.158-167.

229 In Betracht kämen möglicherweise noch Befreiungsbewegungen, Art. 1 ZP I, soweit man annimmt, daß ein Konflikt mit einer solchen Einheit auch gewohnheitsrechtlich als internationaler Konflikt anzusehen ist, was allerdings sehr zweifelhaft ist.

oder "total" ist.[230] Ebensowenig ist von Bedeutung, wie lange die Feindseligkeiten andauern, auch kurze Kämpfe können Anwendungsfälle des Kriegsrechts sein.[231]

Gewiß ist eine solche Situation angesichts der VN-Praxis der letzten Jahre wenig wahrscheinlich. Ein internationaler bewaffneter Konflikt wäre aber dennoch gegeben.[232] Die gleiche Lage entstünde, wenn eine zur Gebietsverwaltung eingesetzte Truppe (wie UNSF) das von den Vereinten Nationen administrierte Territorium gegen einen von außen vorgetragenen Angriff, z.B. eines Nachbarstaates, verteidigen würde.[233]

c. *Das Eingreifen der Vereinten Nationen bei internen Konflikten*

Alle zuvor besprochenen Konstellationen haben gemeinsam, daß an den Kampfhandlungen auf beiden Seiten der Front Streitkräfte stehen, die unmittelbar Völkerrechtssubjekten zugerechnet werden können oder solchen - bezieht man die Befreiungsbewegungen i.S. des Art. 1 IV ZP I ein - ausdrücklich gleichgestellt sind. Die Subsumtion dieser Tatbestände unter den Begriff des "armed conflict" und ihre Qualifizierung als internationale bewaffnete Konflikte ist dementsprechend leicht nachvollziehbar.

Viel verworrener wird die Situation aber, wenn die Weltorganisation vor dem Hintergrund eines internen Konfliktes operiert. Besteht ursprünglich ein bewaffneter Konflikt zwischen der etablierten Regierung eines Landes und Rebellen, so handelt es sich nach Vertrags- und Gewohnheitsrecht um einen internen Konflikt (Art. 3 GK 1949 I-IV, Art. 1 ZP II). Greift hier eine andere Völkerrechtsperson selbständig ein, so entsteht ein sogenannter gemischter Konflikt[234], denn für den hinzukommenden Dritten ist die Auseinandersetzung nicht im eigentlichen Sinne intern. Solche Situationen sind in den zahlreichen Interventionsfällen der Zeit seit 1945 häufig entstanden.[235] Bei einem dieser internationalisierten Bürgerkriege, dem Kongo-Konflikt, waren die Vereinten Nationen die von außen hinzutretende Macht, die in erheblichem Umfang in Kämpfe verwickelt war. Auf anderen Schauplätzen interner Auseinandersetzungen (auf Zypern und im Libanon) sind die Vereinten Nationen präsent, waren aber bislang nicht an nennenswerten militärischen Kraftproben beteiligt. Die Behandlung

---

230 Kunz, AJIL 50 (1956), S. 321.

231 So für die nur wenige Tage andauernde Invasion Grenadas 1982, Emanuelli, International Institut of Humanitarian Law, Yb 1985, S. 77.

232 Bothe, Droit de la Guerre, S. 215 (speziell für ONUC); Bindschedler, FS Andrassy, S. 86 f.; Ipsen, K., FS Menzel, S. 408; Schindler, SchwJbiR 22 (1965), S. 105-112; ders., FS Pictet, S. 527; Seyersted, United Nations Forces, S. 210.

233 Seyersted, United Nations Forces, S. 214 f.

234 Zum Begriff: Hess, Anwendbarkeit, S. 143.

235 Nach Kende, JPR 15 (1978), S. 232 haben von 1945 bis 1976 102 interne Konflikte stattgefunden, davon 68 mit fremden Interventionen. Kendes Interventionsbegriff ist allerdings politikwissenschaftlich geprägt und weiter gefaßt als der völkerrechtliche Interventionsbegriff.

des gemischten Konfliktes ist also in unserem Zusammenhang durchaus kein theoretisches Problem. Um es zu lösen, ist es erforderlich, zunächst allgemein die Problematik gemischter Konflikte zu beleuchten, um darauf aufbauend eine Antwort für die Vereinten Nationen speziell zu finden.

AA. Das bei gemischten Konflikten geltende Kriegsvoelkerrecht

Welche rechtlichen Folgen hat nun das Erscheinen eines selbständig agierenden "dritten" Völkerrechtssubjekts auf dem Kampffeld eines (bis dahin) rein internen Konfliktes? Gedanklich eröffnen sich drei Möglichkeiten:

- der Konflikt bleibt als Ganzes in den Beziehungen aller drei Parteien untereinander ein interner Konflikt, in dem folglich nur die Mindestgarantien des Art. 3 GK 1949 I-IV[236], allenfalls noch das ZP II, keineswegs aber der Gesamtbestand des humanitären Rechts anzuwenden sind[237];
- durch das Hinzutreten des "Dritten" verändert der ganze Konflikt seinen Charakter und wird "internationalisiert" mit der Folge, daß alle drei Parteien das gesamte Recht des internationalen Konfliktes zu beachten haben[238];
- die Beziehungen der Konfliktparteien werden ihrem individuellen Charakter entsprechend beurteilt. Dieser sogenannten Komponententheorie[239] zufolge unterliegen auch im gemischten Konflikt die Kampfhandlungen zwischen Völkerrechtssubjekten dem Recht des internationalen, die Kampfhandlungen, an denen auf der einen Seite Aufständische beteiligt sind, dem Recht des internen Konfliktes.

Keine dieser Möglichkeiten vermag voll zu befriedigen; die ersten beiden Ansätze sind schon mit den Anwendbarkeitsvorschriften der Kriegsrechtskonventionen nicht vereinbar.

Die erste Lösung verkürzt in unzulässiger Weise die völkerrechtlichen Verpflichtungen der mit Völkerrechtspersönlichkeit ausgestatteten Parteien eines

---

236 Bzw. entsprechendes Gewohnheitsrecht.

237 Darauf lief der Vorschlag der indonesischen Regierungexperten auf der 1.Regierungsexpertenkonferenz zur Vorbereitung der Zusatzprotokolle 1971 hinaus, Doc. CE/Com. II/9, CICR, Conférence d'experts gouvernementaux 1971, Rapport sur les travaux de la conférence, S. 71.

238 Zwei nicht namentlich genannte Experten, die das IKRK zur Vorbereitung der 1. Regierungsexpertenkonferenz befragt hatte, CICR, Conférence ... Rapport, S. 58, para. 295; IKRK, RevICR 51 (1969), S. 408; Falk, in: Rosenau, International Aspects of Civil Strife, S. 218; Farer, RevBelgeDI 7 (1971), S. 52, 54; Kalshoven, Belligerent Reprisals, S. 300 f.; Seyersted, United Nations Forces, S. 214, 216; Verhoeven, La reconnaisance internationale, S. 130 f.; Meyrowitz, AFDI 13 (1967), S. 167 ff., der allerdings darauf hinweist, daß eine Bindung der Aufständischen an das Recht des internationalen Konflikts nicht ohne weiteres möglich ist (a.a.O., S. 172).

239 Bothe, ZaöRV 37 (1977), S. 590 f.; Schindler, RevICR 64 (1982), S. 264 f.; Baxter, in: Moore, Law and Civil War, S. 523 f. und Ciobanu, RivDI 58 (1975), S. 54 sprechen von der "Theory of Pairings", Gasser, AmULR 31/4 (1982), S. 911 ff. von der "idea of differentiation", womit jedoch dasselbe ausgesagt werden soll.

internationalisierten Bürgerkrieges. Diese sind nach Art. 2 GK 1949 I-IV gehalten, in *jedem* Fall eines bewaffneten Konflikts zwischen ihnen - und ein solcher liegt auch bei Kämpfen zwischen Völkerrechtssubjekten in einem gemischten Konflikt vor - den Gesamtbestand des humanitären Kriegsrechts anzuwenden und nicht lediglich Art. 3 GK 1949 I-IV bzw. das ZP II. Zudem wird die erste Lösungsmöglichkeit der erhöhten Kampfintensität nicht gerecht, die sich nach einer fremden Intervention regelmäßig einstellen wird; an sich "ruft" die tatsächliche Lage nach dem ganzen humanitären Normenbestand.[240]

Diesen aber in Gänze für anwendbar zu erklären, stößt auf erhebliche politische und konstruktive Schwierigkeiten. Die etablierte Regierung eines von einem Bürgerkrieg betroffenen Staates wird oft einer Aufwertung der Aufständischen als Partei eines internationalen bewaffneten Konflikts nicht zustimmen wollen.[241] Vor allem aber ist überaus unklar, wie die Bindung der Rebellen an das Recht des internationalen Konfliktes begründet werden soll.

Es fällt bereits schwer, einen überzeugenden Nachweis dafür zu führen, daß Aufständische an das Recht des internen Konflikts gebunden sind.[242] Immerhin lassen sich hier aber Begründungen konstruieren. Das IKRK und ein Teil der Lehre gehen davon aus, daß die Ratifikation eines völkerrechtlichen Vertrages nicht nur den Staat und seine Organe verpflichtet, sondern auch für die der Staatsgewalt unterworfenen Privaten geltendes Recht schafft.[243]/[244] Diese These trifft aber allenfalls in den Ländern zu, deren Rechts- und Verfassungsordnungen die unmittelbare Anwendbarkeit völkerrechtlicher Verträge zulassen.[245] Von einem Teil der

240 Falk, in: Rosenau, International Aspects of Civil Strife, S. 218; Farer, RevBelgeDI 7 (1971), S. 52, 54; Meyrowitz, AFDI 13 (1967), S. 167 ff. mit dem Argument, die unterstützte Bürgerkriegspartei werde durch die Intervention zur Marionette des Intervenienten, weshalb das ursprüngliche Bürgerkriegsverhältnis zurückgedrängt werde. Der entsprechende o.a. indonesische Vorschlag (s.o. S. 115, Fn. 237) wurde auf der CDDH auch nicht weiter verfolgt, Partsch, in: Bothe/Partsch/Solf, New Rules, S. 626 f.

241 Condorelli, in: Cassese, New Humanitarian Law, Vol. I, S. 388. Aus diesem Grund hat auch das klassische Institut der Anerkennung Aufständischer seit dem I. Weltkrieg keine wesentliche Rolle gespielt, vgl. Riedel, EPIL 4, S. 169.

242 Deshalb haben einzelne Delegationen der Diplomatischen Konferenzen von 1949 und 1974-1977 eine solche Bindung auch für rechtlich unmöglich gehalten; vgl. die Äußerungen der Delegierten des Vereinigten Königreiches, Australiens und der Schweiz in: Actes 1949, Vol. II Sec. B, S. 89, 95 und Zaires auf der CDDH, Doc. CDDH/SR 50, Annex, OR, Vol. VII, S. 104. Siehe dazu auch Fleiner-Gerster/Meyer, ICLQ 34 (1985), S. 271 ff.

243 Actes 1949, Vol. II Sec. B, S. 89; ebenso der Delegierte Griechenlands (Actes, a.a.O.); auf der CDDH: IKRK, Doc. CDDH/SR. 24, para. 55 (OR, Vol. VIII, S. 239); Sowjetunion, Doc. CDDH/III/SR 32, para. 22 ff. (OR, Vol. XIV, S. 314); siehe auch die Begründung des IKRK für die These, daß auch der Vietcong an die GK 1949 gebunden sei:

> "Quant au Front national de libération, il se trouve également lié par les engagements souscrits au nom du Vietnam."

RevICR 47 (1965), S. 385. Der Vietcong ist dem nicht gefolgt, RevICR 48 (1966), S. 360.

244 Lombardi, Bürgerkrieg, S. 94; Miller, Law of War, S. 22; Pictet, Droit humanitaire, S. 59; Verhoeven, Reconnaissance, S. 124.

245 Partsch, in: Bothe/Partsch/Solf, New Rules, S. 699 f..

Lehre wird deshalb in verschiedenen Varianten die Auffassung vertreten, die Aufständischen seien als Individuen[246] oder als Gruppe[247] unmittelbar kraft Völkerrechts dem Recht des internen Konflikts unterworfen. Gewohnheitsrechtlich erstrecke sich die völkerrechtliche Bindung des Staates an das Recht des internen Konflikts auch auf die Aufständischen[248], die eine zeitlich und sachlich entsprechend begrenzte Völkerrechtssubjektivität erlangten.[249] Zum gleichen Ergebnis führt auch eine Auffassung, die den gemeinsamen Art. 3 GK 1949 I-IV als Ausdruck absoluter Verpflichtungen versteht[250], an die Staaten, politische Einheiten wie auch Individuen wohl unabhängig von der vertraglichen Bindung gebunden sein sollen.

Auf die Problematik dieser Begründungsversuche soll hier im einzelnen nicht eingegangen werden.[251] Klar ist aber, daß auf ihrer Grundlage nur die Geltung des Art. 3 GK 1949 I-IV[252], allenfalls noch des ZP II, für die Rebellen nachweisbar ist. Ausgeschlossen ist hingegen die Annahme, die dargestellten Konstruktionen könnten auch einen Anwendungsbefehl für das Recht des internationalen Konfliktes an von diesen Rechtssätzen gar nicht angesprochene Einheiten wie Aufständische begründen.

Die Komponententheorie schließlich weist erhebliche praktische Nachteile auf. Sie führt dazu, daß auf ein und demselben Kriegsschauplatz zwei verschiedene Rechtsregime anzuwenden sind.[253] Kämpfen auf der Seite der Rebellen fremde Truppen, so gilt für diese das Recht des internationalen Konfliktes, sowohl im Verhältnis zu den Regierungstruppen als auch im Verhältnis zu eventuell auf deren Seite kämpfenden Einheiten eines weiteren fremden Staates. Denn in beiden Fällen liegen internationale Konflikte i. S. des Art. 2 GK 1949 I-IV vor.[254] Die Rebellen

---

246 Draper, RdC 114 (1965 I), S. 96; Oppenheim/Lauterpacht, International Law, Vol. II, S. 211, Fn. 3.

247 Oppenheim/Lauterpacht, International Law, a.a.O.; Siotis, Droit de la Guerre, S. 218 f.; Wilhelm, RdC 137 (1972 III), S. 338; Zorgbibe, Guerre civile, 187 ff.; ders., Clunet 97 (1970), S. 674 ff.; unklar O'Connell, International Law, Vol. II, S. 974.

248 Bothe, RGDIP 82 (1978), S. 92; wohl ebenso: Frowein, ZaöRV 27 (1967), S. 19; DDR-Lehrbuch Völkerrecht, Bd.2, S. 226; La Pradelle, Conférence Diplomatique, S. 217; Rosas, Legal Status, S. 100; Schindler, RdC 163 (1979 II), S. 151.

249 S. die Nachweise bei Fn. 247.

250 Schlögel, RevICR 52 (1970), S. 145.

251 Dazu Hess, Anwendbarkeit, S. 92 f.

252 Ebenda S. 93.

253 Bothe, Droit de la Guerre, S. 212; ders., ZaöRV 37 (1977), S. 591; Hooker/Savasten, VirJIL 5 (1964-1965), S. 256 f.; Kimminich, Schutz der Menschen, S. 126 f.; Rosenblad, International humanitarian law, S. 52; Schindler, SchwJiR 22 (1965), S. 95 f.; ders., RevICR 64 (1982), S. 265; ders., RdC 163 (1979 II), S. 150; Wilhelm, RdC 137 (1972 III), S. 357.

254 Schindler, SchwJiR 22 (1965), S. 94.

dagegen bekämpfen die Regierungstruppen im Rahmen eines nicht-internationalen Konfliktes, so daß hier nur Art. 3 GK 1949 I-IV anwendbar ist.[255]

Am problematischsten ist das Verhältnis eines fremden Intervenienten zu den Aufständischen. Für diesen liegt an sich nicht die Situation eines internen Konfliktes vor, und für ihn treffen auch nicht die Gründe zu, aus denen die Staaten einer detaillierten Regelung des Bürgerkrieges zurückhaltend gegenüberstehen.[256] Aus den Bestimmungen über den sachlichen Anwendungsbereich des Rechts des internationalen Konflikts läßt sich die Geltung dieses Normenbestandes für den auf Regierungsseite stehenden Intervenienten aber dennoch nicht ableiten. Die Aufständischen sind keine "Hohe Vertragspartei", in Ermangelung eines entsprechenden völkerrechtlichen Status könnten sie es auch unter keinem Gesichtspunkt sein. Deshalb befindet sich der Intervenient auch nicht in einem Konflikt mit einer solchen, folglich fällt die Auseinandersetzung nicht unter Art. 2 GK 1949 I-IV. Hingegen handelt es sich um die Situation des Art. 3 GK 1949 I-IV, nämlich einen Konflikt nicht-internationalen Charakters auf dem Gebiet einer Hohen Vertragspartei[257], bei dem "jede der am Konflikt beteiligten Parteien" - mithin auch der Intervenient - (lediglich) gehalten ist, die Pflichten des Art. 3 GK 1949 I-IV zu respektieren.[258]

Ist der Intervenient auch Vertragspartei der Zusatzprotokolle, ergibt sich kaum etwas anderes. Er muß dann gegenüber den Rebellen auch (nur) das ZP II anwenden, wenn diese es ihm gegenüber ebenfalls anzuwenden vermögen. Denn Art. 1 I ZP II bestimmt den Begriff des internen Konflikts (wie schon Art. 3 GK 1949 I-IV) negativ, d.h. ein interner Konflikt liegt vor, wenn es sich nicht um einen internationalen Konflikt handelt. Ein solcher ist aber nach Art. 1 III ZP I nicht gegeben, weil dieser Vorschrift zufolge der Anwendungsbereich des ZP I mit dem Anwendungsbereich der für den internationalen Konflikt geltenden Normen der GK 1949 identisch ist.[259] Wann aber nach den GK 1949 ein internationaler

---

255 Ebenda, ggf. kommt noch das ZP II in Betracht.

256 Bedenken wegen übermäßiger Souveränitätseinschränkungen in (angeblich) inneren Angelegenheiten; Wunsch nach freier Hand bei der Bekämpfung Aufständischer; s. Bothe, Droit de la Guerre, S. 212.

257 Hier sei der Fall außer acht gelassen, daß der Staat, in dem der Bürgerkrieg stattfindet, nicht Vertragspartei der GK 1949 ist. Die Vernachlässigung dieser Konstellation ist aus zwei Gründen zulässig:
1.) Die GK 1949 gelten praktisch universell;
2.) Art. 3 GK 1949 I-IV wird man als gewohnheitsrechtlich geltend ansehen dürfen: DDR-Lehrbuch Völkerrecht, Bd. 2, S. 226; zur Praxis: Bond, Rules of Riot, S. 58 ff.; Forsythe, AJIL 72 (1978), S. 275 ff.; Schindler, SchwJiR 22 (1965), S. 88 ff.; Siotis, Droit de la Guerre, S. 208 ff.; Veuthey, in: Cassese, Current Problems, S. 236 ff. Gegen die Annahme, daß Art. 3 GK 1949 I-IV Gewohnheitsrecht geworden ist: Schutz der Menschen, Kimmnich, S. 106 ff. und der irakische Delegierte auf der CDDH, Doc. CDDH/I/SR 29, para. 17, OR, Vol. VIII, S. 288 f.

258 Schindler, a.a.O., S. 94; Hess, Anwendbarkeit, S. 159 ff.

259 Die Befreiungsbewegungen des Art. 1 IV ZP I sind die einzigen Ausnahmen von diesem Grundsatz, spielen aber in unserem Zusammenhang keine entscheidende Rolle.

Konflikt vorliegt, folgt aus deren gemeinsamen Art. 2, dessen Voraussetzungen - wie ausgeführt - nicht gegeben sind.

Das IKRK hat sich in der Vorbereitungsphase der Zusatzprotokolle um eine Verbesserung dieser wenig befriedigenden Rechtslage bemüht, indem es zunächst versuchte, den gemischten Konflikt generell dem internationalen Konflikt gleichzustellen.[260] Damit konnte das IKRK auf der 1. Regierungsexpertenkonferenz 1971 nicht durchdringen, da insbesondere kritisiert wurde, daß diese Lösung die Aufständischen beinahe förmlich auffordere, sich fremder Unterstützung zu versichern, um die Aufwertung des eigenen Status zu erreichen.[261] Der 2. Regierungsexpertenkonferenz lag ein diesen Einwand teilweise berücksichtigender neuer Vorschlag vor[262], aber auch dieser fand unter den Experten keine Unterstützung. Teilweise wurde die Befürchtung geäußert, eine Regelung des gemischten Konfliktes könnte als Vorwand zur Rechtfertigung von Interventionen mißbraucht werden.[263] Offenbar sollte auch keine dritte Kategorie bewaffneter Konflikte geschaffen werden.[264] Andere Experten sahen das klassische Recht der etablierten Regie -

---

260 CICR, Conférence ... 1971, Rapport, S. 57, para. 290:
"Lorsque, en cas de conflit armé non international, l'une ou l'autre Partie - ou les deux - bénéficie, de part d'un Etat tiers, du concours de forces armées opérationnelles, les Parties au conflit appliquéront l'ensemble du droit international humanitaire applicable dans les conflits armés internationaux."

261 CICR, Conférence ... 1971, Rapport, S. 59, para. 301; Baxter, in: Moore, Law and Civil War, S. 534; Gasser, AmULR 31/4 (1982), S. 912; Hooker/Savasten, VirJIL 5 (1964-65),. S. 260, Fn. 105; Kimminich, Schutz der Menschen, S. 127; Schindler, RevICR 64 (1982), S. 265

262 CICR, Conférence ... 1971, Rapport, Vol. II, S. 22:
"*Aide extérieur dans le conflit armé ne présentant pas un charactère international*
Lorsque, en cas de conflit armé ne présentant pas un charactère international surgissant sur le territoire d'une des Hautes Parties contractantes, des forces armées d'autres Etats prennent part directement aux hostilités, les rapports réciproques des Parties au conflit seront régis de la manière suivante:
a) les rapports entre les autorités au pouvoir et les Etats qui assistent la Partie qui s'oppose aux autorités au pouvoir seront régis par les quatre Conventions de Genève du 12 août 1949 et le Protocole additionnel auxdites Conventions; il en sera de même pour les rapports entre les Etats qui assistent les autorités au pouvoir et les Etats qui assistent la Partie qui s'oppose aux autorités au pouvoir;
b) les rapports entre les autorités au pouvoir et la Partie qui leur est opposée seront régis au minimum par l'article 3 commun et le présent Protocole. En outre, les Parties au conflit accordéront à tous les combattants capturés le traitement de prisonnier de guerre prévu par la Convention de Genève relative au traitement des prisonniers de guerre du 12 août 1949 et mettront les personnes civiles au bénéfice du titre IV relatif à la population civile du Protocole additionnel aux quatre Conventions de Genève:
1) lorsque seules les autorités au pouvoir bénéficient de l'assistance d'autres Etats;
2) lorsque les autorités au pouvoir et la Partie qui s'y oppose bénéficient de l'assistance d'autres Etats;
c) l'ensemble des rapports entre les Parties au conflit sera régi par les quatre Conventions de Genève du 12 août 1949 et le Protocole additionnel auxdites Conventions, lorsque la Partie qui s'oppose aux autorités au pouvoir remplit les conditions énoncées à l'article premier du Réglement qu'elle soit ou non assistée par d'autres Etats."

263 CICR, Conférence ... 1971, Rapport, Vol. I, S. 100, Nr 2.342.

264 CICR, Conférence ... 1971, Rapport, S. 58, para. 299.

rungen gefährdet, gegen Aufständische um fremde Unterstützung zu bitten, da sie bei deren Inanspruchnahme den Aufständischen automatisch internationalen Status einräumen müßte und diese wegen ihrer Teilnahme an der Rebellion auch nicht mehr als Hochverräter bestrafen dürften.[265] Das IKRK ließ seine Kodifikationsbemühungen zum gemischten Konflikt nach diesen wenig ermutigenden Reaktionen fallen.[266]

Dementsprechend bleibt es dabei, daß die Bestimmungen über den sachlichen Anwendungsbereich der Genfer Konventionen von 1949 und der Zusatzprotokolle eine generelle Qualifizierung der gemischten Konflikte unmöglich machen. So unbefriedigend dies ist, die Rechtsbeziehungen der Konfliktparteien können nur auf der Grundlage der Komponententheorie bestimmt werden.[267]

BB. DAS FUER DIE VEREINTEN NATIONEN IN GEMISCHTEN KONFLIKTEN GELTENDE KRIEGSRECHT

Selbstverständlich sind die Anwendungsbestimmungen der Genfer Konvention für Nicht-Vertragsparteien (wie die Vereinten Nationen) nicht von unmittelbarer Bedeutung. Die Unterscheidung zwischen internationalen und internen Konflikten ist aber auch dem Gewohnheitsrecht eigen. Man wird kaum annehmen können, daß dieses den Anwendungsbereich des Rechts des internationalen Konflikts großzügiger bestimmt als das Konventionskriegsrecht. Im Gegenteil, wenn die Anwendungsbestimmungen des kodifizierten Rechts also die gemischten Konflikte schon nicht generell als internationale Konflikte behandeln, trifft dies a fortiori auf die des Gewohnheitsrechts zu. Andererseits ist aber auch nicht ersichtlich, daß das für die bewaffneten Auseinandersetzungen unter Völkerrechtspersonen geltende Kriegsvölkergewohnheitsrecht in der Situation des gemischten Konflikts nicht mehr gelten soll, wenn es in diesem Rahmen tatsächlich zu Kämpfen zwischen Völkerrechtssubjekten kommt. Deshalb ist die Komponententheorie auch im Gewohnheitsrecht anzuwenden. Daraus folgt, daß die Vereinten Nationen auch Partei interner bewaffneter Konflikte sein können[268], bei denen nach den Anwendungsbestimmungen des humanitären Kriegsvölkergewohnheitsrechts auch für die Vereinten Nationen das Recht des internen Konflikts zu gelten hat.

---

265 Hess, Anwendbarkeit, S. 157; unter Hinweis auf die dann notwendige Behandlung gefangener Rebellen als Kriegsgefangene. CICR, Conférence ... 1971 Rapport, S. 59, para. 301.1; CICR, Conférence ... 1972, Rapport I, S. 100, Nr. 2.345; Rosas, Legal Status, S. 285.

266 IKRK, Doc. CDDH/I/SR. 22, para. 4, OR, Vol. VIII, S. 202.

267 Hess, Anwendbarkeit, S. 158; Beyerlin, Humanitäre Aktion, S. 30 f.

268 Schindler, SchwJiR 22 (1965), S. 112, der aber wegen des besonderen Charakters internationaler Streitkräfte eine Anwendung des Gesamtbestandes des humanitären Rechts für wünschenswert hält; Castrén, AnnIDI 54 I (1971), S. 169; a.A. P. de Visscher, AnnIDI 54 I (1971), S. 11; keine generelle Lösung für möglich hält Bothe, Droit de la Guerre, S. 212.

D. DIE PRAXIS DER VEREINTEN NATIONEN

Es zeigt sich damit, daß die Weltorganisation nicht nur kriegsrechtsfähig ist, sie kann auch Partei internationaler und interner Konflikte sein. Aus den einschlägigen Rechtsvorschriften ist daher abzuleiten, daß ihr militärisches Eingreifen ein Anwendungsfall des Kriegsvölkergewohnheitsrechts ist. Denn das Gewohnheitsrecht bindet grundsätzlich alle Völkerrechtsubjekte, die nicht einschlägigen spezielleren vertraglichen Verpflichtungen unterworfen sind.[269] Es bleibt zu klären, ob diese Schlußfolgerung in der Praxis der Vereinten Nationen eine Stütze findet. Konkret ist zu fragen, ob die Vereinten Nationen im Völkerrechtsverkehr die Geltung des Kriegsvölkergewohnheitsrechts anerkannt haben und ob sie von anderen Völkerrechtssubjekten als entsprechend gebunden angesehen werden.

Auf die entsprechende Völkerrechtspraxis ist oben zum Teil schon eingegangen worden. Zunächst sei daran erinnert, daß die Vereinten Nationen, soweit sie entsprechende regulations erlassen haben, ihre Truppen angewiesen haben:

> "[to] observe <and respect> the principles and spirit of the general international Conventions applicable to the conduct of military personnel."[270]

Es wurde oben bereits festgestellt, daß damit u.a. die weitgehend zu Gewohnheitsrecht gewordenen Genfer Abkommen von 1949[271] gemeint waren[272] und daß diese Anweisungen nicht nur das Innenverhältnis zwischen Vereinten Nationen und Kontingentstaat betraf, sondern Ausdruck auch Dritten gegenüber bestehender Verpflichtungen der Weltorganisation zur Einhaltung bestimmter kriegsrechtlicher Regeln war. Denn anders sind die im Rahmen von ONUC geschlossenen Schadensersatzabkommen ebenso wenig zu erklären wie die Versicherung des Generalsekretärs gegenüber dem IKRK:

> "que l'Organisation des Nations Unies respecterait les principes des Conventions humanitaires internationales".[273]

In dem Schadensersatzabkommen mit Belgien heißt es ohne Einschränkung - etwa hinsichtlich einer nur moralischen Verpflichtung:

> "Elle [l'Organisation des Nations Unies] a déclaré qu'elle ne se soustrairait pas à sa résponsabilité ..."[274]

---

[269] Schermers, International Institutional Law, § 1400; P. de Visscher, AnnIDI 54 I (1971), S. 43.

[270] Regulations für UNEF I, ONUC und UNFICYP (Text in spitzen Klammern nur für UNFICYP, Nachweise s.o. S. 105, Fn. 183. Derartige Anweisungen sind für UNEF II, UNDOF und UNIFILL nicht erlassen worden (s.o. S. 48). Es deutet aber nichts darauf hin, daß die Vereinten Nationen in der Kriegsrechtsfrage bei diesen Aktionen einen anderen Standpunkt bezogen haben.

[271] Partsch, EPIL 3, S. 29.

[272] S.o. S. 105. Die Vereinten Nationen haben aber auch die Kulturgüterschutzkonvention von 1954 mit einbezogen, die wohl nicht Gewohnheitsrecht widerspiegelt [P. de Visscher, AnnIDI 54 I (1971), S. 101].

[273] RevICR 43 (1963), S. 593.

[274] UNTS, Vol. 535, S. 198.

wobei, wie ausgeführt, die "résponsabilité" nur auf die Verletzung kriegsrechtlicher Pflichten bezogen sein konnte.[275]

Fraglich ist aber, welcher kriegsrechtliche Normenbestand gemeint war. Die Formulierung, "principles and spirit" der einschlägigen internationalen Konventionen beachten zu wollen, ist nicht sehr klar. Aus ihr ist allenfalls zu entnehmen, daß diese Konventionen nicht in toto anwendbar sein sollten.[276] Damit scheidet eine vollständige Anwendung der Genfer Abkommen von 1949, der Kulturgüterschutzkonvention von 1954 und erst recht der Zusatzprotokolle von 1977 nach Auffassung der Vereinten Nationen aus. Präzisere Aussagen über den Umfang ihrer Bindung an das Kriegsrecht haben die Vereinten Nationen bislang nicht gemacht. Das Collective Measures Committee der Generalversammlung führte 1951 lediglich aus, zukünftige Maßnahmen der Vereinten Nationen sollten den "humanitarian principles applied and recognized ... in armed conflict" folgen.[277] Allerdings forderte die Generalversammlung 1971 in zwei Resolutionen "all parties to any armed conflict" auf,

> "to observe the rules laid down in the Hague Conventions of 1899 and 1907, the Geneva Protocol of 1925, the Geneva Conventions of 1949 and other humanitarian rules applicable in armed conflicts."[278]

Aus diesen Entschließungen wird sich - schon mangels des erforderlichen Bindungswillens - aber kaum eine Unterwerfung der VN-Truppen unter die angesprochenen Übereinkommen herleiten lassen.[279]

Es bleibt deshalb dabei, daß sich die Weltorganisation an einen gewissen Bestand kriegsrechtlicher Normen gebunden sah (und wohl nach wie vor gebunden sieht), der unterhalb des kodifizierten Rechts liegt. Man könnte erwägen, daß lediglich der Gehalt der vom IKRK 1979 formulierten "Fundamental Rules of International Humanitarian Law"[280] gemeint ist.[281] Es ist aber zweifelhaft, ob diese Auslegung dem Selbstverständnis der Vereinten Nationen gerecht wird, stellen diese Regeln doch nur einen sehr beschränkten Teil des humanitären Rechts dar. Sie sind darüber hinaus auch hinsichtlich der fundamentalen Grundsätze nicht vollständig.[282] Außerdem wäre bei einem solchen Verständnis der Erklärung der Vereinten Nationen die Einbeziehung der Grundsätze und des Geistes der Kulturgüterschutz-Konvention nicht erklärlich. Es liegt deshalb näher, die Wendung "principles and spirit" als Anerkennung zumindest des gesamten Gewohnheitsrechts zu verstehen, zwingend ist dies aber nicht. Jedenfalls darf aber festgehalten werden, daß die

---

275 S.o. S. 105 f.

276 Knorr, Diss., S. 163.

277 GA OR, 6th yr., supp. 13, S. 29, para. 246.

278 GA Res. 2852 (XXVI), para. 1; GA Res. 2853 (XXVI), para. 1; beide vom 20.12.1971.

279 Dies deutet Schermers, International Institutional Law, § 1400, aber an.

280 Abgedruckt und kommentiert bei Partsch, EPIL 3, S. 29.

281 So offenbar Lehmann, NordTIR 54 (1985), S. 16.

282 Partsch, a.a.O., S. 31.

Praxis der oben gezogenen Schlußfolgerung in keiner Weise widerspricht, daß die Vereinten Nationen bei ihren Militäraktionen aus dem Kriegsvölkergewohnheitsrecht berechtigt und verpflichtet sind.

E. Zusammenfassung des Abschnitts und Zwischenergebnis

Die Untersuchungen des vorstehenden Abschnitts haben gezeigt, daß die Vereinten Nationen im Rahmen der von ihnen durchgeführten Militäreinsätze sowohl Partei internationaler als auch interner bewaffneter Konflikte werden können und deshalb selbst gewisse Bindungen an das Kriegsvölkerrecht akzeptiert haben. Es gilt nun, die Ergebnisse aller bisher angestellten Erwägungen zusammenzuführen und daraus eine erste Antwort auf die Fragestellung dieser Arbeit zu ermitteln.

Festgestellt worden ist, daß die Weltorganisation geeignetes Zuordnungsobjekt für Streitkräfte sein kann und daß sie von dieser Fähigkeit Gebrauch gemacht hat bzw. Gebrauch macht. Sie hat in einer Anzahl von Fällen Truppen als eigene Organe aufgestellt. Sie ist des weiteren eine geeignete Adressatin für die Normen des Kriegsvölkergewohnheitsrechts, zumindest soweit es um die (hier allein interessierenden) Regeln für die Kampfführung geht. Ihre tatsächliche Beteiligung an bewaffneten Auseinandersetzungen von hinreichender Intensität läßt einen bewaffneten Konflikt entstehen, zu dessen Partei sie wird, wobei es sich je nach den Umständen des Einzelfalls um einen internen oder um einen internationalen Konflikt handeln kann.

Damit sind alle Voraussetzungen für die Anwendung des im bewaffneten Konflikt geltenden Völkergewohnheitsrechts erfüllt. Da Internationale Organisationen in der Regel an Normen des allgemeinen Gewohnheitsrechts in der gleichen Weise gebunden sind wie Staaten[283], folgt daraus, daß die Vereinten Nationen bei ihren Militäraktionen das Kriegsvölkergewohnheitsrecht grundsätzlich ebenso zu beachten haben wie alle anderen Völkerrechtssubjekte.[284] Diese Verpflichtung ist originärer Natur und aus dem Völkergewohnheitsrecht unmittelbar abzuleiten. Umgekehrt sind die Vereinten Nationen berechtigt, von ihren Gegnern eine dem Gewohnheitsrecht entsprechende Kampfführung zu verlangen.[285] Wird diese Verpflichtung verletzt, so wird die Weltorganisation Opfer eines völkerrechtlichen

---

283 Schermers, International Institutional Law, § 1400; P. de Visscher, AnnIDI 54 I (1971), S. 43. Nach der subjektiven Theorie von der Rechtsfähigkeit Internationaler Organisationen (s.o. S. 15-17) muß allerdings zunächst geklärt werden, ob sich bei einzelnen Normen Schwierigkeiten hinsichtlich des sachlichen Umfangs der Rechtsfähigkeit der Organisation ergeben, ob der betreffende Rechtssatz mit anderen Worten möglicherweise Rechte oder Pflichten statuiert, welche die fragliche Organisation zu übernehmen nicht fähig ist. Dieses Problem hat sich - wie ausführlich dargelegt (s.o. S. 74-104) - für die wesentlichen Bestimmungen des Kriegsrechts im positiven Sinne lösen lassen.

284 Schermers, a.a.O.; P. de Visscher, Rev. de Droit International et de Droit Comparé 1963, S. 170. Zu der Frage, ob sich aus dem besonderen Charakter der Vereinten Nationen Ausnahmen ableiten lassen, s.u. S. 124.

285 Schindler, FS Pictet, S. 527.

Delikts[286], ebenso wie sie ein solches begeht, wenn ihre Verbände das Kriegsvölkergewohnheitsrecht mißachten. Als Ergebnis der bisherigen Untersuchung ist damit festzuhalten, daß für die Militäraktionen der Vereinten Nationen Kriegsvölkergewohnheitsrechts gilt.[287]

2. *Diskriminierende Anwendung des Kriegsvölkerrechts durch die Vereinten Nationen*

Ausgehend von dem soeben formulierten Ergebnis ist nun noch der Frage nachzugehen, ob sich aus dem besonderen Charakter der Einsätze der Weltorganisation diese begünstigende Ausnahmen von der Geltung des Kriegsvölkergewohnheitsrechts ergeben.

---

286 So z.B. während des Kongo-Konflikts, als Radio Katanga am 7.12.1961 die folgende Aufforderung sendete:

> "Aux armes, Katangais! Chassez tous les Onusiens du Katanga! Que chaque Katangais se choisisse son Gurkha, son Suédois, son Irlandais, son Norvegien. Nous savons qu'il y en a assez pour chacun. *Empoisonnez vos flèches*. La bataille se poursuivra jusqu'a ce que le dernier soldat de l'ONU ait quitté la Katanga ou il ait été tué par nos balles ou nos *flèches empoisonnées*." (Hervorhebungen durch den Verfasser).

UN Doc. S/ 4940, Add. 17 vom 9.12.1961, SC OR, 16th yr., supp. Oct.-Dec. 1961, S. 5. Dies gilt jedenfalls dann, wenn man Katanga als de-facto-Herrschaft ansieht, die ihrerseits völkerrechtliche Delikte begehen konnte (vgl. zu dieser Möglichkeit Art. 14 der ILC-Draft Articles on State Responsibility, Teil 1, Commentary, para. 3, YbILC 1975, Vol. II, S. 92) oder wenn man das Verhalten der Sezessionisten ausnahmsweise der etablierten Regierung zurechnen kann (s. dazu ILC, a.a.O., S. 99, para. 31). Das Verbot, Giftwaffen zu verwenden (Art. 23 lit. a. HLKO), gilt gewohnheitsrechtlich auch im Bürgerkrieg, vgl. Bothe, Völkerrechtliches Verbot, S. 302.

Zur Illustrierung sei noch auf einen weiteren, besonders grausamen Fall verwiesen. Es kam vereinzelt auch zu Kämpfen zwischen ONUC-Einheiten und Truppen der ANC (Armee der Zentralregierung), die auch nach der hier vertretenen Komponententheorie nach dem Recht des internationalen bewaffneten Konflikts zu beurteilen sind. Im Verlauf dieser Auseinandersetzungen wurden in Kindu (Provinz Kivu) 13 italienische ONUC-Angehörige von der ANC gefangengenommen. Einen Tag später wurden sie - statt als Kriegsgefangene behandelt zu werden - von kongolesischen Soldaten ermordet (s. UNYb 1961, S. 67). McNemar zufolge wurden Teile ihrer Leichen in die umstehende Menge geworfen (McNemar, in: Falk, Civil War, S. 264).

287 Bothe, Droit de la Guerre, S. 216 (speziell für den Kongo-Konflikt, den er als einen internationalen bewaffneten Konflikt ansieht); Evensen, in: Frydenberg, Peace-Keeping, S. 240 f.; Knorr, Diss., S. 169; Sandoz, RevICR 60 (1978), S. 283; Schindler, SchwJiR 22 (1965), S. 110; ders., FS Pictet, S. 526; Schermers, International Institutional Law, § 1400; Seidl-Hohenveldern, Internationale Organisationen, Rn. 2028; ders., VR, Rn. 1307; Seyersted, United Nations Forces, S. 201 ff., 314; P. de Visscher, Rev. de Droit International et de Droit Comparé 1963, S. 170; ders., AnnIDI 54 I (1971), S. 44; IDI, Res. vom 3.9.1971; Art. 2, AnnIDI 54 II (1971), S. 450 (die beiden zuletzt genannten Nachweise gehen von der gewohnheitsrechtlichen Geltung der GK 1949 insgesamt aus). Unter den Autoren, die die Kriegsrechtsfähigkeit der Vereinten Nationen grundsätzlich bejahen, herrscht Einigkeit darüber, daß dies im Prinzip zur Anwendbarkeit des Kriegsvölkergewohnheitsrechts führt (auf gewisse Unterschiede im Detail ist weiter unten noch einzugehen). Opposition gegen die im Text vertretene These findet sich folglich nur bei den Autoren, die der Weltorganisation von vorneherein die Kriegsrechtsfähigkeit absprechen (s.o. S. 108, Fn. 193) und deshalb zu der Frage, welcher Normenbestand im einzelnen anwendbar sein könnte, nicht mehr kommen können.

Verschiedentlich ist im Schrifttum die Ansicht vertreten worden, daß die Vereinten Nationen von der Bindung an kriegsrechtliche Vorschriften (teilweise) befreit seien.[288] Dieser Auffassung zufolge sind die Vereinten Nationen zu einer diskriminierenden Anwendung des Kriegsrechts berechtigt, d.h. sie können von ihrem Gegner dessen volle Beachtung verlangen, sind aber selber nicht an die Bestimmungen gebunden, die sie bei der möglichst effektiven Erledigung ihres Mandats behindern. Das oben formulierte Ergebnis muß zumindest modifiziert werden, wenn dieser Ansicht zu folgen ist.

Zu ihrer Begründung wird angeführt, daß die Verwendung militärischer Mittel durch die Vereinten Nationen per se aus einem höheren Recht erfolge als jenem, das ihrem Gegner zustehen könne. Der Einsatz der Weltorganisation sei stets gegen einen Aggressor gerichtet, was ihm den Charakter eines klassischen Krieges nehme.[289] Teilweise wird die schon angesprochene Parallele zu inner - staatlichen Polizeimaßnahmen herangezogen[290]: Werde bei einem Schußwechsel zwischen Polizei und Gangstern ein Polizist getötet, so sei dies Mord, töte dagegen ein Polizist einen der Verbrecher, so könne dies eine gerechtfertigte dienstliche Handlung sein. Das Verhältnis Vereinte Nationen - Aggressor entspreche dem der Polizei zu den Gangstern[291] - es sei undenkbar, daß für die jeweils letztgenannten das gleiche Recht gelte wie für die, die auf der Seite des Rechts stehen. Eine weitere Begründung für die Privilegierung der VN-Truppen wird in der Möglichkeit des Sicherheitsrates gesehen, gegen Friedensstörungen mit Sanktionen vorzugehen (Art. 41, 42 SVN).[292] Von solchen sei eine diskriminierende Anwendung des Kriegsrechts nicht zu scheiden. Wenn der Sicherheitsrat im Wege der Verhängung von Sanktionen die Kompetenz habe, die Rechtslage zu Gunsten eines Aggressionsopfers zu verändern, könne er dies a fortiori auch zur Verbesserung der Rechtsstellung eigener Streitkräfte tun.[293]

Die Wurzel all dieser Überlegungen liegt im Grunde aber nicht im beson - deren Charakter der Militäreinsätze der Weltorganisation. Sie ist in der Schlußfol - gerung zu finden, die bereits in der Zwischenkriegszeit und der Zeit unmittelbar nach dem 2. Weltkrieg aus dem Briand-Kellogg-Pakt[294] gezogen worden ist. Da sich die Staaten mit diesem Vertrag verpflichtet hatten, auf den Krieg als Werkzeug ihrer Politik zu verzichten, wurde zum Teil angenommen, daß aus dem jus in bello für den, der entgegen der eingegangenen Verpflichtung zum Kriege schritt, keine

288 ASIL-Committee on Study of Legal Problems of the United Nations, ASIL-Proceedings 46 (1952), S. 220; François, AnnIDI 50 I (1963), S. 118.

289 ASIL-Committee, a.a.O.; Eustatiades, AnnIDI 50 I (1963), S. 34.

290 S.o. S. 109, 112.

291 Bivens, AJIL 48 (1954), S. 141; ähnlich Wright, AJIL 47 (1953), S. 365 f.; ders., AnnIDI 50 I (1963), S. 110.

292 P. de Visscher, AnnIDI 54 I (1971), S. 91.

293 P. de Visscher, a.a.O.; Ago, AnnIDI 54 II (1971), S. 178.

294 LNTS, Vol. 94, S. 57 ff.

Rechte mehr fließen könnten.[295] So enthielt bereits die "Draft Convention on Rights and Duties of States in Case of Aggression" der Harvard Law School vom 4. Februar 1939[296] in ihrem Art. 3 folgende grundlegende Bestimmung:

> "(1) Subject to art. 14, an aggressor does not have any rights which it would have as a belligerent ...
>
> (2) An aggressor has all the duties which it would have as if it were a belligerent."

Der Zweck dieses Konventionsentwurfs war die Regelung der Beziehungen der Staaten für den Fall, daß ein Staat - entgegen seiner internationalen Verpflichtungen - Waffengewalt einsetzt[297], der Situation also, die u.a. entsteht, wenn der das Kriegsverbot aussprechende Briand-Kellogg-Pakt verletzt wird.[298] Die Kommentatoren der Draft Convention leugneten zwar diese Beziehung zwischen dem Pakt und dem Übereinkommensentwurf[299], aber letzterer ist ohne ein grundsätzliches Kriegsverbot gar nicht denkbar. Sein Sinn war es, die Verletzung des jus ad bellum auf das jus in bello durchschlagen zu lassen.

Pate der Überlegung zur differenzierten, den VN-Gegner diskriminierenden Kriegsrechtsanwendung durch die Vereinten Nationen ist also der Gedanke, daß es ein Aggressor ist, der hier bekämpft wird.[300]

Eng verwandt mit diesem Ansatz ist der Vorschlag, den Grundsatz "ex injuria jus non oritur" anzuwenden. Diesem Prinzip, das gerade im Zusammenhang

---

295 Es ist im Rahmen dieser Untersuchung nicht erforderlich, diese Überlegungen in allen Einzelheiten aufzuschlüsseln. Besonders deutlich wurde die These aber bei Nipsen tot Sevenaer, L'occupation allemande, S. 297 f.:

> "Dans le cas d'une guerre illicite, l'envahisseur n'a aucun droit par le fait même que la guerre est injuste, il n'y a que la force matérielle de sa puissance militaire, et le règlement [HLKO] impose des limites à cette force; par contre, dans le cas d'une guerre juste, l'occupant jouit de tous les droits qui résultent de cette circonstance, mais ces droits ont été limités, tout comme le cas d'une guerre injuste, par la Convention de la Haye à laquelle l'Etat en question souscrit.
>
> Cette distinction ... a une valeur toute spéciale pour la dernière guerre que l'Allemagne a déclenchée dans le monde au mépris de toutes les lois divines et humaines. Aussi sera-t-elle responsable de tout acte représentant un crime, non seulement le Reich en tant qu'unité politique, mais également les fonctionnaires ayant assumé la responsabilité de ses crimes."

Ähnlich der Luxemburgische Gerichtshof für Kriegsverbrechen in den Sachen Werner (ArchVR 2 [1950], S. 233) und Hemmerling (ArchVR 2 [1950], S. 494) und die Entscheidung des niederländischen Bijzondere Raad van Cassatie in Sachen Rauter, War Crimes Reports, Vol. 14, S. 134 f. (s. dazu Albrecht, AJIL 47 (1953), S. 593 f.). Dezidiert gegen die Auffassung von Nipsen tot Sevanaer: Schätzel, Acta scandinavica juris gentium 24 (1954), Fasc. 1-2, S. 25 ff.

296 Jessup (Berichterstatter), AJIL 33 (1939), supp., S. 819 ff.

297 Jessup (Berichterstatter), a.a.O., S. 825.

298 Art. I des Paktes lautet:

> "The High Contracting Parties solemnly declare in the names of their respective peoples that they condemn recourse to war for the solution of international controversies, and renounce it as an instrument of national policy in their relations with one another."

299 Jessup (Berichterstatter), a.a.O., S. 825 f.

300 Dies wird deutlich bei Seyersted, AnnIDI 54 I (1971), S. 214.

mit dem Aggressionstatbestand auch in der speziellen Variante der Stimson-Doktrin[301] formuliert wurde, wird der Charakter eines allgemeinen Rechtsgrundsatzes beigemessen.[302] Aus rechtswidrigem Verhalten sollen keine Rechte oder anzuerkennenden Rechtspositionen erwachsen können. Für den Aggressor bedeute dies, daß ihm vom Kriegsrecht an sich vermittelte Rechte nicht zustehen, habe er doch unrechtmäßigerweise zu den Waffen gegriffen. Dem Verteidiger hingegen seien diese Rechte gewährt, da der ex-injuria-Satz für ihn nicht einschlägig sei. Für die gegen einen Angreifer vorgehenden VN-Truppen gelte dasselbe.[303]

Erwähnt sei auch eine letzte Begründung für die den Aggressor diskriminierende Anwendung kriegsrechtlicher Normen - die Repressalie. Schwarzenberger[304] führt aus, daß "in strict law" eine diskriminierende Anwendung des Kriegsrechts auf den Angreifer zulässig sei. Denn die Angriffshandlung sei selber rechtswidrig - mithin seien normalerweise ihrerseits auch völkerrechtswidrige (d.h. in diesem Zusammenhang: vom Kriegsrecht abweichende) Handlungen gerechtfertigt, die, ohne offensichtlich unverhältnismäßig zu sein[305], Beugezwang zur Herbeiführung völkerrechtsmäßigen Verhaltens ausüben sollen.[306]

Es fragt sich, ob diesen Ansätzen gefolgt werden kann, vor allem, ob sie einen Niederschlag im geltenden Völkerrecht gefunden haben und sich auf die hier zu untersuchende Materie auswirken. Zunächst ist insgesamt zweifelhaft, ob der Gedanke der Diskriminierung des Aggressors im allgemeinen Kriegsrecht überhaupt hat Fuß fassen können.[307] Dies kann vor allem nach den Zusatzprotokollen von 1977 zu den Genfer Abkommen von 1949 kaum mehr angenommen werden. Der 5. Absatz der Präambel des I. Zusatzprotokolls[308] steht einer diskriminierenden

---

301 S. dazu Wehberg, in: Strupp/Schlochauer, WVR III, S. 393 ff.; Meng, EPIL 4, S. 230 ff.

302 Yepes, AnnIDI 47 I (1957), S. 597; Lauterpacht, Recognition, S. 420; Delbez, Principes géneraux, S. 163.

303 Yepes, AnnIDI 47 I (1957), S. 599.

304 Schwarzenberger, FS Verdross 1960, S. 251 f., freilich mit erheblichen Einschränkungen, s.u.; ders., ILA Report of the 50th Conference, 1962, S. 204 f.; ebenso: Verdross, Völkerrecht, 5. Aufl., S. 442 f., der jedoch speziell für die Militäraktionen der Vereinten Nationen diesen Gedanken nicht wieder aufgreift (a.a.O., S. 655).

305 Riphagen, 6th Report on (1) the Content, Forms and Degrees of State Responsibility ..., UN Doc. A/CN. 4/389 vom 2.4.1985, S. 19, Art. 9 II; Schiedsspruch vom 31.7.1928, Responsabilité de l'Allemagne à raison des dommages causés dans les colonies Portugaises du Sud de l'Afrique (Nauliaa-Fall), RIAA II, S. 1028. Dazu Partsch, EPIL 2, S. 199.

306 Tomuschat, ZaöRV 33 (1973) S. 185 f.; IDI, Res. vom 19.10.1934, Art. 1. AnnIDI 38 (1934), S. 708. Die Resolution betrifft zwar Friedensrepressalien, in der Definition ergeben sich indessen keine Unterschiede, vgl. Kalshoven, Belligerent Reprisals, S. 33

307 Ablehnend Scheuner, in: Strupp/Schlochauer, WVR III, S. 750, auch abgedruckt in: ders., Schriften zum Völkerrecht, S. 196.

308 "Reaffirming further that the provisions of the Geneva Conventions of 12 August 1949 and of this Protocol must be fully applied in all circumstances to all persons who are protected by those instruments, without any adverse distinction based on the nature or origin of the armed conflict or on the causes espoused by or attributed to the Parties to the conflict".

Anwendung des humanitären Rechts grundsätzlich entgegen.[309] Die internationale Gemeinschaft hat sich damit 1977, also zu einem Zeitpunkt, als das Gewaltverbot der VN-Charta durch die Friendly-Relations-Declaration[310] und die Aggressions-Definition[311] an Substanz und Deutlichkeit gegenüber 1945 massiv gewonnen hatte, entschieden, bei einer gleichmäßigen Anwendung des Kriegsrechts zu bleiben und nicht zwischen Angreifer und Verteidiger zu differenzieren. Dieser Befund bezieht sich wegen des Charakters der Zusatzprotokolle vornehmlich auf das humanitäre Recht. Insoweit haben aber auch die Protagonisten der Diskriminierungsthese regelmäßig eine Ausnahme gemacht[312], so daß sich die Debatte letztlich auf die für diese Untersuchung nicht relevanten Bereiche des Wirtschaftkrieges und des Neutralitätsrechts beschränkt.[313] Das Kampfführungs - recht ist davon nicht betroffen.[314] Darüber hinaus ist festzustellen, daß sich die Weltorganisation selber - soweit ersichtlich - nie auf eine derartige Privilegierung berufen hat. Ein positiv-rechtlicher Ausdruck einer Sonderstellung von Truppen der Vereinten Nationen findet sich allein in der das Kriegsrecht nur am Rande berührenden Übereinkunft über "inhumane" Waffen[315], und auch dort bestehen besonderen Schutznormen zugunsten der VN-Truppen nur hinsichtlich der Räumung von Minenfeldern im Rahmen des peace-keeping.[316]

Bei einem Blick in die völkerrechtliche Praxis zeigt sich also, daß die Diskriminierungsthese sowohl generell als auch speziell auf Streitkräfte der Vereinten Nationen bezogen im Abseits steht. Da sie jedoch in den 50er Jahren teilweise vehement vertreten wurde, sollen zumindest skizzenhaft die konstruktiven Bedenken erörtert werden, denen sie begegnet.[317]

Unter dem speziellen Gesichtspunkt der Aktionen der Vereinten Nationen ist zunächst auf die Problematik der Anordnung einer diskriminierenden Kriegsrechtsanwendung durch den Sicherheitsrat als Sanktion gem. Kapitel VII SVN einzugehen. Ob die Verhängung einer derartigen Sanktion möglich ist, hängt davon ab, ob sie auf Art. 41, 42 SVN gestützt werden könnte. Zu den dort aufgeführten Maßnahmen zählt die diskriminierende Kriegsrechtsanwendung nicht,

---

309 Partsch, in: Bothe/Partsch/Solf, New Rules, S. 33.

310 GA Res. 2625 (XXV) vom 24.10.1970.

311 GA Res. 3314 (XXIX) vom 14.12.1974.

312 Schwarzenberger, FS Verdross 1960, S. 252; Yepes, AnnIDI 47 I (1957), S. 57; Wright, AnnIDI 50 I (1963), S. 57; Bivens, AJIL 48 (1954), S. 141; Art. 14 der Draft Convention der Harvard Law School, AJIL 33 (1939), supp., S. 830 (vgl. auch o. S. 126, Fn. 296 und Text); IDI, Res. vom 11.9.1963, AnnIDI 50 II (1963), S. 368.

313 P. de Visscher, AnnIDI 54 II (1971), S. 163.

314 Wohl aber das Besatzungrecht, s.o. S. 126, Fn. 295 und unten.

315 "Convention on Prohibition or Restriction on the Use of Certain Conventional Weapons which May Be Deemed to Be Excessively Injurious or to Have Indiscriminate Effects" vom 10.10.1980, ILM 19 (1980), S. 1523 f.

316 Art. 8 des 2. Zusatzprotokolls zu dem Übereinkommen, ILM 19 (1980), S. 1533.

317 S. zu dieser Problematik allgemein: Meyrowitz, Principe de l'égalité, S. 181 bis 195.

allenfalls aus der in Art. 41 SVN erwähnten Unterbrechung der Wirtschaftsbeziehungen ließe sich für die wirtschaftliches Kriegsführung etwas ableiten. Aber auch wenn man die Aufzählungen in Art. 41 und 42 SVN als lediglich beispielhaft ansieht[318], ist zweifelhaft, ob diese Vorschriften die Anordnung einer diskriminierenden Kriegsrechtsanwendung tragen können.

Der Zweck von Maßnahmen auf der Grundlage dieser Normen ist stets die Wahrung und Wiederherstellung des Weltfriedens oder der internationalen Sicherheit. Das Ziel ist also immer die Beseitigung einer Störung der Weltordnung. Auch wenn dem Sicherheitsrat bei der Auswahl der zur Abwehr derartiger Gefahren anzuwendenden Mittel ein weiter Ermessensspielraum einzuräumen ist[319], müssen die eingesetzten Mittel doch dem in Art. 41 SVN vorausgesetzten und in Art. 42 ausdrücklich genannten Kriterium der Erforderlichkeit entsprechen. Die Verfolgung der Ziele der Wahrung oder Wiederherstellung von Weltfrieden und internationaler Sicherheit setzt aber keineswegs die diskriminierende Kriegsrechtsanwendung voraus. Auch wenn es zum Einsatz von Waffengewalt kommt, ist es selbstverständlich möglich, die Wiederherstellung der Weltordnung unter vollständiger Beachtung des Kriegsvölkerrechts anzustreben, ebenso wie es einem sich selbst verteidigenden Staat möglich (und aufgegeben) ist, seine Verteidigung unter Beachtung des Kriegsvölkerrechts zu organisieren. Denn das Kriegsvölkerrecht zielt nicht darauf ab, den effektiven militärischen Einsatz unmöglich zu machen. Der Gesichtspunkt der militärischen Notwendigkeit schafft für eine Anzahl von Verboten Ausnahmetatbestände.[320] Der militärischen Niederringung des Gegners steht das Kriegsvölkerrecht nicht entgegen.

Die Anordnung der diskriminierenden Anwendung des Kriegsvölkerrechts als Sanktion ist aber nicht nur nicht erforderlich, sie ist auch ihrem Charakter nach dem System des Kapitels VII SVN fremd. Wenn die Diskriminierung kein Mittel zur Wiederherstellung der friedlichen Weltordnung ist, so liegt es nahe, in ihr den Ausdruck einer Strafe zu sehen. Die Diskriminierung erscheint mithin als Mittel zur Züchtigung des Friedensbrechers.[321] Die Sanktionen des Kapitels VII sind aber nicht strafrechtlicher Natur, sondern dienen ausschließlich der Gefahrenabwehr und Störungsbeseitigung.[322] Einer Bestrafung müßte auch die Entscheidung eines richterlichen Gremiums vorausgehen, nicht eines politischen Organs, wie der Sicherheitsrat eines ist.[323] Sie müßte außerdem in einem geeigneten Verfahren erfolgen, das auch Verteidigungsrechte kennt. Schließlich kann beim derzeitigen

---

318 So Goodrich/Hambro/Simons, Charter, S. 312, 315.

319 Fischer, in: Cot/Pellet, La Charte, S. 708 f.

320 Vgl. z.B. Art. 54 V, 56 II ZP I.

321 Meyrowitz, Principe de l'égalité, S. 193.

322 Quadri, AnnIDI 50 I (1963), S. 96.

323 Die mangelnde Beachtung der "rule of law" bei Entscheidungen der Vereinten Nationen bezüglich der Sicherung des Weltfriedens beklagt Delbrück, in: Declaration of Principles, S. 93 f.

Stand des Völkerrechts von einer strafrechtlichen Verantwortlichkeit des Staates keine Rede sein. Eine derartige Kategorie einzuführen, ist nicht einmal Gegenstand der Bemühungen der ILC um eine progressive Weiterentwicklung des Völkerrechts, sondern von den entsprechenden Arbeiten ausdrücklich ausgenommen worden.[324]

Darüber hinaus würde eine diskriminierende Anwendung des Kriegsrechts als Sanktion die für das Kriegsrecht essentielle Unterscheidung zwischen jus ad bellum und jus in bello aufheben.[325] Es gibt keinen Anhaltspunkt dafür, daß die Charta diese Differenzierung beseitigen wollte.[326] Deshalb ist der unrechtmäßige Angriff oder die Störung des Weltfriedens ausschließlich als ein Problem des jus ad bellum zu sehen. Die dagegen gerichteten Sanktionen sind die gewaltsame Selbstverteidigung bzw. die kollektive Zwangsmaßnahme durch VN-Truppen.[327] Auch sie sind auf der Ebene des jus ad bellum angesiedelt. Die Charta entscheidet über ihre Rechtmäßigkeit an sich. In sich muß die Maßnahme aber dem für diesen Typ von Sanktion geschaffenen Recht genügen. Dieses Recht ist das Recht des bewaffneten Konflikts.[328] Anders ausgedrückt ist das aus dem jus ad bellum fließende Recht, gegen den (rechtswidrig handelnden) Angreifer eine Sanktion zu ergreifen, durch die (isoliert betrachtet auch rechtswidrige) Gewaltanwendung durch die Verteidiger verbraucht. Abweichungen von dem diese ausnahmsweise zulässige Gewaltanwendung in sich regierenden Recht des bewaffneten Konflikts sind deshalb nur zulässig, soweit sie gegen die Verletzung der Normen dieses Rechtskreises gerichtet sind. Der übliche Begriff für die (erlaubte) Abweichung vom Recht des bewaffneten Konflikts ist der der (rechtmäßigen) Kriegsrepressalie. Für diese aber gilt:

> "Kriegsrepressalien werden nur durch eine vorausgegangene Verletzung des Kriegsrechts (jus in bello) gerechtfertigt."[329]

Scheidet somit die Möglichkeit der Rechtfertigung einer Abweichung vom Kriegsrecht durch die Verletzung des jus ad bellum aus, so kommt die Anordnung einer diskriminierenden Kriegsrechtsanwendung als Sanktion für eine Bedrohung oder einen Bruch des Weltfriedens oder eine Angriffshandlung nicht in Betracht.

Auch die Anwendung des ex-injuria-Satzes wirft Probleme auf. Zunächst ist fraglich, ob dieses Prinzip überhaupt ausnahmslose Geltung beanspruchen

---

324 Thiam, 3rd Report on the Draft Code of Offences against the Peace and Security of Mankind, UN Doc. A/CN. 4/387 vom 8.4.1985, S. 1, para. 2, s. auch S. 6 f., para. 11-17.

325 Meyrowitz, Principe de l'égalité, S. 193.

326 Brandweiner, NJ 8 (1954), S. 226.

327 Meyrowitz, Principe de l'égalité, S.122,192f.; Kalshoven, Belligerent Reprisals, S.157.

328 Meyrowitz, a.a.O.; Kalshoven, a.a.O.; Röling, RdC 100 (1960 II), S. 344.

329 Partsch, in: Strupp/Schlochauer, WVR III, S. 105. Außerdem dürfen keine repressalienfesten Rechtsgüter betroffen sein, s. z.B. Art. 51 VI, 52 lit. c, 54 IV, 55 II, 56 IV ZP I.

kann[330], aber selbst wenn man annimmt, daß dies im Grundsatz der Fall ist, führt seine Anwendung auf das Kriegsrecht zu absurden Ergebnissen. Der Zweck des ex-injuria-Prinzips ist zu verhindern, daß dem Rechtsbrecher durch sein rechtswidriges Verhalten neue subjektive Rechte zuwachsen. Heranzuziehen wäre der Satz also nur, wenn das Kriegsrecht den Kriegführenden Rechte vermittelt, die ihnen nicht zustehen, solange Frieden herrscht[331], der Aggressor also bei Nichtanwendung des ex-injuria-Prinzips durch die rechtswidrige Angriffshandlung den Kreis seiner subjektiven Rechte erweitern könnte. Als solche Rechte kämen die Befugnisse, gegnerische Kombattanten zu töten, feindliches Gebiet zu besetzen etc. in Betracht. Betrachtet man diese Befugnisse als subjektive Rechte, hätte dies zur Folge, daß die andere Seite ihren Gegner nicht mehr an der Ausübung dieser "Rechte" hindern dürfte, denn typischerweise vermittelt ein Recht auch einen Anspruch des Berechtigten darauf, sein Recht ungestört auszuüben.[332] Die Gegenwehr wäre mithin verboten. Es ist klar, daß dies ein mit der Logik des Krieges nicht vereinbares Ergebnis ist.

Dieser Widerspruch löst sich aber auf, wenn man die angesprochenen kriegsrechtlichen Befugnisse der Kriegführenden nicht als subjektive Rechte, sondern als Reflexe einer bloßen Reduzierung der Summe der vom Völkerrecht verbotenen Akte begreift. Es ist nicht die Funktion des Kriegsrechts, die Tötung feindlicher Soldaten, die Besetzung fremden Territoriums und ähnliche Dinge mehr, die im Frieden stets verboten sind, in den Bereich der rechtlich geschützten freien Entfaltung des staatlichen Willens zu heben. Sein Zweck ist es, der exzessiven Anwendung von Gewalt entgegenzuwirken.[333] Es hat somit (überwiegend)[334] Verbotscharakter[335], untersagt aber weniger als das Friedensrecht. In der Unterwerfung von Angreifer und Verteidiger unter die gleichen Verbotsnormen kann aber keine Verletzung des Grundsatzes "ex injuria jus non oritur" liegen.

In gewissen Bereichen des Kriegsrechts läßt sich hingegen eher annehmen, daß den Kriegführenden echte subjektive Rechte gewährt werden. Hierzu zählt die Befugnis der Besatzungsmacht, von der Bevölkerung des besetzten Gebietes

330 Dagegen spricht z.B. die Tatsache, daß auch dem Rechtsbrecher strafprozessuale (Verteidigungs-)Rechte erwachsen, die ihm ohne die Tat nicht zustünden, z.B. Recht auf Bestellung eines Strafverteidigers (Offizialverteidigers) in Fällen der notwendigen Verteidigung, § 141 StPO, ähnlich Art. 14 III lit. d) IPBPR, 6 III lit. c) EMRK.

331 Wright, AnnIDI 48 II (1959), S. 191.

332 Bothe, Droit de la Guerre, S. 168.

333 Bothe, a.a.O.

334 Zu den Ausnahmen s. sogleich unten.

335 Trials of War Criminals before Nuremberg Military Tribunals, Vol. XI, S. 1247 (US v. List et al.).

Gehorsam zu verlangen.[336] Wendet man auf diesen Gehorsamsanspruch den ex-injuria-Satz an, hätte dies die Folge, daß dem Aggressor gegenüber keine Gehorsamspflicht mehr bestünde. Damit wäre das Gleichgewicht zwischen Verpflichtungen und Rechten des Besatzers grundlegend gestört: Es kann von einer Besatzungsmacht nicht erwartet werden, daß sie die Rechte der im besetzten Gebiet lebenden Bevölkerung respektiert, vor allem die Unterscheidung zwischen Kombattanten und Nichtkombattanten beachtet, wenn sich die Bevölkerung nicht den Anordnungen des Besatzers fügt und es nicht unterläßt, ihn zu schädigen.

Über diese Erwägungen hinaus ist zu bedenken, daß das Kriegsrecht seine Durchsetzungsfähigkeit erst durch den Reziprozitätsgrundsatz gewinnt.[337] Das Prinzip der Nichtdiskriminierung ist mithin von entscheidender Bedeutung für die praktische Anwendung des jus in bello, zumal für einen von einer diskriminatorischen Kriegsrechtsanwendung benachteiligten Aggressor kein faktischer Anreiz mehr besteht, selber diesen Normen zu genügen. Eine diskriminatorische Anwendung des Kriegsrechts durch die Truppen der Weltorganisation fiele deshalb auf diese selbst zurück. Und: es mag sehr wohl zutreffen, daß die VN-Streitkräfte aus einem höheren Recht kämpfen als ihre Gegner, aber

> "[i]f we do not ourselves attempt to adhere to the right, we are not better than our enemies."[338]

Für eine diskriminatorischen Anwendung des Kriegsrechts durch die Vereinten Nationen ist nach alledem also kein Raum, vor allem nicht hinsichtlich des Kampfführungsrechts. Es bleibt deshalb dabei, daß die Vereinten Nationen an den Gesamtbestand der auf sie praktisch anwendbaren gewohnheitsrechtlichen Normen des Rechts des bewaffneten Konflikts gebunden sind.

---

336 Bothe, Droit de la Guerre, S. 169. Aber auch dies ist durchaus nicht unzweifelhaft, teilweise wird auch angenommen, die Autorität der Besatzungsmacht sei faktischer, nicht rechtlicher Natur, weshalb das Besatzungskriegsrecht wiederum eigentlich nur prohibitive Bestimmungen enthalte, die die Besatzungsgewalt einhegen. Im Rahmen dieser Normen dürfe die Besatzungsmacht gegen eine sich unbotmäßig verhaltende Bevölkerung vorgehen, ohne dabei rechtswidrig zu handeln, obwohl auch der Ungehorsam der Bevölkerung keinen Verstoß gegen das Völkerrecht darstelle: so Bothe, EPIL 4, S. 65; Debbasch, L'occupation militaire, S. 11; Baxter, BYIL 27 (1950), S. 235 ff.; Uhler, Schutz der Bevölkerung, S. 39 ff.

337 Kunz, AJIL 50 (1956), S. 320; Mosler, JiaöR 1 (1948), S. 356 f.; Brownlie, Use of Force, S. 407; Bindschedler, AnnIDI 54 II (1971), S. 172, s. auch oben S. 74.

338 Baxter, ASIL Proceedings 47 (1953), S. 98.

4. TEIL: DAS VERHAELTNIS DER VN-TRUPPEN ZU DEN ENTSENDESTAATEN UND DIE BEDEUTUNG DER KRIEGSRECHTSBINDUNG DER ENTSENDESTAATEN

Die im 2. Teil dieser Arbeit durchgeführten Untersuchungen haben gezeigt, daß die von den Vereinten Nationen eingesetzten Truppen diesen auch organschaftlich zuzuordnen sind. Die einzige Ausnahme in der völkerrechtlichen Praxis sind die in Korea eingesetzten Streitkräfte, die zwar unter den Auspizien der Vereinten Nationen kämpften, aber nicht in deren Organisationsverband integriert wurden. Sie sind damit als ausschließlich ihren Herkunftsstaaten zuzurechnende Einheiten aus dem eigentlichen Untersuchungsgegenstand dieser Arbeit herausgefallen.

Mit der Feststellung, daß all die anderen von den Vereinten Nationen ins Feld geschickten Streitkräfte deren Organe waren bzw. sind, ist die Zuordnungsproblematik jedoch noch nicht abschließend geklärt. Er ist - jedenfalls gedanklich - nicht ausgeschlossen, daß die Truppen gleichzeitig auch als Organe der Entsendestaaten anzusehen sind. Denn sie sind aus einzelnen Kontingenten zusammengesetzt, die - zumal wenn sie aus den regulären Armeen der Herkunftsländer entnommen sind - ja ursprünglich Staatsorgane ihrer jeweiligen Heimatländer sind.[1] Darüber hinaus sind bei den Entsendestaaten auch für die Dauer des VN-Einsatzes stets gewisse Zuständigkeiten verblieben.[2] Dritten gegenüber erschiene eine solche Streitmacht dann als gemeinsames Organ der Vereinten Nationen und der teilnehmenden Staaten. Für ein derartiges gemeinsames Organ wären, ähnlich wie bei einem Kondominium[3], möglicherweise alle beteiligten Völkerrechtspersonen verantwortlich, die Herkunftsländer wie die Vereinten Nationen.[4] Es liegt auf der Hand, daß in diesem Fall den Kriegsrechtsbindungen der Entsendestaaten eine unmittelbare Bedeutung zukommen müßte.

Aber auch dann, wenn sich organschaftliche Beziehungen zwischen den von den Vereinten Nationen eingesetzten Streitkräften und den Entsendestaaten für die Dauer des Einsatzes nicht nachweisen lassen, sind die kriegsrechtlichen Verpflichtungen der Entsendestaaten nicht zwangsläufig bedeutungslos. Sollte sich zeigen, daß die Heimatstaaten die entsandten Truppenteile aus ihrem nationalen Organisationsverband wirksam ausgegliedert haben, so fragt sich, ob sich aus den kriegsvölkerrechtlichen Bindungen der Kontingentstaaten Konsequenzen für die Gestaltung dieses Ausgliederungs- und Überstellungsaktes ergeben.

---

1 Bothe, Droit de la Guerre, S. 187; Dahm, VR III, S. 187 f.; Guggenheim, Traité I, S. 518; Verdross, Völkerrecht, 5. Aufl., S. 346.

2 S.o. S. 32 ff. und passim.

3 P.Schneider, Strupp-Schlochauer, WVR I, S. 297; Beispiele für kondominium-ähnliche Strukturen, die auf bestimmte Sachbereiche beschränkt sind, finden sich bei Broms, in: Macdonald/Johnston, Structure and Process, S. 400 f.

4 So Ago, 3rd Report on State Responsibility (Part I) YbILC 1971, Vol. III, Part 1, S. 268, Fn. 401; P. de Visscher, Rev. de Droit international et de Droit Comparé 1963, S. 169.

Klar ist, daß dem Schicksal der nationalen Kriegsrechtsbindungen der beteiligten Staaten erhebliche Bedeutung für die Rechtslage der VN-Truppen zukommt. Nach ihm bestimmt sich, ob die Streitmacht an Verhaltensregeln, die nur vertragsrechtliche Grundlagen haben, gebunden ist, und es ist möglicherweise auch relevant für den Umfang des Schutzes, den die VN-Truppen ihrerseits genießen. Die Antwort auf die Frage nach der Fortgeltung der nationalen Kriegsrechtsbindungen ist besonders wichtig für die nationalen Kommandanten der Kontingente.

So kann sich der Kommandeur eines Kontingents, das aus einem an das I. Zusatzprotokoll gebundenen Staat kommt, mit erheblichen rechtlichen Schwierigkeiten konfrontiert sehen, wenn er z.B. von dem VN-Oberkommandierenden den Auftrag erhält, einen Staudamm anzugreifen. Das I. Zusatzprotokoll enthält insofern gegenüber dem gewohnheitsrechtlichen Kampfführungsrecht erhebliche Restriktionen.[5] Ergibt sich im konkreten Fall, daß nur diese neuen Regeln eingreifen, das herkömmliche Gewohnheitsrecht den Angriff jedoch nicht verbietet, so ist der Angriffsbefehl des Oberkommandierenden - aus der Pflichtenlage der Vereinten Nationen beurteilt - nicht rechtswidrig. Der Kontingentkommandeur steht aber vor der Frage, ob er den Angriff ohne Rücksicht auf die nationale Kriegsrechtsbindung führen darf, ja im Hinblick auf den dem Oberkommandierenden geschuldeten Gehorsam sogar führen muß, oder aber durch den Angriff einen Völkerrechtsverstoß begeht. Daß sich diese Fragen vor dem Hintergrund der disziplinarischen Verantwortung sowohl für die Befehlsverweigerung als auch für die (möglicherweise) völkerrechtswidrige Kampfführung stellt, unterstreicht nur die Wichtigkeit ihrer Klärung.

I. FORTBESTEHENDE ORGANSCHAFTLICHE BEZIEHUNGEN ZWISCHEN DEN ENTSENDESTAATEN UND DEN VN-TRUPPEN?

Zunächst ist auf den ersten denkbaren Grund für die Fortgeltung nationaler Kriegsrechtsbindungen, also auf die Frage einzugehen, ob für die Zeit des Einsatzes bei den Vereinten Nationen (noch) organschaftliche Verbindungen zwischen dem Entsendestaat und den Truppen bestehen.

Die Kriterien dafür, ob im Außenverhältnis (auch) zwischen dem kontingentstellenden Staat und der Militäroperation der Vereinten Nationen eine derartige Beziehung existiert, sind dieselben, die oben bei der Untersuchung dieser Frage für die Vereinten Nationen als maßgeblich herausgearbeitet wurden[6], nämlich:

1) Sind die entsandten Truppen effektiver Teil des Organisationsverbandes des sie stellenden Staates geblieben?

2) Sind sie nach dem internen Recht dieses Staates (noch) berechtigt, dessen Funktionen wahrzunehmen?

---

[5] Vgl. dazu die Erörterung des Verhältnisses verschiedener einschlägiger Vorschriften im Bericht des III. Committee der CDDH/215/Rev. 1, para. 86, OR, Vol. XV, S. 282.

[6] S.o. S. 23-26.

1. Grad der Kontrolle der Entsendestaaten über die Umstände des Einsatzes der Truppen

Für die erste Frage ist der Grad der von den Entsendestaaten während des VN-Einsatzes ihrer Truppen ausgeübten Kontrolle das bedeutendste Kriterium. In diesem Zusammenhang ist hervorzuheben, daß die Erörterungen im 2. Teil ergeben haben, daß die Einsatzmodalitäten der Streitkräfte stets von den Vereinten Nationen und nicht von den Kontingentstaaten bestimmt worden sind. Die "operational control" lag (und liegt) also ausschließlich bei der Weltorganisation.[7] Damit ist zwangsläufig eine Aussage über die bei den Entsendestaaten verbliebene Kontrolle gemacht. Da die Vereinten Nationen exklusiv über Einsatz und Verwendung der Truppen bestimmen, ist für eine entsprechende parallele Kompetenz der Entsendestaaten kein Raum. Hierin ist der wesentliche Gesichtspunkt dafür zu sehen, daß die in den Organisationsverbund der Vereinten Nationen integrierten Streitkräfte[8] aus dem Organisationsverbund der Heimatländer herausgelöst sind, solange die Eingliederung in die Organisation der Vereinten Nationen andauert.

Dieser Befund ist jedoch so noch von zu allgemeinem Inhalt. Immerhin sind Streitkräfte - wie schon gesagt - ganz typische Staatsorgane[9], die so deutlich in den Staatsapparat ihres Herkunftslandes integriert sind, daß an ihrer Zuordnung zu diesem normalerweise keine Zweifel aufkommen können.[10] Wenn ihr Heimatstaat für die Zeit des VN-Einsatzes seine Kontrolle über dieses Staatsorgan aufgibt und derart dessen Ausgliederung aus seinem Organisationsverband bewirkt, wird sich dieser Vorgang in aller Regel in Rechtsakten niederschlagen. Insofern wird zwischen der völkerrechtlichen Ebene und der des innerstaatlichen Rechts zu unterscheiden sein.

a. Völkerrechtliche Akte betreffend die Ausgliederung von Truppen aus dem Organisationsverband des Herkunftsstaates

Da die Existenz einer organschaftlichen Bindung zwischen einem Völkerrechts-subjekt und einer natürlichen oder juristischen Person oder einer Gesamtheit von Personen und Sachmitteln maßgeblich vom internen Recht des jeweiligen Völkerrechts-subjekts bestimmt wird[11], kann dem Völkerrecht in diesem Zusammenhang nur eine sekundäre Rolle zukommen. Weil uns die Frage, wie die betreffenden Streitkräfte einzuordnen sind, im Verhältnis zweier Völkerrechtssubjekte zueinander begegnet, haben völkerrechtliche Regelungen quasi eine vorbereitende Funktion.Sie stecken den Rahmen ab für den zu ihrer Ausführung noch erforderlichen Akt des innerstaatlichen Rechts.

Die kontingentstellenden Staaten gehen gegenüber den Vereinten Nationen regelmäßig die völkerrechtliche Verpflichtung ein, ihre Kontingente zu instruieren, den

7 S.o. S. 27 f. und passim.

8 Bothe, Streitkräfte, S. 43.

9 S.o. S. 133.

10 Ritter, AFDI 8 (1962), S. 445; Freeman, RdC 88 (1955 II), S. 290; Brownlie, State Responsibility, S. 139 ff. (mit zahlreichen weiteren Nachweisen).

11 S.o. S. 24 f.

Weisungen der VN-Oberkommandierenden Folge zu leisten. Diese Verpflichtung ergibt sich zum einen ausdrücklich aus den Entsendeverträgen in Verbindung mit den inkorporierten bzw. in Bezug genommenen regulations des Generalsekretärs (UNEF I, UNFICYP, UNSF).[12] Für ONUC sind förmliche Kontingentverträge nicht geschlossen worden, die ONUC-Regulations enthalten jedoch entsprechende Regelungen.[13] Es wäre zumindest treuwidrig, wenn ein Staat Einheiten in Kenntnis dieser Bestimmungen zur Verfügung stellen und sich gleichzeitig die letzte Befehlsgewalt dennoch vorbehalten würde. Bezüglich der drei jüngeren Aktionen (UNEF II, UNDOF, UNIFIL) besteht in Ermangelung detaillierter regulations und Kontingentverträge leider eine unklarere Rechtslage. Man wird jedoch annehmen dürfen, daß die Vereinten Nationen in infomellen Vereinbarungen den internationalen Charakter der Streitmacht und ihre Befehlsgewalt gesichert haben. Es ist auch schwer vorstellbar, daß eines der z.B. an UNIFIL beteiligten Länder ein Interesse daran hat, in einer so unübersichtlichen Lage wie der des Libanon selbst als handelnde und befehlsgebende Macht aufzutreten. Dies gilt vor allem für die Neutralen (z.B. Finnland und Österreich).

Diese völkerrechtliche Rechtslage bestimmt aber regelmäßig nicht die innerstaatliche Rechtslage der eingesetzten Kontingente. Denn selbst wenn man in Fällen förmlicher Kontingentverträge deren Bestimmungen über die Befehlsunterstellung als "self-executing" ansieht[14], hängt die innerstaatliche Rechtswirkung dieser Verträge von der Frage ab, ob das Verfassungsrecht des betreffenden Staates überhaupt unmittelbare innerstaatliche Rechtswirkungen des völkerrechtlicher Vereinbarungen zuläßt oder doch nur dann zuläßt, wenn im Einzelfall bestimmte Überleitungsmaßnahmen (z.B. Transformationsgesetz, Vollzugsbefehlsgesetz als innerstaatliches Durchführungsgesetz) wirksam getroffen worden sind.

B. *INNERSTAATLICHE RECHTSAKTE*

Grundsätzlich werden also interne Rechtsakte erforderlich sein, um die Ausgliederung aus dem eigenen Organisationsverband und die Aufgabe der Kontrolle unter gleichzeitiger Eröffnung der Möglichkeit von deren Übernahme durch die Vereinten Nationen zu bewirken. Nur so läßt sich das normalerweise ja bestehende organschaftliche Verhältnis zwischen Herkunftsstaat und Streitkräften zum Ruhen bringen.[15] Gleichzeitig

---

12 Für UNEF I: Nr. 3 der Kontingentverträge (Higgins I, S. 326) i.V.m. Nrn. 6, 11, 26 der regulations (Higgins I, S. 289); für UNFICYP: Nr. 4 der Kontingentverträge (Higgins IV, S. 203) i.V.m. Nrn. 6, 11, 26 der regulations (Higgins IV, S. 153); für UNSF: 2. und 3. Abs. des Kontingentvertrages mit Pakistan i.V.m. Nr. 3. lit. a und b der General Directive (UNTS, Vol. 503, S. 26 ff.).

13 Nrn. 6, 11, 26 der ONUC-Regulations (Higgins III, S. 71 ff.).

14 Schon diese Annahme begegnet erheblichen Zweifeln: Bothe, Streitkräfte, S. 44.

15 So wohl auch Ago, 3rd Report on State Responsibility (Part I), YbILC 1971, Vol. II, Part 1, S. 269, para. 202.
Für das innerstaatliche Recht mag durchaus etwas anderes gelten, so z.B. für das Strafrecht, das einen entsandten Soldaten z.B. als Teil der nationalen Kriegsmacht behandeln kann; vgl. Bothe, Streitkräfte, S. 48 und oben S. 158, und das Besoldungs- und Fürsorgerecht.

ist dies die Kehrseite der oben getroffenen Feststellung, daß es für die Begründung des Organverhältnisses auf den nach dem internen Recht der jeweiligen Völkerrechtsperson vorgenommenen Betrauungsakt ankommt.[16]

AA. INFORMELLE AKTE: BEFEHL, EINEM FREMDEN BEFEHL ZU FOLGEN

Häufig genug werden sich dokumentarisch nachweisbare Rechtsakte in den 50 Staaten, aus denen die bislang eingesetzten Kontingente stammen[17], nicht finden lassen. In der Praxis wird das Verfahren der Ausgliederung aus dem nationalen Organisationsverband vielmehr fast immer so gewesen sein, daß die Abkommandierung zu einem VN-Einsatz im- oder explizit den Befehl enthielt, von nun an dem Befehl des VN-Oberkommandierenden Folge zu leisten.[18] Zu Recht weist Bothe darauf hin, daß damit Loyalitätskonflikte nicht mit letzter Sicherheit ausgeschlossen sind.[19] Wird der Befehl, dem fremden Befehl zu folgen, nämlich durch einen nach innerstaatlichem Recht nicht unmöglichen actus contrarius zurückgenommen, ohne daß gleichzeitig das Kontingent zurückgezogen wird, sieht sich der Soldat zwei möglicherweise im Widerspruch zueinander stehenden Anordnungen gegenüber, die beide gleichermaßen Geltung beanspruchen.

Diese Schwierigkeit darf allerdings nicht überbetont werden. Zum einen sind selbst in der z.T. sehr gespannten Atmosphäre des ONUC-Einsatzes - soweit bekannt - keine widersprechenden Befehle ergangen. Zum zweiten ist es praktisch kaum vorstellbar, daß der angesprochene actus contrarius ergeht, ohne daß gleichzeitig das Kontingent zurückgezogen oder von Seiten der Vereinten Nationen aus dem Einsatz ausgegliedert

16 S.o. S. 24 f.

17 Generalsekretär Waldheim, UN-Chronicle 19 (1982), Heft 1, S. 19.

18 Bothe, Streikräfte, S. 44.

19 Ebenda.

wird[20], womit sein Status als Teil eines VN-Organs ohnehin enden würde. Schließlich darf man von den Entsendestaaten grundsätzlich Vertragstreue erwarten - was bedeutet, daß sie den actus contrarius nicht vor dem Zurückziehen ihres Kontingents erlassen werden.

Im Ergebnis ist deshalb schon der schlichte Befehl, dem VN-Befehl zu folgen, als taugliches Mittel des innerstaatlichen Rechts zur Dritten gegenüber völkerrechtlich wirksamen, zeitweisen Ausgliederung des Kontingents aus dem ursprünglichen nationalen Organisationsverband des Entsendestaates anzusehen.[21]

BB. *FOERMLICHE AKTE: SPEZIELLE GESETZGEBUNG FÜR DIE BETEILIGUNG AN (MILITAER-) EINSAETZEN INTERNATIONALER ORGANISATIONEN*

Je ausgebauter die verfassungsrechtliche Ordnung in einem Entsendestaat ist, desto bedeutender ist das Problem, für die Zurverfügungstellung von Militäreinheiten ausreichende Rechtsgrundlagen zu schaffen. Zwar kann es, wie oben gezeigt wurde, für die völkerrechtlich wirksame Ausgliederung von Einheiten aus dem Organisationsverband des Heimatstaates genügen, deren schlichte Unterstellung unter einen fremden Befehl anzuordnen; der Überstellungsakt kann innerstaatlich aber auf erhebliche, kaum überwindlich scheinende verfassungsrechtliche Schwierigkeiten stoßen, zumindest aber einen großen legislatorischen Aufwand erfordern.

Das gilt in besonderem Maße für die Bundesrepublik Deutschland. In der Literatur wird teilweise angenommen, daß eine Beteiligung der Bundeswehr an jedweder Militäraktion der Vereinten Nationen nur nach einer Verfassungsänderung (Ergänzung

---

20 Vgl. aus der Praxis die Erklärung Ghanas an den Sicherheitsrat vom 11.8.1960:

"...

3. The Government of Ghana, having placed armed forces at the disposal of the United Nations in the Congo, has always considered itself bound to leave these armed forces under the exclusive command of the United Nations so long as the United Nations was engaged in carrying out the mandate entrusted to it by the resolutions of the Security Council. The Government of Ghana, however, has always considered that, if for any reason and at any time the United Nations was unable to carry out the instructions of the Security Council, then, and only then, would Ghana, in agreement with the Government of the Congo and, if necessary, in concert with other African States, be justified in taking *independent* action."

UN Doc. S/4427 vom 17.8.1960, SC OR, 15th yr., supp. July-Sept. 1960, S. 93, abgedruckt auch bei Higgins III, S. 99 (Hervorhebung durch den Verf.). Siehe auch die Rede Hammarskjölds vor dem Sicherheitsrat vom 9.9.1960:

"The authority granted to the United Nations Force can not be exercised within the Congo either in competition with representatives of the host Government or in co-operation with them in any joint operation. This naturally applies *a fortiori* to representatives and military units of other Governments than the host Government. Were a national contingent to leave the United Nations Force, they would have to be regarded as foreign troops introduced into the Congo, and the Security Council would have to consider their continued presence in the Congo as well as its consequences for the United Nations operation, in this light."

SC OR, 15th yr., 896th mtg., 9.9.1960, para. 109, abgedruckt auch bei Higgins III, S. 104. Aus beiden Erklärungen kann wohl entnommen werden, daß das Organverhältnis des ghanaischen Kontingents (wie ggf. auch anderer Kontingente) bei der Unterstellung unter eine andere als die ausschließliche Befehlsgewalt der Vereinten Nationen als beendet betrachtet worden wäre.

21 So im Ergebnis offenbar auch Bothe, Streitkräfte, S. 44.

des Art. 87a GG) möglich wäre[22], jedenfalls wenn sie über bloße Transport- und Logistikhilfen hinausginge.[23] Es ist hier nicht der Ort, der überaus strittigen Frage nachzugehen, ob der Art. 24 II GG nicht doch eine taugliche Grundlage für die Überstellung von Bundeswehreinheiten an die Vereinten Nationen darstellt.[24] Zu solchen Maßnahmen ist es bislang nicht gekommen, sie sind angesichts der deutlichen Zurückhal - tung der Bundesregierung auch in der unmittelbaren Zukunft nicht zu erwarten. Wie lange sich die Bundesrepublik allerdings einer entsprechenden Inanspruchnahme durch die Vereinten Nationen politisch noch mit dem Hinweis auf die finanzielle und logistische Unterstützung des peace-keeping wird entziehen können, sei dahingestellt.[25]

Andere europäischen Länder haben eine den Bedürfnissen der Weltorganisation offenere Haltung eingenommen und nicht nur Truppen generell verfügbar gemacht[26], sondern auch die für deren Ausgliederung aus dem nationalen Verband erforderlichen Gesetze geschaffen.[27] Am klarsten ist dies in Österreich geschehen. Deshalb soll das österreichische "Bundesverfassungsgesetz vom 30. Juni 1965 über die Entsendung österreichischer Einheiten zur Hilfeleistung in das Ausland auf Ersuchen Internationaler Organisationen"[28] im folgenden einer etwas genaueren Betrachtung unterzogen werden.

Das Gesetz bietet einen detailliert gestalteten Rahmen für die Ausgliederung und Überstellung von Angehörigen des österreichischen Bundesheeres[29] an eine Internationale Organisation an. Die Regelung mußte als Verfassungsgesetz ergehen, da das österreichische Staatsrecht eine Entsendung von Teilen des Bundesheeres in das Ausland nicht vorsah und daher eine besondere verfassungsrechtliche Grundlage

---

22 V.Bülow, Einsatz, S. 205; Finke-Osiander, Außenpolitik 36 (1985), S. 217; Fleck, Vereinte Nationen 1979, S. 99; Klein, ZaöRV 34 (1974), S. 443; Klückmann, NJW 1979, S. 2286. Dies ist wohl auch die offzielle Auffassung der Bundesregierung vgl. BT-Drs. 8/2115, S. 6; Staatministerin Hamm-Brücher, BT PlPr. 8/155, S. 12383 B-D. Siehe auch die Erklärung der Bundesregierung zur deutschen Beteiligung an paece-keeping operations vom 27.9.1970, UN Doc. A/AC. 121/30/Add. 1 (abgedruckt auch bei Berg, ZaöRV 41 (1981), S. 633).

23 Zu dieser Unterscheidung: Klein, a.a.O., S. 436 f.

24 So zuletzt ausführlich: Tomuschat, Außenpolitik 36 (1985), S. 277 ff.; ders., Bonner Kommentar, Art. 24 GG, Rdnr. 173 (für peace-keeping Rdnr. 183 f.); ebenso: Mössner, FS Schlochauer, S. 111; Nölle, Verwendung, S. 119; Coridaß, Auslandseinsatz, S. 88; K.Ipsen, in: Schwarz, Sicherheitspolitik, S. 624 f.; Kersting, NZWehrR 1983, S. 72.

25 Fleck, Vereinte Nationen 1979, S. 10 deutet die Möglichkeit an, daß der Generalsekretär auch mit der Bitte um Stellung von Kontingenten an die Bundesregierung herantreten könnte.

26 Dazu ausführlich: Fabian, Soldiers, S. 98-129, 154 f.

27 Vgl. die Gesetze (bzw. Gesetzentwürfe) der skandinavischen Staaten, abgedruckt bei Frydenberg, Peace-keeping, Annex, S. 313 ff.,; eine Kommentierung findet sich bei Johannson, JIR 15 (1971), S. 138 ff.; seit 1985 gilt in Finnland eine neue gesetzliche Regelung, dazu: Harttila, in: Reiter, Friedenserhaltende Operationen, S. 26; zur Gesetzeslage in den Niederlanden siehe: Siekmann, NILR 27 (1980), S. 209 ff. Das Bereitstellen von Einheiten bedeutet natürlich nicht, daß diese stets auf bloße Aufforderung der Vereinten Nationen zur Verfügung gestellt werden. Die Staaten behalten sich das Recht zur Entscheidung über das "Ob" des Einsatzes selbstverständlich vor; Boyd, United Nations Peace-keeping, S. 102.

28 Österreichisches BGBl. 1965, S. 933 f.

29 Das Gesetz ist aber nicht auf diesen Personenkreis beschränkt, s. § 1.

geschaffen werden mußte.[30] § 4 des Gesetzes ordnet die Ausgliederung der Einheiten aus dem innerstaatlichen Verwaltungs- und Regierungsapparat an.[31] Davon hebt sich die schwedische Regelung ab, die ausdrücklich vorsieht, daß das entsandte Kontingent - auch während des VN-Einsatzes - Teil der schwedischen Wehrmacht bleibt.[32] Der Sinn dieser Bestimmung liegt darin, die Anwendbarkeit des schwedischen Militärstrafrechts sicherzustellen[33], dennoch ist die Formulierung geeignet, Zweifel an der Ausgliederung der schwedischen Einheiten aus dem Organisationsverband des Königreiches zu wecken. Diese Zweifel greifen im Ergebnis angesichts der eindeutigen schwedischen Praxis nicht durch[34], die Rechtslage in Österreich ist aber bei weitem klarer.

§ 2 II des österreichischen Gesetzes ermöglicht die Unterstellung des besonders zu berufenden Vorgesetzten der entsandten Einheit unter den Befehl der Internationalen Organisation, wobei sich der Umfang der Befehlsunterstellung vornehmlich aus dem zwischen Österreich und der Internationalen Organisation geschlossenen, der Überstellung zugrundeliegenden Staatsvertrag ergibt.[35] Wiederum bedarf eine solche Regelung nach österreichischem Staatsrecht der Form eines Verfassungsgesetzes, weil prinzipiell nur österreichische Staatsorgane anderen untergeordneten Organen Weisungen erteilen dürfen.[36] Der Vorgesetzte behält allerdings seine disziplinarrechtlichen Befugnisse (§ 2

---

30 Pernthaler/Esterbauer, JIR 16 (1973), S. 86; erläuternde Bemerkung zu dem Gesetzentwurf, abgedruckt bei: Neuhold/Hummer/Schreuer, Handbuch, Bd. 2, S. 330.

31 § 4 lautet:
"Die nach österreichischen Rechtsvorschriften bestehende organisatorische Unterordnung von Mitgliedern der Einheit gegenüber ihren Vorgesetzten im Inland ruht auf die Dauer der Tätigkeit im Ausland."

32 Johannson, JIR 15 (1971), S. 142; § 3 der Königlichen Bekanntmachung über eine schwedische Bereitschaftstruppe für den UNO-Dienst vom 13.6.1967, abgedruckt bei Johannson, a.a.O., S. 149.

33 § 10 der Königlichen Bekanntmachung, a.a.O., S. 150; Johannson, a.a.O., S. 144.

34 Bothe, Streikräfte, S. 49.

35 § 2 II des Gesetzes lautet:
"Der Vorgesetzte ist berechtigt, den Mitgliedern der Einheit im Ausland Weisungen (Artikel 20 Abs. 1 des Bundes-Verfassungsgesetzes in der Fassung von 1929) zu erteilen und die ihm zustehende Weisungsbefugnis anderen Mitgliedern der Einheit zu übertragen. Inwieweit der Vorgesetzte bei der Verwendung der Einheit selbst an die Weisungen (Artikel 20 Abs. 1 des Bundes-Verfassungsgesetzes in der Fassung von 1929) der Organe einer internationalen Organisation gebunden ist und inwieweit Organe einer solchen Organisation den Mitgliedern der Einheit (§ 1) unmittelbar Weisungen für ihre Verwendung erteilen dürfen, bestimmt sich nach dem zwischen der Republik Österreich und der internationalen Organisation über die Hilfeleistung abgeschlossenen Staatsvertrag. Liegt kein solcher Staatsvertrag vor oder enthält der Staatsvertrag keine oder keine ausreichende Bestimmungen über die Verwendung der Einheit, so hat die Bundesregierung den Vorgesetzten Weisungen für die Verwendung der Einheit zu erteilen."

36 Pernthaler/Esterbauer, JIR 16 (1973), S. 87. Demzufolge ist außerhalb des hier behandelten Bundesverfassungsgesetzes (oder einer ähnlichen Regelung für andere Sachbereiche) eine Ausgliederung österreichischer Staatsorgane und ihre Überstellung an eine andere Völkerrechtsperson verfassungsrechtlich unmöglich.

III)[37], insofern ist das österreichische Gesetz den regulations der Vereinten Nationen angepaßt.[38] Durch einfaches Gesetz[39] sind die disziplinarverfahrensrechtlichen Zuständigkeiten entsprechend bestimmt worden. Erforderlichenfalls kann der räumliche Geltungsbereich österreichischer Rechtsvorschriften nach den Bedürfnissen der entsandten Einheiten ausgedehnt werden (§ 5 des Verfassungsgesetzes).

Probleme hinsichtlich der Ausgliederung der österreichischen Truppen könnten sich allenfalls aus § 3 des Verfassungsgesetzes ergeben, der für den Fall von Widersprüchen zwischen den Befehlen des Vorgesetzten und des Kommandos der Organisation den Vorrang der Weisung des Vorgesetzten anordnet.[40] Aus zwei Gründen werden hierdurch jedoch keine durchgreifenden Bedenken begründet. Zum einen haben die Befehle der Organisation über die "chain of command" zu ergehen[41], sie erreichen damit den österreichischen Vorgesetzten vor seiner Einheit. Als Teil der Kommandokette hat er diese Befehle weiterzuleiten bzw. in Einzelaufträge umzusetzen. Dabei darf er sich natürlich nicht in Widerspruch zu den Anordnungen des VN-Kommandos setzen, da er dessen Befehlen unterworfen ist und dessen Autorität exklusiv ist.[42] Zum anderen greift die Regelung des § 3 nur ein, bis der Widerspruch zwischen den beiden Weisungen aufgeklärt ist. Eine Kontrolle über die Streitmacht ist damit nicht zu begründen.[43]

Diese kurze Übersicht zeigt, wie durch den Erlaß entsprechender gesetzlicher Bestimmungen die innerstaatlichen Voraussetzungen für eine Ausgliederung und

---

37 In dieser Vorschrift heißt es:

"Für die Aufrechterhaltung der Ordnung und Disziplin innerhalb der Einheit hat ausschließlich der Vorgesetzte Sorge zu tragen; er hat gegenüber den Mitgliedern der Einheit die dienstrechtliche Stellung eines Vorstandes der Dienstbehörde. Er ist hierbei in den Fällen des Abs. 1 lit. a und b an die Weisungen des sachlich zuständigen Bundesministeriums, in den übrigen Fällen des Abs. 1 an die Weisungen des Bundesministeriums gebunden, das die Bundesregierung im Einsatzfall zu bezeichnen hat. Die Bundesregierung kann bestimmen, daß das von ihr bezeichnete Bundesministerium die Weisung im Einvernehmen mit einem anderen Bundesministerium oder mit anderen Bundesministerien zu erteilen hat. Bei Gefahr im Verzug ist jedoch das von der Bundesregierung bezeichnete Bundesministeriums befugt, die erforderlichen Weisungen ohne Herstellung des Einvernehmens zu erteilen."

38 Vgl. Nr. 34 a, c UNEF I-Regulations (Higgins I, S. 291 f.); Nr. 29 a, c ONUC-Regulations (Higgins III, S. 75); Nr. 29 a, c UNFICYP-Regulations (Higgins IV, S. 157); s.o. S. 32 f. und passim.

39 § 4 des Bundesgesetzes vom 14.7.1965 über die Entsendung von Angehörigen des Bundesheeres zur Hilfeleistung in das Ausland, österreichisches BGBl. 1965, S. 1092.

40 § 3 lautet:

"Die Mitglieder der Einheit sind verpflichtet, den Weisungen des Vorgesetzten und hinsichtlich der Verwendung nach Maßgabe des § 2 Abs. 2 auch den Weisungen der internationalen Organisation im Ausland Folge zu leisten. Widersprechen einander die Weisungen des Vorgesetzten und unmittelbar erteilte Weisungen der internationalen Organisation, so haben die betroffenen Mitglieder der Einheit die Weisungen des Vorgesetzten zu befolgen. Sie haben jedoch den Vorgesetzten unverzüglich von den widersprechenden Weisungen der internationalen Organisation in Kenntnis zu setzen. Der Vorgesetzte hat unverzüglich mit den Organen der internationalen Organisation, die die widersprechende Weisung erteilt haben, zum Zwecke der Beseitigung des Widerspruchs Fühlung zu nehmen."

41 S.o. S. 27 f. und passim.

42 S. ebenda.

43 Bothe, Streitkräfte, S. 46.

Überstellung von Einheiten auch in komplizierter Verfassungssystemen geschaffen werden können. Nach außen werden so eingesetzte Truppen Teil eines Organs einer Internationalen Organisation[44], die innerstaatliche Organbeziehung ruht, bzw. wirkt sich nicht mehr nach außen, sondern allenfalls noch in der Einheit intern aus.[45]

c. *Bedeutung der bei den Entsendestaaten verbliebenen Restkompetenzen*

Für die Beantwortung der Frage nach der Fortdauer organschaftlicher Bindungen der entsandten Truppen zu ihren Heimatstaaten bedarf es noch einer genaueren Klärung der Bedeutung der den Entsendestaaten auch nach der Überstellung der Kontingente noch zukommenden Zuständigkeiten.

Die Untersuchung der einzelnen Einsätze der Vereinten Nationen hatte gezeigt, daß bei den Entsendestaaten regelmäßig die Disziplinargewalt sowie personal- und dienstrechtliche Kompetenzen verblieben waren.[46] Die Fortexistenz dieser Zuständigkeiten war maßgeblich dafür, daß oben nur von einer Teilintegration der Verbände in das Organisationsgefüge der Vereinten Nationen gesprochen wurde.[47] Ob dies für die Annahme einer andauernden Organbeziehung der Truppen zu ihren Heimatstaaten etwas ergibt, hängt nun davon ab, ob aus den bei diesen verbliebenen Befugnissen ein Mindestmaß an Kontrolle über die Truppen abgeleitet werden kann.

Aus den personal- und dienstrechtlichen Kompetenzen der Heimatstaaten läßt sich dies wohl kaum entnehmen. Die Kontrolle über die Militäreinheit hat der, dem die Befehlsgewalt zusteht[48/49], also die Vereinten Nationen, nicht aber der Entsendestaat, der Beförderungen ausspricht, Krankenbeihilfen und den Sold auszahlt oder für die Erteilung einer nach dem Dienstrecht des Heimatstaates vielleicht erforderlichen Heiratserlaubnis zuständig ist. Dies wird noch deutlicher, wenn man berücksichtigt, daß der Kontingentstaat bei mancher dieser Entscheidungen nicht einmal völlig frei ist. Die eben schon angesprochene und in einer Reihe von Armeen übliche Heiratserlaubnis mag hierzu als Beispiel dienen. Man stelle sich vor, ein UNFICYP-Angehöriger hätte die Absicht, eine der türkischen Volksgruppe entstammende Zypriotin zu heiraten. Eine so enge Verbindung könnte die stets zu bewahrende Neutralität der Streitmacht gegenüber den zyprischen Volksgruppen in Zweifel ziehen.[50] Da der Entsendestaat dem Kontingentvertrag zufolge an die regulations gebunden ist[51], hat er bei seinen personalrechtlichen Entscheidungen den internationalen Charakter der Truppe und deren Neutralitätspflicht zu beachten. Eine Heiratserlaubnis dürfte er demnach mit Rücksicht auf seine völkerrechtlichen

---

44 Pernthaler/Esterbauer, JIR 16 (1973), S. 83; a.A. Walter, Österreichisches Bundesstaatsrecht, S. 528.

45 Bothe, Streitkräfte, S. 46; Knorr, Diss., S. 71; Pernthaler/Esterbauer, a.a.O., S. 88.

46 S.o. S. 32 f. und passim.

47 S.o. S. 34 und passim.

48 S.o. S. 28, Fn. 106 und Text.

49 Von dem Fall der Meuterei sei hier abgesehen.

50 Vgl. para. 12 des aide-mémoire des Generalsekretärs vom 10.4.1964 (Higgins IV, S. 151) und Nr. 24 UNFICYP-Regulations (Higgins IV, S. 156).

51 Nr. 4 der Kontingentverträge (Higgins IV, S. 203).

Pflichten gegenüber den Vereinten Nationen nicht erteilen, solange der betreffende Soldat UNFICYP-Angehöriger ist.

Die geringe Bedeutung dieser personal- und dienstrechtlichen Angelegenheiten für den hier untersuchten Zusammenhang ergibt sich schließlich auch daraus, daß sie das Verhältnis zwischen dem Heimatstaat und dem einzelnen Soldaten betreffen, nicht dagegen die Beziehung zu der zur Verfügung gestellten Truppe als Einheit.

Aus den disziplinarrechtlichen Kompetenzen könnte sich jedoch eine gewisse Kontrollmöglichkeit der Entsendestaaten ableiten lassen. Immerhin ist die Disziplinargewalt gemeinhin mit der Befehlsgewalt unmittelbar verbunden, der Befehl und die Sanktion zu seiner Durchsetzung erscheinen wie zwei Seiten einer Medaillie.[52] Außerdem besteht bei der Disziplinargewalt auch eine Beziehung zum völkerrechtlichen Verhältnis der Truppe zu Dritten: Die völkerrechtmäßige Kampfführung muß durchgesetzt werden können[53], was den Erlaß und die Anwendung von Strafvorschriften[54] und Disziplinarnormen[55] zwingend erfordert. Ergibt sich daraus, daß der Entsendestaat, als Inhaber der dieser Verpflichtung entsprechenden Kompetenz, auch dritten Völkerrechtssubjekten gegenüber als Adressat völkerrechtlicher Pflichten fungiert, die die VN-Truppe betreffen?

Die Klärung beider Probleme hängt letzten Endes zusammen. Die Kontingentstaaten können dann nicht als Dritten gegenüber verpflichtete Völkerrechtspersonen hinsichtlich der Streitkräfte angesehen werden, wenn sie die Disziplinarkompetenz nicht in Erfüllung einer eigenen Verbindlichkeit, sondern zu Erledigung einer Pflicht der Vereinten Nationen wahrnehmen. Ist dies der Fall, so heißt das gleichzeitig, daß die Disziplinargewalt auch gegenüber der Befehlsgewalt völlig zurücktritt, denn obwohl von einem anderen Völkerrechtssubjekt wahrgenommen, dient sie dann nur der Durchsetzung der Anordnungshoheit der Vereinten Nationen.

Wie haben oben[56] bereits gesehen, daß die Kriegsrechtsfähigkeit der Weltorganisation in der Praxis nur dadurch hergestellt werden kann, daß ihre (faktischen) Defizite bezüglich des Erlasses der erforderlichen Straf- und Disziplinarvorschriften und der Einsetzung der für deren Anwendung erforderlichen Spruchkörper durch die Inanspruchnahme der entsprechenden Normen bzw. Gerichte der Kontingentstaaten ausgeglichen werden. Die Staaten verpflichten sich in den Kontingentverträgen, die Straf- und Disziplinargewalt auszuüben[57], während die Vereinten Nationen nach außen die Verantwortung für "good order and discipline" übernehmen.[58] Damit ist klar, daß die Staaten die Disziplinargewalt im Interesse der Weltorganisation wahrnehmen. Allgemeiner formuliert ist die Pflicht, für ein rechtmäßiges Verhalten der Truppe zu sorgen, die Primärpflicht, die zu erfüllen die Vereinten Nationen übernommen haben. Derjenige, dem diese Pflicht im

52 Ähnlich Dewast, RGDIP 81 (1977), S. 1026.

53 S.o. S. 83.

54 S.o. S. 87.

55 S.o.S. 92 f.

56 S.o. S. 92 f., und 98 f.

57 S.o. S. 92, Fn. 111.

58 S.o. S. 92, Fn. 110.

Außenverhältnis obliegt, ist im Außenverhältnis typischerweise auch der, der für die Erfüllung der sekundären Pflicht, durch disziplinarische Maßnahmen gegen rechtswidrig handelnde Soldaten vorzugehen, einzustehen hat.[59] Wenn er die (Sekundär-) Pflicht durch einen Dritten erledigen läßt, mag man diesen Dritten als seinen Erfüllungsgehilfen[60] oder "agent"[61] ansehen. Gleich ob man diese Begriffe hier einführt oder nicht, der Dritte, hier also der Kontingentstaat, hat dann jedenfalls eine dienende und keine kontrollierende Position, er tritt auch nach außen nicht als Adressat der jeweiligen Pflicht in Erscheinung.[62] Fehlt es aber an der Kontrolle, so kann der Heimatstaat nicht mehr als die die Truppe beherrschende Völkerrechtsperson angesehen werden. Diese ist dann für die Dauer des Einsatzes nicht mehr Teil des Organisationsgefüge des Entsendestaates.

2. *Funktionale Zuordnung der entsandten Truppenkontingente*

Oben wurde festgestellt, daß ein organschaftliches Verhältnis zwischen einer Gesamtheit von Personen und Sachen und einem Völkerrechtssubjekt besteht, wenn die Personen- und Sachengesamtheit ein kontrollierter, integrierter Bestandteil der Organisationsstruktur des betreffenden Völkerrechtssubjekts ist und tatsächlich berechtigt ist, dessen Funktionen zu erfüllen.[63] Die zuletzt genannte Bedingung hat hinsichtlich der Entsendestaaten noch keine Klärung erfahren. Nehmen die Kontingente also nach der Entsendung noch berechtigterweise Funktionen ihrer Heimatländer wahr?

Normalerweise dienen nationale Streitkräfte, aus denen die Kontingente ja in aller Regel entnommen werden, dem Zweck der Landesverteidigung. Da es dem Staat obliegt, das Gemeinwesen nach außen zu schützen, sind sie im Rahmen einer staatlichen Funktion tätig. Dieser werden die Kontingente während ihres Einsatzes für die Vereinten Nationen entkleidet; die Praxis zeigt deutlich, daß für keinen der bislang aktiv gewordenen Entsendestaaten eine Beziehung zwischen der Militäraktion der Vereinten Nationen und der Verteidigung des eigenen Territoriums bestand. Auch unter dem Gesichtspunkt der Landesverteidigung (Selbstverteidigung) durch Mitwirkung in einem System kollektiver Sicherheit, der jedenfalls bei der Teilnahme an einer "enforcement action" gem. Kap. VII SVN eine Rolle spielen kann, ergibt sich nichts anderes. Denn die Funktion des Kontingents als Beitrag des Entsendestaates zu dem System tritt nach der Integation in die Streitmacht des Systems vor der konkreten militärischen Aufgabe ganz zurück. Seine Funktion als Teil der kollektiven Streitmacht besteht dann darin, die Zwangsmaßnahmen der Weltorganisation durchsetzen zu helfen, die Zwangsmaßnahme

59 Bothe, Streitkräfte, S. 56.

60 Ebenda.

61 Bowett, United Nations Forces, S. 515 f.

62 Seyersted, United Nations Forces, S. 56, 322.

63 S.o. S. 24.

der Vereinten Nationen ist aber aufgrund deren eigener Rechtspersönlichkeit und separaten Willensbildung nicht die der teilnehmenden Staaten.[64]

Noch deutlicher wird der Funktionswandel bei den Friedensaktionen der Vereinten Nationen. Das peace-keeping läßt sich auch nicht mehr mittelbar mehr in den Zusammenhang der Landesverteidigung stellen. Somit nehmen die Kontingente allenfalls noch insofern eine von ihren Entsendestaaten abgeleitete Funktion wahr, als ihre Verfügbarkeit für die Vereinten Nationen der Erfüllung einer durch den Kontingentvertrag begründeten völkerrechtlichen Verpflichtung dieses Staates dient. Die Erfüllung jener Verpflichtung des Heimatstaates wird aber nach der Unterstellung unter den VN-Befehl von den wahrzunehmenden Aufgaben der Friedensicherung im Aufnahmeland überlagert. Deshalb trifft es zu, wenn die UNEF I-Regulations feststellen:

> "the functions of the Force are exclusively international and members of the Force shall discharge these functions and regulate their conduct with the interest of the United Nations only in view."[65]

Die Kontingente sind deshalb während des VN-Einsatzes nicht mehr in Erledigung einer staatlichen Funktion ihrer Heimatstaaten tätig.

3. *Zusammenfassung des Abschnitts und Schlußfolgerung*

Die Analyse der Beziehungen zwischen Entsendestaaten und überstelltem Kontingent hat gezeigt, daß das Kontingent während des Einsatzes nicht mehr kontrollierter Teil des Organisationsgefüges des Herkunftsstaates ist. Dieser hat sich völkerrechtlich verpflichtet, den Truppenteil der Kontrolle der Vereinten Nationen zu unterstellen und seine eigene Befehlsgewalt aufzugeben. Die genannten Verpflichtungen sind durch förmliche oder informelle Rechtsakte des innerstaatlichen Rechts erfüllt worden. Die bei den Heimatstaaten auch während der Überstellung verbliebenen Zuständigkeiten begründen keinen die Autorität der Vereinten Nationen beeinträchtigenden Einfluß dieser Staaten auf die Truppen.

Schließlich hat sich ergeben, daß die entsandten Verbände während ihres VN-Einsatzes nicht mehr in Ausübung von Funktionen ihrer Herkunftsländer, sondern in Erledigung von Aufgaben der Weltorganisation tätig waren.

Aus beiden Gründen folgt, daß für die Annahme, zwischen den Entsendestaaten und den überstellten Kontingenten bestünden organschaftliche Beziehungen fort, kein Raum gegeben ist. Die hier untersuchten Truppen sind damit allein den Vereinten

---

64 Etwas anderes könnte allerdings für die Streitkräfte eines unmittelbaren Aggressionsopfers gelten, die gemeinsam mit den Truppen des Systems gegen den Aggressor vorgehen.Einen solchen Fall hat es bislang noch nicht gegeben. Es ist aber auch kaum denkbar, daß bei einer derartigen Konstellation die Funktion der Streitkräfte, das eigene Territorium zu verteidigen, vor ihrer Rolle in der Streitmacht des Systems zurücktritt.

65 Nr. 6 (Higgins I, S. 289); ebenso Nr. 6 ONUC-Regulations (Higgins III, S. 72); Nr. 6 UNFICYP-Regulations (Higgins IV, S. 153); ähnlich Nr. 7a UNSF General Directive (UNTS, Vol. 503, S. 38).

Nationen zuzurechnen, nur diese sind Träger der völkerrechtlichen Rechte und Pflichten bezüglich dieser Streitkräfte.[66]

Es fragt sich, welche Schlußfolgerung hieraus für die Kriegsrechtsfrage zu ziehen sind. Ganz zu Anfang dieser Untersuchung wurde festgestellt, daß für Streitkräfte prinzipiell die Verpflichtungen gelten, denen das hinter ihnen stehende Völkerrechtssubjekt unterworfen ist. Die Summe der auf ein Organ im völkerrechtlichen Sinne anzuwendenden Rechtssätze war demzufolge danach zu bestimmen, welchem Völkerrechtssubjekt das Organ zuzurechen ist.[67] Nunmehr steht fest, daß die Entsendestaaten als Zurechnungssubjekte ausscheiden, also können aus ihren kriegsvölkerrechtlichen Bindungen grundsätzlich keine unmittelbaren Wirkungen für die VN-Truppen mehr folgen.[68]

Für den Bereich des Kriegsvölkergewohnheitsrechts ergeben sich aus dieser Feststellung keine praktischen Konsequenzen. Denn die Vereinten Nationen, alleiniges Zuordnungsobjekt für die Verbände, sind ja ihrerseits dem Gewohnheitsrecht ebenso unterworfen wie die Entsendestaaten.[69] Anders jedoch hinsichtlich der vertragsrechtlichen Bindung der Kontingentstaaten: Da die Vereinten Nationen keinem der Kriegsrechtsverträge beigetreten sind, unterliegen ihre Truppen auch nicht den Verpflichtungen und genießen nicht die Rechte namentlich aus den Genfer Abkommen von 1949, den dazu 1977 verabschiedeten Zusatzprotokollen und der Kulturgüterschutzkonvention von 1954, auch wenn die Entsendestaaten diesen Vertragswerken beigetreten sein mögen.

66 Bothe, Streitkräfte, S. 57.

67 S.o. S. 8.

68 Schindler, FS Pictet, S. 524; Seyersted, United Nations Forces, S. 323 f.; Bothe, Streitkräfte, S. 51; Bericht des schwedischen Militärombutsmanns (Militie ombutsmannens ambetsberättelse avgiven vid Riksdagen, 1964, S. 240 ff., zitiert bei Bothe, Droit de la Guerre, S. 226 f. Anders Bowett, United Nations Forces, S. 503, der die Überstellung der Einheiten an die Vereinten Nationen und die damit verbundene Ausgliederung aus dem nationalen Organisationsverbund jedoch völlig ignoriert. Anders auch das IKRK in einem Rundbrief vom 10.11.1961, dazu aber ausführlich unten, sub. II, S. 147 ff.

69 S.o. S. 120, 132.

II. (Mittelbare) Wirkungen der Kriegsrechtsbindungen der kontingentstellenden Staaten

In offenem Widerspruch zu dem soeben formulierten Ergebnis scheint das oben bereits erwähnte Memorandum des IKRK[70] zu stehen, in dem es heißt:

> "En effet, l'Organisation des Nations Unies n'est pas, comme telle, partie aux Conventions de Genève. En consequence, chaque Etat reste personnellement responsable de l'application de ces Conventions lorsqu'il fournit un contingent aux Nations Unies."[71]

Diese Rechtsauffassung des IKRK hat deutliche Kritik erfahren.[72] Ob und inwieweit diese berechtigt ist, soll im folgenden untersucht werden. Zu fragen ist also, ob sich rechtliche Anhaltspunkte für die Ansicht des IKRK finden lassen, daß die Entsendestaaten auch nach der Überstellung der Kontingente an die Vereinten Nationen noch die Verantwortung für die Anwendung der Übereinkommen tragen. Die These des IKRK war zwar nur auf die Genfer Abkommen von 1949 bezogen. Die Fragestellung soll aber auf die Zusatzprotokolle von 1977 und die Kulturgüterschutzkonvention von 1954 ausgedehnt werden, denn diese stellen die bedeutendsten Kriegsrechtskodifikationen dar, die (noch) nicht (vollständig) als Gewohnheitsrecht gelten, deren Anwendbarkeit in den hier untersuchten Konflikten also davon abhängt, ob die vertraglichen Verpflichtungen der Entsendestaaten noch Wirkung entfalten, wenn organschaftliche Beziehungen zwischen den Vertragsstaaten und den entliehenen Truppen nicht mehr bestehen, bzw. für die Dauer des Einsatzes ruhen.

1. Die Anwendbarkeitsvorschriften der Kriegsrechtskonventionen

Zutreffen würde die Auffassung des IKRK vor allem dann, wenn die Anwendbarkeitsvorschriften der betreffenden Verträge auch im Falle des Einsatzes von Kontingenten eines Vertragsstaates durch die Vereinten Nationen eingriffen.

a. Die Genfer Abkommen von 1949 und ihre Zusatzprotokolle

Die maßgebliche Anwendbarkeitsnorm der Genfer Konventionen ist deren gemeinsamer Art. 2. Der Grundfall ist der des Abs. 1:

> "... la présente Convention s'appliquera en cas de guerre déclarée ou de tout autre conflit armé surgissant entre deux ou plusieurs des Hautes Parties contractantes, même si l'état de guerre n'est pas reconnu par l'une d'elle."

Voraussetzung für die Anwendung der Übereinkommen ist also die Existenz eines bewaffneten Konflikts zwischen Vertragsparteien. Gefordert ist damit die Teilnahme an der bewaffneten Auseinandersetzung. Fehlt es an der Beteiligung einer Vertragspartei an dem bewaffneten Konflikt, so löst Art. 2 I GK 1949 I-IV auch nicht den Anwen-

---

70 S.o. S. 146, Fn. 68.

71 RevICR 43 (1961), S. 593 f.

72 Seyersted, United Nations Forces, S. 324 ff.; Bothe, Streitkräfte, S. 51 ff.

dungsbefehl für den fraglichen Vertragsstaat aus. Daraus folgt, daß die Anwendung der Konventionen bei VN-Einsätzen davon abhängt, ob auch die vertraglich gebundenen Entsendestaaten als Konfliktpartei gesehen werden können.

Die Kommentierung[73] und die Entstehungsgeschichte der Genfer Abkommen von 1949 bieten für die Klärung dieser Frage keinerlei Hilfestellung. Interpretiert man die Vorschrift des Art. 2 I unter dem Gesichtspunkt der generellen Zielrichtung der Konventionen, ihre humanitäre Regelungen auf möglichst viele bewaffnete Konflikte anwendbar zu machen[74], so spricht einiges für die weite, auch "mittelbar" beteiligte Vertragsparteien erfassende Auslegung. Indessen würde eine so sehr vereinfachende Form der teleologischen Auslegung dem Charakter der Konventionen als für die praktische Anwendung in der besonderen Situation des bewaffneten Konflikts gedachte Vertragswerke nicht gerecht. Zur Anwendung und Durchsetzung der Konventionsregeln in dieser Situation ist nur die Völkerrechtsperson in der Lage, die über die Befehlsgewalt und damit über die Kontrolle über die kämpfenden Einheiten verfügt. Genau daran fehlt es den kontingentstellenden Staaten aber. Deshalb sind sie gar nicht fähig, die Konventionsanwendung im Zuge der einzelnen militärischen Operationen zu veranlassen. Es sind auch nicht sie, die die Zielrichtung der Operation bestimmen. Im Gegenteil, die Bereitschaft, durch die Stellung von Kontingenten an friedenserhaltenden oder sonstigen Militäraktionen der Vereinten Nationen mitzuwirken, basiert politisch oft genug gerade darauf, daß nicht die Staaten selbst, sondern die Vereinten Nationen als Handelnde auftreten.[75] Die Entsendestaaten als an dem Konflikt beteiligt anzusehen, liefe diesen Überlegungen zuwider und wäre weitgehend sinnlos, da die Entsendestaaten auf die tatsächliche Konventionsanwendung ohnehin keinen rechtlich gesicherten Einfluß haben. Darüber hinaus konnte oben bei der Untersuchung der einzelnen Aktionen nachgewiesen werden, daß die Vereinten Nationen stets die maßgebliche Kraft gewesen sind. Soweit es zu bewaffneten Konflikten kam, wurden sie deshalb in deren Namen und auf deren Rechnung ausgetragen, nicht auf die der nicht die Einsatzmodalitäten bestimmenden kontingentstellenden Staaten.

Eine bewaffnete Auseinandersetzung zwischen einem Vertragsstaat der Genfer Konventionen von 1949 einerseits und den Vereinten Nationen andererseits ist somit kein Konflikt, auf den die Abkommen gem. Art. 2 I GK 1949 I-IV unmittelbare Anwendung finden können, auch dann nicht, wenn alle Kontingente stellenden Länder ebenfalls Vertragsparteien sind, da nicht sie, sondern die Vereinten Nationen Konfliktpartei sind. Man wird deshalb generell festhalten müssen, daß Konfliktpartei i.S. des Art. 2 I GK 1949 I-IV nur sein kann, wer mit Streitkräften an dem Konflikt teilnimmt, zu denen er organschaftliche Beziehungen unterhält. Aus Art. 2 I GK 1949 I-IV läßt sich deshalb für die vom IKRK angenommene Verantwortung der Kontingentländer nichts ableiten.

---

73 S.z.B. Pictet, Commentaire IV, S. 25 f.; Draper, Red Cross Conventions, S. 9 - 13.

74 Draper, a.a.O., S. 9.

75 S. insofern die Ausführungen oben, S. 103 f., 136 und Seyersted, AnnIDI 54 I (1971), S. 216.

Etwas anderes ergibt sich auch nicht aus Art. 2 II, III GK 1949 I-IV.[76] Eine direkte Anwendung der Genfer Abkommen von 1949 in einem internationalen Konflikt auf der Grundlage der Vertragsbindung der Entsendestaaten scheidet also ratione personae aus.[77]

Diese Feststellung gilt auch für das I. Zusatzprotokoll. Dessen Art. 1 III bestimmt, daß der Anwendungsbereich des Protokolls dem der Genfer Abkommen von 1949 entspricht.[78] Konsequenterweise enthält sich der Kommentar zu Art. 1 III ZP I auch jeder weiteren Stellungnahme und verweist auf die Erläuterungen zu den 1949er Konventionen.[79]

Die Untersuchung der Anwendbarkeitvorschriften für den internen Konflikt führt zu parallelen Ergebnissen. Wie oben dargestellt, ist es auch bei Einsätzen der Vereinten Nationen möglich, daß lediglich das Recht des nicht-internationalen Konflikts anzuwenden ist.[80] Die insofern maßgebliche vertragliche Anwendungsvorschrift des Art. 3 GK 1949 I-IV ordnet die Einhaltung eines gewissen humanitären Mindeststandards durch die "am Konflikt beteiligten Parteien" an. Die Qualität einer Konfliktpartei können die Kontingentstaaten aber aus den o.g. Gründen nicht erlangen, ihre vertraglichen Verpflichtungen aus Art. 3 GK 1949 I-IV kommen deshalb nicht zum Tragen.

Nicht ganz so deutlich wird dies in Art. 1 des II. Zusatzprotokolls. Diese Norm bestimmt zwar, in welcher Art bewaffneter Konflikte das Zusatzprotokoll gelten soll, sie bezeichnet aber nicht präzise, wer an dessen Bestimmungen gebunden sein soll. Das nimmt angesichts der Schwierigkeit, vor allem auf der Seite der Aufständischen genau zu bezeichnen, wer die verpflichtete und berechtigte Einheit ist, nicht Wunder. Daß aber auch Vertragsstaaten, die in dem Sinne wie die kontingentstellenden Länder einer VN-Aktion an dem Konflikt "beteiligt" sind, das Protokoll anzuwenden haben, kann trotz dieser Offenheit des Art. 1 ZP II nicht angenommen werden. Dies scheidet schon deshalb aus, weil die Norm ihrer Konzeption nach Kontrahenten im Auge hat, die ihre militärischen Aktionen voll kontrollieren. Für die Aufständischen wird dies im Text sehr deutlich betont, für die Regierungsseite ohne gesonderte Erwähnung vorausgesetzt. Da den Kontingentstaaten aber die Kontrolle über die überstellten Truppen gerade fehlt, löst ihre "Verwicklung" in den Konflikt auch nicht den Anwendungsbefehl des Art. 1 ZP II aus.

Auch für den nicht-internationalen Konflikt bleibt die eingangs zitierte Auffassung des IKRK somit ohne Stütze aus den Anwendungsvorschriften der Genfer Abkommen von 1949 und ihrer Zusatzprotokolle.

---

[76] Über ein Vorgehen gem. Art. 2 III GK 1949 I-IV könnten die Vereinten Nationen zwar möglicherweise die Anwendung der Konventionen herbeiführen (s. dazu unten S. 183 ff.), dies hätte jedoch auf die hier diskutierte Frage nach der fortdauernden Verantwortung der Entsendeländer keinen Einfluß.

[77] Bothe, Streitkräfte, S. 51; Seyersted, United Nations Forces, S. 323 f.

[78] Die in Art, 1 IV ZP I enthaltene Erweiterung auf den Befreiungskampf zur Durchsetzung des Selbstbestimmungsrechts ist in diesem Zusammenhang ohne Bedeutung.

[79] Vgl. die Kommentierung von Partsch in: Bothe/Partsch/Solf, New Rules, S. 45.

[80] S.o. S. 120.

b. *Das Haager Übereinkommen für den Schutz von Kulturgut bei bewaffneten Konflikten*

Art. 18 I enthält den Grundfall der Anwendungsbestimmungen der Haager Konvention. Die Vorschrift ist Art. 2 I GK 1949 I-IV nachgebildet.[81] D.h., daß die gebundene Vertragspartei auch Konfliktpartei sein muß. Fehlt ihr diese Eigenschaft, so wird sie auch nicht zur Anwendung der Konvention in dem Konflikt verpflichtet. Die unmittelbare Anwendung der Kulturgüterschutzkonvention wird deshalb in einem Konflikt, in dem VN-Truppen gegen eine Vertragspartei vorgehen, nicht ausgelöst, auch nicht durch die möglicherweise gegebene Vertragsbindung der kontingentstellenden Staaten.

Dieselbe Folge tritt ein, wenn Vertragsstaaten des Haager Abkommens Kontingente stellen, die die Vereinten Nationen in einem nicht-internationalen Konflikt einsetzen, der im Gebiet einer anderen Vertragspartei stattfindet. Auch hier werden die Entsendeländer aus den erörterten Gründen nicht Konfliktpartei. Dies wäre aber Voraussetzung für die Auslösung des Anwendungsbefehls für die Kulturgüterschutzkonvention. Denn deren Art. 19 I entspricht Art. 3 GK 1949 I-IV und verlangt wie dieser, daß der in Frage kommende Vertragsstaat selber die Eigenschaft einer Konfliktpartei gewinnt.

Mithin läßt sich die zum Ausgangspunkt genommene Auffassung des IKRK auch nicht aus den Anwendungsnormen der Haager Kulturgüterschutzkonvention von 1954 begründen.

2. *Die "faire-respecter"-Klausel der Genfer Abkommen von 1949 und des Ersten Zusatzprotokolls*

Nachdem sich gezeigt hat, daß die Auffassung des IKRK, die Entsendestaaten trügen eine eigene Verantwortung für die Einhaltung der Genfer Abkommen durch die Vereinten Nationen, in den Anwendungsvorschriften der Abkommen (und des Zusatzprotokolls) keine Stütze finden, soll gefragt werden, ob es andere Grundlagen für diese These im Text der Übereinkommen gibt.

Das IKRK selbst berief sich in dem genannten Memorandum vom 11.November 1961 u.a. auch auf den gemeinsamen Art. 1 der GK 1949. Dieser Vorschrift zufolge sind die Vertragsstaaten verpflichtet, "à respecter et *à faire respecter* la présente convention".[82] Das IKRK erinnerte die für ONUC Kontingente stellenden Vertragstaaten der Genfer Abkommen an diese Verpflichtung und zog daraus die folgende Konsequenz:

> "Il [das IKRK] exprime donc l'éspoir qu'ils [die Entsendestaaten] voudront bien, chacun, en cas de besoin, user de leur influence pour que les dispositions du droit humanitaire soient appliquées par l'ensemble des contingents engagés, comme par le commandement unifié."[83]

---

81 Kraus, FS Wehberg, S.220.

82 Hervorhebung vom Verf. Der englische Text lautet: "... to respect und ensure respect"; in der deutschen Übersetzung heißt es (nicht ganz glücklich): "... das vorliegende Abkommen einzuhalten und seine Einhaltung durchzusetzen". Art. 1 ZP I enthält wörtlich dieselbe Formulierung.

83 RevICR 43 (1961), S. 594.

Das Komitee gibt in dem zitierten Text einer "Hoffnung" Ausdruck. Damit ist aber nicht gesagt, daß der "faire-respecter"-Klausel keine rechtlich bindende Wirkung zukommt.[84] Art. 1 GK 1949 I-IV hat den Zweck, die verpflichtende Bindung der Staaten an die Konventionen festzuschreiben. Er ist insofern allerdings im Grunde überflüssig, da der Rechtssatz "pacta sunt servanda"[85] allgemein gilt und die Verpflichtung der Vertragsstaaten zur Einhaltung der eingegangenen Verbindlichkeiten festschreibt. Aber auch dann, wenn Art. 1 GK 1949 I-IV nur deklaratorischen Charakters ist, ist unbestreitbar, daß das "s'engagent à respecter" Ausdruck einer Rechtsverpflichtung ist. Es widerspräche allen Regeln der systematischen Interpretation, würde man dem zweiten Teil der Verpflichtung, dem "faire respecter", diese Bedeutung absprechen.

Zum "faire respecter" sind die Vertragsstaaten also auch verpflichtet; fraglich bleibt aber, was sich hinter der ungewöhnlichen Formulierung verbirgt; welchen Inhalt die Pflicht mithin hat. Wenn mit der Verpflichtung, die Konvention einzuhalten, die Vertragsstaaten selber angesprochen sind ("s'engagent à respecter"), liegt es nahe, die "faire-respecter"-Klausel auf das Verhalten Dritter zu beziehen. Als diese "Dritte" kommen zwei ganz unterschiedliche Gruppen in Betracht: einerseits die eigene Bevölkerung, also die der Hoheitsgewalt einer Vertragspartei Unterworfenen, und andererseits die anderen Staaten oder allgemeiner: andere, in eine Situation, in der das humanitäre Völkerrecht anwendbar ist, geratende Völkerrechtspersonen. Ergibt die Auslegung, daß die Verpflichtung der "faire-respecter"-Klausel (auch) das Verhältnis der Vertragsstaaten zu dritten Völkerrechtssubjekten berührt, so können sich aus der Klausel Konsequenzen für den Inhalt der die Überstellung von Truppen von den Entsendestaaten an die Vereinten Nationen bewirkenden Vereinbarungen ergeben.

Es fragt sich also, ob Art. 1 GK 1949 I-IV und Art. 1 ZP I dahin auszulegen sind, daß sie eine auf das Verhalten von anderen Völkerrechtspersonen gerichtete Pflicht der Vertragsstaaten zur Einflußnahme konstatieren. Die Antwort ist nicht unabhängig davon, ob die "faire-respecter"-Klausel auch nach innen gerichtet ist. Wenn ihr im bezug auf die eigene Bevölkerung des Vertragsstaates ein breiter Anwendungsbereich zukäme, läge es fern anzunehmen, sie sei gleichzeitig auf einen ganz anderen Kreis von Objekten bezogen.

Dies ist aber nicht der Fall. Nähme man nämlich an, die Klausel wäre ausschließlich nach innen gerichtet, hätte das die Folge, daß ihr im Grunde kaum ein eigener Regelungsgehalt zukäme. Denn eine völkerrechtliche Verpflichtung beinhaltet grundsätzlich die Pflicht des gebundenen Völkerrechtssubjekts, die Einhaltung der eingegangenen Bindung durch die der eigenen Gewalt Unterworfenen - seien es Organe oder einzelne Privatpersonen - sicherzustellen, soweit Verletzungen der übernommenen Verpflichtungen durch diese möglich sind. In dem erforderlichen Umfang muß das betreffende Völkerrechtssubjekt deshalb durch geeignete Akte des innerstaatlichen Rechts ein völkerrechtskonformes Verhalten seiner Gewaltunterworfenen herbeiführen, wobei sich das Maß dessen, was erforderlich ist, aus dem Völkerrecht ergibt. Die

84 So aber offenbar Seyersted, United Nations Forces, S. 325.

85 Heute kodifiziert in Art. 26 WVRK.

Notwendigkeit der Ergänzung des Völkerrechts durch es umsetzende innerstaatliche Akte[86] ist selbstverständlich und bedürfte keines gesonderten Anspruchs durch eine eigene Klausel. Nach innen bezogen ist das "s'engagent à faire respecter" deshalb mit dem "s'engagent à respecter" identisch.[87]

Dies ist mit Blick auf das Verhältnis des Vertragsstaates zu einem anderen Völkerrechtssubjekt im allgemeinen ganz anders, denn die Verpflichtung, die der Vertragsstaat eingegangen ist, regelt gemeinhin nur sein eigenes Tun und Lassen in seinem eigenen Hoheitsbereich und hat gewöhnlich nicht die Einwirkung auf andere Völkerrechtspersonen zum Gegenstand. Bei völkerrechtlichen Verträgen der Art der Genfer Abkommen ist eben dies aber durchaus sinnvoll. Die Abkommen und ihre Zusatzprotokolle sind klassische Beispiele für die Kategorie der traités-lois[88], die auf die Errichtung eines Normensystems abzielen.[89] Das ist ein Zweck, der erst dann optimal verwirklicht ist, wenn alle in Betracht kommenden Völkerrechtssubjekte das Normen - system anwenden. Bei den Abkommen handelt es sich zudem nicht um beliebige traités-lois, sondern um Regelungswerke, die vor dem besonderen moralischen Hintergrund des Strebens nach einer universalen Durchsetzung des humanitären Prinzips zu sehen sind.[90] Es kommt deshalb der Realisierung des Ziels der Genfer Abkommen und ihrer Zusatzprotokolle besonders entgegen, die "faire-respecter"-Klausel so auszulegen, daß die Vertragsstaaten verpflichtet sind, auf dritte Völkerrechtssubjekte einzuwirken mit dem Ziel, auch diese zur Beachtung des humanitären Rechts zu bewegen.[91]

Diese Auslegung findet eine Stütze in der völkerrechtlichen Praxis und den Völkerrechtsauffassungen staatlicher und nichtstaatlicher Internationaler Organisationen. Ein erstes Beispiel bildet das zum Ausgangspunkt der Erörterungen genommene Memorandum des IKRK zum Kongo-Konflikt.[92] Das IKRK hat aber auch später unter Berufung auf die "faire-respecter"-Klausel an die Vertragsparteien der Genfer Abkommen appelliert, auf die Parteien von Konflikten, an denen diese Vertragsstaaten nicht selbst beteiligt waren, mit dem Ziel der Durchsetzung der Abkommen einzuwirken. Dies

---

86 Verdross/Simma, VR, §§ 42, 45, unter Berufung auf Triepel, Völkerrecht und Landesrecht, S. 271.

87 Dennoch wird Art. 1 GK 1949 I-IV auch in diesem auf die Bevölkerung der Vertragsstaaten bezogenen Sinne ausgelegt, s. Pictet, Commentaire IV, S. 21; Draper, Red Cross Conventions, S. 8; Condorelli/Boisson de Chazournes, FS Pictet, S. 24 ff.

88 Draper, a.a.O..

89 Im Gegensatz zu den traités-contracts, s. Seidl-Hohenveldern, VR, Rdn. 148. Diese Unterscheidung ist allerdings weniger grundsätzlicher Art als oft angenommen; vgl. Partsch, in: Strupp-Schlochauer, WVR III, S. 490 f. im Anschluß an E.Kaufmann, Clausula, S. 160 ff.

90 Pictet, Commentaire IV, S. 21; Resolution XVI der XVIIIe Conférence internationale de la Croix-Rouge (Toronto 1952), abgedruckt in Manuel de la Croix-Rouge, S. 442.

91 Für eine Auslegung in diesem Sinne: Condorelli/Boisson de Chazournes, FS Pictet, S. 26 ff.; Draper, Red Cross Conventions, S. 8, Fn. 26; Pictet, Commentaire IV, S. 21; Partsch, in: Bothe/Partsch/Solf, New Rules, S. 43; wohl auch de Preux, RevICR 67 (1985), S. 27; Seyersted, United Nations Forces, S. 325.

92 RevICR 43 (1961), S. 594.

geschah z.B. im Rhodesien (Zimbabwe) -Konflikt 1979[93] sowie im irakisch-iranischen Krieg 1983[94] und 1984[95]. 1971 intervenierte der schweizerische Bunderat Graber bei den Regierungen der UdSSR, Chinas, Frankreichs, Spaniens, Italiens und Jugoslawiens mit dem Ziel, diese zu bewegen, ihren Einfluß in den arabischen Ländern zugunsten der Opfer terroristischer Aktivitäten geltend zu machen. Die Schweiz berief sich dabei auf die Eigenschaft der angesprochenen Staaten als Vertragsparteien der Genfer Abkommen von 1949.[96] In der vielbeachteten Resolution XXIII der Teheraner International Conference on Human Rights zu "Human Rights in Armed Conflict" wird das Einwirkungsverbot ebenfalls in dem hier vertretenen Sinn verstanden. In Absatz 9 der Präambel heißt es:

> "*Noting* that State Parties to the Red Cross Geneva Conventions sometimes fail to appreciate their responsibility to take steps to ensure the respect of these humanitarian rules in all circumstances by other States, even if they are not themselves directly involved in an armed conflict ..."[97]

Der Bezug des Einwirkungsgebotes auf das Verhalten dritter Völkerrechtssub - jekte läßt sich schließlich auch aus der Entstehungsgeschichte des Art. 1 GK 1949 I-IV ableiten. Die Genfer Abkommen von 1929 enthielten noch keine entsprechende Norm.[98] Als 1946 mit der Ausarbeitung der neuen Abkommen begonnen wurde, änderte sich daran zunächst nichts.[99] Das IKRK entschloß sich jedoch, der XVII. Internationalen Rotkreuz-Konferenz ganz neu gegliederte Konventionsentwürfe vorzulegen. In Art. 1 des Entwurfs des 1. Abkommens taucht das erste Mal die "faire-respecter"-Klausel auf. Sie lautet:

> "Les Hautes Parties contractantes s'engagent, au nom de leur peuple, à respecter et à faire respecter la présente Convention en toutes circonstances."[100]

Von Bedeutung für den hier diskutierten Zusammenhang ist, daß als Begründung auch das Ziel genannt wurde, die weltweite Anwendung der Konventionen zu fördern:

---

93 RevICR 61 (1979), S. 91 f.

94 RevICR 65 (1983), S. 228.

95 RevICR 66 (1984), S. 119 ff.

96 Caflisch, SchwJiR 27 (1971), S. 189; s. auch Condorelli/Boisson de Chazournes, FS Pictet, S. 27.

97 Final Act of the International Conference on Human Rights (Teheran, 22. April to 13. May 1968, S. 18).

98 Art. 25 I GK 1929 I lautet lediglich:
"Les dispositions de la présente Convention seront respectées par les Hautes Parties Contractantes en toutes circonstances."
(RGBl. 1934 II, S. 220).

99 Rapport sur les travaux de la Conférence préliminaire des Sociétés nationales de la Croix-Rouge pour l'étude des Conventions et de divers problèmes ayont trait à la Croix-Rouge, Genf, 26. Juli - 3. August 1946, S. 54 (Es wurden keine Änderungen des Art. 25 I GK 1929 I vorgeschlagen) und Rapport sur les travaux de la Conférence d'experts gouvernementaux pour l'étude des Conventions protégant les victimes de la guerre, Genf, 14.-26. April 1947, S. 59 (ebenfalls kein Änderungsvorschlag zu Art. 25 I GK 1929 I - damals Art. 28 des Entwurfs).

100 Projects de Conventions revisées ou nouvelles protégant les victims de la guerre, S. 4.

> "Le CICR juge nécessaire de faire ressortir que le système de protection prévu par la présente Convention exige, pour être efficace, que les Haute Parties contractantes ne se bornent pas à appliquer elles-mêmes la Convention, mais qu'elles fassent également tout ce qui est en leur pouvoir pour que les principes humanitaires qui sont à la base de cette Convention soient universellement appliqués."[101]

Die XVII. Rotkreuz-Konferenz in Stockholm strich lediglich die Worte "au nom de leur peuple" wieder.[102] Damit hatte die Vorschrift ihre bis heute gültige Fassung gefunden. In der Diplomatischen Konferenz von 1949 erfuhr sie keinerlei Änderung mehr. Sie wurde nur kurz debattiert und dabei sowohl auf die eigene Bevölkerung des Vertragsstaates (Norwegen, USA, Frankreich) als auch auf dritte Völkerrechtssubjekte bezogen (IKRK, Italien).[103]

Bedeutsam sind schließlich die Deutungen, die die "faire-respecter"-Klausel in der Vorbereitungsphase der Zusatzprotokolle erfahren hat. Das IKRK stellte fest, daß seine Umfrage unter den Vertragsstaaten der GK 1949 ergeben habe, daß diese die vom IKRK vertretene Auffassung teilten, das Einwirkungsgebot sei auf das Verhältnis zu anderen Völkerrechtssubjekten bezogen.[104] Zwar herrschte weitgehend Einigkeit, daß Art. 1 GK 1949 I-IV keine Zwangsmaßnahmen rechtfertigen könne[105], aber zu Maßnahmen unterhalb der Interventionsschwelle, z.B. zu Hilfsaktionen und Appellen, sollten die Vertragsstaaten jedoch durch die Vorschrift aufgefordert sein.[106] Ein entsprechender Artikelentwurf ging nicht in die Vorschläge des IKRK zur Diplomatischen Konferenz ein, dies war jedoch nicht auf Probleme mit der "faire-respecter"-Klausel zurückzuführen. Die Klausel wurde aber in einer Vorlage vorwiegend westlich orientierter Staaten wieder aufgegriffen.[107] Auf diesem Wege wurde sie schließlich Inhalt der dann angenommenen Kompromißformel zu Art. 1 ZP I.[108]

Es bleibt zu klären, was für die hier zu untersuchende Problematik der Bedeutung der (vertragsrechtlichen) Kriegsrechtsbindungen der Kontingentstaaten aus dieser Auslegung der Art. 1 GK 1949 I-IV und Art. 1 ZP I folgt. Auszugehen ist von der bereits von den Regierungsexperten 1972 getroffenen Feststellung, daß die Vorschrift keine Durchbrechung des Interventionsverbots darstellt. Deshalb werden die durch sie hervorgerufenen Wirkungen gemeinhin nicht über Appelle und andere Formen der

---

101 A.a.O., S. 5.

102 Projects de Conventions revisées ou nouvelles protégant les victims de la guerre,Genf, Oktober 1948, S. 9.

103 Actes de la Conférence diplomatique de Genève de 1949, Bd. II, Sec. B, S. 27, 51.

104 Conférence d'experts gouvernementaux sur la réaffirmation et le développement du droit international humanitaire applicable dans les conflits armés, 2nde session, 1972, Vol. I, S. 185, sub 4.98.

105 A.a.O., sub. 4.100.

106 A.a.O., S. 186, sub. 4.107, 4.108.

107 CDDH/I/12, OR, Vol. III, S. 6.

108 CDDH/I/71, OR, Vol. III, S. 8 f.

Einflußnahme mit völkerrechtlich ohnehin unbedenklichen Mitteln hinausgehen.[109] Indessen fragt sich, ob der Klausel im Verhältnis zwischen dem konventionsgebundenen Kontingentstaat und den Vereinten Nationen nicht eine größere Bedeutung zukommt.

Die Entsendestaaten befinden sich gegenüber der Weltorganisation in einer anderen Position als der, die unbeteiligte Vertragsstaaten der Genfer Konvention gewöhnlich gegenüber anderen, in einen bewaffneten Konflikt verwickelten Völkerrechtssubjekten einnehmen.[110] Sie stellen die Streitkräfte zur Verfügung, mit denen die Vereinten Nationen sich dann erst als Partei an einem bewaffneten Konflikt beteiligen können. Der Überstellungsakt ist tatsächlich die conditio sine qua non der militärischen Aktivitäten der Vereinten Nationen. Er setzt informelle oder formelle vertragliche Beziehungen zwischen dem kontingentstellenden Land und der Weltorganisation voraus, die oben bereits im einzelnen beleuchtet wurden. Hieraus erwächst den Entsendestaaten ein erheblicher Einfluß, den sie im Sinne ihres humanitären Engagements, das sich in ihrer Zugehörigkeit zu den Instrumenten des Genfer Rechts dokumentiert, nutzen können, ohne dabei in die Nähe der Schwelle des Interventionsverbots zu geraten oder die Zielrichtung des peace-keeping oder eine Zwangsmaßnahme gemäß Art. 42 SVN zu beeinträchtigen.

Es wäre verfehlt, aus der "faire-respecter"-Klausel die Verpflichtung zu entnehmen, daß jedweder besondere Einfluß, den eine Vertragspartei auf ein an einem bewaffneten Konflikt beteiligtes Völkerrechtssubjekt ausüben kann, dazu genutzt werden muß, dieses zur Anwendung der Konvention zu veranlassen. Ein solches Verständnis entspräche nicht notwendig dem Sinn der Art. 1 GK 1949 I-IV, Art. 1 ZP I, denn auch diese Vorschriften sind unter Beachtung des Grundsatzes der Verhältnismäßigkeit, vor allem der Zumutbarkeit für den Vertragsstaat, auszulegen.[111] Es wäre auch mit der Völkerrechtspraxis nicht zu vereinbaren. Andererseits bedarf es nicht der Ermittlung der äußersten Grenzen der "faire-respecter"-Klausel, um diese dahin auszulegen, daß dem Vertragsstaat, der seine eigenen Streitkräfte aufgrund einer regelmäßig völlig frei getroffenen Entscheidung für die Teilnahme an dem fraglichen bewaffneten Konflikt zur Verfügung stellt, aus der Klausel die Verpflichtung erwächst, das mit seinen Soldaten kämpfende Völkerrechtssubjekt auf die Anwendung der Konventionen (und ggf. des Zusatzprotokolls) festzulegen. Dies, zumal die Entsendung bei wichtigen Kontingentstaaten nach von langer Hand vorbereiteten Mustern erfolgt[112], wobei den Erfordernissen des innerstaatlichen (Verfassungs-) Rechts oft mit akribischer Genauigkeit nachgegangen wird. Deshalb ist die Verpflichtung der Vereinten Nationen auf die Abkommen regelmäßig eine geeignete, dem entsendenden Vertragsstaat zumutbare Maßnahme, die der Durchsetzung der Anwendung der Konventionen durch ein drittes Völkerrechtssubjekt und damit der Umsetzung der Verpflichtung aus Art. 1 GK 1949 I-IV dient.

---

109 Sandoz, in: Les Dimensions internationales, S. 308.

110 Seyersted, United Nations Forces, S. 325.

111 S. dazu auch u. S. 172.

112 Vgl. z.B. für die politischen Entscheidungen, die zu der Bereitstellung skandinavischer Einheiten führten, Haekkerup, ForAff 42 (1963-64), S. 675 ff.

Folglich sind die Vertragsstaaten der Genfer Abkommen von 1949 gemäß Art. 1 verpflichtet, den Überstellungsakt bezüglich der von ihnen den Vereinten Nationen zur Verfügung gestellten Truppen so zu gestalten, daß die Vereinten Nationen verpflichtet werden, diese Truppen nur in einer den Konventionen vollständig entsprechenden Weise einzusetzen und auch VN-eigenes Personal nur so zu verwenden.[113] Im Extremfall sind sie gehalten, ihre Beteiligung von der Erfüllung dieser Forderung abhängig zu machen, was in letzter Konsequenz bedeuten kann, daß sie ihre Truppen zurückziehen müssen. Da fast alle Staaten den Genfer Abkommen von 1949 beigetreten sind, bedeutet dies, daß diese "Verpflichtung zur Verpflichtung" praktisch für alle zur Kontingentstellung in Betracht kommenden Staaten besteht. Für diejenigen, die auch dem Ersten Zusatzprotokoll beigetreten sind, erstreckt sie sich auch auf dessen Bestimmungen. Würde sie von allen Kontingentstaaten wahrgenommen, wäre das Kriegsrechtsproblem seiner praktischen Lösung ein gutes Stück näher gekommen.

Die Vertragsstaaten haben sich dieser Obliegenheit jedenfalls in förmlichen Kontingentverträgen bislang nicht entledigt. Sie sind ihrer Verpflichtung "à faire respecter la présente Convention" somit nicht in dem gebotenen Umfang nachgekommen.

Welche Konsequenzen aus diesem Umstand zu ziehen sind, kann an dieser Stelle zuvor offenbleiben, da zuvor geklärt werden soll, ob weitere Grundlagen für die mittelbare Wirkung der völkerrechtlichen Verpflichtungen der Entsendestaaten bestehen und was sich aus den Pflichten der Aufnahmestaaten ergibt.[114]

---

113 Dies deuten auch an: Seyersted, United Nations Forces, S. 325; Schindler, SchwJiR 22 (1965), S. 109, Fn. 79; ders., FS Pictet, S. 528; Bothe, Streikräfte, S. 52; Resolution XXV der XX. Internationalen Rotkreuzkonferenz 1965 in Wien (Manuel de la Croix-Rouge, S. 448):

> "La XXe Conférence internationale de la Croix-Rouge,
> considérant que les Etats parties aux Conventions de Genève se sont engagés à les respecter et à les faire respecter en tout circonstances,
> considérant qu'il est nécessaire que les "forces d'urgence des Nations Unies" respectent ces Conventions et soient protéges par elles,
> marque sa satisfaction des mesures déjà prises à cet effet par les Nations Unies sur le plan pratique et recommende:
> 1. que des accords appropriés soient conclus afin d'assurer que les forces armées mises à la disposition des Nations Unies observent les règles des Conventions de Genève et soient protégées par elle; ..."

114 S.u. S. 178-186.

3. *Die Anforderungen des allgemeinen Völkerrechts an die Gestaltung der Überstellung von Organen eines Völkerrechtssubjekts an ein anderes Völkerrechtssubjekt*

Oben ist bereits im Detail untersucht worden, wie die organschaftliche Zuordnung der eingesetzten Streitkräfte im Verhältnis zu den Entsendestaaten zu erfolgen hat.[115] In diesem Zusammenhang war die völkerrechtliche Verpflichtung der Entsendestaaten, die betreffenden Truppenteile aus ihrem Organisationsverband zu lösen[116], ebenso von Bedeutung wie die Umsetzung dieser Verpflichtung im innerstaatlichen Recht.[117] Gemeinsam mit der Eingliederung der Truppen in das Organisationsgefüge der Vereinten Nationen[118] ergeben diese Akte ein geschlossenes Ganzes, dessen rechtliche Qualifizierung noch nachzuholen ist.

Die Ausgliederung eines Staatsorgans (Streitkräfte) aus dem Organisationsverband eines Staates und seine Eingliederung in das Organisationsgefüge eines anderen Völkerrechtssubjektes kann mit der aus dem innerstaatlichen Recht geläufigen Rechtsfigur der Organleihe[119] verglichen werden. Auch dort wird ein Organ (z.B. der Hauptverwaltungsbeamte einer Gemeinde) im Hinblick auf eine bestimmte Funktion aus dem üblichen Weisungs- und Kontrollstrang gelöst, um einem anderen Weisungsgeber unterstellt zu werden (z.B. der staatlichen Ordnungsverwaltung). Im Falle der VN-Truppen besteht allerdings der Unterschied, daß aus vielen entliehenen Organteilen ein ganz neues Organ geschaffen wird, das selbständig einer Völkerrechtsperson zuzuordnen ist.

Das Völkerrecht kennt kaum generelle Regelungen der Organleihe. Es greift lediglich einen Teilaspekt dieser Figur in Art. 9 der Draft Articles on State Responsibility (Part I) auf.[120] Dort wird das Verhalten eines "organ which has been placed at the disposal of a State by another State"[121] dem erstgenannten "empfangenden" Staat haftungsrechtlich zugerechnet, während der "verleihende" Staat grundsätzlich nicht in Anspruch genommen werden soll.

Der Kommentar der ILC läßt sogar Zweifel daran aufkommen, ob im Zusammenhang mit Streitkräften Organleihen überhaupt möglich sind. Es zeigt sich jedoch, daß

---

115 S.o. S. 133 ff.

116 S.o. S. 135 ff.

117 S.o. S. 137 ff.

118 S. dazu die Untersuchung der einzelnen Militäraktionen (o.S.26-67)und allgemein o. S. 67-69.

119 S. dazu v. Unruh, in: v. Münch, Besonderes Verwaltungsrecht, S. 129.

120 YbILC 1980, Vol. II, part 2, S. 30:
"The conduct of an organ which has been placed at the disposal of a State by another State or by an international organization shall be considered as an act of the former State under international law, if that organ was acting in the exercise of elements of governmental authority of the State at whose disposal it has been placed."

121 Im englischen Schrifttum war auch von "transfered servants" (Brownlie, Principles, S. 455) die Rede; in französisch-sprachigen Quellen von "organs mis à la disposition" (Landgericht Tunis im Torchel-Fall, zitiert nach: Ago, YbILC 1971, Vol. II, part 1, S. 267.

die dort vorgenommene Ausgrenzung der Zurverfügungstellung von Streitkräften nicht dogmatisch-prinzipielle, sondern tatsächliche Gründe hatte.[122] So nahm die ILC an:

> "The forces in question usually remain at the disposal of the State to which they belong; they act under its orders, control and instructions; and what is even more important, they exercise through their actions a characteristic element of the governmental authority of that State, not of the territorial State."[123]

Liegen die Dinge vom Tatsächlichen her wirklich so, kann keine Rede von einer Organleihe sein.

Übersetzt man das Zitat aber in die Kategorien des Verhältnisses eines Staates zu einer Internationalen Organisation und vergleicht man die Umstände der peace-keeping operations mit den in ihm angenommenen tatsächlichen Umständen, so zeigt sich, daß die Verhältnisse bei den VN-Truppen anders als in dem Kommentar angenommen sind. Diese Streitkräfte werden von der Weltorganisation kontrolliert und ihre Tätigkeit stellt eine Ausübung von deren Funktion dar.[124] Folglich ist Ago, dem Sonderberichterstatter der ILC für den ersten Teil der Draft Articles on State Responsibility, zuzustimmen, wenn er die Zurverfügungstellung von Kontingenten für ONUC als Beispielsfall einer völkerrechtlichen Organleihe anführt.[125] Deshalb erscheint es grundsätzlich angemessen, im Zusammenhang dieser Untersuchung der Figur der Organleihe näher nachzugehen.

Dabei spricht die als solche in Art. 9 vorgesehene Regelung in der Tendenz gegen die Annahme, daß die Verpflichtungen der Entsendestaaten (mittelbare) Auswirkungen auf die Truppen der Vereinten Nationen haben. Denn Art. 9 der Draft Articles stellt auf den die Kontrolle ausübenden "empfangenden" Staat ab. Seine Ratio entspricht damit der, die hier stets für die Zuordnung von Organen zugrundegelegt wurde: Maßgeblich ist, welches Völkerrechtssubjekt die Handlungen des Organs kontrolliert. Damit deutet Art. 9 nur auf die Vereinten Nationen, nicht aber auf die Entsendestaaten.[126] Er stützt insofern das oben gefundene Ergebnis, daß das auf die Weltorganisation selbst anwendbare Kriegsvölkerrecht, das für die Truppen unmittelbar maßgeblich ist.

Art. 9 ist jedoch Ausdruck der völkerrechtlichen Haftungsregelung für die Handlungen, die das entliehene Organ in seiner Tätigkeit für das empfangende Völkerrechtssubjekt vornimmt. Er trifft keine Aussage über die Haftung für den die Organleihe begründenden Überstellungsakt.[127] Auf die Anforderungen an diesen Überstellungsakt könnte es aber im Zusammenhang der Kriegsrechtsfrage ankommen.

---

122 Anders offenbar: Steiniger, in: Graefrath/Oeser/Steiniger, Völkerrechtliche Verantwortlichkeit, S. 111 f.

123 Commentary der ILC, YbILC 1974, Vol. II, part 1, S. 288, para. 11.

124 Butkiewicz, PolYbIntL 11 (1981-82), S. 134 f.

125 Ago, YbILC 1971, Vol. II, part 1, S. 273, para. 212; ebenso: Ritter, AFDI 8 (1962), S. 444; dagegen Steiniger, a.a.O., S. 111.

126 An dieser Stelle sei offengelassen, ob Art. 9 auf von Internationalen Organisationen entliehene Organe anwendbar ist. Da die Vorschrift als solche nicht herangezogen werden soll, ist eine Klärung dieser Frage entbehrlich.

127 Siehe zu der Differenzierung zwischen dem Handeln nach der Überstellung und dem Entleihungsakt den Commentary der ILC zu Draft Art. 9, YbILC 1974, Vol. II, part 1, S. 290, para. 16.

Die Überstellung eines Teils der eigenen Streitkräfte an die Vereinten Nationen erfolgt stets aufgrund eines völkerrechtlichen Rechtsgeschäfts, das der entleihende Staat und die Weltorganisation freiwillig eingehen. Ob dieses Geschäft, dessen Inhalt oben bereits Gegenstand genauerer Betrachtung war[128], Ausdruck in einer förmlichen Vereinbarung fand, kann dahinstehen, maßgeblich ist nur, daß es - wie jedes andere völkerrechtliche Geschäft - an rechtlichen Mängeln leiden kann. Solche ergeben sich immer dann, wenn wenigstens eine der beiden Parteien im Zusammenhang mit der Überstellung des Organs gegen eine völkerrechtliche Verpflichtung verstößt.

In der ILC ist ein besonders eklatantes Beispiel eines solchen Falles diskutiert worden. Ein Staat - so wurde ausgeführt -, der seine Truppen einem anderen Staat zur Verfügung stellt, der damit eine Aggression begehe, sei ebenso haftbar wie der Aggressor selbst.[129] Die Regelung des Art. 9 könne nicht zur Folge haben, daß bei Zurverfügungstellung von Organen zu einem rechtswidrigen Zweck der entleihende Staat keiner Haftung ausgesetzt sei.[130]

Ob ein Zweck rechtswidrig ist, kann sich zum einen aus universell gültigen Regeln des Völkergewohnheitsrechts ergeben. In einem solchen Fall verstoßen regelmäßig beide Parteien, Entleiher und Verleiher, mit dem Abschluß des der Überstellung des Organs zugrundeliegenden Rechtsgeschäfts und der Realisierung des Zwecks gegen den betreffenden Völkerrechtssatz. So ist es z.B. bei einem Verstoß gegen das Gewaltverbot. Es sind aber auch Fälle denkbar, in denen eine Organleihe nur für eine der beiden Seiten rechtswidrig ist. Eine solche Situation ergibt sich immer dann, wenn einem Staat die Inanspruchnahme eines Organs durch einen Vertrag verboten ist.[131] Ein Beispiel hierfür wäre der (hypothetische [?]) Fall, daß das dem Versailler Vertrag zufolge luftwaffenlose Deutsche Reich[132] sich von der Roten Armee der UdSSR eine Schwadron Kampfflieger zur Verfügung stellen läßt. Für die UdSSR wäre ein solches Geschäft unproblematisch, für das Deutsche Reich wäre es ein Völkerrechtsverstoß gewesen.

Daraus folgt, daß sich die Rechtmäßigkeit eines Überstellungsaktes nach den jeweiligen völkerrechtlichen Pflichten des gebenden oder nehmenden Rechtssubjektes bemißt. Zu bedenken ist dabei, daß die völkerrechtliche Pflichtenlage der beteiligten Staaten nicht notwendig nur die Entscheidung über die Organleihe an sich betreffen muß, sie kann auch deren nähere Umstände angehen. Eine völkerrechtliche Pflicht muß also nicht stets auf das "Ob" der Inanspruchnahme oder Zurverfügungstellung eines Organs bezogen sein; sie kann auch das "Wie" zum Gegenstand haben. Auf die Folgen solcher Verhaltenspflichten für eine Organleihe soll im folgenden näher eingegangen werden.

---

128 S.o. S. 135 f.

129 Tammes, YbILC 1974, Vol. I, S. 51, para. 25 (1261st mtg., 21.5.1974) in Anlehnung an Art. 3 lit. f. der Aggressionsdefinition (GA Res. 3314 (XXIX); ebenso Bedjaoui, YbILC, a.a.O., S. 52, para. 33.

130 Pinto, YbILC, a.a.O., S. 55, para. 10 (1262nd mtg., 22.5.1974), ebenso Ustor, YbILC, a.a.O., S. 56, para. 23.

131 Ago, YbILC 1974, Vol. I, S. 60, para. 5 (1263rd mtg., 23.5.1974).

132 Art. 198, RGBl. 1919, S. 957.

Auf unseren Fall bezogen, stellt sich das Problem etwa so dar: zwar ist die Überstellung von Truppen für eine Militäraktion der Vereinten Nationen an sich selbstverständlich kein rechtswidriger Akt[133], die Vereinten Nationen haben aber stets erklärt, daß sie sich bei der Art und Weise des Einsatzes lediglich an "spirit and principles" der Genfer Abkommen von 1949 gebunden sähen. Das entspricht der für sie selbst geltenden Rechtslage, da sie in der Tat nur nach dem Kriegsvölker - gewohnheitsrecht verpflichtet sind.[134] Die Entsendestaaten haben demgegenüber regelmäßig einem höheren Standard zu genügen; als Vertragsparteien der Genfer Konvention von 1949 sind sie verpflichtet, diese unter allen Umständen einzuhalten (Art. 1 GK 1949 I-IV). In noch stärkerem Maße gilt die Bindung an einen höheren Standard für die Kontingentstaaten, die den Zusatzprotokollen beigetreten sind. Die Staaten unterstellen also Teile ihrer Streitkräfte einem Oberkommando, das im Hinblick auf das "Wie" des Einsatzes zu Kampfhandlungen oder allgemein zu einem Verhalten berechtigt ist, das - soweit die Konventionen mehr untersagen als das Kriegsvölkergewohnheits - recht - ihnen verboten ist.

Damit stellt sich die grundsätzliche Frage, ob es völkerrechtlich zulässig ist, daß Staaten ihre Organe anderen Völkerrechtssubjekten zu einem im Prinzip rechtmäßigen Zweck zur Verfügung stellen, ohne daß sie den für sie bestehenden völkerrechtlichen Verhaltenspflichten Geltung verschaffen müssen, also ohne das empfangende Rechtssub - jekt auf die einschlägigen Pflichten der verleihenden Völkerrechtsperson zu verpflichten. Dieses Problem läßt sich in zwei Fragen aufgliedern. Seine Lösung hängt davon ab, ob (1) Pflichten des verleihenden Rechtssubjekts gegenüber dem empfangenden Rechtssub - jekt im Zusammenhang mit der Überstellung des Organs möglicherweise einschlägigen anderweitigen Verhaltenspflichten vorgehen und (2) ob die anderweitigen Verhaltens - pflichten ihrem Inhalt nach überhaupt auf die Verleihung von Organen erstreckt werden können.

Was die erste Frage angeht, so ist im speziellen Fall der Vereinten Nationen zu beachten, daß die Verpflichtungen der Mitgliedstaaten aus der Charta ihren übrigen völkerrechtlichen Pflichten vorgehen (Art. 103 SVN). Auf die Problematik dieser Vorschrift im Verhältnis zu anderen Völkerrechtsnormen braucht hier nicht im einzelnen eingegangen zu werden. Aus ihr folgt jedoch zunächst, daß eine Organleihe an die Vereinten Nationen nicht generell unter dem Vorbehalt stehen müßte, daß das entleihende Organ bei dem Leiher (den Vereinten Nationen) nur unter Berücksichtigung der völkerrechtlichen Verhaltenspflichten des Verleihers eingesetzt wird. Soweit die Charta oder ein an dem von Art. 103 SVN angeordneten Vorrang teilnehmender verbindlicher Sicherheitsratsbeschluß[135] im Konflikt zu einer anderweitigen völkerrechtlichen Verpflichtung des Verleiherstaates steht, kommt es deshalb auf diese anderweitige Verpflichtung nicht an.

---

133 Jedenfalls solange die Aktion nicht ausnahmsweise ihrerseits rechtswidrig ist.

134 S.o. S. 122 f.

135 S. dazu Verbalnote des Generalsekretärs an Belgien vom 2.3.1961, UN Doc. S/4752/Add, SC OR, 16th yr., supp. Jan.-March 1961, S. 191.

Für das Kampfführungsrecht und die aus den einschlägigen Abkommen resultierenden Pflichten ist diese Erwägung allerdings im Ergebnis ohne Bedeutung. Es ist nicht zu erkennen, daß die aus den Kriegsrechtskonventionen fließenden Verhaltensnormen in unmittelbaren Konflikt mit Bestimmungen der Charta geraten können. Die Kollision mit einem verbindlichen Sicherheitsratsbeschluß ist ebenfalls nicht möglich, da - wie oben festgestellt - die Aufhebung der Bindungen an Pflichten des humanitären Rechts als Folge eines solchen Beschlusses nicht in Betracht kommt.[136] Da andere vorrangige Verpflichtungen der verleihenden Staaten nicht ersichtlich sind, scheitert eine Verpflichtung der Vereinten Nationen nicht an vorrangigem Recht.

Als das wesentlich schwierigere Problem erweist sich die zweite Frage, also die, ob den Kriegsrechtskonventionen entnommen werden kann, daß sie im Falle der Verleihung von Streitkräften durch einen Konventionsstaat an ein nicht gebundenes Völkerrechtssubjekt dessen Verpflichtung auf die Konventionen und die darin enthaltenen Verhaltenspflichten verlangen. Eine unmittelbare Aussage zu dieser Frage läßt sich dem Text der Abkommen nicht entnehmen. Was die Genfer Abkommen von 1949 und das I. Zusatzprotokoll angeht, konnte oben nachgewiesen werden, daß sich die "faire-respecter"-Klausel, die in diesen Vertragswerken enthalten ist, im Sinne einer "Verpflichtung zur Verpflichtung" auswirkt. Um dieses Ergebnis weiter abzusichern und um eine Antwort auch für Verträge zu finden, die nicht mit einer "faire-respecter"-Klausel versehen sind, soll im folgenden allgemein nach den Wirkungen der konventionsrechtlichen Kriegsrechtsbindungen der organverleihenden Staaten auf den Überstellungsakt gefragt werden.

Oben wurde bereits festgestellt, daß die Kriegsrechtskonventionen klassische Beispiele für die Kategorie der law-making treaties, der traités-lois sind.[137] Im Interesse der Völkergemeinschaft statuierten sie eine Anzahl von Verhaltensnormen zur Einhegung der Folgen militärischer Auseinandersetzungen.[138] Staaten, die einem derartigen traité-loi beigetreten sind, haben sich grundsätzlich verpflichtet, ihre Hoheitsgewalt in dem Rahmen, den der Vertrag anspricht, nur noch unter Beachtung der aufgestellten Verhaltensnormen auszuüben. Zwar gelten auch solche Verträge selbstverständlich nur inter partes[139], aber bei ihnen tritt das Ziel, die eigene Rechtsposition zu verbessern, regelmäßig hinter dem Zweck zurück, eine bestimmte internationale Rechtsordnung für einen gewissen Teilbereich zu schaffen.[140] Dies wird bei Verträgen, deren eigentliche

136 S.o. S. 128 ff.

137 S.o. S. 152.

138 Schwarzenberger, International Law, Vol. II, S. 9 f.; Dominicé, in: Vasak, International Dimensions, Vol. II, S. 427.

139 Verdross/Simma, Universelles Völkerrecht, § 537.

140 Für die EMRK hat die EKMR dies so formuliert:

> "[L]es obligations souscrites par les Etats Contractants dans la Convention ont essentiellement un charactère objectif, du fait qu'elles visent à protéger les droits fondamentaux des particuliers contre les empiètements des Etats Contractants, plutôt qu'à créer des droits subjectifs et réciproques entre ces derniers; ...",

EKMR, Beschwerde 788/60, Österreich ./. Italien, Yb of the European Convention on Human Rights 1961, S. 141.

Begünstigte nicht die Staaten, sondern Individuen sind, besonders deutlich. Beispiele hierfür sind neben den Kriegsrechtskonventionen die Verträge über den Menschenrechts - schutz. Einen sichtbaren Ausdruck findet dieser Gedanke in Art. 60 V WVRK, der die Beendigung und Suspendierung von "Verträgen humanitärer Art" auf Grund von Vertragsverletzungen anderer Parteien ausschließt.[141] Optimale Wirksamkeit entfalten solche Abkommen zumeist aber erst, wenn sie möglichst universell - bei regionalen Verträgen möglichst von allen Staaten in der Region - akzeptiert werden. So erreicht z.B. die Genozid-Konvention ihr Ziel, die Menschheit von der "verabscheuungswürdigen Geißel" des Völkermordes zu befreien[142], nur dann in der bestmöglichen Weise, wenn ihr alle Staaten beigetreten sind. Hängt die Verwirklichung der Vertragsziele derartiger Abkommen[143] u.a. davon ab, daß deren Anwendung möglichst universell sichergestellt ist, so stellt es eine ernstzunehmende Frustrierung des Vertragszieles dar, wenn Mitgliedstaaten solcher Verträge ihre Organe auf ein nicht entsprechend gebundenes anderes Völkerrechtssubjekt übertragen, ohne dieses auf die fraglichen Verhaltensnormen zu verpflichten. Ließe man dies zu, wäre damit die Möglichkeit einer weitgehenden Aushöhlung des sachlichen Wirkungsbereiches des betreffenden Vertrages angelegt. Es könnten Situationen entstehen, in denen das handelnde Völkerrechtssubjekt (der das Organ empfangende Teil) einen einschlägigen Vertrag nicht beachten muß, weil es an ihn nicht gebunden ist, während die verleihende Seite bei Handlungen der fraglichen Art zwar generell gebunden ist, aber den Vertrag unbeachtet lassen kann, da das Vorgehen des entliehenen Organs ja nicht ihr, sondern dem empfangenden Völkerrechtssubjekt zuzurechnen ist. Wenn ein Staat bestimmte Verhaltenspflichten übernimmt, kann er nicht zulassen, daß Organe, die er aus freier Entscheidung einem anderen Völkerrechtssubjekt zur Verfügung stellt, unter der Ägide der empfangenden Völkerrechtsperson von diesen Verhaltenspflichten abweichend tätig werden.

---

141 Sinclair, Vienna Convention, S. 190 in Anlehnung an Fitzmaurice, RdC 92 (1957 II), S. 125 f., der den Gedanken schon 1957 entwickelt hatte.

142 Dritter Erwägungsgrund der Präambel der Genozidkonvention, UNTS, Vol. 78, S. 277 ff.

143 Die Vertragsziele der EMRK formuliert die EKMR so:

> "[E]n concluant la Convention, les Etats Contractants n'ont pas voulu se concéder des droits et obligations réciproques utiles à la poursuite de leurs intérêts nationaux respectifs, mais réaliser les objectifs et idéaux du Conseil de l'Europe, tels que les énonce le Statut, et instaurer un ordre public communautaire ...",

EKMR, a.a.O., S. 139; diese Beschreibung trifft - mutadis mutandis - auch auf die Kriegsrechts - konventionen zu.

Wie unerträglich ein anderes Ergebnis wäre, läßt sich an einem Beispiel verdeutlichen. So kann es mit dem Bekenntnis eines Vertragsstaates zu den Rechten und Freiheiten der EMRK nicht einhergehen, daß dieser Staat Teile seiner Polizei an einen anderen, nicht an die EMRK gebundenen Staat ausleiht, in dem die entsandten Polizisten dann zur Folter oder unmenschlichen Behandlung Beschuldigter eingesetzt werden. Dem Einwand eines solchen Staates, die menschenrechtwidrigen Handlungen hätten nicht unter seiner Jurisdiktion stattgefunden, wäre entgegenzuhalten, daß er die alleinige Herrschaft über die Ausleihentscheidung gehabt habe und es dabei versäumt habe sicher - zustellen, daß seine Organe beim Empfänger nicht in menschenrechtswidriger Weise eingesetzt werden.[144]

Entsprechendes gilt auch für die Kriegsrechtskonventionen. Eine Partei des I. Zusatzprotokolls, die sich durch ihren Beitritt u.a. in verstärktem Maße für den Schutz der Zivilbevölkerung (Teil IV des ZP I) stark gemacht und sich verpflichtet hat, ihre Truppen bei einem Konflikt nur noch unter Beachtung dieser verstärkten Schutzpflichten einzusetzen, kann nicht gleichzeitig einen Teil ihrer Streitkräfte an ein anderes, dem Protokoll ferngebliebenes Völkerrechtssubjekt ausleihen, bei dem diese dann möglicherweise in weit weniger restriktiver Weise eingesetzt werden.[145]

In Fällen, in denen Organleihen bewußt zur Umgehung lästiger völkerrechtlicher Pflichten vorgenommen werden, wird man diese als rechtsmißbräuchlich ansehen müssen[146] und so rechtlich bekämpfen können. Die für den betreffenden Vertrag entstehenden und oft nicht hinnehmbaren Wirksamkeitseinbußen ergeben sich aber auch bei Übertragungen, bei denen ein Rechtsmißbrauch nicht nachgewiesen werden kann. Deshalb kann das angesprochene Problem nicht allein mit diesem Institut bewältigt werden.

Auch dann, wenn ein Rechtsmißbrauch nicht vorliegt, hat die Überstellung des Organs ohne Verpflichtung des empfangenden Teils auf die einschlägigen Verhaltens - pflichten der verleihenden Seite zur Folge, daß das oben beschriebene Ziel des diese statuierenden Vertrags, ein möglichst lückenlos geltendes Rechtssystem zu schaffen, vereitelt wird. Wenn aber der Beitritt zu einem Vertrag, der eine bestimmte Lebenssitua - tion rechtssatzartig, abstrakt-generell regeln will, auch das Bekenntnis zur Unterstützung dieses Rechtsregimes beinhaltet, dann ist es ein treuwidriges venire contra factum proprium, wenn der Vertragsstaat seine "an sich" auf den Vertrag verpflichteten Organe an ein nicht gebundenes anderes Völkerrechtssubjekt verleiht und damit gleichzeitig praktisch aus der Bindung entläßt. Ein derartiges Vorgehen in bezug auf Streitkräfte könnte die Kriegsrechtskonventionen eines wesentlichen Teils ihres sachlichen Anwendungsbereichs berauben, ja dazu führen, daß sie insgesamt in einem Konflikt außer Anwendung bleiben, und zwar lediglich, weil nicht die vertragsgebundenen Staaten

---

144 Möglicherweise anders: Frowein, in: Frowein/Peukert, EMRK, Art. 1, Rdn. 6 a.E.

145 So auch - allerdings nur andeutend - Seyersted, United Nations Forces, S. 325 ff.

146 Entsprechend Bleckmann, Bindung, S. 85 f., der die Übertragung von Hoheitsrechten an sup - ranationale Organisationen zum Zweck der Umgehung menschenrechtlicher Verpflichtungen als rechtsmißbräuchlich ansieht.

selbst, sondern die empfangenden Vereinten Nationen als Konfliktpartei auftreten. So zu handeln kann den Vertragsstaaten unter dem Gesichtspunkt nicht gestattet sein, daß einem Vertrag durch die Art seiner Anwendung nicht ein Teil seiner Wirksamkeit genommen werden darf.[147]

Die Lösung des hier diskutierten Problems kann deshalb letzten Endes nur in der Forderung bestehen, Völkerrechtssubjekten, die von ihrem Recht Gebrauch machen wollen, Organe an andererе Völkerrechtspersonen zu verleihen, zu verpflichten, das empfangende Rechtssubjekt an die in bezug auf diese Organe eingegangenen Verhaltenspflichten zu binden. Die Kriegsrechskonventionen haben abstrakt-generelle Verhaltensnormen für bestimmte Situationen in einem allgemeinen Interesse - dem der Humanität - schaffen wollen. Gerade für sie muß man verlangen, daß die Verleihung der von ihnen hauptsächlich angesprochenen Organe der Vertragsstaaten - der Streitkräfte - von einer Verpflichtung des empfangenden Rechtssubjekts auf die in ihnen statuierten Verhaltensflichten abhängig gemacht wird.

Die Konsequenz dieser Forderung ist, daß die Kontingentstaaten sich nur dann vertragstreu verhalten, wenn sie bei der Verleihung ihrer Streitkräfte den ihnen zukommenden Einfluß nehmen, um sicherzustellen, daß die sie bindenden Verpflichtungen hinsichtlich des Einsatzes von Streitkräften auch von den Vereinten Nationen eingehalten werden.[148] Daraus folgt, daß die Entsendestaaten unter dem Gesichtspunkt der Organleihe unter den gleichen Verpflichtungen stehen die oben bereits für die Genfer Abkommen von 1949 aus der "faire-respecter"-Klausel ermittelt wurden.[149] Sie müssen den Überstellungsakt so gestalten, daß sichergestellt ist, daß die Vereinten Nationen die Art und Weise des Einsatzes der überlassenen Truppen so festlegen, daß die konventionskriegsrechtlichen Bindungen der Entsendestaaten nicht verletzt werden.[150] Ein Kontingentstaat mag sich noch darauf verlassen können, daß die Vereinten Nationen das Kriegsvölkergewohnheitsrecht einhalten, dem sie ja selber unterworfen sind; im Hinblick auf das darüber hinausgehende Konventionskriegsrecht muß er indessen besondere Vereinbarungen mit der Weltorganisation treffen. Diese Folgerung bezieht sich vor allem auf die Genfer Abkommen von 1949, ggf. auch deren Zusatzprotokolle und die Kulturgüterschutzkonvention.

Diese Feststellung beinhaltet gleichzeitig eine weitere Bestätigung und Konkretisierung der eingangs dieses Abschnittes zitierte These des IKRK, die Vertragsstaaten der Konvention seien angesichts der Nicht-Gebundenheit der Vereinten Nationen selber verantwortlich, die Anwendung der Abkommen sicherzustellen.[151]

---

147 So als Vertragsauslegungsregel Verdross/Simma, Universelles Völkerrecht, § 780 Nr.3; PCIJ, Advisory Opinions, Aquisition of Polish Nationality, Ser. B., Nr. 7, S. 17 (1923).

148 Bowett, United Nations Forces, S. 504, kommt zu dem gleichen Ergebnis. Er übersieht jedoch das Problem, daß das Handeln der VN-Truppen im Außenverhältnis nur den Vereinten Nationen zuzurechnen ist. Die These ist bei ihm deshalb unzutreffend begründet.

149 S.o. S. 157.

150 Seyersted, United Nations Forces, S.325,398, deutet etwas ähnliches unter dem Gesichtspunkt einer "indirect responsibility" an, ohne den Gedanken jedoch näher auszuführen.

151 S.o. S. 147.

Erneut ist hier anzumerken, daß die Entsendestaaten dieser Verpflichtung bislang - jedenfalls soweit ersichtlich - nicht nachgekommen sind. Welche praktischen Konsequenzen sich daraus ergeben, ist Gegenstand des 6. Teils.[152]

---

[152] S.u. S. 179-186.

5. TEIL: DAS VERHAELTNIS DER VN-TRUPPEN ZU DEN AUFNAHMESTAATEN UND DIE BEDEUTUNG DER KRIEGSRECHTSBINDUNGEN DER AUFNAHMESTAATEN

Nachdem die Rolle der Vereinten Nationen und die der kontingentstellenden Staaten ausführliche Würdigung erfahren haben, ist zu klären, ob auch den Kriegsrechtsbindungen des Staates Bedeutung zukommt, auf dessen Territorium eine Aktion durchgeführt wird. In praktisch allen Fällen werden bewaffnete Konflikte, an denen VN-Truppen beteilgt sind, auf dem Gebiet von Staaten stattfinden, die ihrerseits bestimmten Kriegsrechtskonventionen angehören, also auf einem höheren Niveau als die Weltorganisation kriegsvölkerrechtlich gebunden sind.

Es liegt deshalb nahe zu fragen, wie sich diese nationalen Kriegsrechtsbindungen auf den Einsatz der VN-Streitmacht auswirken. Gemeint sind damit selbstverständlich nur die Fälle, in denen ein Staat freiwillig sein Territorium für VN-Truppen öffnet, namentlich also peace-keeping operations. Nicht angesprochen sind deshalb Staaten, deren Gebiet ganz oder teilweise im Zuge einer enforcement action von VN-Streitkräften besetzt wird.

I. UNMITTELBARE BEDEUTUNG DER BINDUNGEN DES AUFNAHMESTAATES?

1. *Unmittelbare Bedeutung der Kriegsrechtsbindungen des Territorialstaates aufgrund organschaftlicher Beziehungen zu den VN-Truppen?*

Den Verpflichtungen des Aufnahmestaates käme unmittelbare Bedeutung für die Kriegsrechtsfrage zu, wenn organschaftliche Bindungen zwischen einer Truppe und dem Aufnahmestaat bestünden. Insofern kann allerdings nur an ein gemeinsames Organ des Aufnahmestaates und der Vereinten Nationen gedacht werden[1], da die Weltorganisation in den bislang praktisch gewordenen Fällen ihrerseits stets organschaftliche Beziehungen zu den Truppen unterhalten hat.[2]

Eine Gesamtheit von Personal- und Sachmitteln ist einem Völkerrechtssubjekt dann als Organ zuzurechnen, wenn sie zur Erfüllung von Funktionen dieses Völkerrechtssubjekts dient und effektiv Teil von dessen Organisationsverband ist.[3]

---

1 S.o. S. 133 f.

2 Vgl. die Einzeluntersuchungen oben, S. 22-58. Die einzige Ausnahme ist der Korea-Einsatz, s.o. S. 59-67.

3 S.o. S. 25 f.

In der Tat sind Konstellationen denkbar (und praktisch geworden), in denen eine peace-keeping force Funktionen des Aufnahmestaates wahrnimmt. Dies ist z.B. regelmäßig dann der Fall, wenn eine Streitmacht (auch) zur Beruhigung der Situation in Bürgerkriegsgebieten eingesetzt wird. Der Auftrag UNIFIL's, die libanesische Regierung bei der Wiedererlangung der tatsächlichen Herrschaft im Süd-Libanon zu unterstützen[4], könnte in ähnlicher Form auch an die Regierungsstreitkräfte des Landes ergehen. UNFICYP's Mandat ist zwar so formuliert, daß die bloße polizeiliche Gefahrenabwehr als innerstaatlich-zyprische Funktion ausgegliedert ist[5]; die Aufgabe der Truppe, weitere Kämpfe zwischen den Angehörigen der Volksgruppen zu verhindern[6], ist aber von der an sich typisch staatlichen Funktion nicht wesensverschieden, den Landfrieden zu sichern. Die mögliche Nähe ihrer Einsätze zur Wahrnehmung staatlicher Funktionen haben die Vereinten Nationen selbst in einem Memorandum zu ONUC deutlich gemacht:

> "Although the United Nations Force under the resolution is dispatched to the Congo at the request of the Government and will be present in the Congo with its consent, and although it may be considered as serving as an arm of the Government for the maintenance of order and protection of life-tasks which naturally belong to the national authorities and which will pass to such authorities as soon as, in the view of the Government, they are sufficiently firmly established - ..."[7]

Bei alledem darf allerdings nicht vergessen werden, daß die VN-Truppen, auch wenn sie teilweise in die Nähe der Wahrnehmung staatlicher Aufgaben gelangten, gleichzeitig Funktionen der Weltorganisation bezüglich der Wahrung der internationalen Sicherheit und des Weltfriedens zu erfüllen hatten.[8] Auch darf die im Einzelfall gegebene Annäherung an staatliche Aufgaben nicht verdunkeln, daß es stets an einer Eingliederung der VN-Streitkräfte in den Organisationsverbund des Aufnahmestaates fehlte. In keinem Fall haben die Territorialstaaten Kontrolle über die Truppen erlangen können. Dementsprechend heißt es in dem zitierten Memorandum zu ONUC weiter:

> "... - the Force is necessarily under the exclusive command of the United Nations, vested in the Secretary-General under the control of the Security Council. This is in accordance with the principles generally applied by the Organization. The Force is thus not under the orders of the Government ..."[9]

---

4 SC Res. 425 (1978), para. 3.

5 SC Res. 186 (1964), para. 2 (s.o. S. 41, Fn. 223).

6 SC Res. 186 (1964), para. 5.

7 UN Doc. S/4389 vom 18.7.1960, SC OR, 15th yr., supp. July-Sept. 1960, S. 18, para.7.

8 Die Mandate von ONUC, UNFICYP und UNIFIL standen ausdrücklich in diesem Zusammenhang, s.o. S. 35, 41 und 47.

9 UN Doc. S/4389, a.a.O.

Es sind keine Anhaltspunkte dafür erkennbar, daß diese Voraussetzung im Verhältnis zwischen den Vereinten Nationen und dem Aufnahmestaat bei irgendeinem der bisherigen Einsätze nicht gegeben gewesen wäre. Deshalb beschränkt sich der Einfluß des Gastlandes regelmäßig auf die grundsätzliche Zustimmung zu dem Einsatz. Fällt diese weg, ist die Streitmacht abzuziehen, wie das bei UNEF I geschehen ist.[10] Gerade dieses Beispiel hat aber gezeigt, daß die Entscheidung über das "Alles oder Nichts" nicht geeignet ist, Kontrolle über die Art des Einsatzes der Streitmacht zu gewinnen. Ohne die "*operational* control" kann eine organschaftliche Beziehung aber nicht begründet werden. Sind die Truppen damit nicht als Organe der Aufnahmestaaten anzusehen[11], kommt eine unmittelbare Bindung an deren kriegsvölkerrechtliche Pflichten unter diesem Gesichtspunkt nicht in Betracht. Fehlt es an der organschaftlichen Beziehung, kann der Aufnahmestaat im Hinblick auf die VN-Truppen auch nicht als Konfliktpartei gemäß Art. 2 I, 3 GK 1949 I-IV, Art. 18, 19 HKSÜ, Art. 1 III ZP I, Art. 1 ZP II angesehen werden. Denn dies setzt voraus, daß das betreffende Völkerrechtssubjekt selber mit eigenen Streitkräften an dem Konflikt teilnimmt.[12] Die Anwendbarkeitsvorschriften der Konvention greifen deshalb nicht ein.

2. *Unmittelbare Bedeutung der Kriegsrechtsbindungen des Aufnahmestaats aufgrund des territorialen Bezugs?*

Nach den oben getroffenen Feststellungen scheidet eine unmittelbar aus der Verpflichtung der Aufnahmestaaten fließende Bindung der VN-Truppen an die Kriegsrechtskonventionen aus, denen die Aufnahmestaaten angehören. Es könnte aber erwogen werden, diese nationalen Kriegsrechtsbindungen der Aufnahmestaaten deshalb für die Vereinten Nationen selber für verbindlich zu erklären, weil sich der Einsatz der VN-Truppen auf dem Territorium eines Konventionsstaates abspielt. In diesem Zusammenhang ist zu fragen, ob die Anwendbarkeitsvorschriften der einschlägigen Verträge auch auf den Tatbestand abheben, daß Konflikte in einem bestimmten Gebiet stattfinden und zumindest den Anspruch erheben, daß die Abkommen schon aufgrund dieser rein örtlichen Verbindung gelten.

a. *Der territoriale Bezug im internationalen Konflikt*

Auf den ersten Blick könnte man die Tätigkeit einer Streitmacht der Weltorganisation in einem Vertragsstaat der Genfer Abkommen von 1949 für einen Anwendungsfall des Art. 2 II GK 1949 I-IV halten. Diese Vorschrift ordnet die Anwendung der Abkommen für den Fall der Besetzung des Gebietes einer Vertragspartei an, selbst wenn diese Besetzung auf keinen bewaffneten Widerstand

---

10 S.o. S. 33 f.

11 So auch Bothe, Streitkräfte, S. 166 f.; unter dem Gesichtspunkt der deliktischen Verantwortlichkeit auch: Ritter, AFDI (1962), S. 444 f.

12 S.o. S. 147 ff.

stößt. Indessen ist damit - ganz abgesehen vom Begriff der Besetzung - nicht gesagt, daß sich der Anwendungsbefehl an jedes an einer Besetzung teilnehmende Völkerrechtssubjekte wendet, gleichgültig, ob es seinerseits den Abkommen beigetreten ist. Bei näherem Hinsehen wird nämlich klar, daß auch in dieser Situation beide Konfliktparteien, die besetzte und die besetzende, an die Konventionen gebunden sein müssen.[13] Denn der Art. 2 II GK 1949 I-IV macht die Konventionen nicht zu einer Art objektivem Regime, das auch von Dritten in gewissem Umfang respektiert werden muß[14], sondern sie gelten nur inter partes, wie Art. 2 III GK 1949 I-IV klar erweist. Da es an der Voraussetzung der Mitgliedschaft seitens der Vereinten Nationen fehlt, greift auch Art. 2 II GK 1949 I-IV für diese nicht ein.

Allein der territoriale Aspekt ist deshalb nicht geeignet, den Anwendungsbefehl an die Vereinten Nationen bezüglich der Bestimmungen der Genfer Abkommen von 1949 über den internationalen Konflikt auszulösen. Diese Feststellung kann auf das I. Zusatzprotokoll ausgedehnt werden, weil dessen Art. 1 III bestimmt, daß der Anwendungsbereich des Zusatzprotokolls dem der Abkommen entspricht.[15] Sie gilt schließlich auch für das Haager Kulturgüterschutzübereinkommen, da dessen Art. 18 I, II mit Art. 2 I, II GK 1949 I-IV wortgleich ist.

b. Der territoriale Bezug im internen Konflikt

Ähnlich wie Art. 2 II GK 1949 I-IV knüpft Art. 3 GK 1949 I-IV an die Existenz eines Konflikts in einem bestimmten Territorium an. Findet ein bewaffneter Konflikt nicht-internationaler Art im Gebiet einer Vertragspartei statt, so löst Art. 3 GK 1949 I-IV den Anwendungsbefehl für die in ihm niedergelegte "convention en miniature"[16] aus. Fraglich bleibt aber wiederum, an wen dieser Befehl gerichtet ist. Zunächst ist gewiß die Vertragspartei betroffen, in deren Territorium sich das Geschehen ereignet. Angesprochen sind des weiteren die Aufständischen. Wie deren Bindung rechtstechnisch begründet werden kann, ist oben bereits erörtert worden.[17]

Bei einem dritten Völkerrechtssubjekt wird aber auch hinsichtlich des Art. 3 GK 1949 I-IV gefordert werden müssen, daß es selbst Konventionsmitglied ist.[18] Ansonsten könnte eine Bindung dritter Völkerrechtspersonen nur ange -

---

13 Pictet, Commentaire IV, S. 26 f.

14 Zum Begriff des ein objektives Regime schaffenden Statusvertrages: E.Klein, Status - verträge, S. 23.

15 Die in Art. 1 IV ZP I enthaltene Erweiterung auf den bewaffneten Befreiungskampf zur Durchsetzung des Selbstbestimmungsrechts ist in diesem Zusammenhang nicht von Bedeutung.

16 Pictet, Commentaire IV, S. 39.

17 S.o. S. 116 f.

18 Dabei sei außer Acht gelassen, ob Art. 3 GK 1949 I-IV gewohnheitsrechtlich gilt, dazu oben, S. 118, Fn. 257.

nommen werden, wenn Art. 3 GK 1949 I-IV eine erga-omnes-Wirkung zukäme. Eine solche könnte sich jedoch abermals allenfalls dann ergeben, wenn diese Vorschrift als ein Statusvertrag mit gewissen Drittwirkungen anzusehen wäre. Ihr Sinn ist aber nicht die Vereinbarung einer bestimmten internationalen Ordnung in einem konkreten Gebiet, sondern die Schaffung abstrakt-genereller Verhaltens - regeln[19] für eine bestimmte Lebenssituation, nämlich der des internen bewaffneten Konflikts allgemein. Diese Erwägung trifft auch auf das II. Zusatzprotokoll und Art. 19 HKSÜ zu.

Die Anwendbarkeitsvorschriften der Abkommen ordnen somit die Anwendung der Abkommen durch die Vereinten Nationen nicht aufgrund der Tatsache an, daß diese im Territorium einer Vertragspartei tätig werden.

II. MITTELBARE BEDEUTUNG DES FÜR DEN AUFNAHMESTAAT GELTENDEN KRIEGSVÖLKERRECHTS

1. Die "faire-repecter"-Klausel

Als Vertragsstaaten der Genfer Abkommen[20] trifft die Aufnahmestaaten in praktisch allen Fällen auch die Verpflichtung, diese Vertragswerke "à respecter et à faire respecter". Die "faire-respecter"-Klausel, ihre Auslegung und die im Rahmen ihrer Anwendung gewachsene Völkerrechtspraxis haben oben bereits ausführliche Würdigung erfahren.[21] Als Ergebnis war festzuhalten, daß der rechtliche Gehalt der Klausel darin besteht, daß die Vertragsstaaten durch das "faire respecter" verpflichtet sind, im Rahmen des Zumutbaren ihren Einfluß auf die Parteien eines Konfliktes auszuüben, die Konvention zu beachten.

Ähnlich wie den Kontingentstaaten kommt den Aufnahmeländern gegenüber den Vereinten Nationen eine besondere Position zu. Ihr Einverständnis ist eine notwendige Bedingung für den VN-Einsatz. Anders als gewöhnliche Dritte bei einem zwischen anderen Völkerrechtssubjekten bestehenden Konflikt haben sie deshalb einen besonderen Einfluß auf die Weltorganisation, den sie auch zugunsten der Anwendung der Kriegsrechtskonventionen nutzen können. In vielen Fällen wird ein solches humanitäres Engagement auch und gerade der eigenen Bevölkerung zugute kommen.

Dennoch wird man an die Aufnahmestaaten hinsichtlich der Verpflichtung "à faire respecter" nur geringere Anforderungen als an die Entsendestaaten stellen können. Den Kontingentstaaten wird meist - vor allem für die grundsätzliche Entscheidung, ob und unter welchen Konditionen sie sich an peace-keeping

---

19 S. für diese Unterscheidung als Kriterium für die Abgrenzung von Statusverträgen zu anderen Vereinbarungen: E. Klein, Statusverträge, S. 79.

20 Ggf. auch des I. ZP.

21 S.o. S. 150-157.

operations beteiligen wollen - viel Zeit bleiben.[22] Dagegen haben die Erfahrungen aus den bisherigen Einsätzen gezeigt, daß die Entscheidung, die Hilfe der Weltorganisation in Gestalt von Streitkräften in Anspruch zu nehmen, von den Aufnahmestaaten praktisch immer in Situationen großer inneren und äußeren Gefährdung oder Anspannung zu treffen war. Es kann nicht erwartet werden, daß die Staaten in einer solchen Lage, in der die nationale Existenz auf dem Spiel stehen mag, ihr Augenmerk auf ein Detailproblem ihrer Völkerrechtspflichten richten.

Deshalb ist dem oben im Zusammenhang der "faire-respecter"-Klausel bereits angesprochenen Grundsatz der Verhältnismäßigkeit[23] im Hinblick auf die Pflichten der Aufnahmestaaten besondere Bedeutung beizumessen. Von den Aufnahmestaaten darf zum Zweck der Durchsetzung der Konventionen gegenüber den Vereinten Nationen nichts Unzumutbares verlangt werden. Man kann nicht annehmen, daß ein Aufnahmestaat seine Zustimmung zu dem für ihn regelmäßig sehr wichtigen Einsatz im Extremfall von der Unterwerfung der Vereinten Nationen unter die von ihm eingegangenen Kriegsrechtsbindungen abhängig macht. Dem Schutz der Opfer eines bereits bestehenden bewaffneten Konflikts wäre dies zudem häufig tatsächlich nicht zuträglich, da das Eingreifen der Vereinten Nationen auch ohne die Bindung an die Kriegsrechtskonventionen oft für eine Verbesserung der humanitären Lage sorgen dürfte.[24] Die Grenze des zum Zweck der Erfüllung der "faire-respecter"-Verpflichtung Zumutbaren ist für die Aufnahmestaaten also meist bei weitem schneller erreicht als für die Kontingentstaaten. Wo sie zu ziehen ist, muß nach den Bedingungen des Einzelfalls entschieden werden. Generelle Kriterien werden sich nicht formulieren lassen.

Zu bedenken ist des weiteren, daß die Verpflichtung der Vereinten Nationen auf die Kriegsrechtsbindungen des Gastlandes nicht zu einer Relativierung der der Truppe gewährten Immunitäten führen darf. Die Festlegung auf gewisse Verhaltensnormen, die dem Recht des Aufnahmelandes entstammen, muß jedoch keineswegs die Unabhängigkeit der Truppe in Frage stellen. So ist es bereits üblich, die Streitmacht auf die Beachtung der "laws and regulations of the Host State" zu verpflichten.[25]

Als Ergebnis ist deshalb festzuhalten, daß die Aufnahmestaaten im Prinzip ebenso wie die kontingentstellenden Länder unter der aus der "faire-respecter"-Klausel der Art. 1 GK 1949 I-IV, Art. 1 I ZP I folgenden Verpflichtung stehen, den ihnen gegebenen Einfluß auf die Vereinten Nationen einzusetzen, um diese auf die Anwendung jener Verträge zu verpflichten. Diese nationalen Kriegsrechtsbindungen der Aufnahmeländer entfalten also als "Verpflichtung zur Verpflichtung" mittelbare Wirkung auf die VN-Truppen. Welche konkreten Rechtsfolgen im Einzelfall daraus abzuleiten sind, läßt sich nicht generell sagen, da

22 S. dazu oben S. 156.

23 S.o.S. 156.

24 Veuthey, FS Haug, S. 396, m.N.

25 Nr. 24 UNFICYP-Regulations (Higgins IV, S. 156).

der Umfang dessen, was von einem Aufnahmeland an Einflußnahme zumutbarerweise verlangt werden kann, nicht allgemein bestimmt werden kann. Festzuhalten ist aber, daß auch der Aufnahmestaat im Extremfall verpflichtet ist, sein Einverständnis zu dem Einsatz zurückzuziehen. Die praktische Umsetzung einer den Aufnahmestaat treffenden "Verpflichtung zur Verpflichtung" könnte durch die unten vorgeschlagene Unterwerfungserklärung der Vereinten Nationen[26] realisiert werden.

2. *Die Anforderungen des allgemeinen Völkerrechts an die Gestaltung der Anwesenheit fremder Streitkräfte in bezug auf das für den Aufnahmestaat geltende Kriegsvölkerrecht*

Im Hinblick auf die Entsendestaaten war die Frage aufgeworfen worden, ob das allgemeine Völkerrecht Pflichten für die Gestaltung der Abrede über die Überstellung der Truppen an die Vereinten Nationen statuiert.[27] Die in diesem Zusammenhang diskutierte Problematik der völkerrechtlichen Organleihe kann für die Aufnahmestaaten keine Rolle spielen. In deren Situation stellt sich dagegen die Frage, ob ein Staat die hoheitliche Tätigkeit eines anderen Völkerrechtssubjekts in seinem Staatsgebiet gestatten darf, ohne dabei Rücksicht auf seine sonstigen völkerrechtlichen Verpflichtungen nehmen zu müssen. Anders formuliert lautet die Frage, ob ein Staat eine andere Völkerrechtsperson in sein Staatsgebiet einladen und dieser dort Verhaltenweisen erlauben darf, die ihm selbst völkerrechtlich untersagt sind.

Klar ist zunächst, daß ein Staat den Organen eines anderen Staates gestatten darf, auf seinem Hoheitsgebiet tätig zu werden.[28] Solche fremde hoheitliche Tätig - keit spielt sich gewöhnlich außerhalb der Verantwortlichkeit des Aufnahmestaates

[26] S.u. S. 183 f.

[27] S.o. S. 157-165.

[28] Bothe, Streitkräfte, S. 168.

ab. Er haftet dafür weder unmittelbar[29] noch mittelbar[30], denn das Handeln des fremden Völkerrechtssubjekts ist dem Territorialstaat nicht zuzurechnen.[31] Deshalb ist das Tun des fremden Organs auch nicht an den völkerrechtlichen Pflichten des Aufnahmelandes zu messen.

Im Zusammenhang mit der Tätigkeit einer fremden Völkerrechtsperson können aber auch Verhaltensweisen des Aufenthaltsstaates relevant werden. Gemeint sind hiermit stets Akte der Organe dieses Staates, nicht der des fremden Völkerrechtssubjekts.[32] So z.B. in Art. 3 lit. f der Aggressionsdefinition[33]: Stellt ein Staat sein Territorium einem anderen zur Verfügung, damit letzterer dieses zu einem Angriff auf einen dritten Staat nutzen kann, so begeht auch der Territorialstaat eine Aggression. Zugerechnet wird ihm insofern nicht die Angriffshandlung als solche, die ja auch nicht von seinen Streitkräften ausgeführt wird, sondern die Zustimmung zu dem Tun des anderen Staates. Wenn dies auch nicht weiter deutlich wird: Prüfungsmaßstab für die Beurteilung des Verhaltens des Territorialstaates ist die ihn treffende Pflicht, das Gewaltverbot zu achten (Art. 2

---

29 Art. 12, 13 der ILC-Draft Articles on State Responsibility (YbILC 1980, Vol. II, part 2, S. 30):
Article 12. Conduct of organs of another State
1. The conduct of an organ of a State acting in that capacity which takes place in the territory of another State or in any other territory under its jurisdiction shall not be considered as an act of the latter State under international law.
2. Paragraph 1 is without prejudice to the attribution to a State of any other conduct which is related to that referred to in that paragraph and which is to be considered as an act of that State by virtue of articles 5 to 10.
Article 13. Conduct of organs of an international organization
The conduct of an organ of an international organization acting in that capacity shall not be considered as an act of a State under international law by reason only of the fact that such conduct has taken place in the territory of that State or in any other territory under its jurisdiction.

30 Verdross, ÖZöR 1 (1948), S. 405 ff.; Ago, YbILC 1972, Vol. II, S. 127; F.Klein, Staatshaftung, S. 276, der allerdings die (ältere) Staatenpraxis im gegenteiligen Sinne deutet (S. 265 ff.).

31 Ago, a.a.O., S. 128; Bierzanek, PolYbIntL 11(1981-82), S. 101.

32 Hier liegt der Kern der in Fußnote 30 angesprochenen Kontroverse zwischen F.Klein und Verdross. Während Klein annimmt, in der älteren Staatenpraxis hätte es Fälle der Haftung des Territorialstaates für das Verhalten dritter Staaten in seinem Gebiet gegeben (F.Klein, a.a.O., S. 275), bemüht sich Verdross um den Nachweis, daß in diesen Fällen in Wirklichkeit ein fehlerhaftes Verhalten der Organe des Territorialstaates vorgelegen habe (Verdross, a.a.O., S. 406 ff.).

33 GA Res. 3314 (XXIX), Annex, Art. 3, lit. f:
"Any of the following acts, regardless of a declaration of war, shall subject to and in accordance with the provisions of article 2, qualify as an act of aggression.
...
(f) The action of a State in allowing its territory, which it has placed at the disposal of another State, to be used by that other State for perpetrating an act of aggression against a third State."

Nr. 4 SVN i.V.m. Art. 1 Aggressionsdefinition)[34], nicht die (insofern allerdings gleiche) Pflichtenlage des anderen Staates.

Im Deliktsrecht hat die Zurechnung des Verhaltens eigener Organe im Zusammenhang mit dem Tun der Organe eines anderen Völkerrechtssubjekts im Staatsgebiet des Territorialstaates ebenfalls Ausdruck gefunden. Der oben bereits zitierte Art. 12 der Draft Articles on State Responsibility[35] enthält in Absatz 2 eine Auffangklausel für diese Fälle:[36] Die prinzipielle Nicht-Verantwortlichkeit des Aufenthaltsstaates (Abs. 1) steht der Haftung für ein Fehlverhalten seiner eigenen Organe in bezug auf die von dem handelnden Völkerrechtssubjekt begangene Völkerrechtsverletzung nicht entgegen. Der für diese Untersuchung weit wichtiger Art. 13 enthält eine solche Auffangklausel allerdings nicht. Dem Commentary der ILC ist aber zu entnehmen, daß dies nicht bedeutet, daß im Zusammenhang mit dem Handeln Internationaler Organisationen auf dem Gebiet eines Staates nicht auch fehlerhafte Handlungen von dessen Organen denkbar sind.[37] Das diesbezügliche Schweigen der Vorschrift wurde mit kodifikationstechnischen Schwierigkeiten erklärt, die durch den Umfang des der ILC erteilten Mandats entstünden.[38] Auch in früheren Entwürfen zum Recht der Staatenverantwortlichkeit war der Gedanke der Haftung des Aufenthaltsstaates für eigenes Handeln im Zusammenhang mit rechtswidrigem Verhalten der Organe anderer Staaten in seinem Staatsgebiet enthalten.[39] Übt ein Aufenthaltsstaat - möglicherweise aufgrund bestimmter Verpflichtungen gegenüber dem Entsender[40] - Hoheitsgewalt nicht aus, die er eigentlich ausüben müßte, um seine Verpflichtungen gegenüber anderen Staaten zu erfüllen, so handelt er im Verhältnis zu diesen Staaten rechtswidrig.[41]

---

34 GA Res. 3314 (XXIX), Annex, Art. 1:

"Aggression is the use of armed force by a State against the sovereignty territorial integrity or political independence of another State or in any other manner inconsistent with the Charter of the United Nations, as set out in this definition.

Explanatory note. In this Definition the term "State"

(a) is used without prejudice to questions of recognition or to whether a State is a Member of the United Nations;

(b) includes the concept of a "group of States" where appropriate."

35 S.o. S. 173, Fn. 29.

36 Commentary der ILC zu Art. 12, YbILC 1975, Vol. II, S. 86, para. 14.

37 Commentary der ILC, YbILC 1975, Voll. II, S. 90 f, para. 13.

38 Die Kommssion habe zu dem Verhältnis von Organisation und Sitzstaat nicht Stellung nehmen wollen; ILC, a.a.O.

39 Art. 14 der Harvard Law School Draft Convention on State Responsibility (AJIL 23 (1929), Special Supp., S. 196):

"A state is responsible if an injury to an alien results from an act committed within its territory, which is attributable to another state, only if it has failed to use due diligence to prevent such injury."

Ähnlich der Vorentwurf des ersten Berichterstatters der ILC zur Staatenverantwortlichkeit Garcia Amador, YbILC 1961, Vol. II, S. 48.

40 Insofern kommt vor allem die Gewährung von Immunitäten in Betracht.

41 Bothe, Streitkräfte, S. 168.

Angesichts der Relativität völkerrechtlicher Verpflichtungen kommt als Prüfungsmaßstab für die Beurteilung der Rechtmäßigkeit des Verhaltens des Aufenthaltsstaates nur dessen völkerrechtliche Pflichtenlage in Betracht. Nur dann, wenn das Aufnahmeland anderen Völkerrechtssubjekten gegenüber zu einem bestimmten Verhalten verpflichtet ist, kann es gegen diese Pflichten dadurch verstoßen, daß es einem anderen Rechtssubjekt erlaubt, auf seinem Territorium abweichend von diesen Pflichten zu agieren. Ob dies im Einzelfall so ist, hängt davon ab, wie weit die jeweils betroffene Pflicht reicht. Erfaßt sie nur das "eigenhändige" Verhalten des Aufenthaltsstaates, kann sie auf die Gestattung der Tätigkeit fremder Staatsorgane kaum Einfluß haben. Ist der Aufenthaltsstaat hingegen z.B. die Verpflichtung eingegangen, in seinem Territorium einen bestimmten Zustand zu garantieren, kommt eine Verletzung dieser Pflicht in Betracht, wenn er einem anderen Völkerrechtssubjekt die Betätigung auf seinem Hoheitsgebiet gestattet und dieses eine von dem garantierten Zustand abweichende Lage schafft.

So ein Fall liegt z.B. im Hinblick auf die Ausübung von Hoheitsgewalt in den EMRK-Staaten durch die EG vor. Die Mitgliedstaaten sind nach der EMRK gehalten, ein konventionswidriges Tun der EG-Organe in ihrem Gebiet zu verhindern[42], was in letzter Konsequenz bedeutet, daß die EMRK-Staaten die EG schon bei der Übertragung von Hoheitsrechten auf die EMRK hätten verpflichten müssen.[43]

Es ist allerdings zweifelhaft, ob sich diese Überlegung auf die Kriegsrechtskonventionen übertragen läßt. Denn sie beruht auf der Fassung der Anwendbarkeitsvorschrift der EMRK (Art. 1), wonach die Vertragsstaaten sich verpflichtet haben, "allen ihrer Hoheitsgewalt unterstehenden Personen" die Rechte und Freiheiten der EMRK zuzusichern.[44] Da diese Voraussetzung von jedem erfüllt

---

42 EMRK, Beschwerde 8030/77, Confédération Française Democratique de Travaille ./. EG, DR 13, S. 213 ff.; Fastenrath, EuGRZ 6 (1979), S. 535; Dauses, ELRev 10 (1985), S. 412; Sperduti, FS Mosler, S. 905. Ganz ähnlich auch die Hess-Entscheidung der EKMR, Beschwerde 6231/73, DR 2, S. 74; dazu: Blumenwitz, EuGRZ 2 (1975), S. 497.

43 Bleckmann, Bindung, S. 86:
"Hier wird man ... annehmen müssen, daß die Mitgliedstaaten nach dem Recht der EMRK ihre Hoheitsrechte auf die EG nur übertragen dürften, wenn sie die EG gleichzeitig auch an die Pflichten der EMRK banden." Ähnlich auch schon Partsch, EMRK, S. 66. In diesem Zusammenhang taucht speziell für die Gemeinschaften übrigens das weitere Problem auf, daß diese möglicherweise durch die generelle Übernahme bestimmter Funktionen der Mitgliedstaaten in Teilen deren Nachfolge angetreten bzw. diese substituiert haben. Als Folge einer solchen funktionalen Staatennachfolge sind die Gemeinschaften z.T. in völkerrechtlicher Verpflichtungen der Mitgliedstaaten eingerückt und damit selbst entsprechend verpflichtet, ohne daß es eines weiteren (konstitutiven) Aktes bedurfte (vgl. für das GATT: EUGH, International Fruit Company, Slg. 1972, S. 1219, 1228; Nederlandse Spoorwegen, Slg. 1975, S. 1439, 1450). Pescatore tritt dafür ein, diesen Gedanken auch auf die EMRK zu übertragen und so eine Bindung der Gemeinschaften selbst an die materiellen Bestimmungen der EMRK zu konstruieren (s. Grundrechtsschutz in Europa, S. 71).

44 Die Orginalfassungen lauten:
"... everyone within their jurisdiction ..." bzw "... toute personne relevant de leur jurisdiction ...".

wird, der sich in ihrem Staatsgebiet befindet[45], kann die Zulassung einer zweiten Hoheitsgewalt in diesem Gebiet (hier: den EG) die menschenrechtlichen Garantien nicht entfallen lassen. Wegen dieses territorialen Aspekts ergibt sich also für die Mitgliedstaaten der EMRK und der EG schon aus der Anwendbarkeitsvorschrift der EMRK eine Pflicht zur Verpflichtung der EG auf die EMRK. Die Kriegsrechtskonventionen zielen jedoch nicht auf die Garantie eines bestimmten Zustandes in einem bestimmten Territorium. Sie verpflichten zu einem bestimmten Verhalten in der besonderen Situation des bewaffneten Konflikts.[46]

Eine Pflicht des Aufnahmestaates zur Verpflichtung der Vereinten Nationen auf die Kriegsrechtskonventionen, denen er beigetreten ist, könnte sich jedoch möglicherweise aus dem allgemeinen Bekenntnis zur möglichst umfassenden Anwendung dieser Vertragswerke herleiten lassen, das dem Beitritt zu derartigen Konventionen regelmäßig entnommen werden kann.[47] Eine entsprechende These ist oben in bezug auf die Kontingentstaaten aufgestellt worden. Bei dem Versuch ihrer Übertragung auf die Aufnahmeländer muß allerdings berücksichtigt werden, daß die Beziehung zwischen diesem Bekenntnis und der Art der Beteiligung des Aufnahmelandes schwächer ist, als dies bezüglich der Kontingentstaaten der Fall ist. Man kann - wie oben entwickelt - dem Beitritt zu den Kriegsrechtskonventionen das Versprechen des jeweiligen Staates entnehmen, seine Organe, insbesondere seine Streitkräfte, nur noch nach den in den Abkommen niedergelegten Verhaltensnormen einzusetzen. Auch wenn der Einsatz unter der Flagge eines anderen Völkerrechtssubjekts erfolgt, besteht eine enge Verbindung zwischen dem mit dem Vertragsschluß Versprochenen und dem tatsächlichen Geschehen. Da der Beitritt zu den Konventionen aber kein Versprechen bezüglich eines Gebietes enthält, der Aufnahmestaat aber nur durch die "Zurverfügungstellung" seines Territoriums mitwirkt, fehlt es an der Beziehung zwischen den unmittelbaren vertraglichen Pflichten und der Art der Beteiligung des Aufenthaltslandes.

Übrig bleibt also nur das in dem Beitritt zu den Abkommen zum Ausdruck gekommene Bekenntnis des Aufnahmestaates zu dem Rechtsregime, das die Konventionen für den bewaffneten Konflikt errichten. Das Vertragsziel, die Opfer bestmöglich zu schützen und die Folgen bewaffneter Auseinandersetzungen zu begrenzen, ist aber von so überragender Bedeutung, daß auch von dem Aufnahmeland verlangt werden muß, daß es seinen besonderen Einfluß auf die Weltorganisation nutzt und diese in der über die Stationierung der Truppen zu schließenden Vereinbarung auf die Wahrung der von ihm eingegangenen

---

45 Von gewissen Immunitätsrechten sei hier abgesehen.

46 Auf die bereits im Frieden anzuwendenden Bestimmungen trifft das so allerdings nicht zu (vgl. z.B. Art. 47/48/127/144 GK 1949 I-IV: Verbreitung der Abkommen). Auch wenn die Bedeutung solcher Vorschriften für die praktische Anwendung der Abkommen nicht unterschätzt werden darf, ist nicht zu verkennen, daß sie eher vorbereitende Funktion haben. Sie können daher für die hier vorzunehmende Qualitfikation der Abkommen außer Betracht bleiben.

47 S.o. S. 162 f.

kriegsvölkervertragsrechtlichen Pflichten festlegt. Damit kommt den nationalen Kriegsrechtsbindungen der Aufnahmestaaten auch unter dem Gesichtspunkt der allgemeinen Regeln für die Gestattung der Anwesenheit fremder Truppen mittelbare Bedeutung für die Bestimmung des von den Streitkräften der Vereinten Nationen einzuhaltenden Kriegsvölkerrechts zu.

Das Ergebnis entspricht mithin dem oben aus der "faire-respecter"-Klausel Abgeleiteten.[48] Wiederum wird die Pflicht der Aufnahmestaaten zur Einflußnahme auf die Vereinten Nationen durch den Grundsatz der Verhältnismäßigkeit auf das Maß des Zumutbaren zu beschränken sein. Deshalb läßt sich eine allgemeine Antwort auf die Frage, was ein Aufnahmeland zu unternehmen hat, um die Vereinten Nationen zur Anwendung der Konventionen zu bewegen, nicht formulierten.

---

[48] S.o. S. 172.

6. TEIL: KONSEQUENZEN DER MITTELBAREN WIRKUNG DER KRIEGSRECHTLICHEN VERPFLICHTUNGEN DER ENTSENDE- UND AUFNAHMESTAATEN UND DARAUS RESULTIERENDE LOESUNGSMOEGLICHKEITEN FUER DAS KRIEGSRECHTSPROBLEM

Nachdem geklärt werden konnte, daß sich aus den Kriegsrechtsbindungen der Entsendestaaten und - mit graduell geringerer Intensität - auch aus denen der Aufenthaltsländer Auswirkungen für die Gestaltung der der Überstellung und der Aufnahme der Kontingente zugrundeliegenden Vereinbarungen ergeben, ist zu fragen, welche praktischen Konsequenzen daraus zu ziehen sind. Angesprochen werden soll auch, wie eine diese berücksichtigende Regelung der Kriegsrechtsfrage durch die Weltorganisation aussehen könnte, bei der sich gleichzeitig eine Verbesserung des Schutzes der an einem Konflikt beteiligten Parteien ergäbe.

I. Die Umsetzung der Verpflichtungen der Entsende- und Aufnahmeländer

Die unmittelbare Umsetzung der Verpflichtung, die Vereinten Nationen an einen bestimmten Kriegsrechtsstandard zu binden, birgt keine besonderen Probleme in sich. Solange es keinen Anlaß für Zweifel an der Vertragstreue der Vereinten Nationen gibt, reicht es aus, den Kontingentvertrag bzw. das Statusabkommen mit einer entsprechenden Bestimmung zu versehen. In dieser müssen die Vereinten Nationen die Verpflichtung übernehmen, die überlassenen bzw. aufgenommenen Truppen nur entsprechend den vertraglichen Kriegsvölkerrechtsbindungen des jeweiligen Staates einzusetzen. Insbesondere dürfen keine Einsatzbefehle erteilt werden, die dem Kampfführungsrecht, an das sich die Staaten gebunden haben, zuwiderlaufen oder die Rechts- und Lebensverhältnisse der Kriegsgefangenen oder Internierten "nach unten" abweichend von den Verpflichtungen der Staaten gestaltet werden.

Eine in gewisser Weise der geforderten Klausel vergleichbare Bestimmung enthalten die Kontingentverträge bereits in Gestalt der Verpflichtung der Kontingentstaaten gegenüber den Vereinten Nationen, ihrerseits "spirit and principles" der

Kriegsrechtskonventionen zu beachten.[1] Diese sozusagen das umgekehrte Verhältnis betreffende Norm zeigt, daß die Kontingentverträge den geeigneten Rahmen für die Verpflichtung auf einen bestimmten Kriegsrechtsstandard darstellen. Dies läßt sich analog auch für die Statusverträge sagen.

Wenn solche Klauseln als Inhalt der einzelnen Kontingent - respektive Statusverträge zustandekommen, kann es sich ergeben, daß angesichts des unterschiedlichen Niveaus der kriegsvölkerrechtlichen Engagements der an einem Einsatz beteiligten Staaten Verträge mit entsprechend unterschiedlichen Klauseln abgeschlossen werden. Dies sollte wegen der ungünstigen praktischen Konsequenzen vermieden werden. Die Operationen einer Streitmacht würden unnötig verkompliziert, wenn der Oberkommandierende z.B. hinsichtlich des einen Kontingents Befehle nur unter Beachtung der Zusatzprotokolle ausgeben könnte, bezüglich eines im benachbarten Abschnitt stationierten Kontingents jedoch nur die Genfer Abkommen von 1949 zu berücksichtigen hätte.[2]

II. Voraussetzungen für einen angemessenen Schutz der Verbände der Vereinten Nationen und der Zivilbevölkerung

Noch gravierender als dieses praktische Problem ist, daß die Vereinten Nationen bei einem solchen divergierenden Bindungsniveau nicht die Grundlage für einen optimalen Schutz ihrer eigenen Verbände und der betroffenen Zivilbevölkerung schaffen können.[3] Denn die Truppen treten nach außen als ein einheitliches Organ auf. Ihrem Gegner gegenüber kommt daher nur ein einheitliches Bindungsniveau in Betracht. Selbst wenn einzelne Kontingente nur unter strikter

---

1 S.o. S. 121 ff. Der Text in den Verträgen für UNFICYP lautet:

"10. I should also like to refer to article 40 of the Regulations concerning 'Observance of Conventions' which provides:

'The Force shall observe the principles and spirit of the general international Conventions applicable to the conduct of military personnel.'

11. The international Conventions referred to in this Regulation include, *inter alia*, the Geneva (Red Cross) Conventions of 12 August 1949 to which your Government is a party and the UNESCO Convention on the Protection of Cultural Property in the event of armed conflict, signed at the Hague on 14 May 1954. In this connexion, and particularly with respect to the humanitarian provisions of these Conventions, it is requested that the Governments of the participating States ensure that the members of their contingents serving with the Force be fully acquainted with the obligations arising under these Conventions and that appropriate steps be taken to ensure their enforcement.

(Higgins IV, S. 204).

2 Eine derartige Situation wäre jedoch so ungewöhnlich nicht. Werden in einem Militärbündnis die Verbände mehrerer Staaten von einem integrierten Oberkommando geführt, hat dieses die (ggf. divergierenden) Kriegsrechtsbindungen der beteiligten Staaten zu berücksichtigen; vgl. auch Seyersted, United Nations Forces, S. 314-321, der verschiedene entsprechende Konstellationen anführt. Es ist wohl eine Folge dieser Rechtslage, daß die Bundesrepublik eine möglichst einheitliche Kriegsrechtslage bei den auf ihrem Territorium stationierten Truppen anstrebt. Deshalb lehnt die Bundesregierung auch einen "Alleingang" bei der Ratifizierung der Zusatzprotokolle ab: s. die Rede des Staatsministers im Auswärtigen Amt Möllemann am 3.10.1986, BT-Prot. 10/236, S. 18289 B.

3 Bowett, United Nations Forces, S. 505; Seyersted, United Nations Forces, S. 326.

Beachtung der Zusatzprotokolle eingesetzt würden, erschiene die Gesamttruppe nach außen nicht als eine entsprechend gebundene Streitmacht. Ein angemessener Schutz der eigenen Truppen und der Zivilbevölkerung im Kampfgebiet läßt sich für die Weltorganisation nur erreichen, wenn sie das Bindungsniveau der in einem Einsatz verwendeten Kontingente harmonisiert und darüber hinaus vertragliche Beziehungen mit ihrem Gegner herbeiführt, die die Einhaltung der entsprechenden Regeln zum Gegenstand haben.[4]

Selbstverständlich muß diese Harmonisierung unter Beachtung der Verpflichtungen der Entsendestaaten geschehen, den nationalen Kriegsrechtsbindungen auch bei einem Einsatz durch die Vereinten Nationen Geltung zu verschaffen. Das gleiche gilt ggf. für die entsprechende Verpflichtung des Aufnahmestaates. Die Harmonisierung kann herbeigeführt werden, indem die kontingentstellenden Staaten unter Berücksichtigung der Bindungen des Aufnahmelandes so ausgewählt werden, daß alle nach denselben Verträgen verpflichtet sind oder - weit besser - dadurch, daß die gesamte Gruppe dem "höchsten" vertretenen Bindungsniveau entsprechend eingesetzt wird. Freilich kann nicht ausgeschlossen werden, daß hieraus Nachteile für die Bereitschaft einzelner Staaten zur Mitwirkung an Aktionen der Vereinten Nationen entstehen, wenn diese Staaten einzelnen Kodifikationen mit Vorbehalten begegnen. Die zuletzt genannte Lösung hätte demgegenüber aber die positive Nebenwirkung, daß die VN-Truppen im Regelfall dem jeweils aktuellen Stand des Kriegsvölkerrechts entsprechend eingesetzt würden.

III. Möglichkeiten zur Inkraftsetzung des Konventionskriegsrechts in Konflikten, an denen die Vereinten Nationen beteiligt sind

1. Förmlicher Beitritt der Vereinten Nationen zu den Kriegsrechtskonventionen

Mit einer Angleichung des Bindungsniveaus wäre die tatsächliche Grundvoraussetzung für entsprechende vertragliche Beziehungen zum Gegner geschaffen. Herbeigeführt werden könnten solche Beziehungen zunächst dadurch, daß die Weltorganisation allen einschlägigen Vertragswerken selber beitritt und so von vorneherein die Voraussetzungen dafür schafft, daß zum einen allen denkbaren nationalen Kriegsrechtsbindungen der Entsende- und Aufnahmestaaten Rechnung getragen ist und zum anderen jedem denkbaren Gegner gegenüber entsprechend dessen vertragsrechtlicher Bindung die Kriegsrechtskonventionen anwendbar wären.

Dies setzt voraus, daß der Umfang der Rechtsfähigkeit der Vereinten Nationen die Fähigkeit einschließt, Kriegsrechtskonventionen beizutreten. Nach der objektiven Theorie von der Rechtsfähigkeit internationaler Organisationen ist diese

[4] Seyersted, United Nations Forces, S. 327.

Fähigkeit ohnehin vorhanden[5], nach der subjektiven Theorie ist sie gegeben, wenn sie den Vereinten Nationen durch die Satzung verliehen ist.[6] Nach einhelliger Ansicht ist dies der Fall.[7] Die in der Charta ausdrücklich angelegte Möglichkeit, Streitkräfte als eigene Organe der Organisation aufzustellen, impliziert die Fähigkeit zum Abschluß einschlägiger Verträge.

Die zweite Voraussetzung ist, daß die Kriegsrechtskonventionen einer Internationalen Organisation wie den Vereinten Nationen überhaupt offenstehen. Die Weltorganisation verfügt - wie oben dargelegt[8] - über die hierfür zunächst notwendige materielle Kriegsrechtsfähigkeit. Erforderlich wäre aber darüber hinaus, daß die Beitrittsbestimmungen der Verträge den Kreis der beitrittsfähigen Rechtssubjekte nicht auf Staaten beschränken und Internationale Organisationen zulassen.

a. *Das Haager Übereinkommen für den Schutz von Kulturgut bei waffneten Konflikten*

Dies ist hinsichtlich der Kulturgüterschutzkonvention von 1954 offensichtlich nicht der Fall.[9] Deren Art. 32[10] läßt ausdrücklich nur den Beitritt von Staaten zu. Die Frage der Bindung Internationaler Organisationen wurde im Zuge der Diplomatischen Konferenz, in der das Abkommen beraten wurde, ausführlich diskutiert.[11] Dabei wurden Vorschläge zur Einführung einer Beitrittsbestimmung

---

5 Als "inherent capacity", s.o. S. 15 f.

6 S.o. S. 15-17.

7 Bowett, United Nations Forces, S. 507; Seyersted, United Nations Forces, S. 420; Schindler, FS Pictet, S. 529; Simmonds, Legal Problems, S. 181.

8 S.o. S. 74-108.

9 P. de Visscher, AnnIDI 54 I (1971), S. 101; Seyersted, United Nations Forces, S. 360.

10 Die Vorschrift lautet:

> "From the date of its entry into force, the present Convention shall be open for accession by all States mentioned in Article 30 which have not signed it, as well as any other State invited to accede by the Executive Board of the United Nations Educational, Scientific and Cultural Organization. Accession shall be effected by the deposit of an instrument of accession with the Director-General of the United Nations Educational, Scientific and Cultural Organization."

11 Dazu P. de Visscher, a.a.O., S. 100; Seyersted, a.a.O., S. 354-360.

gemacht, die auf den Einsatz von Truppen durch die Vereinten Nationen zielten.[12] Im Hinblick auf rechtliche Schwierigkeiten, die sich bei einem Beitritt einer Interna - tionalen Organisation zu einer Konvention wie der vorliegenden ergäben, schlug der französische Delegierte jedoch vor, die Beteiligung der Vereinten Nationen an bewaffneten Konflikten lediglich in einer Konferenzresolution anzusprechen.[13] Diesen Vorschlag hielt auch der Vertreter der Vereinten Nationen für angemessen.[14] Daraufhin beließ es die Konferenz bei der ausschließlich auf Staaten zuge - schnittenen Beitrittsbestimmung des Art. 32 und verabschiedete die folgende Entschließung:

> "The Conference expresses the hope that the competent organs of the United Nations should decide, in the event of military action being taken in implementation of the Charter, to ensure application of the provisions of the Convention by the armed forces taking part in such action.[15]

b. *Die Genfer Abkommen von 1949 und ihre Zusatzprotokolle von 1977*

Weniger klar ist die Rechtslage bei den Genfer Abkommen von 1949. In deren Schlußbestimmungen wird die Beitrittsmöglichkeit "toute Puissance", "any Power" eröffnet.[16] Dabei hatten die Verfasser nur Staaten im Auge.[17] Ob die Konventionen dennoch - wie die wohl überwiegende Meinung annimmt[18] - dem Beitritt durch die Vereinten Nationen offenstehen, ist angesichts deren ablehnender Haltung gegenüber diesem Schritt[19] eine theoretische Frage. Zumindest unter den

---

12 Ein griechischer Vorschlag war auf die Fortgeltung der nationalen Bindungen im Falle eines internationalen Einsatzes gerichtet und lautete:

> "The Convention shall also be binding on High Contracting Parties taking part in collective action in compliance with a decision taken by the competent organs of the United Nations.",

Records of the Intergovernmental Conference on the Protection of Cultural Property in the Event of Armed Conflict, S. 385.

Das Konferenzsekretariat schlug folgenden, auf die Organisation selber zielenden Text vor:

> "Where an international authority - by the terms of the article (Final Provisions) - would state its acceptance of all or some of the provisions of the present Convention, which it would be capable of applying, the High Contracting Parties shall be bound, in relation to the said international authority, by the provisions of the Convention accepted in the terms of the aforementioned statement."

Records, a.a.O., S. 183 f.

13 Records, a.a.O., S. 414.

14 Records, a.a.O., S. 267.

15 Records, a.a.O., S. 78.

16 Art. 60 GK 1949 I; Art. 59 GK 1949 II; Art. 139 GK 1949 III; Art. 155 GK 1949 IV.

17 Schindler, FS Pictet, S. 529; s. auch Pictet, Commentaire IV, S. 666, der ausführt, die Konventionen wendeten sich ohne Einschränkungen an "tous les Etats".

18 P. de Visscher, AnnIDI 54 I (1971), S. 43; Seyersted, United Nations Forces, S. 347, 420; Schindler, RdC 163 (1979 II), S. 130; ders., FS Pictet, S. 529. A.A.: Draper, Rev. de Droit Pénal Mil. et de Droit de la Guerre 6 (1971), S. 62; Simmonds, Legal Problems, S. 182 f.

19 S.o. S. 89 f., 102 ff. und die dortigen Nachweise; UNJYb 1972, S. 153 .

gegebenen politischen Bedingungen ist der formelle Beitritt der Weltorganisation zu den Abkommen deshalb keine ernsthaft in Erwägung zu ziehende Lösung des Kriegsrechtsproblems. Diese Aussage trifft in gleichem Maße auf die Zusatzprotokolle zu, da der Beitritt zu diesen die Bindung an die Abkommen selbstverständlich voraussetzt.[20]

2. *Möglichkeiten der informellen Inkraftsetzung der Kriegsrechtskonventionen*

Angesichts dieser Schwierigkeiten ist zu erwägen, ob sich weniger formelle Lösungen finden lassen. In diesem Zusammenhang bietet sich das Institut der informellen Anwendung der Abkommen an. Alle einschlägigen Abkommen kennen entsprechende Klauseln.[21]

Wiederum stellt sich aber die Frage, ob Internationalen Organisationen die Nutzung dieser Möglichkeit offensteht. Soweit angenommen wird, daß Internationale Organisationen den Verträgen förmlich beitreten können, ist a majore ad minus zu schließen, daß auch die informelle Anwendung für möglich gehalten wird. Zum Teil wird aber behauptet, das Verfahren nach Art. 2 III GK 1949 I-IV und den einschlägigen Bestimmungen der anderen Übereinkommen könnte nur von Staaten genutzt werden.[22] Diese Auffassung ist jedenfalls im Hinblick auf Befreiungsbewegungen wegen Art. 96 III ZP I überholt. Aber auch darüber hinaus ist zweifelhaft, ob sie zutrifft.

Voraussetzung für eine informelle Anwendung der Abkommen ist stets die tatsächliche Anwendung des jeweiligen Vertrages und die Abgabe einer Erklärung, sich dessen Regeln unterwerfen zu wollen. Es ist jedoch - trotz des eindeutigen Wortlauts - umstritten, ob diese Voraussetzungen wirklich kumulativ erfüllt sein müssen[23], namentlich, ob der Unterwerfungserklärung konstitutive oder deklaratorische Bedeutung zukommt.[24]

Eine kriegsrechtsfähige Internationale Organisation wie die Vereinten Nationen ist zur tatsächlichen Anwendung der Konventionen imstande.[25] An den Fakten muß das Verfahren gemäß Art 2 III GK 1949 I-IV also keineswegs scheitern. Grundsätzliche Probleme können sich daher nur im Zusammenhang mit der Abgabe der Erklärung ergeben. Wie bereits angedeutet, ist die Bedeutung der Erklärung aber zweifelhaft.

---

[20] Art. 94 ZP I, 22 ZP II.

[21] Art. 2 III GK 1949 I-IV; Art. 18 III HKSÜ; Art. 96 II ZP I.

[22] Draper, RdC 114 (1965 I), S. 74 f.

[23] So der Rapport des zuständigen Comité Spécial, Actes de la Conférence Diplomatique de Genève de 1949, Tome II, sec. B, S. 103 f.; s. auch Rapport der Commission mixte an die Vollversammlung der Konferenz, a.a.O., S. 123.

[24] So offenbar Pictet, Commentaire IV, S. 29 f.; Draper, Red Cross Conventions, S. 13.

[25] S.o. zusammenfassend S. 107 f.

Die durch den Text nahegelegte Annahme einer konstitutiven Wirkung der Erklärung führt zu einem beinahe absurden Ergebnis. Sie hätte zur Folge, daß eine feierlich und förmlich gebundene Vertragspartei berechtigt wäre, einer nicht formell vertraglich gebundenen, aber anwendungsfähigen und anwendungswilligen Partei gegenüber die Abkommen außer Acht zu lassen, obwohl letztere sich vollkommen an diese hält und es lediglich an der Erklärung fehlt.[26] Das Abstellen auf ein solches rein formales Kriterium entspricht nicht dem Sinn des Art. 2 III GK 1949 I-IV und der parallelen Vorschriften in anderen Verträgen. Deren Zweck ist es, die Anwendung dieser Abkommen auch außerhalb förmlicher vertraglicher Beziehungen zu ermöglichen. Er würde aber verfehlt, wenn die Erklärung nach Art. 2 III GK 1949 I-IV praktisch den gleichen rechtlichen Anforderungen genügen müßte wie der förmliche Beitritt nach Art. 60 GK 1949 I.[27] Zudem würde einer anwendungsunwilligen Vertragspartei die Möglichkeit geschaffen, durch Infragestellung der rechtlichen Gültigkeit der Unterwerfungserklärung die Anwendung der Konventionen zu verzögern oder zu verhindern.

Nimmt man mit dieser Begründung an, daß der Unterwerfungserklärung nur deklaratorische Bedeutung für die Anwendung der Übereinkommen zukommt, kann man an die Erklärung und ihren Absender auch keine gesteigerten rechtlichen Anforderungen mehr stellen. Die Erklärung kann dann auch konkludent abgegeben werden.[28] Als Absender kommt jede zur Teilnahme an einem internationalen bewaffneten Konflikt fähige Partei in Betracht, also auch solche potentiellen Konfliktparteien, die keine Staaten sind.[29] Mithin können die Vereinten Nationen die informelle Anwendung der Kriegsrechtsverträge aufgrund der genannten Vorschriften herbeiführen.[30]

IV. Ergebnis: Informelle Inkraftsetzung der Kriegsrechtskonventionen durch Resolutionen des Sicherheitsrates und der Generalversammlung als praktische Lösung des Kriegsrechtsproblems

Die Art. 2 III GK 1949 I-IV, 96 ZP I, 18 III Kulturgüterschutzübereinkommen eröffnen bei wörtlicher Auslegung die Möglichkeit, Unterwerfungserklärungen im Voraus bezogen auch auf erst in der Zukunft entstehende Konflikte abzugeben.[31] Daran ist bei der Formulierung jener Vorschriften zwar wohl kaum

26 Draper, a.a.O.; Pictet, a.a.O.

27 Bzw. Art. 59 GK 1949 II; Art. 139 GK 1949 III; Art. 155 GK 1949 IV; Art 32 HKSÜ.

28 Pictet, Commentaire IV, S. 30.

29 S.o. S. 111 f.

30 Schindler, FS Pictet, S. 530; Seyersted, United Nations Forces, S. 383 f.; Conseil des Délégués, Conférence du Centenaire, Genf 1963, Res. V, para. 1, abgedruckt in Manuel de la Croix-Rouge, S. 446.

31 Schindler, a.a.O.; Seyersted, a.a.O.

gedacht worden, es sind aber auch keine Gründe ersichtlich, die dieser Auslegung entgegenstehen. Die Vereinten Nationen könnten eine solche Unterwerfungs - erklärung im Vorgriff auf die bei den einzelnen Einsätzen jeweils eingreifende "Pflicht zur Verpflichtung"[32] abgeben. Dabei müßten sie selbstverständlich dem höchsten denkbarerweise anzutreffenden Bindungsniveau entsprechen, um allen möglichen nationalen Kriegsrechtsengagements potentieller Entsende- und Aufnahmestaaten zu entsprechen. Dadurch ergäbe sich in der Praxis gleichzeitig die überaus begrüßenswerte Situation, daß die Weltorganisation stets an der Spitze der Entwicklung des humanitären Kriegsvölkerrechts stünde.

Die Vereinten Nationen könnten diese generelle Unterwerfungserklärung in die Form einer Resolution des Sicherheitsrates kleiden, der sich die General - versammlung anschließt. Der Sicherheitsrat könnte sich insoweit auf seine vorrangige Verantwortung für den Frieden und die internationale Sicherheit (Art. 24 SVN) stützen; die Generalversammlung auf ihre entsprechende Hilfszu - ständigkeit (Art. 10-12 SVN). Eine derartige Resolution wäre auch der geeignete Rahmen, nach außen kundzutun, in welcher Weise die Vereinten Nationen die von ihnen nicht selbst umgesetzten Bestimmungen der Abkommen verwirklichen wollen. Dies gilt namentlich für die Verweisungen auf die Rechtsordnungen von kontingentstellenden Staaten.

Außer dem im Ergebnis nicht relevanten Umstand, daß bei der Abfassung der in Rede stehenden Abkommen nicht an solche generellen Unterwerfungs - erklärungen gedacht worden ist, spricht nichts gegen deren Wirksamkeit. Aus Gründen der Rechtsklarheit ist dennoch anzuraten, daß die Vereinten Nationen im Hinblick auf jeden Kriegsschauplatz, zu dem sie Truppen entsenden, die entsprechenden Resolutionen feierlich wiederholen.

---

[32] S.o. S. 157 f., 165 f., 172 f., 177 f.

7. TEIL: ZUSAMMENFASSUNG UND SCHLUSSBETRACHTUNG

Aus der Zusammenfassung der Teilergebnisse der Untersuchung ergeben sich die Antworten auf die Ausgangsfragen.

Die Vereinten Nationen sind als Internationale Organisation ein Völkerrechtssubjekt, dessen Rechtsfähigkeit umfassend genug ist, um Zurechnungssubjekt für tatsächlich als eigene Organe gebildete Streitkräfte zu sein. In der Völkerrechtspraxis der vergangenen 40 Jahre sind in sieben Fällen derartige Truppen aufgestellt worden. Diese waren von Struktur und Funktion so beschaffen, daß sie Organe der Vereinten Nationen waren, obwohl sie aus nationalen Kontingenten einzelner Mitgliedstaaten zusammengesetzt waren. Zwar sind die Überlegungen zu einer generellen Regelung der Rechtsverhältnisse solcher Streitkräfte weit von einem Abschluß entfernt, es läßt sich aber doch erkennen, daß auch in Zukunft eingesetzte Truppen in einem organschaftlichen Verhältnis zu der Weltorganisation stehen werden.

Daraus ergibt sich, daß für solche Streitkräfte zunächst das Kriegsrecht anwendbar ist, das für die Völkerrechtsperson Vereinte Nationen gilt. Weil diese einschlägige vertragsrechtliche Bindungen nicht eingegangen sind, ist vornehmlich die Frage nach der Anwendbarkeit des Gewohnheitsrechts zu stellen, wobei es maßgeblich um das Kampfführungs- und Besatzungsrecht geht. Die genauere Betrachtung der einschlägigen Rechtssätze ergibt, daß sie nur von Völkerrechtspersonen angewendet werden können, die in umfassender Weise hoheitliche Gewalt auszuüben vermögen. Während hinsichtlich der vollziehenden Gewalt keine durchgreifenden Probleme auftauchen, zeigt sich, daß die Fähigkeiten der Vereinten Nationen zur Rechtsetzung und Rechtsprechung bezüglich ihrer Truppen in der Praxis gravierende Lücken aufweisen. Diese können nur dadurch geschlossen werden, daß die Weltorganisation bezüglich der Funktionen Rechtsetzung und Rechtsprechung auf die Entsendestaaten der Truppenkontingente zurückgreift und mit diesen vereinbart, daß sie die genannten Funktionen im Interesse der nach außen verantwortlichen Vereinten Nationen wahrnehmen. Über diese Hilfskonstruktion erlangen die Vereinten Nationen die Fähigkeit zur Kriegsrechtsanwendung.

Soweit die Weltorganisation in bewaffnete Auseindersetzungen verwickelt wird, gilt das Kriegsvölkergewohnheitsrecht auch für sie. Denn bei der Teilnahme an Kämpfen hinreichender Intensität entsteht auch für die Vereinten Nationen ein bewaffneter Konflikt, dessen Partei sie werden. Von den Umständen des Einzelfalles, namentlich von der Person ihres jeweiligen Gegners, hängt ab, ob ein Konflikt dem Recht des internationalen oder des internen Konflikts unterfällt. Aus dem besonderen Charakter des Einsatzes der Vereinten Nationen ergibt sich nicht, daß diese berechtigt wären, die Regeln des Kampfführungs- und Besatzungsrechts in einer den Gegner diskriminierenden Weise anzuwenden.

Die entsandten Truppenteile sind aus dem Organisations- und Funktionsverband ihrer Heimatstaaten für die Dauer des Einsatzes bei den Vereinten Nationen ausgegliedert. Organschaftliche Beziehungen zwischen den Kontingentstaaten und den Streitmächten bestehen nicht.

Daher scheidet eine unmittelbare Anwendung des die Entsendestaaten bindenden Kriegsvölkerrechts auf die Truppen der Vereinten Nationen aus. Aus der "faire-respecter"-Klausel der Genfer Abkommen von 1949 und aus den allgemeinen Regeln für die zeitweise Übertragung von Organen des einen Völkerrechtssubjekts auf ein anderes Völkerrechtssubjekt (Organleihe) folgt aber, daß die Entsendestaaten bei der Verleihung von Teilen ihrer Streitkräfte an die Weltorganisation gehalten sind, diese zu verpflichten, die Truppen nur so einzusetzen, wie die Entsendestaaten dies auch selber tun dürften. Im Sinne einer "Verpflichtung zur Verpflichtung" ergibt sich somit eine unmittelbare Wirkung der Kriegsrechtsbindungen der Entsendestaaten auf die Einsätze der Vereinten Nationen. Das gilt auch und gerade für das Konventionskriegsrecht.

Etwas ganz ähnliches ergibt sich für die Staaten, die ihr Territorium für VN-Truppen öffnen. Auch insoweit entsteht eine "Verpflichtung zur Verpflichtung". Dabei ist aber zu beachten, daß von den Aufnahmestaaten, die sich bei der Entscheidung über die Bitte zur Entsendung von VN-Truppen regelmäßig in einer besonders kritischen Situation befinden werden, nichts Unzumutbares verlangt werden darf.

Die Umsetzung der "Verpflichtung zur Verpflichtung" ist ohne bedeutende rechtliche Schwierigkeiten möglich. Es bedarf zunächst nur einer entsprechenden vertraglichen Klausel in den Kontingent- bzw. Statusverträgen. Um im Verhältnis zu der anderen Konfliktpartei das Konventionskriegsvölkerrecht in Kraft zu setzen, bietet es sich für die Vereinten Nationen an, von dem in den Verträgen vorgesehenen Institut der Unterwerfungserklärung Gebrauch zu machen. Geschähe dies auf der Basis des jeweils denkbar höchsten Niveaus des humanitären Kriegsvölkerrechts, wäre damit eine wesentliche Verbesserung der Rechtslage bei den Militäraktionen der Vereinten Nationen erreicht.

Die Bewertung dieses Ergebnisses hat im Lichte der Praxis der Vereinten Nationen in der Kriegsrechtsfrage zu erfolgen. Es fällt auf, daß die Weltorganisation ihre Möglichkeiten im Bereich des Kriegsvölkerrechts mit ganz außergewöhnlicher Engherzigkeit und Zurückhaltung sieht. Sie nimmt zu der Kriegsrechtsfrage eine sehr zögerliche Position ein, die zu einer in sich widersprüchlichen Situation führt: einerseits scheuen sich die Vereinten Nationen nicht, militärische Mittel einzusetzen, andererseits wirken sie selbst allen Bestrebungen (z.B. von Seiten des IKRK) entgegen, die zu einer Klärung und Verbesserung der Rechtslage militärischer Kräfte im bewaffneten Konflikt beitragen könnten.

Diese Zurückhaltung der Vereinten Nationen mag auf den ersten Blick dadurch gerechtfertigt sein, daß die von ihnen eingesetzten Truppen kaum in bewaffnete Konflikte verwickelt wurden. Die geringe Zahl praktischer

Anwendungsfälle läßt aber den Schluß auf einen fehlenden Handlungsbedarf hier nicht zu. Denn es ist klar, daß diese an Berührungsängste grenzende Reserve gegenüber dem Kriegsvölkerrecht gerade bei diesem Rechtsgebiet verfehlt ist. Dies folgt schon aus dem Umstand, daß eine Situation, in der es anzuwenden ist, praktisch allein durch das Verhalten eines anderen hervorgerufen werden kann. Jedes Völkerrechtssubjekt, das Streitkräfte einsetzt, muß sich dessen bewußt sein und Vorsorge für den Fall seiner Verwicklung in bewaffnete Konflikte treffen. Für eine Organisation, die sich selbst im Dienst der Menschenrechte sieht, sollte dies vor allem für das humanitäre Kriegsvölkerrecht selbstverständlich sein. Es ist deshalb dringend zu wünschen, daß die Vereinten Nationen endlich die Kraft finden, ihr Verhältnis zum Konventionskriegsrecht zu klären und sich zumindest den Genfer Abkommen von 1949 und den Zusatzprotokollen unterwerfen.

Als unzureichend erweist sich auch die Vertragstreue der an die Kriegsrechtsverträge gebundenen Entsendestaaten. Nähmen diese ihre Verantwortung als Mitgliedstaaten der Konventionen und der Vereinten Nationen ernster und nutzten sie ihre Möglichkeiten als Rückgrat der Militäreinsätze der Weltorganisation, wäre es dem Sachwalter des Kriegsrechts, dem Internationalen Komitee vom Roten Kreuz, um vieles leichter, von den Vereinten Nationen eine befriedigende Antwort auf die Kriegsrechtsfrage zu erlangen. Es war der Zweck dieser Untersuchung, einen Beitrag zur Auffindung des Weges dahin zu leisten.